耿淡如 著
张广智 编

西方史学史散论

复旦大学出版社

耿淡如先生（1898—1975）

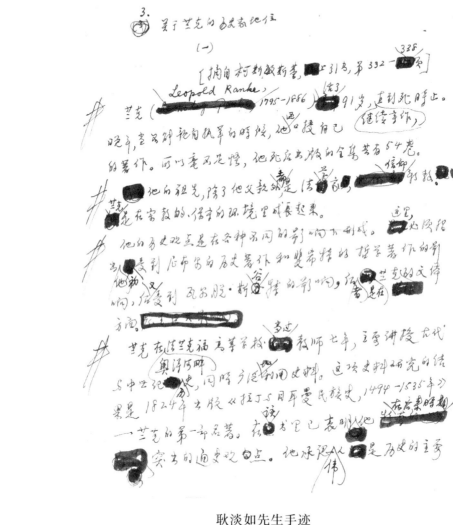

耿淡如先生手迹

凡　例

一、"复旦百年经典文库"旨在收录复旦大学建校以来长期任教于此、在其各自专业领域有精深学问并蜚声学界的学人所撰著的经典学术著作,以彰显作为百年名校的复旦精神,以及复旦人在一个多世纪岁月长河中的学术追求。入选的著作以具有代表性的专著为主,并酌情选录论文名篇。

二、所收著作和论文,均约请相关领域的专家整理编订并撰写导读,另附著者小传及学术年表等,系统介绍著者的学术成就及该著作的成书背景、主要内容和学术价值。

三、所收著作,均选取版本优良的足本、精本为底本,并尽可能参考著者手稿及校订本,正其讹误。

四、所收著作,一般采取简体横排;凡较多牵涉古典文献征引及考证者,则采用繁体横排。

五、考虑到文库收录著述的时间跨度较大,对于著者在一定时代背景下的用语风格、文字习惯、注释体例及写作时的通用说法,一般予以保留,不强求统一。对于确系作者笔误及原书排印讹误之处,则予以径改。对于异体字、古体字等,一般改为通行的正体字。原作中缺少标点或仅有旧式标点者,统一补改新式标点,专名号从略。

六、各书卷首,酌选著者照片、手迹,以更好展现前辈学人的风采。

目 录

第一编 国际关系史研究

美国对华政策之核心 ··· 3
太平洋日本委托治理地之争端 ····························· 10
美国与国际法庭 ··· 21
埃及反英运动之检讨 ·· 28
《法意》中所论之中国政制 ································ 35
达达尼尔海峡设防问题 ···································· 39
巴力斯坦事件之剖视 ·· 48
美国中立法之回顾与前瞻 ·································· 59
西欧公约问题 ··· 68
五年来之欧洲政局 ·· 74
太平洋公约问题 ··· 85

第二编 世界中古史讲义

《世界中古史》二十章撮要 ································ 93
《世界中古史》讲义粹编 ·································· 110
  第一章　罗马社会危机与西罗马帝国的覆亡 ·········· 110
  第四章　五至九世纪的法兰克国家 ····················· 118
  第九章　七至十一世纪的拜占庭帝国 ·················· 130
  第十一章　蒙古帝国的创立与西侵 ····················· 139
  第十八章　十二至十五世纪的俄罗斯 ·················· 148
  第二十章　中古欧洲文化与早期文艺复兴 ············· 163

第三编 西方史学史散论

什么是史学史？	175
古希腊史学述略	182
世界中世纪史学史提纲	189
资产阶级史学流派与批判问题	195
西方资产阶级史家的传统作风	201
《西方史学史文献摘编》	205
《十九世纪历史学与历史学家》选译	255

附　　录

垂范学林，名满天下——简论耿淡如先生的学术贡献	张广智	319
耿淡如先生小传	张广智	334
耿淡如先生学术编年（简编）	张广智	336
后记	张广智	347

第一编 国际关系史研究

美国对华政策之核心

美国对华政策之核心，就是门户开放政策。这个政策之起源如何，发展之过程如何，以及前途之展望如何，作者都有赅要的解答。读者苟欲明白美国对华关系，以及美国对于东北问题之态度，本文值得仔细一读。

——编者

一

任何一国的外交政策，必基于其国家的利益，此为一定的原则。国际间外交局势，虽云波诡谲，纵横捭阖，似不可捉摸；然试分析其利害，权衡其轻重，亦可得其进展之途径。请举一例：英国在十九世纪外交政策基本原则之一，即为维持土耳其帝国之领土完整。英国为欲实现其一八五四年同俄血战于克里米亚，一八七八年准备与俄再战。英国之热心扶助土耳其非有爱于"东方病夫"，实以俄国一旦占领君士坦丁，势将控制黑海至地中海之海峡，于是东通印度之航路，必受其威胁。但自英国占领埃及后，得苏彝士运河之控制权，英国觉其至印度之路，已稍安全。二十世纪情势变更，为英国腹心之患者是德，而俄国之危险，已非昔比。德皇威廉第二高瞻远瞩，企图与英争海上霸权，并建造保达铁路（Bagdad Railway）直达印度之中心。于是德国原为英国之友，而变为劲敌；俄国原为英国之敌，而成为与国，此非英国外交之"朝秦暮楚"，实以英国利害之重心，已转移故耳。

英国之近东政策与美国之远东政策，颇有相似之点。二者俱以本国之利益为前提，而中土二国曾得苟安于一时。英国维持土耳其之领土完整。美国亦主保持中国领土完整，门户开放。英国志在保护东通印度之航路，维持地中海之霸权；而美国意在打破"独占"，获得市场；太平洋之海权，菲律宾之保障，又为其远东政策之动力。满洲可以巴尔干半岛比拟，而日本之"西进政策"与俄国之"南开窗户"，仿佛相似。所不同者，土耳其复兴，已告成功，而哀我中国，依然为他人刀上之鱼肉耳。

美国远东政策之发轫,英国实有以促成之。美国孟罗主义之宣布,出于英外长肯宁(Canning)之建议。门户开放政策之成立,亦导源于英国士绅政客之鼓吹。一八九八年 Sir Michael Hicks Leach 在英国众院声称:"英政府决定,无论如何,维持中国之门户开放。"①同年三月一日 Sir E. Ashmead-Bartlett 亦在众院申述:"维护中国领土之完整,为不列颠贸易所必需。"遂即动议维持中国领土之独立案。同时英国外交次长 Lord G. N. Curzon 列举政府之对华政策:(a) 维持中国之完整与独立;(b) 保护条约上的权利;(c) 实施贸易平等之原则。② 一八九九年海约翰发出门户开放牒文前数月,Lord Charles Beresford 由华返英,道过美国。自三藩市至纽约,沿途向主要商会,演说中国之情形,并劝导美国同英共维持门户开放政策。③ 英政府何以不宣布"门户开放"而促使美国为之?其理甚显。英国在俄德等强抢"让与"时,亦曾染指,夺得租界。盗劫之人,宣传私产之不可侵犯,其谁信之。海约翰曾为驻英大使,深知英国外交底蕴。故于九月六日,发出门户开放之牒文,其得英政府之赞助,盖可知矣。

二

但美国主张中国之门户开放,领土完整,亦自有立场。远东贸易之利益,实为其政策之发轫点。远东之最大市场,在于人烟稠密之中国,美政府早已认清,自不愿坐视列强分割之,而封闭其门户。一八九六年美人在华设立之公司,约有四十所,侨民约一千四百三十人,仅次于英,而约十倍于俄。航运事业,发展极速。一八九七年,美国至华之船舶及吨位,居于第六位;至一九〇〇年,跃至第四位。运售中国之商品,以棉油两项为大宗。一八八七年,美棉运入中国者,约值五、三三一、二五一金元,一八九一年输入煤油三九、三四八、五七七加仑,约四倍于俄。总计中国全部之外人贸易,美国在进口货方面占 9%,出口货方面约 11%,约占进出口全数 10%。以其他各国比之,进口货之价值,美居第三位,出口货之价值,美占第二位。④ 所以当一八九八年一月间,国务院未有表示对华政

---

① J. W. Bashford, *China, An Interpretation*, Appendix 14, p. 609.
② 戴宝铨: *The Background of the American Open Door Policy*(thesis),pp. 23 – 24.
③ J. H. Latane, *American Foreign Policy*, p. 505.
④ 美国财政部统计局报告转引自戴著论文(见注②)pp. 15 – 16。
Journal of the Asiatic Association, II,(1902)pp. 122 – 123.(存疑——编者)

策前,美国商人请求纽约商会,设法促进政府保障美国在华之主要利益及条约的权利。纽约商会遂上书总统,请求保护。波斯顿、三藩市等商会,继起响应,共促政府之注意。

当列强抢夺租界,划分势力范围时,美西间战云密布,美国无暇顾及。迨战事平息,一八九八年巴黎条约成立,菲律宾已移转于美,美乃移其视线于中国。是时美政府不特须维护在华之经济利益,且须保障菲岛之安全。其方法谓将步武俄德法之后尘而争夺"让与"乎？美参院势必反对；抑袖手旁观乎？亦势有所不能。所以采用门户开放政策,图得利益均沾,贸易平等之机会。一面以菲岛为根据地,可保护美国在华之利益,一面以维持中国之完整可减少威胁菲岛之势力。此项政策使瓜分中国之阴霾,一时消除；而美国之贸易得以自由发展。然阴谋破坏门户开放政策者,此伏彼起,接踵而来,现日占东北,乃达于顶点。

三

美对华外交以维护门户开放为准绳者,已数十年矣。一九〇〇年义和团乱时,八国联军入据北京,列强重图瓜剖中国。七月三日,海约翰表明美政府之态度,通告各国,谓："美政府之政策：维持中国领土行政之完整；保护友邦以条约、公法保证之权利；并保障在中国各部公平贸易之原则。"此又重申门户开放领土完整之主张。时俄国图占满洲甚急,欲据满洲为其保护领土。和议后,驻满俄兵,延不撤退。威胁中政府订立密约,允许俄国独占东北之权益。美提抗议,英日缔结同盟,以遏抑俄帝侵占满洲之野心。此乃所以引起一九〇四——一九〇五年日俄之战。一九〇五年三月,俄军大败于沈阳,德皇即一面乘法国暂处孤立之势,干涉摩洛哥事件；一面企图干涉日俄战事,以期继续分割中国之领土。美总统罗斯福洞知门户开放政策又遭危险,即运用灵敏的手段,施行双管齐下的政策,同时警告法德,调解日俄。① 结果日俄媾和,缔结《朴资茅斯条约》,俄国南满之权益,转移于日,而门户开放之原则,亦载入于和约中。后日俄秘密商议,俄将以前中俄订立之密约,交于日本。依此项密约,日本即要求南满铁路区域之绝对独占的行政权。复以一九〇七年之日俄谅解,两国同意相互维持满洲的特权。由是日本更进而破坏中国门户开放之原则,而美国亦不得不设法以防止之。一九〇八年,日美间订立《鲁特高平协定》(Root-Takahira Agreement),日本承认各

---

① J. H. Latane, Op. cit. pp. 570-571.

国在华工商之平等机会,并同意维持中华帝国之完整及独立。美国犹以为未足,于是国务卿 Kuox 建议满洲铁路国际化之计划,以未得英法赞同,而又遭日俄反对,故全归失败。①一九一五年,日本提出"二十一条",威迫中国承认。美国向日本曾提出严重之警告,时欧战方酣,日本又与英法俄意四国,缔结密约,承认其在华之特殊权利。一九一七年复以《蓝莘石井协定》,使美国亦入其壳中。"美国政府承认日本在中国有特殊之利益,尤其于接壤日本所领之地方。"美承认日本之"特殊利益"日本即曲为解释,以为中国从此"非完全独立之国家,而为日本之保护国"。石井在美各处演说,亦声明日本适用极东之孟罗主义,如有第三国侵害中国之时,日本必干涉防护之。②美政府铸成之大错,后于华府会议时自出纠正,缔结九国公约,重申门户开放,机会均等之原则:"(一)尊重中国之主权、独立及领土与行政之完整;(二)给予中国最完全无妨碍之机会,可发展维持一有力巩固之政府;(三)各国用其势力,以期切实设立,并维持其在中国全境商务工业机会均等之原则;(四)勿得在华利用情势,求得特殊权利,以减损反友邦人民之权利并暗中危害各友邦安全之行为。"门户开放,领土完整之原则,得国际条约之保障,中国亦正式承受该原则之约束。当时美代表团在国务卿休士领袖之下,将此约呈报总统时,当谓:"现信中国门户开放政策,经由此约,至少成为一种事实。"③美政府以外交的手腕,维持门户开放政策,似可达于成功之途。

四

然国际政策之实效,未可仅以条约测之。条约之效力,基于"遵守"与"制裁"。若一方无遵守之意,他方无制裁之力,则所谓条约者,即等于具文,尚有何效力之可言。日本侵占我东北,以武力封闭东北之门户,摧毁中国之领土完整,撕破条约,蔑视公法。举世舆论指斥之,则充耳不闻;国联反对之,则宣言退出。信口谰言,欲以一手掩尽天下之耳目,果有何法,以对付之耶!

美政府自沈阳事变发生以来,对于维护门户开放政策,不可谓不力;其努力于东亚和平,远甚于国联诸会员国。首先向日本抗议者,美政府也;首先发表"不承认主义"者,美政府也;集中舰队于太平洋者,美政府也;一再演讲指斥日本之行动者,美国务卿史汀生也。美国务院自九一八至本年三月,共发九次牒文,敦

---

① 刘彦:《帝国主义压迫中国史》上卷 pp. 351-352。
② 同上书下卷,pp. 99-100。
③ 一九三二年二月十五日史汀生致波拉函。

促中日两方,停止战争,尊重九国公约及非战公约,其中五次,送于日本一方。又复不接不离与国联合作。曾派日内瓦美领事 Gilbert 四次出席于国联行政院。一九三一年十一月,行政院在巴黎开会,美驻英大使道威斯往与行政院会员接洽。一九三二年一月七日,美政府宣布"不承认主义",即凡违反九国公约及非战公约所造成之情形,或缔结之条约或协定,均不予承认。二月二十三日,史氏复致参议员波拉函中,申述美政府维持九国公约之意旨,认"凡为整个世界福利之计划,决不能忽视中国之福利与保障"。理直气壮,词严义正,似应有相当的效力,稍戢侵略者之野心。然事实乃大谬不然。美国一月七日之牒文发,而锦州于二月三日陷落。国联调查团东行之际,日本进攻上海焚烧闸北。调查团报告将宣布前,日政府承认傀儡政府,以表示已成之事实,以难国联。十九国委员会报告书通过后,而日本竟退出国联,进占热河。美国政策,未见成效,诚何故耶。

美政府维护其远东政策,大部依非战公约。史汀生氏曾予以新解释。史氏认:根本上战争为非法,"战争不复为国家义务权利之渊源"。公约虽承认自卫权,然自卫权,不得由一国自己决定之。"苟有一国,凭借保护本国人民之假面具,以掩饰其帝国主义之政策,其假面具必将揭破。"①公约含有彼此间之商榷,即公约有被违犯之危险时,"一切国家即商榷其应如何努力,使此公约伟大庄严之和平目的,见诸实效"。史氏复于演说中,述中立之说,已成过去。隐示美国不复坚持其"中立之权利"。国联采用经济抵制,制裁侵略国时,美国亦可放弃其贸易之权利。即非战公约之效力,果如史氏之所昌言,然无实力以拥护之,其何能济!以九国公约之破坏,而欲以非战公约维护之,是所谓"以水济水,以火济火"耳,于事奚补。

其次,美政府宣布之"不承认主义",国联于三月十一日,亦接受此项原则。但所谓不承认主义者,仅一消极的方法,设无积极的方法以继其后,则无甚效力。一八二〇年 Troppan 会议,奥俄普宣布:不承认由非法的手段,完成领土之变更。终未能阻止欧洲之革命及拉丁美利坚共和国之建立。一八八九年,第一次泛美利坚会议,通过决议:"设有仲裁条约,在战争威胁之下,割让领土,概作无效。"②一九一五年美国五月十一日之牒文,申明不承认日本对中国之"二十一条"要求。③ 消极的不承认主义之效力,微乎其微。充极其量,不过使争执之问

---

① 史汀生非战公约演说词。
② Moore, *Digest of International Law*, vol. Ⅶ, p. 316.
③ *Foreign Relations* (U. S.) 1915, p. 146.

题,悬而不决。换言之,满洲伪政府不得变为法律上之政府。(Govrnment de jure)谓胡佛主义即可维护门户开放政策,失之过远。

美政府之远东政策,未见实效者,另有原因在焉。对于国联,终未有深切的合作;对于俄国,外交关系,未曾恢复;复以战债问题与英法两国发生龃龉;凡此皆削减外交压迫之力。史氏在其四年来美国外交政策之基础一文中,述其外交策略:(一)遇国际间重要之事件,采磋商的政策;(二)以咨商的方法,减低与国联的歧异与冲突之恐惧;(三)鼓动世界有效的舆论。[1] 仅抱此磋商的态度,而从未有深切合作之表示,无怪其了无成效也。

五

美政府其将如英国之维护其近东政策而以武力与日本相角逐乎?曰,否。美国在远东之利害关系,不若英国之在近东之密切。英之视印度认为帝国之命脉,而美对于菲律宾则异于是。在此远东局势紧张之时,美国会竟撤消总统之否决,通过菲岛独立案,已可想见美人对于远东之观念。然则美将放弃其门户开放之主张乎?是又不然。美国之对华政策,全视贸易之利益而定;矧美之在华贸易,日有进展。其占中国出口货的成分,在一九一三年只有9.3%,一九三○年,增至14.7%。又所占中国的入口货,一九一三年 6%,至一九三○年增至17.5%。[2] 其政策的根本条件,未有变更,决不放弃其主张。由是而论,美将如何维护其对华政策乎?依美人 Buell 分析,不出三途[3]:(1) 独立的政策,继续援用非战公约保有行动之自由;(2) 孤立的政策,调停中日间之冲突,如有一方不从,则袖手旁观视机而动。前项政策之无效,已昭然若揭。后项政策,则等于暂屈服于日本之霸权;(3) 国际组织的政策,美国爽直地与国际合作,维持世界之和平。以国际组织共负阻止战争及制裁侵略国家之义务。如是得收众擎易举之效,而无孤掌难鸣之苦。美国将为国际组织之一员,无须徘徊却顾,趑趄不前。至于国际组织政策,亦有二途:(1) 美国另组新国际组织,独立或并行于国联,实行非战公约。(2) 美国与国联确立负责的关系,美国应表示对于制裁侵略之态

---

[1] Henry L. Stimson, "Bases of American Foreign Policy during the Past Four Years", *Foreign Affairs*, April,1933.

[2] 本刊第二卷第四期,八十七页。

[3] R. L. Buell, "American Policy toward the Sino-Japanese Dispute", reprinted in *The China Weekly* Bev. vol. 64, nos. 4,5,6.

度。是则美政府与国联合作,恐为其维持远东政策之最有效之方法乎?

国联现于强国控制之下,美国与国际合作,须先得英法对美之谅解。战债、关税诸问题,应如何解决,不得不有以协商之。换言之,欧美之纠纷未解,对于远东亦无一致之可能。此亦新总统如召集各国领袖,在华府谈话之用意乎?

罗氏就任伊始,即宣布其外交政策,基于国际条约及国际合作。尊重国际条约,则九国公约,非战公约当在维护之列。注意国际合作,须先清理欧美纠纷。英法等代表,已先后莅美;中日等代表,亦接踵而至。白宫谈话,以讨论经济问题为主,但经济问题与远东问题,已成难分之连锁。近报载英法美谈话结果,已稍有趋于一致之端倪。故罗斯福于四月二十七日,宣布愿意参加订立咨询条约,共同抵制指定之侵略国家。以后美国虽保持其行动之自由,然国际每有争端发生,而国联对争端中之侵略国决定断绝关系使之孤立时,美国当即表示其对此事之态度。[1] 四月二十九日,美国务卿赫尔发表就任后第一次演说。声称:此时条约义务,为人藐视,条约神圣,横被蹂躏之国际局势,必须终止,而代以国际健全的新关系。此为美国外交政策显著的变更。[2] 近"英法美对于远东问题意见接近,使日本处于四面楚歌之中,前途非常可虑"[3],美国对华政策之关键,在于国际间之能否合作。其主持之中国门户开放,领土完整,原由国际之协助而成立,如以独力维持势有所未能,力有所不足。以后门户开放政策之命运,须视赫尔所称之健全的国际新关系如何耳。论者每以日美趋于妥协为可虑,谓:伪国以门户开放,机会均等之饵,以诱致美国之妥协;使美国不复坚持其不承认主义。依现势视之,美国政府必不为所动。日本以亚洲孟罗主义为号召,意欲驱除白人之势力,则白人当深觉日本势力在大陆膨胀之危险。美国现无变更对华根本政策之理由。如有变更或将在资本主义与共产主义殊死战之时乎。

(本文原载《外交评论》1933年第6期)

---

[1] 四月二十七日哈瓦斯电(见四月二十九日《申报》)。
[2] 二十九日华盛顿电(见五月一日《申报》)。
[3] 四月三十日东京电(见五月一日《申报》)。

太平洋日本委托治理地之争端

一

大战以后俄罗斯帝国之崩溃，德意志帝国之破裂，使远东方面，暂时去掉两大劲敌，均势之局发生动摇，而日本独占优势。缘日本在大战时尽力攫取权益。一九一五年向中国提出二十一条要求，复攻占青岛，抗不交还中国。一九一七年与英、法、俄、意，订立密约久占太平洋赤道北之德属岛屿。一九一八年出兵西伯利亚侵占俄境。[①] 虎视眈眈，雄踞东亚。太平洋对岸之美国素主远东均势，卧榻之旁，岂容他人鼾睡？

于是一九二一年哈定总统召集华府会议，解决战后军缩，远东诸问题。海军方面议定英、美、日三国之主力舰吨量为五、五、三之比例。关于远东问题，缔结《九国公约》，郑重声明尊重中国领土之完整，及门户开放。日本又允将胶州归还中国，撤退俄境驻军。最后英、法、日、美，签订四国公约以替代英、日同盟。四国互相尊重太平洋之属地[②]，并约定关于太平洋或远东将来发生任何严重之争执，则召集会议解决。华府会议后太平洋之局势稍觉缓弛。而均势之局亦赖以维持。一九二八年更有《非战公约》之签订，缔约国皆郑重接受"废弃战争为国策"之义务。换言之，除自卫外一切战事皆为法外之行动，故《非战公约》可称为远东和平之"再保险公约"。

一九三一年九月一八日东北事变发生，正如晴天霹雳，和平理想因而烟消云散。日本露骨表示其蔑视条约上之义务。所谓九国公约、四国公约、国联约章、

---

① 美国亦出兵西伯利亚，但其目的在监视日军行动，保持俄国领土之完整。故今日美俄复交，苏俄愿意抛弃一九一八年因美国出兵西伯利亚所受损害之请求权。李维诺夫且承认"美国之出兵为苏俄应感谢之行为"（参阅 Louis Fisher, *The Soviet in World Affairs*, Vol. I, p. 301 及"日本出兵西伯利亚事件"《申报》一九三三年十一月廿二日）。

② 华府会议签字之四国公约包括委托治理岛屿在内，但并未"认为美国同意委托治理地之表示"亦未阻止美国与受委国关于该问题之协定。

《非战公约》视若废纸，猛力进行其侵略政策。东北问题经国联讨论复讨论，终通过报告书，指斥日本行动，采不承认伪国之原则。而日本亦老羞成怒，声明退出国联，向世界舆论挑战。依照约章日本于一九三五年将正式脱离国联。其南洋委托治理岛屿将如何处置，自必成为问题，因委托治理地乃依国联约章成立之新制度，而受国联监督者也。

复以地位而论，日本太平洋委托治理地确为维持太平洋均势之主要问题，而美国关怀尤切。该岛处于赤道，北纬二十三度，东经一百三十度至一百七十五度之间。大小岛屿一千四百余，散布汪洋之中，南北延长一千二百哩，东西横亘二千五百哩。其面积合计尚不及二千一百五十八公里。其中甚多小岛无人居住。全部土人约四万九千，日人约五千人[1]论其面积固沧海之一粟，但其位置重要，可控制太平洋之航路，拦截旧金山、夏威夷岛、菲律宾及上海间之海道交通。且各岛又多天然港湾，堪为潜艇、鱼雷艇、驱逐舰之良好停泊地。是以日本认南洋岛屿为其生命线，为维持太平洋霸权所必争之地段。而，英、美等国亦何能恝然置之。

二

委托治理地制成立于大战终了时，而为"领土合并"、"民族自决"两大原则在巴黎和会挣扎后之妥协制度。因此条文含混，性质迷离。在帝国主义之目光中，委托治理其名，而领土移转其实。而维护新制度者视之，则依然委托治理地，而非旧式之领土合并。故南洋委托治理之问题虽以日本之脱退国联而变为紧张，然其根源远在于此项制度创设之时。

巴黎会议对于同盟国殖民地之处置，争论极久。协约诸国忘其战时解放被压迫民族之诺言，各依其密约要求合并领土。[2] 例如，依一九一七年日本与英、俄、法、意缔结之密约，要求合并北太平洋德属岛屿。依英、日密约，英自治殖民地、澳大利亚、新西兰要求合并南太平洋德属岛屿。而美总统威尔逊坚决反对。时南非联邦斯末资将军（General Smuts）在伦敦发表国际联盟会——一个实际的建议（一九一八年十二月）文中述前属于俄、奥匈、土诸帝国之人民及领土，应

---

[1] "Administration of Mandates in the Pacific", *Survey of International Affairs* (1926), p. 396.
[2] 一九一八年一月五日鲁易乔治说明协约国战争之目的，声称："民族自决原则应用于德属殖民地，一如应用于欧洲人民。但一九一九年一月二十三日彼于最高会议，首先提议立刻分配德属殖民地，法、意、日代表附和之，但威尔逊极力反对。"(P. I. Moon, *Imperialism in World Politics*, pp. 473, 479)

置于国联权力之下。由国联委托别国代行治理之权,代治者应受国联规定之限制,并在可能范围内应得受治者之同意。"国联依某种原则,应有最后处理之权。"①威尔逊即采纳斯将军之建议,稍加修改,加入国联约章,以打破僵局。一面,占领的国家虽不得合并,而尚可保持占领地;一面威氏虽不得实现民族自决,而"代管""保育"及"国际监督"之原则,可以应用。此原为一时妥协之计,实未完全表示威氏之主张,然亦未实行协约国合并之计划。

然威尔逊为欲阻止合并领土之议,牺牲其对于委托治理制主张之一部分。例如,委任统治草案中,国联地位极高,明白规定为诸帝国之承继者(Revisionary of the Empires)有权分配委托治理地。如有违反委治原则之事件发生,则可另委他国代治。但于国联约章第二十二条,则隐而不言。又如,为满足英自治殖民地之愿望,牺牲其开放门户之主张,分委托治理地为A、B、C三级。A级包括土耳其之领土,B级包括中非洲,C级包括西南非及太平洋岛屿。C级之委托治理地,受治于受托国法律之下,作为领土之一部分。② 复如,国联成立前,协约国先行分配德属殖民地。一九一九年五月七日,和约尚未签字,最高会议依委托治理之原则,及战时之密约,分配旧德属殖民地。太平洋赤道以南岛屿,委托大不列颠、澳大利亚、新西兰治理。赤道以北之岛屿,委托日本治理。西南非给予南非联邦治理,东非归英。至于多哥兰、喀麦隆由英、法两国作一"共同建议于国联",因该两地之分配,已在一九一六年密约中规定。妥协复妥协,竟使论者谓委托治理地成为帝国主义所发之烟幕弹,以掩饰其合并领土之事实。③

但此种分配,究系临时性质。国联成立后,即进行认可之手续。一九二〇年八月国联行政院在第八次会议,通知主要协约国英、法、日、意唤起注意于约章第二十二条及和约第一百十九条给予"主要国"的责任,并提及该国应在可能的迅速中报告指定的受任国及委托之条件。后行政院在圣塞波斯申(San Sebastian)开会议定:协约国所采用之委托治理草案(Draft Mandates)须经过国联审议认可后,方为确定。同时通过希孟报告。该报告检讨委托治理制之法律基础,依国联约章第二十二条"受委国施行职权代表国联"。又依凡尔赛和约第一百十九条

---

① 原文转载于R. S. Boker, Wondraw Wilson and Wowld Settlement (1922)Ⅲ,94。

② "Under the law of the mandatory state as mtegral portions of its territory"草案中在"as"原后有"if"由日本代表提议删去(约章第二十二条第六款)D. H. Mitter, The Drafting of the Convent.

③ P. T. Moon, Syllabus on International Relations (1936) 72.
Q. Wright, Mandates under the League of Nations,(1930) 37.(存疑——编者)

"德国为主要协约及联合国起见,放弃其对于海外领土之一切权益",断定:受委国之法权(Legal Title)一面由"主要国"所给予,一面由国联所给予。① 所以初次委托治理制之发生效力,须经过三种步骤。(一)"主要国"指定某国,给予委托治理;(二)"主要国"正式通告国联行政院,谓某国已被任为某一区内之受委国;(三)行政院乃正式认可受委国之委任,并通知该国已受有委托治理地,并同时通告委托之条件。即依此手续,一九二〇年十二月认可 C 级委托治理地,一九二二年七月认可 B 级委任统治地,一九二三年九月认可 A 级委托治理地——巴力斯坦,及一九二四年九月认可伊拉克。国联对于委任统治地之权势虽不若威氏草案之所拟,尚有下列显著之权力:(一)认可原始的委任及后来的更改;(二)组织机关监督委任统治地之行政;(三)查核关于委任统治地之事实;(四)保证继续应用委治规定条文;(五)确立治理委治地之标准、原则,及法规。国联既保有如是之权力,固不难证明委任统治地与本国领土迥然有别②,然因威尔逊对其委任统治制之主张,让步过多,致使受委国得而强词夺理,为霸占委托治理地之口实,而太平洋委任统治地之纷争以起。

三

设太平洋委任统治地,果如威尔逊草案之所定,抑如旧德属岛屿竟明白割让于日本,则近时日本退出国联,当然无所谓争端。盖以前者明定国联有最终处理之权。而后者则规定主权移转于日本。今则不然!委托治理地之解决方法适为两者中间之妥协制度,故当日本宣告退出之时,关于该岛之处理问题,聚讼纷纭,即日本当局,亦惴惴不安,哓哓声办,强认委托治理地为领土。日海军当局谓:"北太平洋岛屿系在世界战争时,为日本海军所占据。她曾与英国有将此岛屿并入日本之谅解,嗣因美国反对,乃避去割让字样。但一九一九年五月七日,英、法、美、意、日之最高会议,曾追认德国将南洋岛屿割与日本之战时谅解。是以此岛屿之主权已以代管形式,由德国移归日本矣。"⑪又谓"联盟或美国若干涉南洋群岛,则以实力对付"③,日外部亦觉"南洋群岛问题,渐趋严重。如处理不得其法,则将引起世界为敌"。④ 夫对于南洋群岛,日本设有主权,则何谓"代管"?藉

---

① League of Nations, *Council Minutes*, Sers. Ⅷ, pp. 178-189.
② 参阅拙著:《太平洋委托治理地问题之另一观察》,本刊第二卷第五期。
③ 三月二十日华联社东京电。
④ 三月二十六日华联社东京电。

使委托治理地果为领土,则何必惧国联暨美国之干涉,又何必忧惧引起世界为敌？盖日政府心有所馁,乃出此种种策略,以图霸占。但无论如何,南洋群岛已成为国际之严重争端,而列在所称一九三五年日本外交危机之一。

南洋群岛问题此时尚未至谈判时期,故列强尚未有具体之表示,即国联亦未言将来代管权之处置。① 然各国官场或私人的论调,已稍露对于该问题之立场。例如德国官场发表:"他日日本脱离国联时,太平洋岛屿日本代管权之问题,只可由国联行政院及代管权委员会解决之。"② 美国务院远东司司长曾谓:"委托治理制度,系由欧战而来。美国虽非国联会员国,然参战分子对于有关委托治理地之一切见解及决定,美国仍有参加之权利。"③ 意大利法西斯党机关报载"目前太平洋中形势对于海军裁军问题,颇为不利。若上述各海岛复归德国所有,则太平洋中军略上,将有一新要素出现矣。"④ 又谓:"国联会以国际团体名誉,委托日本治理太平洋各岛,今日本既已退出国联,何以太平洋各岛,尚未交还国联会,其敢于如此者,正因日人为国联会及其会员国,均不能强迫日本交还此项委托治理地故也。"⑤ 日内瓦军缩会议席上法国殖民部长萨劳谓:"法国欢迎德国参加殖民地军缩小委员会,深望德国能在最近获得新殖民地,尤其南洋群岛委托治理地发生问题,法国则同意归还德国。"⑥ 英国保守党员包士特询问若有一国联会员国,退出国联后,其所治之委托治理地,应如何办法。外次艾登答称:英政府正在考虑此问题,但因各大国尚未讨论此事,故英国现时不能有所表示焉。⑦ 英政府对于南洋委治地,不能缄默,势所必然。因该岛屿与澳洲新西兰之国防有关,至讨论时期(一九三五年)势不愿日本继续作为海军根据地,威胁自治殖民地也。

列强对于南洋群岛委治地之关心,及其所流露之主张,已足表示争端之趋势。现以日本尚未至最后脱离国联时期,故皆暂守沉默。时机一届,将有剧烈之争端。日当局预料及此,故外部谓"……将引世界为敌",海部谓:"将以实力对付干涉。"此皆理屈词穷、图尽匕现之表示。

---

① 本年十月三十一日国联行政院开会讨论日本向国联提出之太平洋委托治理地之常年报告,未曾言及将来代管权之问题(《申报》十月二日)。
② 三月二十三日东京电。
③ 三月二十七日哈瓦斯电。
④ 二月二十五日哈瓦斯社罗马电。
⑤ 十二月二日哈瓦斯电。
⑥ 三月七日华联社东京电。
⑦ 三月十七日路透电。

四

理论上,太平洋委托治理地问题,为一法律的争议;换言之,即关于事实及条约之争点,而非为改变事实或法律现状之政治争议。故该问题之核心,在于委治地之主权属谁。主权所在,即最后处理权之所在。而委治地之主权问题,却为最难解决。缘约章第二十二条脱胎于威尔逊之草案,而删去其主权属于国联之明文。① 该条中"主权"二字,仅于第一节叙述不复属于德国之领土时应用一次②,而条文中所用之名称"委托治理""保育"及"神圣义务",概未有明确的定义。

虽然,主权问题为委治地争议之焦点,不可以不辩。希孟报告,未曾研究主权问题,认为"形式上事件"。③ 一九二七年行政院报告员述"受委国与委托治理地之法律关系,显在国际上为一新关系,所以旧名称如从前所用者有时或不适于此新情形"。④ 一九二九年国联大会第六委员会(政治问题)在讨论主权问题之时,新西兰代表以为"主权"已成为"空谈"⑤,但"空谈"有时变为极其重要。例如,战争时委托治理地之地位如何,当受委国违犯委治条件,或自行告退,或受国联开除,或承认委托治理地人民力能自立时,国联转移委治地之权力若何,皆由此法律问题而决定。⑥ 因此吾人进而检讨南洋委治地之法律地位,主权是否如日当局之所主张,已转移于日。

南洋委治地属于C级,主权在于委治地之说,似未可适用。主此说者,依约章二十二条之精神,谓委托治理地终成为独立之社会。现以"其居民尚不克自立于今世特别困难之状况中"故付托先进国施行"保育"。主权之执行虽暂时停止,然其实在主权未可认为剥夺。保罗・庇克(Paul Pic)更以私法监护之原则,说明委治地之地位。彼认此项领土,属于委托治理地之社会。而国联处于家族会议之地位,指定监护人而保护之。依国内法家族会议,或监护人,对于被监护者之财产,皆不得谓有私权。⑦ 今委治地之社会,以有无能力正当施行其主权,故设

---

① 参阅 P. T. Moon, *Imperialism and World Politics*, pp. 480 – 481.
② "凡殖民地及领土于此次战事之后,不复属于从前治理该地国家之主权。"
③ "A Mere matter of forms Perhaps."
④ *Official Journal of the League of Nations* (1927) 1120.
⑤ "Soveignty was an accademic issue"—Sir James Par. 阅 *American Journal of International Law* (oct. 1932), p. 727.
⑥ 参阅 Buell, *International Relations*, Rev. Ed. 358.
⑦ Levermore, *League of Nations Year Book* Ⅲ, 138.

监护人代为执行。但被监护者仍应视为主权之所有者。是说也言之成理，或可应用于 A 级 B 级之委治社会，非所以语于 C 级委托治理地，若南洋诸岛者，因该地在甚多岛上，尚无有组织之社会也。

其次，主权在于"主要国"说，亦有问题。依凡尔赛和约——九条"德国为主要协约暨联合国起见，放弃其对于海外领土之一切权利"。此项条文明示德国转移其海外殖民地于"主要国"。此后亦无明文移转于国联之事件。一九二二年，贝尔福在国联行政院声称："委托治理制者，胜利国家对于所得征服地主权之自加限制"①，此主要国保有处理委治地转移权说之所由来也。

但"主要国"是否得有主权，颇属疑问。第一，德属领土如为"主要国"所并合，则违巴黎和会所接受之"无合并"原则，第二，约章第二十二条受托国代表国联治理，而非代表"主要国"，第三，据兰辛(Lansing)报告，谓：威尔逊力反对协约国共有(Condominium)之观念。且南非联邦最高法院判决书内声称：德国尚未放弃其殖民地主权于"主要国""为……放弃"有时等于"割于……"，如凡尔赛和约八十三条及八十七条所用者是。但该约一一九条对于德属海外殖民地所用之"放弃"字样则异于是。委托治理地与割让地显然有别。例如，该地对于德国战前债务，免除负担，德国公产不扣作赔款，皆为明证。又云"签约国之两方均未有法律上割让之必须动机。签字者定必默认此项领土应照和约第一编(国联约章)处理之。该地所以交于主要国处理者仅为主要国可进行必须的步骤，在委托治理制度之下，加以统治而已。②不宁惟是，即使主要国得有主权，但当其以受委国之委定及委托治理地疆界之划分，通知国联时，不啻宣告结束。且主要国之最高会议，居战后清理员地位。依此地位最高会议进行指定受托国(为实行委托治理制之第一步骤)。最高会议之干涉，就此终止。③希孟报告揭示主要国在分配委托治理地后，已无关系。由此而言，太平洋委治地之处理，其权亦似不在于"主要国"矣。

复次，主权在于受委国说，更有问题。此项理论，即为日本把持南洋委托治理地之立场。以为委托治理与领土无异。比国罗林(Henry Rolin)力持此说。彼依据凡尔赛和约一一九条，主要国直接转移领土于受托国，谓：委托治理地法

---

① Levermore, *League of Nations Year Book* Ⅲ, 138.

② Rex v. Christion Sir James Ross-innes of the Supreme Court 起稿, Solomon and Katz 同意。*American Journal of International Law* ⅩⅤⅢ (1924) pp. 68. 30.

③ 参阅 Q. Wright, *Mandates under the League of Nations*, p. 323.

律上,事实上,等于德国之割让地。彼又反对"主要国"尚留有任何一部分主权之说。果若是恢复中古"封建制度",以受托国为附属于"五强"之诸侯国,宁非可笑。①

主权在受托国之说,于委治制成立之初,曾有人主张;但早经打破。委托治理委员曾竭力反对之,行政院否认之,而受委国大多亦默认主权之不属于己。此项理论违反和会"不合并"之原则,确与约章二十二条"代表国联"之明文,及"委托治理之条件"相冲突。英财长张伯伦在下院演说:(一九一一年五月四日)"此项领土决不变为殖民地",外长贝尔福给法报之谈话(一九一九年二月四日)亦尝表明委托治理地与殖民地之区别。② 须知在委托治理制下受托国之所得者,乃行政权而非主权。否则凡尔赛和约何以凡涉及受托国者,概用"政府施行权力"(见和约第一二○、一二二、一二七诸条)之语句乎?又何以受托治理地之敌产及战前债务之处理异乎其他割让地呢?(第一二○、二五七条)又委托治理地委员是常建议修改受托国之法令及条约之含有主权国之意义者。并攻击南非联邦与葡萄牙订立之昂哥拉(Angola)疆界条约,因其序言中南非联邦擅居西南非主权者之地位。一九二二年行政院议决:B级、C级委托治理地居民之国籍③别于受委国。同年委托治理委员会在讨议乌伦里(Urandi)疆界问题时,决定委治理地非经行政院同意,不能割去寸土之原则。④ 此外,委治地之财政,不得与受托国之预算混合。设有剩余,只可留作该地之用。凡此种种,显示主权之不在于受托国,彰彰明甚。日本何得谓太平洋委托治理地等于日本之领土。

最后,主权在国联说,较近事实。约章第二十二条第二节受托国"代表国联施行"保育",又第八节"行政院可规定受托国行使之管辖权,监督及行政权……"既称代表国联,则其最终的权力,当在于国联。一九二○年德政府致牒文于国联大会声明:指定受托国者,应为国联而非"主要国"。且国联对于委治地有监督之权力,并遇有受托国违反委托条件时应可撤销另委,更以"委托"在私法上意义绳之,则主权当在于国联。

持反对论者谓草案中原有授主权于国联之条文,但后被删去,足证和会不愿主权属于国联。且领土之从主要国直接移转于受托国,未有国联参与,已摈除其

---

① Henri Rolin, Le System der Mandats Coloniaux.
② Antonelli, E L'afrique et la Paix Versailles.
③ *Official Journal of League of Nations* (1923), p. 604.
④ 参考 Minutes of the third session, mandates Commission (1923), p. 138.

主权之要求。其言似亦成理,但约章虽无授予国联主权之明文,然可从"受托国代表国联"及"委托治理"语中,引申得之。又国联虽未参与分配,然终经国联之认可。近日法家中主张主权在国联之说,日渐增多。一九二四至一九二八年之法学著作中,归主权于国联者远多于一九二〇至一九二四年间。且主权既不在于受托国,又不在于委治地,更不在于主要国,则除国联外将谁属。

法理上讲,太平洋委治地之处理权,应属于国联,该地是否仍由日本治理或另委别国,其权皆在于国联。然日本尚有把持之理由焉?第一,受托国并无限于国联会员国之明文。约章第二十二条第二节仅云,以保育之责,委诸"先进国",故日本坚持退出国联,对其南洋委治地,无有影响。然于同条第二节"对于其他会员国之贸易,保持平等之机会",又于委托状第七条"设任何争端发生于受托国与另一会员国间",既用"其他会员"与"另一会员"则受托国当为会员国,应无疑义。第二,日本援引阿美尼亚事件,以为护符,缘国联曾以阿美尼亚委诸美国代治,美政府拒绝接受。① 美国固非会员国,则似非会员国亦可担任受托治理矣。但阿美尼亚事件,未成事实。美国原未参加国联,与日本之违反约章,宣告退出者,显然有别。且依委托状第四条"受托国不得在受托地上建造军事根据地,亦不得建筑炮垒",而日本暗中进行建造要塞及炮台于各冲要岛屿。马沙尔群岛(Marshall Islands)附近建为潜水艇之根据地,希图称霸太平洋,②则其违反委托状,昭然若揭。日本更以东北事件,违反约章,国联虽未能援引第十六条,加以制裁,亦当撤销其委治地,以为惩罚。斯多云诺维斯克(Stoyanovsky)建议:受托国脱离国联,或被逐出,将自动地失其委托治理地③,故日本应交出其委治地,而国联有另行委托之权。

五

国联有权处理是一事,但其能否处理是另一事。以国联过去对付强国违法者之脆弱无能;更以对付中日事件之未能维持正义,而制裁日本,复以新近德国之宣告退出,意国之提议改组,恐国联无撤销日本委托治理之勇气,然美国对此岛屿,以有深切关系,决不肯默无表示。

美政府对于该岛屿,曾有一度之热烈争执。在巴黎和会开幕前,美政府极注

---

① 参阅 *International Conciliation*, No. 151, p. 271.
② 参阅《时事月报》第八卷第五期,专文,三六一页。
③ Stoyanovsky, La Theorie General des Mandats internationaux (paris, 1925),p. 55.

意日本所占领之德属岛屿。国务院中曾拟议：为顾及各方利益,该岛复归德国,为最好办法。是时美政府固未悉一九一七年日、英、法等国密约之存在也。① 巴黎和会日本依据占领权及密约,要求德属北太平洋岛屿。一九一九年五月七日,最高会议决定该岛屿归诸日本代管。次年十一月十二日,美政府致牒日本,声称：关于雅浦岛,威尔逊曾有保留案,不在委治地之内。日本反对。十二月十日,美政府重申前议。十七日,国联行政院认可日本委治地,声称：雅浦岛包括于北太平洋委治地。于是美政府提出严重抗议,并明其立场："美国为主要协约及联合国之一员,对于德国所放弃之殖民地,与其他主要国有同等之权益,对于该地之处理,有同等之发言权。故未得其同意,不能发生效力"云云。② 国联回复谓：雅浦岛之争执,可由美国与受托国谈判解决。一九二一年二月二十六日,日本答复美国前年十二月十日之牒文,坚持国联五月十七日之决议,未可更改。但美国可享受给予会员国之任何权益。四月五日美政府建议雅浦岛问题由两国缔结条约解决。然美国为此弹丸小岛,争论颇烈。③

雅浦岛事件后在华府会议时解决。依一九二二年一月十一日签字之条约,美政府承认委托治理之原则；而日本承认美国在该岛上有敷设及使用电台之权,并承认将向国联行政院所送之年报,送一副本于美国。夫以雅浦岛为一海底电线之中枢,尚如此争执；今太平洋日本委治地全部发生问题,又正当日本海军威胁美国太平洋上势力之时,美政府能无忧虑？故美海军当局已有表示：谓日本藉商业设施之名,于南洋委托治理地,建设间接的海军根据地。故美国在阻止日本在太平洋之优越地位,不得不求必要手段云。④

美政府之要求参与太平洋委治地之处理,根据两项理由：第一,凡尔赛和约一一九条德国为主要协约及联合国起见,放弃其殖民地之主权。美国为"主要国"之一,应有权参与支配委托治理地。和约一一九条载入美国与日本缔结关于太平洋委治地条约之序言中。第二,美国由和约一一九条所得之利益,更以美德

---

① *American Journal of Internaional Law*, July 1933, p. 429.
② Jchihashi, the Washington Conference and after, (1928) p. 328.
③ 当时,会有一曲传诵："Give us yap! Give up yap!
　　　　　　the ganks have put it
　　　　　　the yanks have put it
　　　　　　the yanks have put it
　　　　　　on the map' (*The nation*, sept. 6, 1919) p. 328.
④ 九月一日电通社电,九月二日路透社电。

条约(一九二一年八月二十五日)而确定。第一项理由,以美国未曾批准和约而发生问题。依国际公法原则,"条约对于非缔约国一造之第三者,既无权力又无义务之发生"。① 第二项理由亦觉柔弱无力。凡尔赛和约于一九二〇年一月十日发生效力,即于是时德国放弃海外殖民地之权益。但在一年半后(一九二一年八月二十五日),美国始与德国缔约。是时德国早已无权力给予或认可美国在其前属领土内有任何权利。虽然,讨论太平洋委治地而斤斤于法律的立场,失之远矣。

六

太平洋委治地之争端,如果限于法律争议,则国联有处理之权,彰彰明甚。即不然,委任状中原规定关于条文之解释,归于常设国际法庭判理,自可容易解决。但日本已坚决表示不愿放弃,准备用实力对付,势必不愿取决于法庭。而国联以受中日事件之挫折,势将不敢有所积极表示。德国为和约签署之一造,其放弃海外领土,以依约章二十二条设立委托治理及受托国代表国联治理为条件。委治地发生问题时,当有权发言,但德国近以退出国联,使太平洋岛屿复归德国之说,顿少依据。至于英法等国,将依一九三五年之外交阵势,表示主张,不肯袖手旁观,一任美日之争执,可断言也。

所以太平洋委托治理地之问题,势必由法律争议而变为政治争议,美国务院中人因已认日本之继续代管与否,乃关于太平洋海军与政治安定之政策问题。② 事实上,日本委治地之争执为太平洋优势之争夺,亦为太平洋海军竞赛之一幕。至其争执之程度如何,对于预言,此将随太平洋风云之变幻而定。大概言之,形势而趋于缓和,则日本将重行担保不以南洋委任托治理为生命线,不以为军事之根据地;如趋于恶化,则今日星星之火,难免不成为燎原之势,盖可想见矣。

(本文原载《外交评论》1934 年第 1 期)

---

① "Pacta Tertus Nec Nocent Nec Prosunt""Neither rights Nor duties as a rule arise under a treaty for third states which are parties to the treasty".

② 一九三三年十月二十七日国民电。

美国与国际法庭

一

美国对于加入国联与国际法庭之问题，争论不决，已历十有余年。国联以美国之站于局外，效力微弱，不得实施其约章所规定之制裁方法，深望美国能毅然参加。而美国自罗斯福接任总统后，此种希望，似有实现之可能。第一，国联计划原为民主党领袖威尔逊所手创而努力促成者。第二，罗总统力谋恢复已中断之美俄邦交，表示外交动向，已有变更，或随俄国之后，参加国联。第三，日美在太平洋之冲突，日形尖锐化，而美国不愿又不敢单独向日本挑衅，或须参加国联，以联合势力抑制日本之野心。第四，美国所创议而成立之《凯洛克非战公约》非与国联之机构密切联系，不能发生效力，因公约未有只字提及制裁之方法及判断违约之机关也。因此，世人认美国对国联之态度，已有转机，即美国一部分人士，亦作如是想。在美国本届国会开会之前夕，俄亥俄州民主党参议员博伯表示预备提案，俾美国得有条件的加入国联。彼认"大总统罗斯福以为美国一经加入国联会，则各国之主战派将受致命之伤"。另一民主党参议员劳平生亦主于本届国会开会时，提出美国参加国联之议案。

然而美国人民之反对参加国联，已有悠久的历史。无论一九二○年时所持之反对理由，迄今尚有价值与否，但已深入人心，一时不易袪除，且当时反对凡尔赛和约之中坚分子，若波拉约翰逊等犹在参议院中，表示猛烈之反对。故美政府当局避重就轻，仍暂置国联问题于不议，而只积极实现参加国际法庭之计划。罗斯福总统以特别咨文送达参议院，建议美国加入常设国际法庭，力促国会放弃党派成见，考虑此事，并谓："伸张国际公理之运动，当无党派之分别，予甚冀参院能早日通过参加国际法庭之议案，以实现此次稳妥而纯粹之美国政策。"参议院曾举行秘密投票，结果赞成加入者六十人，已有三分之二多数。一般认美国参加国际法庭之最后障碍，可以消除，十余年来美国所守之孤立政策，今后形将转变。

孰知当参加国际法庭案正式投票时,参议院竟未予通过,赞成者仅五十二票,不足三分之二之必要票数,实出意外。反对派获得胜利,对于罗总统之希望,予以重大打击,使美国加入国际法庭之努力,终成泡影。政府派领袖劳平生于否决后,即称"国际法庭案现已寿终正寝矣"。此次参议院之否决,表示美国仍留恋于传统之政策,而不肯积极参加国际和平之机构。其影响于国际和平之前途,可断言也。

二

国际联盟及国际法庭同为战后维持和平之机构,虽互相联系,而各有专门职责。是以一国得加入法庭而不加入国联,盖法庭为判理国际法律性质的争执机关,依据国联约章第十四条而设立者也。一九二〇年一月国联行政院指派法律专家起草组织条例,十二月通过条例,并规定签字及批准之程序。一九二一年国联大会及行政院推选法官,于次年一月法庭成立于海牙。法官现有十五人,被选之法官须德性高尚,在本国内备有担任最高法官之资格,对于国际公法具有专长并著声誉者。不特此也,法官全体应代表世界之主要法律与文化制度。法庭应用国际协定、国际惯例、文明国家所承认之一般的法律原则、司法判例,以及公法学家之学说,依规定的程序,处理争议当事国所提交之案件,及发表国联所请求之顾问性质的意见。论其性质,确为法庭,与一八九九年所设立之常设仲裁法院,迥乎不同。因仲裁法院既非常设,又非法院,仅为一法官名单,备争议当事国选择仲裁员而已。故国家间果能抱守法之精神,将争议诉诸法庭,自可得适当的解决,而国际和平之障碍,大部可以消除。是以法庭之效用,不容忽视,盖因法庭之创设,原拟以法律替代战争,而为解决国际争执之方法者也。

国际法庭之理想,素为美国人士所主张。一八九九年美政府训令海牙和平会美代表,建议设立国际法庭,以促进国际正谊,惜时机未熟,美代表之计划,未曾实现。一九〇七年第二次和会中,美政府重申前议。国务卿鲁特(Root)训令美代表,促设立常设国际法庭,主张法官应纯为司法官吏,受有相当的俸给,不能兼职,依司法程序,判理国际案件。法官又应郑重选自各国,俾法庭可代表各种法律制度,并使法庭成为庄严、重要、卓越之机关,于是优秀特出法学家,愿意就法官之职务,而世人对于法庭之判断,将有绝对信任之心理。依此训令,美国代表提出常设国际法庭草案于和会。草案之要点曾被和会接受,但对法官之选任方法,小国主张平等的选举权,大国不愿,发生争论,未有结果。在两次海牙和会后，美国之创议常设国际法庭，未尝稍懈，是其深望国际法庭之实现，已昭然若揭。至于现在海牙常设国际法庭之创立，大部分由于威尔逊之努力，及鲁特·密勒(David Hunter Miller)等之设计，可不待言。

一九二九年胡佛总统就职演词中，曾谓："美国政治家为首先发起常设国际法庭之人，并力促其设立，以解决国际的法律性质之争议。常设国际法庭之大部目的，与美人之理想及美人之政治手腕，若合符节。"最高法院首席官休士(Charles Evaus Hughes)谓，美人一向主张在可能范围内，以司法程序解决国际争端。例如，《泛美条约》指定下列问题，属于司法范围：（一）条约之解释；（二）国际公法之任何问题；（三）违反国际义务之存在的事实，（四）对于违反国际义务赔偿之性质及范围。彼称对于此项问题，如拒绝司法的解决，即认《凯洛克公约》等于废纸。彼又声称，"常设国际法庭为世界和平事业之最重要者"。美国人士习见美国最高法院对于各邦争端之解决，极有效果，故一部分人士认国际法庭为和平解决国际争执之最好方法。但理想与事业，迄未相符。美国迭任总统虽向参院建议，远见的学者虽向民众宣传，而十余年来美国尚站于国际法庭之外。此次参院投票表决参加国际法庭案，又败于垂成，其原因果何在耶？

三

论及美国反对参加国际法庭之理由，不得不先申叙美国反对参加国际联盟之理由，因此次反对派之主要论点，即参加法庭为参加国联之捷径。当一九一九年美国参议院辩论凡尔赛和约时，顽固派极力反对参加国联。外交委员会审查和约向参议院报告，称"国联属于同盟性质，将酿成战事而非保持和平者也"。又称约章要求美国牺牲其独立与主权，而此亦未必能增进世界之和平。当时反对国联之理由，简言之，为（一）约章有损于美国之主权及违犯美国国会宪法上所赋予之权利；（二）恐惧美国更形牵涉于欧洲之政治与外交；（三）认巴黎和会为不满意，美国不愿协助担保不公道之和约。此外，共和党人以民主党领袖威尔逊过于自负，不愿助成其计划。因此当时参院终未批准和约，而美国迄今犹站在国联之外。

现在对于参加国际法庭之问题，反对派坚持参加法庭为加入国联之捷径。旧有反对国联之理由，因重复提出。前曾反对美国加入国联之中坚人物，波拉、约翰逊等又复站立前线，猛烈攻击。一月十六日罗总统之建议参加法庭之咨文，宣读方毕，约翰逊即声称彼将竭力使美国之一切行动，自由独立。彼以为美国之所被邀参加者,为国联主义下之种种纠纷。又云"国际法庭与吾美漠不相关,吾美若果加入,必致牵入欧洲漩涡而无以自拔"。波拉亦谓:"海牙国际法庭附隶于国联之下,美国加入国际法庭,乃系一种遮眼法,欲藉以准备美国加入国联。且美国如加入国际法庭,则势必牵入欧洲各国争攘之漩涡。苟然,则美国徒成欧洲国家之工具,对于国际事件,反失其自由判断之权矣。"

然而美国之不愿参加法庭,尚有下列特殊阻碍。第一,关于债务问题。欧洲对美之战债,已有不愿付还之表示,而美政府对于南北战争时南方诸邦所募之债券,亦迄未予以承认。故美政府一面不愿放弃欧洲之债权,而一面又不愿承认南方诸邦所发之债券。参加法庭后,恐将受到法庭之判理,发生不利。第二,关于美国之移民问题。美国对欧之移民限制及摈除黄种人之移入,已成为国际问题,又恐法庭将加以干涉。第三,关于法官选举问题。法官由国联选举,而英国与其自治殖民地各有一权,而美国加入后,对于选举法官只有一权,恐英国的集团势力,将影响于法庭而不利于美国。第四,美人不愿接受由国联请求而法庭所发表之顾问性质意见之约束。第五,美人之矜骄心理,不愿将争端受外人之判理。上列阻碍,一小部分知识分子,固认为可以设法消除,但大部分人之心理,对此终怀忧惧,不愿轻于加入。溯自大战以来,美人心理认美国前次参战,非但未得实利,反与欧洲政治牵涉更多,故因此不愿再蹈覆辙,而欲处处保持孤立政策。此种心理上的反动,即促使参加国际法庭之举,未能实现。

四

姑无论美国反对加入国际法庭之理由,是否确当。而历任总统皆主张加入,参议院亦力图保障美国的利益,扫除加入障碍,惜态度始终不甚坚决,以致功败垂成耳。

一九二三年二月二十四日,哈定总统送一九二〇年议定书及国际法庭组织条例于参议院,请求参院在保留条件之下,同意美国之加入法庭。一九二五年三月四日,柯立芝总统就职演说中,力主美国加入法庭,并谓"我侪不应以微末的争点,而拒绝批准"。三月五日参议员史潢生(Swanson)在参议院之特别会中,依柯总统之建议,提出议案,规定美国如自己并未加入请求,则对于法庭所发表之顾问性质的意见,任何方面,不受约束。一九二五年十二月八日,柯总统又在致国会之常年咨文中,赞成加入国际法庭。一九二六年参院通过五项保留案:(一)美国加入国际法庭,不得认为对于国联发生任何法理上之关系。(二)美国与其他国家享平等的权利,得派代表参与国联大会及行政院,选举法庭之法官。(三)美国国会拨付美国对于法庭应负之一部分费用。(四)美国有退出法庭之自由,非得美国同意,法庭组织法,不得修改。(五)法庭不得发表任何顾问性质之意见,除非公开通知参加法庭之国家及一切有关系的国家之后。且非得美国之同意,凡有涉及美国享有利益,或要求利益之争执或问题,法庭不得接受顾问意见之任何请求。此项保留案皆用以保障美国之权利,准备参加法庭者。

一九二六年三月二日,国务卿凯洛克将参议院决案,通知国联秘书长及一九二〇年议定书之签字国,征求对于美国保留条件之意见。国联行政院召开签字国会议,美国拒绝参加。会议对于美国首列四项保留,未有异议,完全接受。对于第五项保留之上半部,亦未加讨论,而于下半部则发生问题。美国如为争执之一造,则当无问题,但设非争执之当事人,则有两种困难:(一)行政院之以法庭顾问意见,解决争执之和平工作,将受到阻碍或延搁,因美国可依第五项保留而阻止之。(二)美国所称利益,未有确定之范围。美国不特对于享有利益,并对于要求利益之问题,反对法庭发表顾问性质的意见。于是会议通过议定书草案,关于第五项保留之第二部分,未能完全接受。因此美政府认为不满意,遂中止谈判。

一九二九年二月二十日,国务卿凯洛克致牒文于各签字国,表示愿意继续谈判,以调和争点。三月九日行政院决定请求法律专家委员会,考虑美国加入法庭之问题。鲁特亦为委员之一,建议调和一九二六年之议定书草案与美国参议院所提之第五项保留案所发生之争点,此即所谓鲁特公式(Root Formula)。第一部规定美国为争执之当事者,非得其同意,法庭不发表顾问性质之意见。第二部规定对于美国要求有利益之争执与问题,法庭发表意见之程序分为两阶段:第一阶段,即在行政院或大会讨论请求法庭发表顾问意见时,应与美政府从速交换意见。第二阶段,即在法庭接到请求书后,法庭登记员应通知美政府,并由法庭庭长规定合理的答复期限。以此办法,可以决定美国之主张。如美国不同意,则法庭将拒绝发表顾问意见。一九二九年法律专家委员会,依鲁特公式明白接受美国一九二六年参院之保留案,并一致通过议定书草案。一九二九年六月,国联行政院亦通过之,并训令国联秘书长回复凯洛克二月十九日之牒文。九月四日签字国会议,以行政院之请求,考虑议定书草案,并全体通过之。九月十四日又得国联大会一致的通过,交会员国签字。于是国联送交下列三项文件于美政府。

（一）美国加入法庭之议定书草案。（二）一九二〇年议定书。（三）法庭组织条例之修改议定书。

一九二九年十一月十八日，国务卿史汀生致书胡佛总统说明加入法庭之议定书草案，及组织条例修改议定书业已完全保障美国之利益，故"美国可安全加入法庭"。一九三二年美国参院外交委员会，再度审查，亦谓美国参加国际法庭，已无流弊。

美国加入国际法庭，经过十余年之考虑，可谓审慎周详，迭任执政当局，无不赞成加入，而所称美国利益又得尽量保持。今竟遭参院之反对而未成事实，岂非外交上之一迷局耶？

五

然而美国参院之否决加入国际法庭议案，余以为心理的因素确占重要部份。政治上之一种原则，经过悠久的时期，成为人民之一种信仰，则其势力已根深蒂固，确乎不易破除，甚至情异势迁，失其原有效用，而人民尚迷信之而不欲轻易放弃。华盛顿劝美国"不加入牵累同盟"之留言，与门罗主义之"不干涉欧洲事件"之原则，已早深入于美人之心理。故一般人闻得美国将参加法庭，即认为违反神圣之原则，即群起反对。至于已有相当的保留案，则无暇详加考虑。罗总统力言，参加之后，美国自主权毫无受损害之危险。彼称"今日之国际关系，在在皆可影响未来之世界和平，美国之得因此而表示赞助和平，实为一绝佳之机会。"又云："此种政策至为健全，与美国人民见解相符合，美国主权无论如何，绝不因此而削弱。"罗总统夫人播音演讲，谓"美国第一任总统华盛顿反对干涉欧事，乃环境使然，今已不复存在。吾人虽不愿与闻外事，但美国究为世界之一部"。然此种恳切的劝告，皆未奏效。观乎参议院举行投票加入法庭议案之前夕，院中态度犹豫之议员，接得反对电报，多至四万余件，可觇美国民众心理之一斑。是政治上有悠久历史的原则，其势力之伟大，确出乎常人所意料，是乃执政当局所不容忽视之事实。

由此次参院之否决参加法庭案，吾人可以断言美国现尚留恋于传统的孤立政策。然美国对于世界和平之机构，终不能久处于局外。回忆英国于十九世纪徘徊于孤立政策者，达数十年，终于以德意志之威胁，而放弃其传统政策，而缔结协约。现在太平洋上之风云日紧，日本之对美威胁，未尝稍减于战前德国之对英威胁，故美国恐难长此保持其孤立之政策，他日受环境所迫，终将舍孤立而谋国际合作,毅然加入国际法庭与国际联盟,以制当世之黩武主义者。此为研究国际政治者所不可不注意之未来局面也。

(本文原载《外交评论》1935 年第 2 期)

埃及反英运动之检讨

一　反英运动之复发

意阿战事爆发以后，英国殚精竭思，应付意大利之侵略政策，调遣舰队，集中于地中海，以保护埃及与苏彝士运河之安全。同时，意大利亦调兵遣将，开赴利比亚，以威胁埃及之西疆。情势紧张，埃及或将成为英意作战之场所，而埃及的反英运动，适于此时又勃然爆发，当有深长的理由。

此次反英示威之起源，由于英外相霍尔在伦敦市新年宴席上所发之演说。外相述及英埃兰系一节，谓英国曾劝埃及勿恢复一九二三年与一九三〇年之宪法，盖一已证明不能实施，一已证明为舆情所不满故也。英国不愿埃及恢复宪法之消息，一经传出，政治分子大为愤懑。埃及国民党开会通过决议案二条：（一）不与英人合作，（二）要求奈辛（Nessim）内阁辞职。因此于十一月十三日开罗民众举行示威运动，反对政府及英国对于埃及宪法问题之态度。民众以砖石及其他尖锐物，攻击警署。警士弹压无效，乃向民众开枪死伤多人。此是反英运动之开端，以后开罗及外省各地骚扰不已，学生罢课，商店罢市，反英火焰，迄今犹未戢止。

埃及国民党领袖前总理那哈斯（Nahas Pasha）说明反英之目的，称"埃及要求完全独立及常备军一万人，过去数日之学生暴动，共死七人，伤者在二百人以上，此仅系独立运动之先声"。那氏否认此项运动，系意国在幕后主持之说，并否认埃及乘英国专心对意，无暇他顾之时，进行其企图。那氏称，"吾人欲为英国之友，但不欲为其藩属。国民党唯一要求，为英国履行其信誓，准许埃及独立。吾人不欲乘人之危，但我人对于英帝国主义，及意帝国主义，一致反对。吾人反对英国舰队未得我人之同意，竟在亚历山大港集中，盖为此与被认为殖民地无异。吾人愿与英国订约，准于战时借用吾国军港，但吾人签订条约，必须以独立国之资格出之"。那氏又致电国联秘书处谓，埃及政府近曾提议与英国缔结相互的协定,以担保彼此之利益,而以埃及加入国联为此协定条件之一。讵此议竟为英国拒绝,足证英国不欲允许埃及实施一九二三年之宪法而受其益,或确不欲埃及得享实在的独立。

依上所述,埃及之反英运动是埃及民族主义抗拒英国之帝国主义之运动耳。埃及人不愿久受英国之桎梏,企图得到完全的独立。内政上埃及希望恢复一九二三年之宪法,固不能容忍英国之干涉,即外交上亦希有自由处理之权力,并得加入国联为会员国。而英国方面为保护其自身的利益计,不肯准许,英埃纠纷所以久悬难决,而今又爆发也。

二　民族运动之由来

埃及受英国之控制,已历五十余年。埃及原为土耳其帝国之藩属,向土皇纳贡。一八七九年时,埃及政府以用款无度,财政破产,开英法共管之门户。不久亚历山大城恨外人之压迫,发生排外运动,屠杀基督教徒多人。当时英国舰队以法国不愿参加,独自轰击亚历山大城而占领之,随即派兵登陆,占领埃及之全部。在一八八二年终了以前,埃及已尽在英人掌握之中。

当时英国在自由党执政之期,号称小英格兰派之领袖格兰斯吞(Gladstone)担任首相。彼曾攻击前任首相的士累利(Disraeli)之帝国主义的政策,但对于占领埃及竟着先鞭,一反其在野时之主张者,何故?盖自一八六九年苏彝士运河开通以后,英国到达东方之航路,缩短六千哩,运河成为不列颠帝国中交通之捷径。又于一八七五年英国向埃及购到运河股票,得控制运河之权,不愿运河之航路,受到威胁。并于一八八二年时,经过运河之船舶百分之八十,悬挂英国的国旗,英国更须维护其运河运输上之优势。由于保护运河之动机,格氏不惜抛弃其原有主张,步的士累利之后尘,而占领埃及。

然而英国之占领埃及,不特遭埃及人之反对,且遇法国之抗议。因此格氏声明,英无久占埃及之意,一俟埃及的秩序恢复,英驻军即行撤退。但英国借口扰乱事件之层见迭出,撤兵事件延不举行。一八八七年一月中,土皇受欧洲一二强国之怂恿,催促英国定期撤兵,以实现占领时之诺言,而英政府游移其词,未肯即撤。所谓"临时占领"(Provisional Occupation),事实上已变为久占的性质。且于一九一四年大战爆发后土耳其参加同盟国作战,英政府即宣告埃及为被保护国矣。埃及人对于英国之撤兵,当然宣告绝望。

埃及人虽久在英人铁蹄炮舰威迫之下,但未曾放弃其恢复民族自由之企图。

一九〇四年英法缔结协约,法国同意不染指于埃及事件,承认英国得处理埃及之自由。埃及人凯末尔(Mustafa Kamel)吸引智识分子,从事于民族运动,以"立宪政府"与"英国撤兵"为号召。当时埃王反对其立宪的主张,英国对于撤兵之要求,置若罔闻。此项运动故未奏成效。但其反英的思想已注入于埃及人之脑海中。

大战期间,民族自决之原则,经美总统威尔逊之鼓吹,高唱入云。协约国方面尽量宣传此项原则,鼓动同盟国内之被压迫民族分离独立,以削弱其势力。一九一八年英法宣言解放土耳其帝国之被压迫民族。开罗之阿剌伯报纸,尽力传布,促使阿剌伯人脱离土耳其而独立。然而此种宣传激起埃及人之自决运动。故战事甫停,埃及人即向英要求民族自决之权利。埃及同时派遣代表团(Wafd 代表团后改组为国民党 Wafd Party)至巴黎向和会申诉,要求埃及之独立。代表团在柴鲁尔(Zaghlul Pasha)领导之下,变为民族运动之主力军,因要求独立未遂,乃发生暴动,与英政府为难。一九一九年三月八日英国拘留柴鲁尔于马尔泰岛,以冀平息风潮。孰知反而激起三月十日之大暴动。埃及国民党揭竿起事,燃毁尼罗河下游沿岸之产业、商店,并屠杀英兵,反英风潮来势汹涌,英政府见势不佳,乃释放柴氏,风潮始告平静,然因此柴氏成为埃及之民族英雄。彼不屈不挠继续活动,又激起反英之骚乱。一九二一年又被英政府拘捕,放逐于塞舌耳群岛(Seychelles)。此后埃及民族运动之火焰,又弥漫于尼罗河畔,更难抑止。

三 埃及的独立与保留条件

一九一九一至一九二二年间埃及之民族运动迫使英国不得不采取适当的措置,以缓和埃及的民气。所以一九二二年二月二十八日英政府颁发片面宣言,取消埃及保护国之名义,承认埃及为"独立主权国",惟英国绝对地保留下列问题的权利:(一)英帝国在埃及交通上之安全;(二)保护埃及防止一切直接或间接的外来侵略或干涉;(三)保护埃及之外侨利益及少数民族;(四)苏丹英政府声明埃及人民可订立宪法,设立国会,以控制"立宪负责的政府"。

一九二二年英政府之宣言,名义上准许埃及成为独立国家,埃及可自立君主,自有国会,自组政府,以及享有英国所允许之一切权利。英人以为对于埃及民族运动之愿望,已有极大的让步,但实际方面以有上列的保留条件,所谓埃及独立主权国者仅为外交上之虚构而已。故于同年三月十五日英政府通告驻外公使转告所在国政府,谓"英国对埃保护国之撤消,并不更变外国在埃地位之状况。"又谓英埃间之"特殊关系"久被各国所承认者,已规定于承认埃及之独立宣言中,英国不容许任何别国,询问或讨论此种关系。其他国家对于埃及事件有任何的干涉,英国将认为非友谊的行为。

埃及的独立与英国的保留条件,完全矛盾。事实上埃及所能享受的自治权利远不及不列颠的自治殖民地。此莫怪埃及人之不满意也。一九二二年以后,英埃间之关系,并无转好之现象。至一九二四年十一月英国埃及总司令,兼苏丹总督李斯退克爵士(Sir Lee Stack)被埃及人暗杀而死,英埃关系更变恶劣。英国政府采取严峻手段,解散埃及内阁,要求惩凶道歉,及赔偿二百万金元。并责令埃及政府取缔政治之宣传,接受保护外侨利益之条件,及允许不列颠政府得以任意扩充基济剌(Gezira)区域之灌溉权利(最后一项条款,埃及人特别反对,以剥削其用水之权利,同时英国人士多不以此条件为然,英政府终允撤销)。此外英国撤退苏丹军队中之埃及军官及埃及军队,而以受苏丹总督指挥之国防军代之。埃及国民党认英国此举违反一八九九年英埃共管苏丹之条约,且破坏埃及之主权。英埃纠纷,更趋紧张,而潜伏今日反英之根苗。

四 英埃间的争点

英埃间争执之点大部集中于上列四项保留条件。英政府为保持苏彝士运河航路之安全起见,不任埃及完全独立,而坚持保留条件。盖运河居东西航路之冲要,为英帝国本部与殖民地间之联络线,商务上之运输,军事上之布防,皆依赖于运河之控制。英国昔时占领埃及之动机在此,今日把持埃及之特权亦以此。然埃及人之反英,亦未始不以此也。

埃及国民党继续努力,以求摆脱英帝国主义之羁绊,而得真正的独立。一九二二年之宣言中,英政府允许待至可能时间,英埃两国将自由讨论,并友谊解决所保留之四项问题。此在英政府方面表示英埃问题可有和平解决之希望。因此于一九二四年麦唐纳(MacDonald)执政时,柴鲁尔至伦敦与麦唐纳开始谈判四项保留条件。然以双方主张,距离太远,未能接近。当时柴鲁尔所提之条件如下:(一)不列颠军队一律退出埃及领土;(二)财政司法顾问一律撤销;(三)英对于埃及政府,尤其外交关系之控制,一律停止;(四)英国政府放弃对于保护埃及外侨及少数民族之权利;(五)英国政府放弃对于任何方面参与苏彝士运河之控制权。此外柴鲁尔又要求对于苏丹,埃及政府有完全的领有权。总之,柴氏要求英政府完全放弃在埃及之权益,此远非英政府所能接受,故一九一四年之谈判完全成为泡影。

一九二七至一九三〇年间,关于上项问题英埃间又继续谈判两次。第一次谈判于一九二八年宣告失败,第二次由国民党领袖内阁总理那哈斯与英外相汉德森(Henderson)亲自折冲。关于埃及之交通安全问题,双方同意英国军队驻扎运河之西伊士梅里(Ismailia)之左右,并约定英国驻埃陆军不得超过八千人,空军不得超过三千人。关于埃及保护问题,英政府同意撤退在埃及军队中之英国人员,并终止军事总监及参谋部之职务。惟埃及政府聘请军事顾问时,应从英人中选择。英埃间并须签订军事同盟,以收英埃军事互助之效。关于保护外侨及少数民族问题,英政府同意归埃及政府负责,并允援助埃及政府与有关系的列强交涉,取消领事裁判权。上列三项问题英埃间已得相当的解决,惟至苏丹问题,谈判入于僵局。英政府主张苏丹总督应依照一八九九年之条约,继续执行其权力。埃及代表主张苏丹问题保留到将来再谈判解决,在未解决前,应回复一九二四年前埃及在苏丹之事实的地位(一九二四年李斯退克爵士被杀后,英政府命令埃及军官与军队,一律退出苏丹)。埃及代表之坚持改修一八九九年之条约,英政府认埃及企图恢复其对苏丹之主权。因此英埃谈判又完全破裂,英埃间之纠纷,迄未解决。故现在埃及之地位,仍以一九二二年之英国宣言为依归,而埃及人之不能满意者,即以此故。

五 宪法问题与反英运动

一九三〇年英埃谈判之失败,引起宪法的问题。一九二二年英国准许埃及独立后,埃及人即订立宪法,召集国会,国民党人在国会中占得优势,积极企图实现其埃及民族独立之主张。一九三〇年时,以英埃问题未得解决,国民党又极度活动,而埃王福阿特(Fuad)一面觉国民党之主张过于激进,一面受英政府之压迫,乃设法阻止国民党之活动,而采用独裁政治。此一九二三年之宪法所以取消也。

当时总理那哈斯力主维持宪法,呈请埃王向国会提出维护宪法的议案,规定阁员违反宪法,加以严厉处罚,而埃王加以拒绝那哈斯因而辞职。于是埃王招息德奎(Pasha Sidqi)出任组阁。一九三〇年六月二十三日息德奎下令封锁国会议场,使参众议院不得入场开会。六月二十六日参众两院议员及省议员齐集开会,宣誓进行对于新独裁制不合作之运动,因此暴动事件又复继续不已。七月八日曼苏勒城(Mansurah)发生暴动,至少死去六人,而伤者有四十六人。七月十二日埃及政府以诏令停止国会开会,七月十五日亚历山大城之暴动死去二十一人,伤者一百八十人。二十一日开罗有同样的暴动,死者六人,伤者六十八人。二十六日赛德港(Port Said)亦发生暴动。因为此种暴动,英派兵舰三艘开赴亚历山大港、赛德港及苏彝士运河以镇压埃民。新独裁政制以得外力的援助能渡过一九三〇年之危机。

一九三〇年十月二十二日埃及王敢以诏令,取消一九二三年之宪法,并宣布新宪法与新选举法。现有国会正式解散,依新选举法将另选国会。新宪法在新国会开会时,发生效力。在国会召集前,新宪法所给予国会之立法要权及其他权力,概由王座以命令执行之。当时埃王取消旧宪法颁布新宪法之动机,一面是削减选民与国会之权力,使国民党不得再占优势;一面是增加内阁与王座之权力俾可施行独裁政治。内阁报告书说明取消一九二三年宪法之理由,谓该宪法原非埃及的本土产物,而为外国的输入品,故未必合于埃及人民之需要,且事实上该宪法已成为国民党一党独裁制之工具而已。故一九二三年宪法之取消直接是抑止国民党之势力,间接是阻止民族运动激进的主张。

然而反对取消宪法者,不仅为国民党,且自由党亦表示不满。十一月六日国民党与自由党各开会议,皆决定抵制依新宪法所举行之任何大选。二十五日两党并宣布组成联席委员会,执行其共同的主张。那时埃及人不敢发生暴动,因恐英人的武力干涉,故息德奎的政权得以维持。然而护宪法派(Constitutionists)终不肯放弃其主张,而埃王被时势所迫,亦希望得一代表人民的国会,使可再与英政府谈判英埃问题,以谋解决,而和缓民气。一九三四年十一月独立自由党人奈辛(Nessim Pasha)出任组阁,次年四月秒埃及王向奈辛首相表示希望恢复一九二三年之宪法。然而该宪法如果恢复,则所选的国会又将被国民党所控制,此是不可避免的事实。故恢复宪法,英政府不予承认。据奈辛最近报告,谓英政府劝告埃王勿恢复一九二三年之宪法,另制宪法,俾与埃及人民之需要相吻合。英政府之不愿埃及恢复宪法,其用意之所在,不言可喻。然国民党久在埃及政府独裁制威迫之下,不能有所活动,故积极要求旧宪法之恢复,俾得控制国会,把持政权,以为争取民族独立之地步。现在宪法之恢复,竟遭英政府之钳制,故国民党领袖大为愤恨,而举行反英示威运动也。

六　结　论

总之,今次埃及之反英运动,是弱小民族被压迫下之呼声。表面上埃及人要求恢复一九二三年之宪法,推翻现政府之独裁制,但实际上,一九二三年之宪法不恢复,则国民党难于抬头,国民党如不得政权,则埃及之民族运动,不致趋于极端。此英国之所以反对旧宪法之恢复,而埃人极力争之也。

在和平时期,英国对于埃及之要求,尚不肯轻易让步,使运河安全受到威胁,以前数次谈判之失败,可为明证。今意阿两国正在战争,英国正用全力对付意大利侵略时,而谓英国愿意俯顺埃及人之要求,其谁敢信。所以此次埃及之反英运动,不过为埃及民意之一种表示,当然暂时不能有实际的成就。即有更严重的暴动,英将以武力压平之,可无疑义。例如一九一六年欧战期中,英政府对于爱尔兰之民族运动,采取压迫的政策,到大战平后,英政府始允爱尔兰之自治。同样,英国于地中海局势平定后,或将与埃及政府再开谈判,对于埃及之要求,或再做些少让步,但不肯完全放弃埃及之控制,一任埃及得到真正独立主权国之地位,可以断言。盖英国为维持地中海之霸权,帝国交通上之安全故,却须保持相当势力于埃及,此为尽人皆知之事实。

所以国家在沦亡之后,欲向帝国主义者用示威运动,争取独立,其势难若登天。印度之民族运动,迄未得到自治地位,埃及之民族运动,经过多次奋斗,多次暴动,所得的结果,仅为名义上之独立,外交上之虚构而已。因此,民族在危急存亡的时期,不得不用全力以维持其独立。若国家独立一旦失去后,而欲图恢复,却是不易的事件。然埃及人能不屈不挠,继续奋斗,以求民族自由独立之地位,亦有足多者。

(本文原载《东方杂志》1936年第1号)

《法意》中所论之中国政制

> 孟德斯鸠《法意》一书,为研究西方政治思想者所必读之书;而其论述中国政制之部,读者每视为前后矛盾,而不明其实意之所在。故略陈管见,聊为研究者之一助。
>
> ——附识。

于十八世纪西方政治作家中,好评议中国制度,引为例证者,当以孟德斯鸠为第一人。彼于《法意》一书中尝研讨中国之地理、历史、政治、社会诸问题,以阐明其"政府原理"及"气候学说"。孟氏以为仅拾欧洲之史绩,不足以彰其学说之真确,故纲罗全世界之事实以示渊博。中国为东亚文化之古国,自不免引起孟氏之注意。

溯自十六世纪末叶,有耶苏会之东方首领利玛窦者,入中国传教,深悉孝亲崇祖,为中国不易之道德,因容许教徒全祭祖之仪,以示基督教义与孔道固非背道而驰。时圣芳济与妥密议克二派痛诋孔子为非神论者,祭祖仪式为崇拜偶像之迷信。于是指责耶苏会徒为谀阿孔道,尊重偶像。耶苏会徒仍申辩曰:"孔子,至圣先师也,祭仪,政俗典礼也,于宗教何涉!"持辩百余年,史谓之"中礼之争"(一六三七——一七四二)。① "中礼之争"传入欧洲,议论益纷,驳辩益烈,圣西蒙(St. Simon),称之为世界惟一剧难解之纷争。②

当礼教之争传入欧洲,中国之政治制度思想,亦被携入欧洲,盖宗教、伦理、政治在中国,固未尝有显别之界线。耶苏会徒尝援引孔子学说,以明其所云之不误。法人勒孔德(Le Comte)著中国新杂志记,赞赏中国不已,谓各国于错误纷乱之际,中国已入道德纯洁之境。③ 是书发行于一六九六年,数年之间连印数版,想见风行之盛。后巴斯噶(Pascal)、斯宾挪莎(Spinoza)等于其论著中,曾道及中

---

① Robert C. Jenkins, *The Jesuits in China*, pp. 9 – 17.
② *Memoires de Saint Simon*. Ⅶ, 165.
③ Le Comte, *Nouveaux Memoires de La China* Ⅲ, pp. 103 – 104.

国,麦尔伯兰基(Malebrannch)批评中西哲人谈话一篇①,阐明中国之合于经验的哲学。若蒙旦(Montaigue)则直称中国政治,远胜西方:钦使巡阅各省时,官吏善者宽赏之,恶者严惩之②,其清明之概如是。政治家服榜(Vauban)则更进言于法王路易十四,劝采中国之村闾制③,大臣柏汤(Bertin)亦主法人须灌输中国之精神,法王表示首肯。④ 此外研求中国之道德政治者亦颇有人在,如德之来布尼兹(Leibnitz)之流,每有所称述。

中国政制赖教士输入西方外,复有使臣、商人及游客之记述。惟彼辈所论或采之于鄙夫野妇之传言,或出之于零碎片断之观察,故率皆齐东野语荒诞不足道。然西人视之,尽事实也。兹略录一二,以示彼辈之偏见,及与教士所述之背谬。朗格(Lange)笔记⑤言华人为世界上欺诈之民族。勒直提尔(Le Centil)⑥言中国哲学无独到之点,民族乃野蛮之商,决不当世人之赞誉,且指中国之礼俗,文字、雕刻、宗教为可嗤笑。安生(Lord Anson)爵士于世界游记⑦中,评中国官吏腐败,人民险伪,政治组织柔弱,致未能抵御外侮,因斥耶苏会徒所云为捏造资料,类于稗史著述。故勒孔德大声疾呼曰:"游客商人之报告其欺我矣!"

孟德斯鸠对此二派矛盾之论调,果何所取舍乎?孟氏于散漫拉杂之著述中,欲求中国之正确概念以证明其政治理系,盖亦难矣。然其应用史事固非求得理论而证明其理论,其思想偏于演绎而非归纳。孟氏区别政体为三类:曰共和、曰帝政、曰专制;而共和以"道义",帝政以"荣宠",专政以"恐怖"为治理之原则。彼于矛盾之材料中,审定中国为专制之国家,以恐怖为其统治之政策。⑧ 彼素恨专制政府,认为世上最酷虐、武断败腐之政府,处其下者,任其宰割鞭笞,与牛马无异,殆古人所谓暴君政治是已。其自罗毁减,犹诸路易西阿拿之野人,欲采果实而以其斧斤砍其树者,其愚诚不可及也。⑨

但孟氏以为中国之专制,稍异于是,盖中国之政治,受精神与物质之影响焉。精神影响,孟氏似先有所悟。其于波斯函件中论中国人口之稠密,源于崇拜祖先

---

① Malebranch, "L" Entretien d'un Philosophe Chretien avec un Philosophe Chinois.
② Montaigne, Essais, "L, experience".
③ Vauban, Projet d'un Dixime Royale, ch. 10.
④ Grimm, Correspondence Litt, 16, 288.
⑤ Jonrnal de la Residence du Sieur Lange (1726).
⑥ Le Gentil, Nouveu Voyage autor du Monde (1731).
⑦ Lord Anson, A Voyage round the World, pp. 359,378.
⑧ Montesquieu, L'Esprit des Lois, bk, 7 ch. 21.
⑨ Ibid, bk: V, ch. 12.

之思想。于影响品性之劳力论中(一七二一年出版)亦已称孔氏之经典,评述仪礼格言,实大有影响于华人之精神,而于物质影响,曾未只字言及。迨其著法意也,则精神物质兼提并论。其意谓中国政府,性质固劣,然因受精神与物质之影响,未若暴君政治之可怖。

孟氏分析精神影响有四,法律、礼仪、风俗、宗教是也。此四者为中国立国之本,故孔子于经书中反复言之,阐明为君之道,治国之方。孔氏喻治国犹治家然:上自天子下逮百官,皆所以为民父母者也,易言之,人民者君牧之子女也,父母有爱子之心,君牧有爱民之责,于是乎王道乃张,国事纳轨。孔氏学说常为治国者之指南针。且中国礼教之势力,根深蒂固,牢不可破,虽几经革命,几换朝代,甚之如五胡乱华,元清入主,而未尝变更。所以孟氏及其侪辈皆以为异。福尔特(Voltaire)以为此乃由于文化道德已臻纯化之故,第特落(Diderot)以为此乃基于人民稠密之故,①而孟氏则推其原本,谓在中国风俗之难于毁减②。

孟氏视政治制度受精神影响外,更受气候之节制,即所谓物质影响也。温也、寒也、燥与湿也,皆直接于人民之智能精神有关,而政府组织亦因变更。奴隶制度见之于热带区域,政治自由得之于寒带领土,亚洲之人,依气候言之,显皆以"鞭杖"治国——鞭杖犹言恐怖政策也。中国为一亚洲国,自不能逃之例外。又谓共和适于小国,帝政适于中国,专制适于大国。幅员辽阔如中国,实不得不为专制所治也。③ 然中国之气候殊适于人类之生殖,故中国人民拥挤异常。夫拥挤需多量之供养,于饥饿之年,人民不得衣食,则群趋国都,纷闹之余,因遂拥戴其首领以为君,故为君主者恐生命之遭危,国只之颠覆,乃倡农事,乃励勤权。孟氏对于汉代重农诸诏令,曾再四赞颂之,且盛称立法者之贤明。④

中国虽藉精神与物质之影响,君主每自惕励以平治天下,然政府之性质,在孟氏观之,始终一专制政治也。论者不察,每以孟氏所云为矛盾,如卡克桑(M. Carcassonne)及杜特斯(Dodds)探索其所引中国事实之源流而评之曰:"一则谓中国于暴君政治之下,人民诚惶诚恐;一则谓中国政府倡节俭,爱人民,人民赖以安业,何前后若是之矛盾!"⑤然所谓矛盾直表面耳,试细读全文,殊不觉其矛盾

---

① Didert, Oeuvres (Paris, 1877) 11, 327.
② L'Esprirt des Lois, bk, 21, ch, 13.
③ Ibid, bk, 8; ch, 21.
④ Ibid, bk, 60, chs, 5, 8.
⑤ Carcassonne, "La Chine dans L'Esprit des Lois", Revue D'Histoire Litteraire (1924). 193ff. Dodds, Les Recits de Voyages, (Paris, 1929) 175 – 290.

之何在。盖孟氏亦曾言之,"若读书而失其关键,则茫然如入五里雾中"。① 专制政府以恐怖治理,孟氏认为不变之原则,然中国以深受精神与物质之影响而趋于善政。精神物质之影响,殆其所谓中国政制中之关键乎?

虽然,彼之批评中国专制者,未尝无讥刺之意义,含蕴于其中也,盖口虽道中国之专制,阴常指西土之暴政,其言愈炽,其喻益显。原法王路易十四及路易十五秉政时,残民伤财,逞威黩武,君权之伸张可谓达至极点。孟氏不忍国事之日趋于卑劣,人民之久陷于泥犁,然欲直言之而不可得,乃指桑骂槐,借东方政制以泄其忿恨抑郁之气耳。其言谓东方专制之下,弑君立君之举,为惯见之举,为惯见之例,"中国之君方,设治国不善,则身被弑戮,国祚倾覆,不若西方之君主,将受上帝处罚于来世"。② 夫反抗虐政,人类之通性,弑君之事,将不演于西方乎? 其意岂非在促进人民之注意,而警惕当代之秉政者欤?

孟氏小心翼翼,不敢明言。其杰作波斯函件,罗马帝国及其衰败之原因论,法意三书,皆于异国问世,而隐匿其名,其谨慎可以概见(前二集出版于爱姆斯特丹,后者出版于日内瓦)。于波斯函件中孟氏曾指斥教会与政府专恣暴戾,而于《法意》则微言隐义不复作爽直之论调。如称路易十四则曰:"长期治国之某大君主,"③论及宗教谓,"国既有教而民安之矣,则不必更立新教以相排挤……然新教既施行矣,则又不可不以平等视之,而优容之也。"孟氏恐触教士之怒,则加附注云:"本篇所论非指法国之基督教。"④夫以文字与狱,固智者所不取,然因此不言,尤非智者所应为,于是孟氏之讨论中国政制另有深意存焉。沙来尔(Allbera Sorel)谓,《法意》中"中国奢侈之弊"一章所论各节,全指法国而言,实非指中国也。⑤ 其实《法意》中所讨论之中国政制,而暗射法国政情者,奚只此一章而已。

(本文原载《复旦学报》1936 年第 3 期)

---

① Montesquieu, "Defeuce de L'Esprit des Lois", Pt, 3.
② L'Esprit des Lois, bk, 8 ch, 21.
③ Ibid, bk.8, ch. 16 - 20.
④ Ibid, 8,ch. 21; bk 9, ch. 7;bk. ch 10, and note.
⑤ A. Sorel, Montesquieu (1887),89.

达达尼尔海峡设防问题

一

达达尼尔海峡与博斯波鲁斯海峡分隔欧亚洲,扼黑海与地中海间交通之咽喉,成为土耳其旧都君士坦丁堡之天然屏障。

大战以前,海峡完全在土耳其控制之下,外国兵舰,禁止驶入。此项原则得有国际条约之保障。一八〇九年英国与土耳其订立达达尼尔条约,确认海峡封闭之原则。一八四一年伦敦会议,英、法、奥、普、俄、土诸国签订条约,重申土帝国之"旧规则",即土皇对外和平时,外国兵舰应禁止驶入海峡。一八五四年俄国大举南侵,攻击土耳其,意图打破海峡之对俄封锁。英法两国援助土国,血战于克里米亚,俄师败绩缔结《巴黎条约》(一八五六),又确认土帝国之"旧规则"。一八七八年俄土战后所召集之柏林会议,对于海峡封闭之原则,再加一重保证。故海峡封闭可认为传统的原则。

但此项原则在二十世纪之初期,遭到两次的破坏。(一)一九〇四年日俄战争时,俄国派遣黑海巡洋舰两艘,悬挂商船旗帜,驶过海峡与苏彝士运河而入红海,搜捕红海中立国之船舶。当英国邮船麻剌甲号(Malacca),以运送禁制品之理由,被俄舰捕拿时,英政府立刻提出严重抗议认为违反关于海峡封闭之国际条约。(二)一九一四年,当土耳其尚未加入同盟国作战,而允许德国巡洋舰两艘驶过海峡时,协约国亦以违约的理由,向土抗议。

海峡封闭之原则,虽经条约确认,然究以列强利害之不同,时起纷争。列强对于海峡曾钩心斗角,掀起极大的波澜,所谓近东问题,即以海峡为其对象。关于海峡之地位问题,英俄两国,关系最切(除土耳其外),而争执亦最烈。俄国自十八世纪成为黑海强国以来,企图占领君士坦丁堡,打破海峡之对俄封闭,使俄国舰队得驶入地中海,发展势力。而英国为维持地中海航路之安全故,坚持海峡封闭之原则,在外交与军事方面,曾给予土耳其以极大的援助,直至一九〇七年英俄协约成立后情势始稍变更。

至于土耳其对于海峡之设防,当然不遗余力。海峡为捍卫其首都之要塞,在二十世纪开始前,于马摩拉海(Sea of Marmora)之东北与西南,已建筑坚固的防御工程。及至土耳其采取亲德政策后,招请德国军事专家设计海峡防务,建造新式炮垒,装置克罗伯大炮,防守士兵亦由德军官训练。故在大战开始时,海峡炮垒已有坚固不拔之势。

二

土耳其在海峡之设防,于大战中显著成效。一九一四年十月土耳其加入同盟国作战。于翌年二、三月中,英法联合舰队五十二艘猛攻达达尼尔海峡,两岸炮台发炮射击,联合舰队大遭失败,狼狈退出。兵舰沉毁者四艘,受创者颇多。嗣英法联军又图于海峡邻近之加立波利半岛登陆,曾作殊死战,亦遭极大的损失,而未曾达到目的。海峡设防之意义,于此可见一斑。

一九一五年时,设海峡入于协约军之手则大战局势即可大变。设英法舰队驻于马摩拉海并占领海峡之炮垒,则土属欧亚的领土截为两断,呼应不灵,土耳其之援军与接济不能输送至巴勒斯坦、伊拉克与东安那托里亚(Eastern Anatolia),故土耳其势必不能继续战争至四年之久。不宁惟是,保加利亚不敢加入同盟国,势必维持中立,或参加协约方面。罗马尼亚对于参战问题不致踌躇游移,直至一九一六年方始决定。希腊亦将早已参加协约国。在此种局势之下,塞尔维亚可不遭到惨败,而俄国之败北,亦不致若是之迅速,因为设海峡航路打通后,则一方面协约军队可联合攻击同盟国于东方阵线,一方面协约国可源源接济俄国之军需故也。大战期中,协约国在近东所受损失,大部受海峡封闭之赐,却为英国始料之所不及。

协约国对于海峡问题,惩前毖后,决采开放之原则。初在一九一四年之末,俄国要求解决君士坦丁堡问题,以图实现其占领君士坦丁堡,经过达达尼尔而入地中海之迷梦。于一九一五年之二三月中,英、法、俄三国交换牒文,秘密决定海峡问题将依循俄国之愿望解决。不料俄国前线军队,节节失败,因而于一九一七年革命爆发,俄皇政府从此倾覆。至十一月革命后,共产政府撤消旧俄政府与外国缔结之一切秘密协定。于十二月七日,宣布放弃对于土耳其京城、河流、领土之要求,并主张"君士坦丁堡须留于回教徒之手"。此时协约国认共产主义为洪水猛兽,更需海峡之开放,以便不时派遣军舰开赴黑海,压迫俄国之共产政府。

在巴黎和会开幕之前,美总统威尔逊宣布其和平十四条。其中第十二条有云:"达达尼尔海峡在国际保障之下,对于一切国家之船舶,应永久维持开放。"和会开会时,海峡要塞均在协约军占领之下,土耳其为俎上之肉,受协约国之宰割支配。关于海峡问题,依《色佛尔条约》之规定,达达尼尔海峡与博斯海峡变为国际中立化,对于两海峡之航路,采取完全开放主义。任何国船舶,无论为战舰与商船,无论为平时与战时,一律有出入航行之自由。此外海峡之两岸及马摩拉海周围划出若干哩,称为海峡地带,由英、法、意、日、希、罗各国组织海峡委员会,共同管理。至于君士坦丁堡仍归土耳其保有。于是海峡开放之原则,得告成立。

三

然而《色佛尔和约》终未得土耳其之承认,于希土战后且被撕毁。于是一九二三年召集洛桑会议,重行考虑对土之和约。结果,签订著名之《洛桑公约》,以替代失效之《色佛尔和约》。关于海峡,仍采取海空自由通航之原则,不过稍加修改耳。该约附有海峡公约,其效力与本约同。海峡公约规定达达尼尔海峡、马摩拉海与博斯波鲁斯海峡之地位。在平时,任何国家的商船,有完全的自由通航之权。在战时,设土耳其为中立国,则自由通航与平时无异;设土耳其为交战国,则中立船舶之不载禁制品者,仍可自由通航,但土耳其有搜检经过船舶之权。在平时,各国驶入的军舰不得超过三艘,每艘载重不得超过 10,000 吨。在战时,设土耳其保守中立,则一切战舰除受平时之同样限制外,可得日夜完全的通航自由。然此种限制,如有损于交战国之交战权利时,则不能适用于该交战国。意即一国如与俄国开战,则可开入全部海军于黑海,惟在海峡中不得有敌对的举动。在战时,如土耳其为交战国,则对于中立军舰,海峡仍完全开放,惟土国可阻止敌人兵舰之通过。达达尼尔海峡之两岸[加立波利与察纳克(Chanak)]约长七十五哩,深三至一五哩不等,宣布为非武装地带。同样博斯波鲁斯两岸[君士坦丁堡半岛与易斯密(Ismid)半岛]之全部,阔约九哩半,亦作为非武装区域。君士坦丁堡之本城与亲王岛[奇悉耳阿特拉(Kizil Adalar)]中,土政府得驻守卫兵 12,000 人。在君士坦丁堡得建造兵工厂与海军根据地。除奇悉耳阿特拉岛外,马摩拉海中之一切岛屿,宣布为非武装区。在爱琴海中,土属音不洛斯(Inbros)、特内多斯(Tenedos)岛与勒比特群岛(Rabbit Isands)亦为非武装区。在非武装的地带与岛屿,土政府有运送军队经过之权。如值战争时,依照交战权利,土政府只在战期中可变更海峡公约中之非武装区之条文。

海峡公约又规定设立海峡委员会,由公约签字国之代表组成。土国之代表为委员会之主席,其他委员为英、法、意、日、保、希、罗马尼亚、苏俄与南斯拉夫之代表。美国如同意该公约,亦得派一代表。委员会在国联监督之下,执行其职务,并送常年报告于国联。此外,设海峡之自由航运,或非武装地带,以有违约事件、战争行为或战争威胁而受到危险时,则缔约国将应用国联行政院所决定的方法,共同对付之。

《洛桑条约》关于海峡之条文与《色佛尔和约》互相对照,则对土已有让步。例如,经过海峡战舰之只数与吨位,予以限制。当土耳其为交战国时,土国有阻止敌舰驶入之权利。海峡委员会虽然依旧存在,但由土人担任主席,而其活动与权力亦只限于航路之管理。然而土耳其对于海峡之领土主权,受到剥夺,深为痛恨。不过当时土耳其在久战之后,精力疲惫,不克再与协约国武装冲突,暂时隐忍接受。然其将要求修改公约,以恢复海峡之主权,原为意料中的事件。

四

在未讨论土耳其之要求以前,吾人对于英俄两国于洛桑会议之态度,应先予以说明。

英国素主张海峡之封锁,故宁甘放弃本国军舰驶入黑海之权,不愿俄舰之得达地中海,以忧害英印之交通;而在洛桑会议中,一反其百年来之政策,坚持开放之原则。俄国素主张海峡开放,使俄舰得到驶入地中海之自由;而力持封闭之原则。故在洛桑会议中英俄两国之政策,与战前适成对反,此何故耶?

大战结局已变更欧洲之局势,而英俄两国之利害关系,亦随之转变。第一,英国以俄国共产政府在黑海之海军力,非常薄弱,决非英国海军之对手,故不再忧惧黑海俄舰队之侵入地中海。第二,当时英国为防止共产主义之传布,曾由黑海接济白俄,反对政府,故英国欲得海峡通航之自由,使英舰得入黑海,以威胁苏俄。第三,在大战中,英法联军为争夺海峡,损失不资,今后得能开放,则前次之牺牲可不复作。此为英国所以改变政策之主因。至于俄国之主张海峡封闭,大部为共产政府成立未久,困难颇多,不愿亦不能从事于领土的侵略,但极畏惧其他国家之侵入黑海,以威胁其安全。例如,一九二〇年之俄波冲突中,英国兵舰轰击黑海沿岸城市,俄国只能文书抗议而已。故希望海峡之封闭,避去上项事件的复演,并得到高加索、克里米、乌克兰之保障。

所以在洛桑会议席上俄代表齐吉林(Chicherin)极力拥护土耳其对海峡之主

权。主张"达达尼尔与博斯波鲁斯海峡对于一切国家之兵舰、武装船舶及军用飞机,无论在平时与战时须永久封闭,惟土耳其不在此限"。齐吉林谓:设海峡封闭,则一切国家可得平等的权利;设海峡开放,则最强的海军国可得优越的地位。苏俄虽早已放弃沙皇时代威胁地中海国家之野心,但欲不愿海峡问题之解决将有损于其安全也。海峡的开放将迫使苏俄继续不断地增加军备。盖和平之维持,端赖于冲突势力之分隔。设海峡由土耳其封闭,成为英俄两国之军事缓冲,则和平可以无虞矣。

当时协约国坚持海峡之开放,其所持的理由是:(一)开放海峡为保护黑海国家,免去俄国攻击之必要的步骤;(二)又为履行保护黑海商船之义务。关于第一项理由,齐吉林谓,协约国何故以《涅宜条约》(Treaty of Neuilly)剥夺保国之海陆的保卫能力?至于罗马尼亚在大战以前,对于海峡的封闭,未曾有所抗议。关于第二项理由,彼谓大战以前英国是要求封闭海峡。现在海峡的封闭,即有不利,至多与战前相埒。且黑海中并无海盗之存在。齐吉林之词锋犀利,虽足以压倒英代表克松(Curzon)之立场,然协约国,无论理由之如何,坚持进入黑海之特权。法国代表巴勒里(Barrere)爽直言之。彼指出大战中英法联军在加立波利之失败,谓"在胜利之日,协约国早决定此种危险的情形,决不使之复现。海峡的武装与封闭,曾阻碍协约国之进攻德意志、奥国与土耳其。现协约国舰队驻于海峡,其军队扼守君士坦丁堡,其势力足强制改变海峡之地位,土耳其与苏俄其有何法以抗之?"故土耳其被情势所迫,接受协约国之条件,此海峡开放之所由来也。

五

总之,海峡之开放由于强力所造成,剥夺土耳其国防上之权利。今日土耳其之要求设防,亦为其民族复兴所必经的阶段。

早在一九三三年之夏季,土政府在外交上积极活动,向黑海有关系之国家,建议订立《黑海公约》(*Euxine Pact*),依此公约,黑海沿岸国家应援助土耳其取消解除达达尼尔海峡武装之公约。事虽未成,然土耳其已表示恢复其海峡主权之愿望。一九三五年四月,土耳其外长阿拉斯(Tevfik Rustu Aras)向国联行政院声明:设中欧国家得重整武装,则土耳其将要求于达达尼尔非武装区建筑防御工程。当时英、法、意反对土耳其修改《洛桑条约》之海峡公约之建议,而苏俄外交委员李维诺夫即表示对土之愿望,决不加以困难。又在五月罗马尼亚京城

(Bucharest)举行之巴尔干协约国会议中,阿拉斯说明土耳其愿意武装海峡者,志不在于侵略,而为维持国际的和平。土耳其要求在达达尼尔之两岸,不仅有可调动之警察,且有空军根据地、海底鱼雷、潜艇站、地下军事防御工程以及代之交通网等。

同年六月中,凯末尔接见伦敦《每日电闻》(*Daily Telegraph*)记者,发表关于海峡的政策。略谓:若干欧洲的野心领袖,不注意于战争之严重性,已变成侵略之工具。他们利用民族主义与爱国心理,颠倒事实,以欺骗他们所统治之国家。……土耳其在《洛桑条约》曾允开放海峡,但自兹以还,世界局势与若干特殊情形,业已改变矣。海峡使土耳其之领土分成两部。海峡防御工程对于土耳其之安全与防卫是极度重要,对于国际关系非常重要。此项要塞决不能任若干不负责任之侵略者所支配。土耳其必须阻止破坏和平者经过海峡,攻击他国;并不准此种事件之发生。土政府设防海峡之决心,已露骨表示。

本年四月十一日土耳其政府致送照会于洛桑条约各签字国,即英、法、意、日、保加利亚、希腊、罗马尼亚、南斯拉夫八国,对于该条约第十八条,即关于达达尼尔海峡撤废军备与自由通航之条款,要求加以修正。略谓:"当一九二三年洛桑条约签订之际,土耳其政府对于国联会盟约所可提供之集体保障,不能认为满足,故要求英、法、意、日四国,联合担保,此固保障土耳其之领土完整之最低限度。无如自兹以还,欧洲一般局势,不论在军事上或在政治上,业已大起变化,地中海方面,已有陧机不安之概。伦敦两届海军会议之结果,各国趋势无不在海空两方重整军备,而陆上防御工事,则不断扩充。至政治方面,事变迭起,亦足证集体安全原则之运用,大形濡缓。今昔时移境易,若斯其甚。故以上四担保国现在所处之立场,是否犹可在军事上互相合作,以应付可能之事变,实不能无疑。土耳其政府有鉴于此,现已准备进行谈判,俾得在安全条件之下,即保障土国领土不可侵犯性,发展黑海与地中海间航务之必要条件之下,立即成立协定,以冀制定达达尼尔海峡之新制度。"同时土政府又致文国联提出废除《洛桑公约》中关于海峡不驻兵之条文,及重新构筑防御工程诸问题,列入于本年五月间召开之国联行政院会议议程中。

依上项文件而论,土政府所根据之理由是:(一)情势变卷之原则——欧洲局势自德国废《洛迦诺公约》并派兵开入莱茵区以还,业已不变,而地中海更现不安之状。(二)保卫国土之权利。——达达尼峡非武装之地位,使土耳其一旦遇战争胁迫,不能作正当之防卫,故土耳其要求设防海峡,俾可安保其土地,而免受人侵略。同时,准备谈判,重订新约。手续正当,理由充分,可无疑义。

对于土耳其之要求,桑约签字国已表示态度者有英、法、俄、希四国。英政府已表示加以同情的考虑,法国亦抱同样的态度。苏俄复文表示赞同,其理由有二:(一)《洛桑条约》苏联并参加,而土耳其应在海峡地带享有完全主权,亦为苏联所始终主张者;(二)达达尼尔海峡与博斯波鲁斯海峡一旦重行设防,不啻成为苏联最前一道防线,此层尤为苏联所欢迎。希腊政府亦不加反对,惟如果洛桑条约关于达达尼尔与博斯波鲁斯两海峡非武装制度之条款,加以撤销,则希属棱诺斯与撒摩特喇斯两岛之非武装制度,亦当经由各签字国之同意,而加以废止。

然土政府突然变更态度,不待各关系国之同意,遽尔将其军队开入海峡地带四十七哩长之非武装区。此事决于十七日夜之阁议。当时凯末尔总统宣称,鉴于目前国际危机,海峡非武装区,应予恢复防务,内阁即予通过。土耳其军队即于翌日开入非武装区。第二步将为重筑防御工事(四月十九日国民电)。土耳其历年来所努力设防海峡运动,得到实现矣。

事实上,依专家的意见,土耳其虽曾遵守洛桑之诺言,但早有准备,对于海峡防务,土耳其可于数小时内完全封闭海峡,因土政府有大量水雷的接济,并可迅速安置于海峡中,达达尼尔海峡南之非武装地带中,已建筑优良的道路,转运机关炮。此种近代炮队驻于非武装地带之后,可迅速地驱逐水雷扫除舰。土政府并已计划建造地下水雷管、潜水艇与海上飞机之根据地、与常设海底水雷场以及近代海岸防御工程。今土耳其开入驻军于海峡非武装区,则海峡防务更为坚固。

六

土耳其之设防海峡固为其国防上之必要,然亦由于废约运动之趋势所促成。

大战以后所缔结之和约,近来崩溃之势,非常迅速,犹诸大湖结冰,遭到阳光照射,裂痕全露,而变为破碎。德意志首先打破凡尔赛和约之桎梏,片面废止该约军事条款与莱茵兰非武装区域之规定。奥地利亦步德后尘,不顾《圣泽门和约》之限制,而宣布重整武装。匈牙利正在企图撕毁《特里爱侬和约》,保加利亚亦表示要求修正《涅宜和约》。此种趋势已动摇欧洲之局面,使维持和约的国家寝馈难安,束手无策。土耳其亦趁此时机,要求废止非武装区,设防海峡,以恢复其主权,可为善用国际局势者也。

然土耳其之急切设防,目标究何所指?这是值得注意的问题。

土耳其于一九三二年加入国际联盟,与邻近诸国缔结友好与互不侵犯条约。

在巴尔干半岛诸国中,只有保加利亚因战后失去出爱琴海之口岸,与土不甚亲睦,但保国决非土国之仇敌,亦非土所畏惧者。至于希腊原为土之劲敌,但两国近已和协合作。苏俄对土邦交素睦,早已放弃沙皇时代企图占领君士坦丁堡之计划,并向来表示援助土耳其封闭海峡之政策。至于英法在边疆争执解决(英土间土耳其伊拉克间之边疆于一九二六年解决,法土间土耳其叙利亚间之边疆争执于一九二九年解决)后,并无大冲突。凯末尔并希望英国之援助,以完成其设防海峡之计划。

但土耳其所畏惧的国家,首推意大利。一九三三年墨索里尼演说:"意大利之眼光须转向于东方,意大利之命运在于非亚两洲",此项声明在土耳其产生深刻的印象。土耳其驻意大使向意政府询问意大利首脑演词之含义。墨氏向土大使保证并无侵占土属领土之意存在其间。因"土耳其被认为欧洲的、非亚洲的国家"。此项遁词的保证,并未削减土耳其领袖之忧虑。故土耳其之国防经费,占国家预算总额百分之四十余,即为此项恐惧心理之表现。

自意大利开始侵略阿比西尼亚以来,土耳其之疑心,得到实证。意大利之征阿战役,其目的固不仅在于阿国之领土,且企图动摇英国地中海之海权,以建造古罗马式法西斯殖民帝国。当然英国与土耳其首当其冲,故在意大利征阿战事节节胜利时,土耳其迫不及待,迅速布防海峡。此中关系,不言可喻。

更就地理言之,土耳其之对意,不能不怀有戒心。意大利于战后曾占领土属科尼亚(Konyn)与安达利亚(Antalya)两地,后被情势所迫,而撤退驻兵。然意大利尚领有希腊人居住之杜突克尼斯列岛(Dodecanese Islands),该列岛占领于一九一二年,与土耳其海岸距离极近。意大利在战后占领之堪斯特洛里沙(Castellorizo)小岛,与土属安达利亚岸,仅隔一衣带水,炮弹可及。意大利在上述岛屿,建造防御工程并空海军根据地。卧榻之傍,鼾声如雷,土耳其能不为之寒心,而有所戒备?

现在的国际形势与一九二三年《洛桑条约》签字时,迥然不同,于洛桑会议中,英国坚持海峡开放之原则,其目的所在,显然对俄,现时移境迁,英国既无侵主入黑海之野心,亦无组成反俄阵线之可能。而苏俄现已翼毛丰满,焉知不复将伸入势力于地中海。故海峡之回复战前的地位,于英亦无大不利。并且意大利在地中海现正气焰高涨,威胁英国之海权。其殖民计划,又将危害英国之北非、西亚的势力。故对于意大利之野心,颇为忧虑。而土耳其之设防海峡,亦以防意为目标,利害相同,英国或已予以默契,以得土耳其之好感。巴尔干诸国对于意大利之侵略政策,颇为侧目,对土邦交亦已敦睦,当不致反对设防之计划。苏俄已表示赞助,法国对土之复文内容,与英国相同,亦愿予以同情的考虑。设防之障碍,已大部消除。意大利虽欲反对,然孤掌难鸣,恐未能有效。至于国联对德对意,已焦头烂额,对土耳其之设防,恐更无办法。故博斯波鲁斯与达达尼尔两海峡,不久又将成为土耳其之国防要塞矣。

欧洲列强对于海峡,素极重视,认为近东问题之核心,然就现状而论,所能为者亦不过经一番辩论后,再订新约,以确立海峡之新地位而已。

历史犹如车轮,往往走入旧轨。法俄互助协定之批准,是回复战前之法俄同盟;德意志之废止《洛迦诺公约》,是恢复战前德国西疆之坚固防御;土耳其之设防海峡,亦是恢复战前之封闭原则;凡此皆为未来大战之序幕。故土耳其之设防海峡,实含有深远的意义,未可以寻常事件目之也。

(本文原载《东方杂志》1936年第11号)

巴力斯坦事件之剖视

一

巴力斯坦亚剌伯人与犹太人之冲突,自本年四月中旬爆发以来,愈演愈烈,使全境陷于扰乱状态之中,近且有转变反英运动之趋势。此中症结,大部导源于巴力斯坦之特殊地位。

巴力斯坦位于地中海之东岸,为犹太教与基督教之发源地,与世界文化有深切的关系。纪元前一〇五〇年左右,犹太人曾开始建国于此,但以内争外祸之频仍,犹太人之政治组织,仅有四百余年之历史。亚剌伯人崛起于西亚自六四六年占领耶路撒冷以后,巴力斯坦除一时为基督教徒所占领以外,皆在回教徒统治之下。所以回教徒的势力,远非犹太民族所能比拟。

亚剌伯人与犹太人同属于塞姆族。往昔共同生息于巴力斯坦并无大冲突。亚人大部信奉回教,小部分信奉基督教,但皆使用亚剌伯语。犹人信奉犹太教,使用希伯来语。两民族间能和平相处,未尝敌对,即在十九世纪末叶与二十世纪初期,犹太人以在东欧之受到虐待,回复故乡,亦未激起亚剌伯人之反感。

但自大战以后,巴力斯坦之地位改变,而犹、亚两民族之关系亦因此趋于紧张。巴力斯坦原为旧土耳其帝国行省之一。大战期间土耳其加入同盟国作战,协约国尽量宣传民族自决之原则,唆使土帝国内之亚剌伯民族反叛独立,以削弱土耳其之战斗力。一九一五年英政府允许亚剌伯人建设亚剌伯联邦,以换取该民族背叛土国之条件。依胡山—麦马韩函件(The Hussein-McMahon Correspondence),联邦包括巴力斯坦、叙利亚、伊拉克以及亚剌伯半岛。但胡麦函件之墨沈未干,英政府又于一九一六年与法国秘密缔结《息克匹哥条约》(Sykes Picot Treaty),划巴力斯坦为国际地,并将海发(Haifa)、阿卡(Akka)等重要商埠,归入英国势力范围之内。此是显然背弃对于亚人之诺言。又于一九一七年英政府发表贝尔福宣言(Balfour Declaration),允准援助犹太人在巴力斯坦建设民族家乡(National Home)计划。当时英政府欲笼络反对土帝国之势力，不惜滥发矛盾之诺言。然今日巴力斯坦纷乱之根苗，即深植于此。

在巴黎和会中，亚剌伯代表团依协约国解放亚剌伯民族之宣言，声请在亚人占多数的区域内，组成亚剌伯联邦犹太民族主义者代表在魏斯曼(Weizmann)领导之下，依贝尔福宣言要求巴力斯坦发展为犹太人的巴力斯坦。而英、法间又有密约的关系，一时争持不决。至一九二〇年四月圣勒摩会议(San Remo Conference)决定巴力斯坦授予英国作为甲级委任统治地。依国联约章巴力斯坦之地位与叙利亚伊拉克相同，"其发展程度已可暂为承认独立国，惟仍须由受任统治国予以行政之指导及援助，至其能自立之时为止"。但同时英国有扶助犹太人回复故乡之责任，故一九二二年七月国联行政院所认可之巴力斯坦委任统治条款与其他甲级委任统治条款，颇有不同。约略言之：（一）受任国应负建犹太民族家乡、发展自治制度与保障一切住民权利之责任。（二）承认辑安会(The Zionist Organization)为关于建设犹太民族家乡事件，对巴力斯坦政府提供意见与合作之公共机关。（三）在不损害其他人民之权利与地位之范围内，受任国应给予犹太人移入之便利，并与犹太机关合作，鼓励犹太人民垦殖土地，开发当地资源与办公共事业等。（四）受任国应承认当地各教的节假为合法，对于各教圣地应负保障的全责，并应承认希伯来语与英语及亚剌伯语同为官场语言。

巴力斯坦以有上述的特点使英国担任双重的责任。一面依约章第二十二条，英国应援助亚剌伯人发展自治制度到达独立之目的；一面依委任统治条款应扶助犹太人建设民族家乡，促进犹人之移入，同时不损害其他部分居民之权利。此是一件难事。英政府如扶助亚人之自治，则遭犹人之抨击，如促进犹人民族家乡之建设，则遭亚人之反对。如采用所认为公平待遇之政策，则遭受双方之不满意。巴力斯坦纠纷之所以固结难解，其根源即在于此。

二

巴力斯坦冲突之另一症结，为犹、亚两民族主义的潮流之激涨。

十九世纪末叶，亚剌伯人在土皇统治下，已开始其民族运动。南部之亚剌伯人继续反抗土皇之虐政，北部伊拉克、叙利亚、巴力斯坦之亚剌伯知识分子，亦组织秘密会社，鼓吹革命。一九〇八年后，少年土耳其党执政，实施土耳其化政策时，亚剌伯人之秘密会社联络南北部之革命分子，共谋抵抗，并开始宣传大亚剌伯主义，以与大土耳其运动(Pan-Turanism Movement)相颉颃。一九一三年当土耳其在巴尔干战争中失败后,北部亚剌伯民族运动之领袖集会于巴黎,决定运动之政策,故在大战爆发以前北部亚剌伯人已有民族自觉之精神,与民族解放之企图。

然在大战期间,亚剌伯人始得积极活动之机会。英政府欲得亚剌伯人之捣乱土耳其阵线派驻埃高级委员麦马韩与麦加长官胡山(The Sheriff Husslin)进行谈判,一九一六年一月成立协定。该协定第一条规定"不列颠政府同意援助建造亚剌伯帝国,其内政与外交事务,完全独立。帝国之疆域东至波斯湾,西至红海、埃及界与地中海,北以阿勒颇(Aleppo)与摩苏尔省界线,经过幼发拉底与底格里斯(Tigris)河,至波斯湾为界。惟亚登殖民地(The Colony Aden)则不在其内"。依此条文巴力斯坦与叙利亚及伊拉克同包括于所谓亚剌伯帝国中。同年三月十日麦马韩又致函胡山,确认亚剌伯所提之条件,此即所谓胡麦函件。

亚剌伯人置信于上项协定,乃起兵反抗土耳其,援助协约国在近东之战役。亚剌伯义勇军捣乱土军之后方,驱除约但以东之土军,使英军能得胜利。其所以如此勇敢作战者,为激于民族独立之愿望,图谋实现亚剌伯帝国之计划故也。亚人满望协约国胜利后,能建立自由独立之大亚剌伯,更以美总统威尔逊之高唱民族自决原则,又以一九一八年英、法联合宣言解放土耳其被压民族之主张,亚剌伯之民族精神,非常焕发。

然在大战以后,巴力斯坦之亚剌伯人非特仍屈服于外来的统治,且变本加厉,巴力斯坦作为犹太民族建设民族家乡之场所。其内心之失望,不言可喻。同时巴力斯坦的亚剌伯人更以政治上之不平,加紧民族主义之动力。巴力斯坦在文化与政治方面,较其他亚剌伯人居住之区域为前进,然其实际政治地位,在亚剌伯人中,最为落后,赫查士(Hijaz)、叶门(Yaman)与内惹德(Najd),其文化程度远不及巴力斯坦,而首先得到政治上之独立。伊拉克之文化程度亦较逊于巴力斯坦,亦已得解放,加入国联为会员国。在此情形之下,巴力斯坦之亚人,当更抑郁不平,以为巴力斯坦之厄运,皆导源于辑安运动。故排犹之情绪,一发而不可抑止。

与巴力斯坦亚剌伯民族主义并驾齐驱者,又有犹太人复兴故乡运动。两种势力互相激荡,互相敌对,使巴力斯坦变为两族战争之场所。缘犹太人久已失国,漂泊异乡,备尝亡国之痛苦,尤其是散处于东欧之犹太人。对于犹太恢复故乡之观念,当非常欢迎。

近代辑安主义(Zionism)创始于赫尔兹(Theodor Herzl)。彼曾著《犹太国家》(The Jewish State)一书,阐明辑安主义之理论与计划。于一八九七年,创设辑安会,目的在于"为犹太民族在巴力斯坦建造由公法保护之家乡"(a home in Palestine secured by public law)。从一八九八年起,辑安主义者每年举行会议。约在一九一一年辑安主义者分成两派:一为政治的辑安主义(Political Zionism),一为文化的辑安主义(Cultural Zionism)。前者主张建立一个完全由犹太治理的犹太国家,后者以为政治的辑安主义势将激起亚剌伯人之反对,主张建设一个文化的民族家乡,使犹太文化及宗教得到自由发扬。现辑安会所采的政策是介乎两极之间。

在大战期间辑安主义与亚剌伯民族主义,同如雨后春笋,蓬蓬勃发。缘在大战初期,犹太人以在俄国与罗马尼亚遭到残忍的虐待,对于协约国表示冷淡。协约国为欲得犹太民族之援助,乃对于犹太民族主义,表示同情。当时英国的辑安主义者极力活动,结果得到贝尔福宣言,英政府允许援助犹太人在巴力斯坦建设民族家乡之计划。于是犹太民族运动,从理想而趋于实现之途。

东欧犹太人又以大战及战后和约之影响,所处的地位更觉难堪,对于辑安主义更为热烈赞助。第一,东欧犹太人所居之区域,以东方阵线之往复移动,遭到蹂躏。第二,德意志与奥匈帝国之一部分领土转移于波兰与罗马尼亚,犹太人遭受虐待之区域更为扩大。第三,战后东欧民族精神之突飞猛进,苛待犹人之程度因而提高。马扎尔人之由友谊政策变为反犹主义,即是一例。因此大批犹太人携老扶幼,移入巴力斯坦,从事于民族家乡之建设,而犹太民族运动亦变为激进化。

吾人为了解犹、亚冲突之严重性,对于辑安全主义之两大原则,应先予以特别注意。

第一,犹太民族家乡建造于社会主义之基础上。辑安主义开始时,即为社会的与民族的计划。其创始人赫尔兹主张财产公有之原则。其名著《犹太国家》即为十九世纪早期社会主义之乌托邦。在新犹太国中,彼主张土地应为民族所公有。三十余年前犹太基金团(National Fund)即本此意旨,开始购买巴力斯坦之土地,该团所购的土地不得私售于别人,或用为私人利益之目的,是民族的财产。此项原则在战后更为严格执行。所以除苏俄外,犹太人在巴力斯坦亦实验社会主义的计划。

第二,建设民族家乡应由于犹太人自己的劳力。辑安主义注重犹太人生产化之问题(Problem of Jewish Productivization)。自古以来,犹太人因受所在国政府之歧视,不得从事于劳动的生产职业。其职业大部限于知识活动、金融事件与经营商业,罕有以农工为职业者,此是犹太经济中之特殊情状。因此辑安劳动先锋运动(The Zionist Labor Halutzim Movement)即努力于造成完全的犹太民族,使犹太人能自己耕种、自己建屋、自己制造用品,如是则犹太社会亦可建立于下层的基础。犹太人在巴力斯坦开发沼地,筑造道路,种植森林,建设城市,灌溉沙漠,发展整千累万亩之殖民地。此种努力结果,可为犹太生产化之纪功碑。

三

一个政府对付两个对峙的民族,使之和协相处于同一的政治区域中,却是一件极困难的事件。

英政府对于巴力斯坦的政策,其基本原则表现于一九一七年贝尔福宣言中:"英国政府赞成犹太人在巴力斯坦建设民族家乡,并将极力设法促成此项目的。惟须声明者:此种措施不得妨害现在巴力斯坦之非犹太社会之公民的与宗教的权利或在任何其他国家内犹太人民所享有之权利与政治地位。"巴尔福宣言曾由圣勒摩协约国最高会议(一九二〇年四月二十四日)所确认后,列入巴力斯坦委任统治条款中,又于一九二二年七月二十四日经国联行政院所批准。

英政府宣言之动机当然由于笼络犹太人之观念。其所依据之原则为"每个民族应给予独立的地位"。此项原则法国大革命时已经发动,至大战中得民族自决之理论,更能发扬而付诸实行。巴力斯坦委任统治条款之前言说明犹太人在巴力斯坦建设民族家乡基于"犹太民族对巴力斯坦的历史关联"之理由。但称"犹太民族家乡"(Jewish National Home)而不称"犹太国"者,以英政府所赞助者是文化的辑安主义而非政治的辑安主义。并且英政府对于当地亚剌伯民族之权利亦应予以保护。故在宣言与委任统治条款中皆规定"一切措施不得妨碍现在巴力斯坦之非犹太社会之公民的与宗教的权利"。英政府并未接受巴力斯坦变为完全犹太的巴力斯坦之主张。亦不想以全部巴力斯坦造成犹太民族家乡,不过在巴力斯坦建造由公法保障之犹太人民的家乡而已。关于"民族家乡",本威细(Norman Bentwich)给予确当的释义,谓:民族家乡包含领土之意。在该领土内一个民族并未受到政治主权之权利,但享有被承认的法律地位,并得发展其道德、社会与智慧的理想。

英政府为说明其政策并缓和亚剌伯民族之反对起见,于一九二二年发表《邱吉尔备忘录》(*The Churchill Memorandum*)。该备忘录略谓发展巴力斯坦之犹太民族家乡并非强加犹太民族性于巴力斯坦之全体住民,但为更进一步发展现有犹太社会,俾巴力斯坦可因宗教与种族的关系,成为全体犹太人所注意,所自夸之中心,且使犹太社会得到自由发展之最好希望,与显示其能力之圆满机会。吾人须知犹太社会之在巴力斯坦是由于权利而非由于容忍。此所以巴力斯坦之犹太民族家乡应有国际的保障,应正式承认基于古时历史的关系。……为实现此项政策起见,巴力斯坦犹太社会须以移殖的方法增加其人数。惟移入之数量当以该地经济能力所可吸收者为限度。移入之人不当成为巴力斯坦全体人民之负担,并不当剥夺现有人民任何一部之职业。

在此备忘录公布以前,英政府殖民部征询辑安会及亚刺伯代表团对于上项政策之意见。前者予以接受,而后者完全拒绝之,并报以不合作运动,且向英政府要求依国联约章第二十二条第四节之精神,巴力斯坦之宪法应规定设立民族独立的政府。英政府亦拒不采纳。因设准其所请,成立民主会议,则亚刺伯人可以多数的力量,阻止英政府对于犹太民族所负义务之履行。

英政府对于巴力斯坦负有双重责任。一九二四年常设委任统治委员会开会时,亦曾言及其统治的困难:"其他委任统治条款意在使国联约章第二十二条之一般原则付诸实施,而巴力斯坦之委任统治条款性质较为复杂。受任国一面须实施约章第二十二条之规定,一面又须执行贝尔福宣言所规定建设犹太民族家乡之计划。"英政府企图同时履行其两部的义务而迭受亚刺伯人之反对。巴力斯坦的亚刺伯人坚持受任国应撤销其在该地建设犹太民族家乡之义务,否则不愿与之合作。一九二二年八月英政府枢密院令规定设立立法会议,设委员二十二人,其中十人为英籍政务官,由高等委员指派,十二人为民选委员,包括回教徒八人、犹太人与基督徒各二人。该会议在高等委员监督之下,进行立法事宜。但自一九二三年以来亚刺伯政治领袖反对受任国与犹太人之参加,拒绝投票,故立法会议未能组成。英政府又授予亚人以两次合作的机会,第一次改组委派的顾问会议,亚刺伯人得有十个委员(回教徒八人,基督教徒二人),第二次准许依委任统治条款之规定,准许设立与犹太机关相等之亚刺伯机关。但亚刺伯领袖皆未接受,于是英政府不得不另设纯由政务官组成之顾问会议。

所以英政府之对巴力斯坦之政策自始即遭人之反对,故犹、亚之冲突事件中往往表现浓厚的反英色彩。

四

犹、亚两民族之冲突植根于巴力斯坦之特殊制度,前已言之,设此项制度不加以变更,则英政府任何巧妙的政策,恐不能消弭内在的纠纷,盖犹、亚冲突由来已久,此次冲突不过较为严重耳。

一九二〇年四月巴力斯坦宣布为委任统治地后,耶路撒冷立刻发生反犹暴动,次年五月又发生同样性质的示威运动。但犹、亚之大冲突始于一九二九年之泣墙(Wailing Wall)事件。

泣墙为耶路撒冷城内之断垣残壁,犹、回两教神庙遗迹之所在地。该墙之产权属于回教社会,而犹太人习惯上在此享有礼拜之权利,因此两教易于冲突。在一九二八年犹太赎罪节时(九月二十四日)犹太人泣墙前张设帷幕,隔离男女信徒,警察认为违反旧例,强制取去。犹人大动公愤。亚剌伯人以为犹太人蓄意破坏泣墙惯例,乃组织保护圣地委员会(Committee for the Defence of the Burap-Ash Sharif),同时犹太人亦组织维护泣墙委员会(Pro-Wailing Wall Committee)互相对垒。一九二九年八月十五日犹太人在泣墙前作示威运动,悬挂犹太旗帜,高唱辑安歌曲(Hatikvah)。次日亚剌伯回教徒亦举行对抗的大示威。八月十七日偶因细故而发生流血事件。此后亚人与犹太人及警察,发生大冲突,犹太人之伤亡者颇多。巴力斯坦高等委员调兵弹压,得恢复秩序。当时亚剌伯代表团到伦敦要求下列条件:(一)巴力斯坦之移民应即停止。(二)亚剌伯人之土地用法律规定不得分离。(三)巴力斯坦的民主政府应即设立。英政府认为此项条件不能接受,双方谈判归于失败。英政府后依调查团之报告,发布《帕舍斐尔白皮书》(*Passfield White Paper*)规定回教徒所保有之土地,应自平均二亩加至三亩,亚人觉得满意。但犹太人立即出面反对。前总理麦唐纳受辑安主义者之威胁,于两星期后竟将此项白皮书予以撤消,亚人当然愤懑。

此后犹太人之移入巴力斯坦者日见增多。一九三三年一月至十一月正当德意志排犹剧烈之时,犹太人移入巴力斯坦者约有50,000人。回教亚剌伯人深恐犹太人之源源流入,自己将被排挤于家乡之外,又复掀起反犹暴动。

一九三三年十月中大批亚剌伯人由乡间进入耶路撒冷城,举行示威,与英当局立刻冲突,亚人死三十人,伤约二百人。于是亚剌伯人宣布停市罢工。乍法、海发、耶路撒冷及其他地方亚人的暴动案件,层出不穷。英政府终以强力压制暴动殖民部部长李斯脱爵士(Sir Philip Cunliffe Lister)于十一月一日说明其政策。谓:"委任统治条款对于亚剌伯人与犹太人,皆载有明确的义务。此项义务应以无畏不偏的精神,完全地、公平地履行之。依委任统治条款受任国有促进建设犹太民族家乡之义务,但同时对于一切住民之权利亦有同等明确保障之义务。"

一九二九年与一九三三年之暴动，可谓今次巴力斯坦事件之先驱。今次冲突之根本原因与性质，与前次冲突实无大异。本年四月中旬犹、亚两族又开始冲突，双方死伤多人。英政府即于四月十九日颁布戒严条例，但局势反变为紧张。亚剌伯人向英当局提出两项要求：（一）犹太人不得在巴力斯坦境内购买土地，（二）犹太人移居巴力斯坦境内者源源不绝，应设法予以取缔。从四月二十二日起直至今日，亚剌伯人宣布罢市罢工，决定非俟所提要求获得满意之后，不允复业复工。巴力斯坦之杀人流血、纵火焚烧情事，层见叠出。亚剌伯人携大批枪械、炸弹成群结队，攻击犹太人并与英军相对抗。英当局虽调集军队，从事绥靖工作，但仍未能稍戢乱事。亚剌伯人且更进一步反抗英国之委任统治。故此次冲突之激烈为前所未有。人谁不好安居乐业？今亚人奋不顾身，坚决排犹反英者，其故何耶？

五

巴力斯坦犹、亚冲突之原因，简言之，为亚剌伯人在政治方面未能实现其愿望，在经济方面又遭犹人之威胁，乃将抑郁仇视之气，发为剧烈难止的暴动。

亚剌伯人对于英国的委任统治自始即表示拒绝。亚人以为此项统治制度是协约国欺骗弱小民族之手段，是掩饰背信弃约之烟幕弹。巴力斯坦亚人所遭之命运，远不及其他亚剌伯人，不特不能达到自治之目的，且受到犹太人建设民族家乡之威胁。原则上巴力斯坦是属于甲级委任统治地，而实质上因其委任统治条款之双重性质，亚人欲完成独立政府，实属不可能。巴力斯坦代表团迭次向英当局要求设立民族自治政府，而英当局以国联加于受任国之国际义务，与巴力斯坦为三大宗教故乡之理由，予以拒绝。设巴力斯坦得到自治，则亚人可以多数的力量，抑止辑安主义者之计划。所以亚人以为英政府之拒绝亚人之自治，如伊剌克人所享者，为扶助犹人设立民族家乡计耳。犹人之源源不绝地移入及其所采的购地计划，不特足以威胁其民族之独立，且将危害其民族之生存。亚剌伯民族主义者并举下列事实，以为证明：二十年前犹太人占巴力斯坦全人口百分之十，十年前不过占百分之十五，现在已近百分之三十。设任其移入，不予抑止，则十年后犹太人将占全人口之半数矣。即在亚人激烈之反犹空气中，东欧，尤其波兰之犹太人，仍源源移入巴力斯坦。仅于去年一年中，计有 61,000 犹人之移入。

此次冲突中亚剌伯领袖即回教委员会主席法克来（Fakhry Bey）曾发表谈话，略称："犹太人在巴力斯坦所主有之土地，日见增加，回教徒所保有之土地则日见减少,迄于此际,亚剌伯人莫不深信英国政府仍当受该国国内犹太人之压迫。长此以往亚剌伯人所有土地势必剥削殆尽,而亡命外国,此乃吾人所由愤愤不平者。亚剌伯人向以和平手段主张公道,业已失败。英国政府对于我辈惟有表示同情,否则我辈非特不能拥护英国,且当以最大敌人,相对待云云。"亚剌伯人之愤恨恐怖心理,已露骨表示。亚剌伯民族最高委员会亦发表宣言称:"英国政府对于犹太人移殖巴力斯坦一事,苟非切实予以制止,亚剌伯民族,苟不能组织国民政府,则时局决无恢复原状之可能。"

亚剌伯人之忧虑又以辑安主义者之激烈主张而更为加深。一九二九年七八月间第十六次辑安主义者大会(The Zionist Congress)举行于沮利克(Zurich)城时,巴力斯坦辑安主义执行委员会主席萨克(Harry Sacher)阐明其辑安主义之观念,谓:"我人所注意者是犹太民族家乡之建设。我人所注意者是将使犹人之移入不受造作的限制。我犹太人民能尽其全力,发展巴力斯坦,俾犹太人能移入于此,而创造文明。我人愿望并要求当地政府依委任统治条款,尽其责任,促成此项工作。我爽直地说,我人希望依此自然历程,总有一日在巴力斯坦犹太人将占有人口之大多数。"此种言辞亚人闻之,能不为之胆寒而起反抗之决心乎?设犹人在巴力斯坦占有过半数,则岂非亚人将受制于犹人乎?此是亚人反犹之政治的理由。

亚人反犹之另一理由为经济因素。犹太人其雄厚的资本,移入巴力斯坦使荒凉衰败的区域变为欣欣向荣之原野。此原为无可否认的事实。自一九二九年以来巴力斯坦的地价渐贵,农产品价格激涨,工资亦已提高。巴力斯坦政府藉赋税之收入,得完成良好的公路网,与建筑地中海东岸之海发(Haifa)大港。犹太人以三十二万五千镑之经费,已开垦九万六千亩之沼地,铲除疟疾流行之灾祸。统计战后犹太人携入之资本,约在五千万镑以上。仅在一九三五年中犹太人流入巴力斯坦之资本,已逾一千万镑。此种工程之建造,荒地之开垦与资本之流入,直接固有利于犹太人,但间接对于亚人亦有相当的利益。然以下列二因犹太资本之流入,及成为亚人反犹之主要因素。

第一,辑安会之购地政策,该会购地计划之基本原则前已略述,为所购的土地应为民族的财产,永不得转移于犹太私人,或非犹太人所有。巴力斯坦是农业区域。全境的土地约半数集中于二百五十个大地主之手。犹太人以高价向大地主购买土地。而亚剌伯地主之一部分极少社会义务之观念,出售土地于犹太人,使佃户失去租种之权利,被迫离去土地,流离失所;另一方面,犹太殖民机关之购买亚人所出售之土地,目的并非在于牟利,而在于使犹太农夫永久占领巴力斯坦之土地。此项政策使亚人更信犹人以渐进方法,排除亚剌伯人民于巴力斯坦,亚人势将无立足之余地。其反犹的情绪因此激发。

第二,辑安会之劳动政策。该会之另一原则为犹太的土地只可雇用犹太劳工。亚人出售土地即失去租种与被雇用之可能性。犹人继续不断地购地,则亚剌伯农夫将无所得到衣食。果然犹人所购之土地88.5%系得自大地主,购自农民者仅9.5%,但土地在亚剌伯地主之手,则亚剌伯农夫尚有租种之权利,一转入犹人之手则并此而无之。犹人此项政策之动机一面造成犹太社会之劳动阶级,一面藉此吸收犹太劳工之移入。盖犹人移入者愈多,则犹人在巴力斯坦之势力亦愈大;势力愈大,则犹太民族家乡之基础,亦愈稳固。但亚剌伯之农民因此而无地可耕者,亦日见增加,近约占农民阶级中29.4%,其数额实足惊人。

由于上列的政治与经济的原因,更杂以犹、回两教之仇视心理,巴力斯坦之反犹暴动极度紧张,屡仆屡起,成为空前难解之纠纷也。

六

巴力斯坦之亚剌伯人果然深恐犹太人势力之伸张,受到威胁,而出于暴力抵抗,而犹人以深受亡国之痛苦,回复故乡,得一生息地,亦有其相当的理由。巴力斯坦为犹太人发源地,现有广漠的旷野,数千万亩之空地,仅可容留数十万犹人之移入。犹人以自己的劳力资本,开其故乡而遭到拒绝,岂得谓为公平?犹太民治议会议员曾说明犹太人之立场,谓:"亚剌伯人与犹太人共同生息于巴力斯坦境内,当不患无容身之地,甚望亚剌伯民族诸领袖,深切了解此点。至就我侪犹太人而论,对于巴力斯坦建国之理想,决不放弃,对于英国政府亦信任有加。近自犹太人移殖此间,人数增多之后,吾人并希望亚剌伯人因此而不得不与我侪觅求妥协。总之,我辈所采政策,不拟有所变更,甚愿英国政府前次所提供之诺言,此际亦能践行。"犹人之坚决维持建设民族家乡之态度,于此亦可见一斑。

最近犹、亚两民族之冲突,非但无有缓和之象,且有扩大之势。犹太人已要求政府,务将时局真实消息,尽量宣布,并坚持犹太人应有自卫权利。至亚剌伯民族运动各领袖业已分别电达埃及、伊拉克、伊兰、叶门、萨和亚剌伯五回教国元首请其予以援助,俾回教圣地得以保全。该族机关报并载称巴力斯坦由英国委任统治一层,必当拒绝予以承认云。(六月三十日哈瓦斯电)

在此种局势之下,英政府将如何措施,却是值得注意的问题。

吾人知英国决不肯放弃巴力斯坦之控制。表面上英政府之把持巴力斯坦者，为维持贝尔福宣言之原则，践行对犹太人提供之诺言；实质上为：（一）保护苏彝士运河之安全，以巴力斯坦处运河之冲，军事上极占重要地位。（二）保护摩苏尔到海发之油管线，英国自控制伊拉克之油田后，即在摩苏尔与海发间建造油管，以运送石油至地中海岸。英国地中海舰队石油之取给，胥赖该管线之运送。故巴力斯坦成为军事上必争之地。设地中海东部英与他国发生战事，则巴力斯坦将成为战场，可无疑义。

然英政府之保持巴力斯坦之势力是一事，调和两民族又是一事。

若两民族继续战争，则难免有其他强国势力之侵入。英国报纸已有指斥意大利在幕后鼓励巴力斯坦亚剌伯人之暴动，意大利半官性质之报纸（Giornole d'Italia）业已发表坚决的否认（六月三日哈瓦斯），但意政府对于西亚早已注目，局势推移，将来难免不生觊觎之心。英国在地中海之霸权已现动摇之象，设在西亚英政府再蹈北非之覆辙，则帝国之前途更多危险，故不得不求解决之方案。

但就现势而论，英政府对于巴力斯坦亚剌伯人之要求，不得不表示相当的让步，稍稍满足其民族愿望，并减少其民族被威胁之忧虑，否则风潮激荡，愈趋严重，近东之危机，恐犹方兴未艾也。

（本文原载《东方杂志》1936 年第 15 号）

美国中立法之回顾与前瞻

一

美国中立法为其对于国外战争态度之表示。此不特为美国近时外交政策之核心,且为国际政治之主要因素。

该法成立迄今,已有年余,中间曾经过两次的修正扩大,并在意、阿战争中曾付诸实施,与国联制裁办法遥遥相对。去年十二月中泛美和平会议又采其原则,缔结美洲中立公约,形成所谓集体中立之制。其国际意义,于此可见一斑。现该法行将满期,美国国会又准备予以修正。吾人对其过去的演进与其将来的趋势,此时应予以检讨。

美国中立法第一次于一九三五年八月中在国会通过,于八月三十一日复经罗斯福总统批准公布。其要点为:(一)禁止军械、军火、军器运至一切交战国家(此项规定于一九三六年二月二十九日期满)。(二)设立全国军火统制局。该局由国务卿、财政陆军、商务各部部长组成,管理并登记军火之制造,与签发军火出口之执照。(三)授权总统:(a)对于美国人民搭乘交战国之船舶,不予保护。(b)禁止任何外国潜艇在战争时期,驶入美国港口或领水。惟依总统所规定之条件者,不在此限。(c)对于离港之船舶,有送交燃料、军火或其他军需品于交战国之兵舰或供给船之嫌疑者,得取保证。

当中立法在国会讨论之时,欧洲政治已非常紧张。希特勒已宣布恢复武装,引起法国之惶恐,而意、阿冲突已至爆发时期,东非战争势已无可幸免。美人鉴于国际政局之蜩螗,并由于避战之心理,乃通过中立法案,以冀在未来大战中,置身局外。

美人不愿卷入欧洲战祸之情绪,近年来非常浓厚。国际联盟为美国所发起,而始终坚决拒绝参加。国际法庭为美国之理想,而不肯参与其间。缘在前次大战中,美人牺牲极大,而所得补偿却微乎其微。而美人所最不满意者,为欧洲国家之对美战债,欲图抵赖。故战后美国政策重返于孤立之途,不愿多预闻欧洲之事件。且对于前次之参战,颇有悔不当初之慨。美人以为前次参战由于与交战国继续军火贸易并放款于交战国所致。故惩前毖后,改弦易辙,以冀除去参战之可能性。此中立法案在第七十四届国会第一次会期之末所以仓促通过也。

罗斯福总统在批准中立法案时,曾发表宣言,略谓:"美国政策系欲维持和平,任何纠纷,凡可使美国与他国发生冲突者,均在避免之列。他国政府凡行使同样政策者,美国政府并愿以种种和平方式,而避免一切纠纷,与之相合作。"此表示中立法以避免国际冲突为原则。然同时美政府对于国际和平究不能不有所努力。故罗总统又揭示此旨。于十一月十四日函致阿尔巴主教,说明美国中立政策,并表示对于制裁之态度,声称:"美政府所采行之计划有两种目的,一在免使美国牵入战局,一在限制战争之区域而缩短其时间。如美国置身事外,毫无举动,则五十二国之努力或将全无效果。吾人现不独不作壁上观,且以种种方法,施行吾人趋向恢复和平之责任。"所以中立法之动机,在消极方面,为欲保持美国之不牵入战争,在积极方面,为对于国际和平工作,亦欲予相当的助力。

二

美国人士尚留恋于传统的门罗主义,当无疑义。对于欧洲的战祸,大部主张保持中立政策,此为常然的结果。但对于如何保持中立而能离去未来的战祸,则意见纷歧,此为注意其修改问题者所应知之事实。

在中立法成立以前,美国国会曾先后讨论四种中立的政策:(一)完全停止与交战国之贸易。此项办法虽为一部分议员所主张,但事实上以美国工商业,将受到不堪设想的损害,难于实行,故被国会所摈弃。(二)凡一切有用于战争之货物,当其运往交战国而超过于战前的输出额量时,予以禁运。此项办法亦遭到反对,而被国会搁置。(三)一切与交战国之贸易,由商人自负其危险,此项办法虽未列入法案,但在意、阿战争中,由总统采纳施行,作为执行部的政策。(四)禁运军械军火与军器于交战国。此即中立法之要点,而得到公意之拥护者。

然在中立法成立以后,攻击声即纷至沓来。一部分人认为美国不肯积极参与于维持国际的和平。中立法对于侵略国与被侵略国,不分皂白,予以同样待遇,不啻是奖励侵略。侵略国或将设法使制裁国亦卷入于战争之漩涡,同受美国军火禁运之限制。美国之中立政策足以阻碍国际制裁之发展。另一部分人士以为中立法尚未彻底。关于下列问题,均未有规定:(一)限制交战国之借款与信用;(二)控制交战国船舶在美国港内之无线电;(三)取消美人参加外国军队者之国籍,至于军用原料,中立法亦未曾予以禁运。凡此种种皆足以引取美国与交战国之冲突者。

然美国的中立政策对于美人与交战国之贸易,究给予相当的限制。而对于"海上自由"之原则,亦有不复坚持之表示。所以更有若干派人士根本上攻击中立法之存在。第一派以为美国应依国际公法之中立旧原则,避免困难无须有任何立法。此派可以国际公法学家摩尔(J. B. Moore)为代表。彼认中立法为杀人狂与自杀狂之奇异混合物。彼以为美国前次加入大战之主因,并非为努力于保证商业,而为非法的保障交战国商船之安全。另一派坚持美国决不可放弃"海上自由"之原则。此派可以参议员约翰生(Senator Johnson)为代表。彼主张美人必须保护一切贸易的权利。海上自由的政策为美共和国所坚决而勇敢维护者。此派当然亦反对任何立法之限制,主张政府必须保护其所准许的贸易。以上两派皆主张中立而反对现行中立法者。

三

第一次中立法虽遭到多方的攻击,但成立未久,即得实施之机会,一九三五年十月初,意、阿战争事已经爆发,五日,罗总统依上项法案,宣布意、阿两国间战争状态之存在,即实施军械、军火、军器之禁运令;并通知美人搭乘交战国之船舶自负危险之责任。罗总统复警告商人,谓"在此种特殊情形之下,我希望美人知道:任何美人自愿与交战国之任何一方,进行任何性质之交易,应自负危险"。此项警告是超出于中立法之范围。

当时国际联盟亦已决定对意施行经济财政的制裁办法。总统复以道德的压力,阻抑美人与交战国之贸易。惟美国的政策与国联不同。美国的禁运军火应用于意、阿两交战国,而国联的禁运是对付意大利之一方者,此其一。美政府对于意货之输入未予禁止,而国联制裁国家对于意货,则予以拒绝,此其二。总之国联之对意办法,是积极的。而美国之对意办法是消极的。前者是执行制裁,后则是维持中立。制裁办法之失败已为尽人皆知之事实,而中立之效果如何,应予以申叙。

(一)对于美国的商业 美政府采用道德的压力,阻止与交战国之贸易。若干公司如美孚油公司、轮船公司等,曾提出抗议,认为对美商业之严重打击。但事实上,美国对意属东非之出口货,反而激增。一九三四年中每月平均为25,403元,至一九三五年十月份为367,785元,十一月份583,735元——比前年同月份增加三十倍以上。关于石油一项,其增加率最为迅速。粗油运至意属东非者自61,708增至417,474桶。较前年同一时期,增加六倍左右。运至意属非洲之石油,竟增加11,863倍左右。另一方面,美国对于阿比西尼亚之全部出口货由一九三四年每月平均1,662元减至一九三五年十月份999元。从上列数字而论,美政府之道德压力的政策,并未削减交战国之贸易。

(二)对于国联 美国之中立政策影响于国联之行动。美政府首先采取禁运军火政策,并阻抑"非禁运"物品之运往意大利,曾使国联气壮,对意应用强硬的政策。然而美国对于禁油问题之未能积极赞助,而使国联对于此项严峻的制裁计划,趑趄不前,终于放弃。设国联积极制裁意国,而美国仍以煤油、棉花等物品,源源供给意大利,则制裁定无成效之可言。故当一九三六年二月中,国联人士对于美国新中立法案之夭折,极露焦虑。宣称"美国国会若果依照各议员现行意见而决定维持现行中立法所规定之现状,则国联会对于意国所采取之制裁办法,不免失败,美国自当负其责任"。再者,美国对于侵略者与被侵略国。不予歧视,国联会员国忧惧美国将对于因制裁而与意战之国家,同样施行禁运军火令。此项政策将使侵略国更无所忌惮。所以国联禁油问题之搁浅,美国中立政策应负一部分的责任。

(三)对于意大利 美国之中立法同样应用于两交战国,意大利似无愤恨之理由。但事实上其运用之效果,有利于阿国。第一,对于美人搭乘交战国船舶之警告,于阿国毫无所损,以其本无驶到美国之商船。第二,禁运之效果,对意之损害,较多于阿。因意大利原可藉其海军力,捕拿阿国所购自外国的军火。所以罗斯福总统之中立政策变为有利于被侵略之阿国。不过此种效果,并非由于中立法之本质,而由于偶然的地理关系。设战争的场所迁移,则此命令式的禁运办法,亦可变为有利侵略的国家。

由上所述,美国之中立法,在美国之中立法在意、阿战争中,不足以消除与交战团纠纷之原因。同时对于制裁侵略国侵略之举,不能予以充分的助力。幸而意、阿战争能及早结束,未曾演成一般的战争,否则美国终恐将蹈前次大战之覆辙,未能久站于中立之地位。

四

当意、阿战争正在剧烈进行之时，美国第一次中立法已届满期。该法原为暂时性质，其有效期间至一九三六年二月二十九日为止。故去年二月中美国国会对于中立法，得到一个修正的机会。

原在前次中立法案讨论时，行政部与赞助国联制裁运动者希望授予总统以便宜行事之权(Discretionary Power)。但以孤立派恐总统将利用此项权力，对于交战国，有所歧视，而与国联合作。结果采用命令式的(mandatory)立法。在去年二月中，国联对于美国之赞助制裁，期望甚切。美国行政部亦期得便宜行事之权，俾可促进国际和平。所以政府派的提案中，除命令式禁运军火外，另加一条文，其大意是：授权总统对于一切交战国，禁运若干物品或原料(此项物品或原料可用于军火与军器之制造或战争之进行者)。无论何时，当总统以为此项政策足以促进安全并保持美国之中立或保护美国人民之生命与商业时，或彼以为不加此种限制将助战争之延长与扩大时，总统可执行之。该项条文被孤立主义派所激烈反对。彼等以为此种便宜行事的权力，将使总统可与国联合作，而偏袒交战国之一方，因而美国将卷入战争之漩涡。此项条文遂不得不予以删除。

政府派之提案由参院外交关系委员会主席毕德门(Pittman)与众院外事委员会主席麦克雷诺尔(Mcreynolds)所共同提出。该案规定：(一)命令式的禁止军事材料运行交战国；(二)准许禁止逾额商品粮食、药品及主要物产之出口；(三)命令式的禁止买卖交战国之证券，惟非政府慈善机关发行之证券为例外，(四)一遇战争状态存在，即行实施禁运，惟国会得宣布反对此举；(五)总统得发表声明，美人之与交战国人民交易者，概须自行负担危险。麦克雷诺尔于提出该案复称，彼拟修正该案，俾南北美洲发生对外战争时，不受该案之束缚，以符门罗主义精神。

新中立法原为补充旧中立法之缺陷，并欲与国联采取合作的行动。所以规定总统可有权对于有用于战争之货品，限制其装运，使输往交战国之额量以平时额量为限。又规定与交战国断绝财政往来。此案之目的又欲将罗总统所采任何贸易悉由商人自行负责之政策，制成法规。然孤立主义者又施以激烈的抨击。例如，摩尔对参院外交委员会，痛诋美国中立案，谓："此案以大体言可谓妄诞，其始念显欲使美国可与国联或国联会员国合作其所认为适宜而可强致和平之威胁行为。苟准总统有取缔原料输出之权，则势必使美国加入战争。"又如前参议院外交委员会主席共和党进步派参议员波拉,对同党党员发表演说,其关于美国外交政策与中立问题之一段曰:"任何人现似均欲保持中立,惟保持中立与设法制止他国之竞争,二者不可得兼。吾人所当遵循之正路在与他国错综复杂之政治问题,完全分离。盖吾人如欲不被欧洲事件所牵累,则舍与欧洲,绝对坚决隔绝,固无他道也。"

政府派议员鉴于情势之恶劣,不得不求妥协办法,将提案中之中心部分更予以删除:其一为授权总统限制与交战国之贸易不得超过常态的额量。其二为授权总统宣布即此种常态贸易应由出口商自负危险责任。最后国会将旧中立法之有效期间延长至一九三七年五月一日。外复加增两点:(一)禁止对于交战国的借款与信用。(二)美洲各国与"非美洲"国家发生战争时,不受中立法之限制。此中立法第一次修正之经过情形也。然关于此次修正案,应特别注意下列两点:

第一,美国国际主义者与国联人士对于美国将军用原料列入禁运品中之希望,成为泡影。国联制裁制度受到一大打击。

第二,美国中立法与门罗主义相联系,在某种情形下,变为"非中立"。国会之联合决议案中规定:当一个美洲共和国与"非美洲"国家交战时,中立法不得通用之。换言之,设一美洲共和国与欧洲国家交战,美国将禁止军火出口与贷款于欧洲的交战国家,但同时对于美洲的交战国,则仍可输运军火,贷予款项。设该美洲国家为一侵略者而非被攻击者,美政府亦可如此办理。国会又规定:当美洲国家与"非美洲"国联合作战时,此项为美洲国家起见而撤销禁运之条文,亦不适用。换言之。美洲共和国得免除禁运之限制,以不与欧洲国家联合为条件。此项规定之效果足以警告美洲共和国参加国联的制裁。设该国与国联合作,与另一美洲国家交战,则予以处罚。上项规定确然是非中立性,而用以符合所谓门罗主义之精神。

五

美国中立法曾经修正,然能否达到其不牵入未来大战之目的,却是问题。但美人对其中立政策迄尚坚守不移,近复扩大其范围。在泛美和平会中,美洲各国采纳美国之建议,缔结中立公约又对于西班牙之内战,中立法亦予以应用。

去年十二月中,泛美和平会在阿根廷京城皮爱诺斯·爱累斯(Buenos Aires)开会时,美国代表团提出建议案,主张由南北中美洲各国签订中立条约,俾签字各国间遇有争议发生时,得以和平方法解决之。如和平方法不能解决而发生战事,则中立各国(即除当事国以外,其他各签字国),即当颁布命令,禁止军火运往交战国,并当在财政上拒不加以接济。美国上项提案之用意,在于推广中立法至美洲各共和国,树立"集体中立"之制,俾美洲国家团结一致,对付外来的侵略。会议终通过美国的提案,而缔结美洲中立公约,重申美洲现行各种条约之义务,与战时中立及禁止军火出口之政策。此表示美洲各国皆已立志不欲牵入美洲以外战争旋涡;另一方面,亦欲共同阻止类于大厦谷战争不幸事件之发生。此项公约不特是罗斯福睦邻政策之结果,亦为美国中立政策之扩大。

美国政府欲以集体中立之制,促进世界之和平。在会议闭幕之时,美国务卿赫尔发表演说,阐明此旨。略谓:"美洲各国非趋向美陆孤立政策,美洲各国决不抱为己主义之幻想,深知此种主义之危害。在此紧密组织互相倚赖之世界中,吾人深觉在新半球四周筑一中国长城之愚妄。吾人之目的,非在使美洲大陆处于孤立,而在书明吾人得达和平之途径,藉为世界他处树一有实效的模范。"

美国中立法之另一扩充,为应用于西班牙之内战。西班牙之内战已形成国际势力之战争。国民军与共和政府各有国际背景,得到外援。但现行中立法只适用于国际战争,禁运军火条文不得应用于他国的内战。以此,美政府对飞机出口运往西班牙者,无从加以禁止。国务院在现行中立法之下,实无拒绝发给执照之法律根据。但罗斯福总统对于美国商界运送飞机至西班牙一事,颇不赞成。总统谓:"此事虽然合法,惟殊有背爱国之义。"同时,英国官场人士,对于美准军火运西,亦表示忧虑。恐美国飞机运往西班牙之举,足以发生两种影响。其一,德意等国或将藉为口实,而对于不干涉协定之监察办法,拒不接受。其二,即使德意等国接受监察办法,而美国飞机运抵西班牙时,国际监察员或当出面加以阻止,则伦敦调整委员会与美国政府间,恐将因此发生龃龉。

所以美国第七十五届国会开幕之时,即讨论关于禁止军火运往西班牙一项问题,并议决授权总统扩大中立法之范围,以便将西班牙内乱双方,皆包括于内。美政府对于以前所发出之运输军火执照,亦予以取消,盖美国深恐西内战之变成国际战争。此项扩大是中立法之第二次的修正。

六

然中立法之有效时期,不久将满。参议院外交委员会主席毕德门、众议院外事委员会主席麦克雷诺尔兹均已拟就新中立法案,准备提付国会讨论,并主张禁原料品运往交战国。参院中于二月一日提出新建议三件,以补充毕德门所提出之美国永久中立案。三案如下：（一）共和党议员两人及民主党议员两人提出修正文，规定美国应在战争时与交战国断绝商务关系。（二）参议员康纳莱提议，禁止战争牟利。（三）参议员李维斯提议，授权总统于国外发生战争时，禁止若干种商品运往交战国。并得于必要时，限制美国人民以金钱贷与交战国。并得于必要时，限制美国人民在交战国境内旅行。（二月一日国民电）

关于中立法案之修正问题，不久在美国国会中，将又占极重要地位，并将引起非常热烈的争论，但仍为孤立派与合作派之对峙。其所争辩者亦为上届国会之旧问题，即除禁运军火被一般所同意者外，禁止长短期放款，禁止原料运往交战国，断绝与交战国商务关系等等问题是也。对于禁运原料一层，据一月二十九日哈瓦斯电所传，英国商务大臣伦西曼与国务卿赫尔进行谈话之后，美国政府当局，对于禁止原料品运往交战国之议，已决定予以放弃。关于此层，罗斯福总统、国务卿赫尔，与前军缩会议代表台维斯，曾经考虑多日，卒因美国所需用之橡皮、锡与镍几尽由大不列颠帝国各属地输入，他日倘因实施新中立法，而将原料品禁止出口，则英国当以报复手段应付之。伦西曼氏即无所讳饰，美国政府爰乃取禁运原料品之议。所以中立法之前途，仍不过是延长现行中立法之有效期间，并补充若干点，再进一步消除美国与交战国间之可能的冲突，与更进一步表示保证对于国联制裁不阻挠(non-obstruction)的政策而已。世人欲望美国新中立法案表示积极地参与国际合作，盖亦难矣。第一，因为大部美人尚留恋于门罗主义，对于中南美诸国虽已改变政策，而对于欧洲纠纷，不愿被牵累之心理，仍甚坚决。第二，因为美人鉴于集体安全制之失败，乃倡集体中立制，以消极方法促进和平。第三，因为美人以其地势关系，自以为可雄霸大陆，以中立政策而摆脱美洲以外的战祸。

所以中立法将来无论如何修正，终脱不了下列的弱点。

（一）中立法之实际的效果，将利于一方，决不能公平的。在意阿战争中之受不利影响者，为意大利。意大利认美政府的政策为歧视，而表示不满。在未来的大战中，亦将有同样的情形，或将因此而引起纠纷。

（二）中立法将禁运一切战事需要品，实属不可能之事件。今日几乎一切商品均有军事的价值。显然应加入禁运物品者，为石油、化学品、棉花、运货车。但此项物品即使加入，其他军事上所需物品，仍不胜枚举。

（三）中立法对于意阿间地方性质之战争，尚少纠纷发生。但设遇大战，则中立问题，将非常复杂，美国决不能坐视权利之损失。

(四) 中立法如增加禁运的货物,则难得大部人民之拥护。禁运的货物愈多,则美国人受影响者亦愈多。设棉花、小麦、油及其他物件受到出口的限制,则农、工、商界势将不予赞助。盖美国如参加战争,则美人准备大牺牲,当无疑义。但设仅为避免战争而作同样的牺牲,美人是否愿意,却是问题。

所以美国中立法恐未能消除与交战国之纠纷,并未能避免将来之战祸。时至今日,国际局势错综复杂,声息相关,美国究为世界之一部,何能置身事外?美国如欲维护和平,亦非中立所能了事。且中立法所不能预防之纠纷,当复不少,美国亦何能按兵不动,而坐视权利之受损?关于此点,毕德门早已爽直言之,彼谓:"日本某作家曾称,美国准备放弃海洋自由之原则,实非真相。美国并无采取此种政策之意,亦并不承认任何政府在靖平时代,得在大海上,即美国海岸三英里以外,行使其权力也。吾人现所准备之中立措置,系在现行国际法范围之内,将美国一切权利,予以维护而重申之,此在平时如是,即在战时亦莫不然。凡在战时,美国若认为有益,得以按照中立法向其人民施行若干种限制办法。惟此种办法非谓外国政府,即有权使美国人接受困难,亦非谓美国政府,已不复在权得以采取所认为适当之办法,以全力援助人民。此于外国政府所当了解者也云云。"(一九三六年二月十日哈瓦斯电)

总之,避免战争之最好方法,为协力阻止战事之发生。国际和平端赖国际间共同制止侵略国家之强暴行为。设美国拒绝与其他国家合作,阻止战争之发生,则美国虽有详密的中立法,亦依然在于不安全与危险的状态中。邻近房屋都是极易燃烧,而自己信赖其住所之不着火性质,而对于大火之爆发,不予以戢止,此亦属危险的事情。即使其住所果然不易着火,但居于周围火焰之空气中,亦难于忍受,势将起而参加救火的工作,可断言也。但焦头烂额,何如曲突徙薪,吾愿美国人士在讨论中立法修正时,注意及之。

(本文原载《东方杂志》1937年第5号)

西欧公约问题

一

西欧公约问题发生于去年三月七日之莱茵事变，迄今已有年余，未得解决。然该问题为欧洲和平之所系，一日不解决，则欧洲政局一日不得安定。

西欧局面原由凡尔赛和约所规定，与一九二五年之《罗迦诺公约》所保障。去年三月中德意志开入军队于莱茵兰非武装区域，并宣布废止《罗迦诺公约》。此项举动，打破十余年来西欧和平之砥柱，曾引起欧洲之极大纠纷。

德意志之废约，是以法俄互助协定为口实。一九三五年五月二日法俄协定条文公布后，德国驻英大使胡希（Von Hoesoh）向英外相西门声称法俄协定是违反《罗迦诺公约》，显然为对付德国之军事同盟。希特勒又于五月二十一日，向国会演说，发表其外交政策，其中有云："据吾人所闻知之互助协定观之，其推演结果实与旧日之军事联盟，无大殊异，是以吾人所尤认为遗憾者。因法俄两国间缔结军事同盟，无疑的对于欧洲原有相互和平保障条约，例如《罗迦诺公约》，加以权利不定的要素。"当去年初期法俄协定在法国国会讨论批准之时，德政府坚决表示协定与《罗迦诺公约》相违反，认二者不能并存，并向法国提议接近，谓"如不理会此种姿势，则将发生严重后果"。此项建议，法人未加以考虑。当时比利时政府已觉形势之危急，力请法政府与德谈判，准许莱茵兰之驻兵，以换取限制空军之西欧公约之缔结，法政府亦置之不理。法俄协定在法国国会终得批准，而莱茵事变亦因此爆发。

当派兵开入莱茵兰时，德政府即通告罗迦诺签约国，说明废约之理由。大意谓法俄互助协定专系对德而发。法国在该约所负之义务与在《罗迦诺条约》下之义务，不相符合。此不特在原则上，且在事实上，破坏罗迦诺之政治制度。《罗迦诺条约》既已失去其真实意义，德意志亦不复受其拘束。所以德国依据国家保护边疆之基础权利，实行恢复莱茵兰之武装。同日希特勒在国会发表演说。谓：

"余为法德谅解工作努力,三年于兹。自信为稍有成就。然而余之种种提议悉遭拒绝。……法俄互助公约违反罗迦诺精神,较诸法国所缔结之任何其他条约,更属严重。布尔希维克主义不将蔓延于法国乎?法国不将成为第二莫斯科乎?将于他日见之也。"

在致罗约签字国之通告中,德政府又提出五项建议,以表示其愿意维持和平之意志。(一)愿与法比两国谈判新非武装区域,惟该国应与德国有同样的不驻兵区域。(二)愿与法比及荷兰,签订二十五年之西欧不侵犯条约。该约与罗迦诺一样,将由英意担保。(三)愿缔结西欧天空公约,目的在于阻止天空袭击之危险。(四)愿与其邻国包括立陶宛在内,谈判不侵犯公约以一九三三年德波十年不侵犯公约为蓝本。(五)愿复入国联,但殖民地平等权利问题与国联约章与凡尔赛和约分离问题须由友谊的谈判途径,得到解决。此西欧公约问题之由来也。

二

德政府之行为,震动全欧,西欧诸国惊惶失措,寝馈不安,尤以法国为甚。对于德国之建议当然不愿即予以考虑。盖法国自一九三五年德国宣布恢复武装后,对于东疆之保障问题,已觉不安。对于德意志之再度片面废约,又撤销为法国东疆安全保障之非武装区,其愤恨忧惧之情绪,不言可喻。法总理萨劳得德国进兵莱茵兰之通知后,即声称:"《罗迦诺公约》者,保障法比两国安全之壁垒也。吾人务当有以维持之。斯德拉斯堡城吾人决不容其处于德军炮火之下。"对于德国片面废约行为,彼严词指斥,并拒绝考虑德国之建议。略谓:法国政府决不在威胁之下,有所让步。德国兹已蔑视庄严之义务,而在莱茵河畔,派驻军队。须知莱茵河苟有德国兵士一名,则只此一端,已足阻止谈判之进行矣。"余对于德国希特勒元首所提出之建议,决不能加以考虑,其故有二:(一)德国片面废止条约之行为,迄今业已再见,兹又提出新建议,自难取信于人。(二)莱茵河畔重新设防之举,不啻以暴烈之手段,置法国于既成事实之前。德国此种行为,苟任其成为一气,他国起而效尤,则欧洲和平不复可言,而所谓国际关系亦不复存在矣。"法内阁于三月八日会议,决定德政府所送出之备忘录,碍难加以接受,并授权海陆空军部长,相度机宜,采取必要措置。法国东疆又加紧布防,并令东部边界成军,各返原防,尤其是最近完成之御防工事,亦均派兵驻守。当时萨劳主张局部动员,以武力驱逐德军于非武装区域之外,但参谋部部长甘梅霖将军

(General Gamelin)表示反对。其理由为占领莱茵兰须有四十万大军,将征调数级后备兵。然此将引起大罢工。法政府又以英国之未肯积极援助,乃决避免武力冲突,而主召集罗约国会议,以谋解决莱茵问题。

法国政府一面将莱茵事件,申诉于国联;一面召集英、意、比三国在巴黎开会,并提出两项条件为与德国开始谈判之先决问题:(一)德国首先撤退莱茵非武装区域之军队。(二)在日内瓦国联机构之内召集会议。但不久法国态度渐趋软化,抛弃其"先撤兵后谈判"之主张。三月十六日国联行政院在伦敦开会时,法国所提建议,包括下列三点:(一)法俄协定与《罗迦诺公约》相抵触,法国愿提付国际法庭裁判。(二)德国在莱茵河沿岸增加军队名额及建设防御工程,应予以限制。(三)英法两国须即开始谈判,签订新约,以代替《罗迦诺公约》。十九日德代表应行政院之招请,出席会议,陈述废约之理由,坚持法俄协定与《罗迦诺公约》相抵触,且拒绝将该问题提交国际法庭判理。其理由为:"该项问题除纯粹法律性质外,尚有甚重大之政治意味。"行政院嗣即通过斥责德国毁背《罗迦诺公约》与《凡尔赛和约》之议案,法国在国联之所得者仅此道德上之胜利而已。同时英、法、比、意四国代表又在伦敦签订解决废约问题之新协定草案,其要点为:(一)以法俄协定提交国际法庭,以裁判其是否与《罗迦诺公约》相抵触。(二)英法陆军参谋部合筹保卫边界之计划。(三)英意保证于法比受侵略时,出而助之。(四)以确认条约尊严之决议案,提交国联行政院。(五)举行国际会议,讨论希特勒之和平建议。然德国对罗约国之伦敦建议拒绝接受,并声明不能撤退莱茵河之军队。

六月杪,英法比代表举行谈话,决定于七月二十二日在比京布鲁塞尔召集罗约国会议,讨论莱茵区之局势,及起草新协定以替代《罗迦诺公约》。当比国驻意代办致送请柬于意国外交部时,意政府表示倘德国不出席,意亦不拟参加。七月九日德国官场人士表示德国对比国举行之罗约国会议,可以参加。惟此举以意国之是否派遣代表出席为转移。盖德意两国,以奥国问题之得到妥协,对于莱茵问题渐趋一致的步骤。但七月十一日意政府正式拒绝出席比京会议,谓"意国时时准备对于和平作有力之贡献。但目前不得不注意地中海或各种义务为其参加该会议之阻碍。再意政府之意,今宜邀德国参加《罗迦诺会议》之初幕。盖签约国之一国的缺席,不特不能澄清现局,而反增多其纠纷"。简言之,意大利之拒绝出席,一则以德国之未被邀请,二则以英政府于一九三五年与地中海沿岸国所缔结之互助协定尚未予以撤销。比京罗约国会议,因意大利之拒绝参加,而成为泡影。因此西欧公约问题显已成为僵局。

三

然而西欧公约问题非常严重,决不能长此迁延。所以比京罗约国会议虽未能召集,然英、法、比三国又交换意见,定于七月二十三日在伦敦举行谈话。此项谈话系属罗约五国会议之初步性质。故对于各种有关一般政策之问题,力避讨论,而以筹备五国会议为其主要目的。三国谈话结果,决定邀请意德两国参加于未来五国会议。此项会议当在比京举行,其日期则俟意德两国政府复文之后,再行决定。至于英国前向法比两国所提供之保证(即保障两国边界安全之互助办法),在解决欧局办法成立之前,仍继续有效。由性质而言,伦敦三国会议为五国会议之先声,故莱茵问题之解决,尚有待于罗约五国会议之召集。

在伦敦三国谈话以后,英国努力于五国会议之召集,并消除其前途之障碍。对于德国,英政府于七月二十四日递送请柬。对于地中海互助协定,亦不久宣告撤销。复于九月十八日照会罗约签字国建议速开会议。该照会依伦敦谈话之结果,举出下列诸点:(一)欧洲问题须求得一般之解决。(二)有关系各国应自由合作,避免分成集团,互相对峙。(三)召集参加《罗迦诺公约》五国会议,商订新约,以代《罗迦诺公约》。(四)五国会议若有进展,则召集其他有关各国一并参加,以解决欧洲一般和平问题。

法、德、意、比四国,对于英政府之复文,先后送到。但按其内容,颇多相互抵触之处。关于新《罗迦诺公约》之性质问题,英法两国主张新《罗迦诺公约》应采取与旧罗迦诺公约相同之性质,但在西欧方面,可改为相互安全保障。换言之,即签约国一方面由其余签约国保障其安全,另一方面亦须保障其余签约国之安全是也。但德比两国不愿接受相互保障之原则,希望仅成为被保障国,而不负保障他国安全之责。至于意大利则又提出英德两国应相互保障之问题。此其一。关于新《罗迦诺公约》之例外问题,即遇某项问题援引新《罗迦诺公约》条文而与国联约章条文不相符合时,则应作为例外,不适用新《罗迦诺公约》之条文。此层独德国加以拒绝。此其二。关于新《罗迦诺公约》违犯问题,英、法、比三国主张公约倘遭违犯,应提交国联会加以仲裁。但德国不接受此种办法,意国复文则未加以说明。此其三。关于五国会议之范围问题,英法二国主张五国会议应一并讨论东欧问题,德国则以为在西欧安全公约签字之前,不应将东欧问题提出讨论。此其四。凡此歧异诸点,皆须予以调和,俾罗约国会议得能迅速召集而有所成就也。

所以英国在考虑罗约国复文之后,再于十一月十九日向法、德、意、比四国,发出照会,指出罗约国意见分歧之点。并申明罗迦诺五国会议非将东欧问题与西欧问题一并讨论殊有未足。且坚称东欧问题应与西欧问题同时解决。此外该照会坚主新《罗迦诺公约》有与国联约章结成连锁之必要。

对于英政府第二次照会,德意两国直至本年三月十二日始提出备忘录。德国复文之要点为:(一)由法德两国郑重宣言,决不相互从事战争。并由英意两国加以保障,但英国同时不得为被保障国。(二)德国拒绝任何他项约束,如未来西欧公约各签字国间之互助束约,即其一例。(三)德国准备保障比国之安全及其中立。(四)法国与东欧国家所订立之公约,法国现当另行采取一种态度,而建议此项公约条款之"运用情势",当由未来西欧公约两保障国核准。按法俄互助公约,原具有自动的机械性,今兹德国所拟建议,实即要求废除此种机械性也。意大利之复文,商得德国之同意而提出,内容说明意国政府甚愿赓续进行国联谈判,以为缔造和平之计,而决不采取否定的态度。并谓此次所提备忘录,目的在使向来互相对立的意德与英法两大体系,得趋接近。意国对于未来西欧公约之原定计划,颇多批评,而法俄互助公约亦为意国所反对云(十二日哈瓦斯电)。准此而言,德意对于法俄互助公约之态度,根本上仍未有变更。两国要求修改该公约中若干条款,并将该约中机械性的自动互助条款予以废除。所以西欧公约中之争执焦点,尚未消灭也。

四

虽然,西欧公约问题,由于英国外交上之努力,现已扫除不少障碍。当该问题发动之时,旧《罗迦诺公约》之保障者,英意两国,正在地中海上剑拔弩张,怒目相向。故欲得意大利对于西欧问题之合作,势不可能。但现时情势已经变迁。英意两国,以缔结君子协定,而趋于妥协,意大利亦愿参与于国际合作。此障碍之除去者一。比利时于旧《罗迦诺公约》中,为保障者与被保障者。但自去年宣布中立政策以后,只愿为被保障者,而不负保障者的责任。此与其在旧《罗迦诺公约》中之地位,显有不同。所以不特法比两国之军事协定将变为失效,而且去年三月间,德国废止《罗迦诺公约》后,英、法、比三国参谋部所成立之协定,即比国负有援助英法两国之义务,亦将不能存在。此外,比国在国联约章第十六条所规定之义务,亦应予以解除。故比国中立问题,非常复杂。在西欧公约谈判之前,应先予以解决。此项问题,在比王利奥波德三世于本年三月中赴英谈判后,已得到相当解决。英法两国对于比国解除《罗迦诺公约》所规定之保障国义务之愿望,均已表示同意。意国亦通告比国,关于保障比国安全一层,意与英法两国,采取同一态度。德国早已承认比国之中立。所以在未来公约中,比国将为被保障者,而不负保障者之义务,可无问题。此障碍之扫除者二。西班牙之内乱,成为国际斗争之射影。德意与法俄各援助内战之一方。在伦敦不干涉委员会中,集团对峙之局势,非常紧张。而近时由于英国之斡旋,列强已接受西乱监察办法,而国联冲突之情势,逐形和缓。此障碍之减削者三。

但西欧公约问题之前途,尚有下列三大困难,迄未解除:(一)未来公约与法俄互助公约。德意志与意大利两国企图以未来西欧公约,打破法俄之集团,坚持至少修改其互助条约中若干条款。而法国现在以互助条约为抑止德国之利器,当不愿予以修改,以减削其势力。设德意坚持其主张,则公约难于成立。(二)西欧与东欧。英法主张西欧与东欧问题,应同时讨论。而德国坚持未来西欧公约,当以英、法、意、德四国为限,并相约保障比利时、荷兰两国之安全,而不容第五国之加入,使新公约成为纯粹的西欧安全制度。而在东欧方面,德国不肯放弃其自由行动。现德国正努力于反俄阵线之组成,垂涎于乌克兰之肥沃土壤。倘欲其签订西欧公约而阻止其东进政策,则决不愿意。然其新公约之范围绝对限于西欧之主张,则亦非法国所能接受。设未来公约限于西欧一隅,则东欧各国,将发生恐慌。而法国之东欧同盟,将有贰心。最近南斯拉夫与意大利之缔结协定,已稍现其端倪,法国何能贸然接受德国之要求?(三)未来公约与国联约章。英法主张未来公约应与国联约章相联系,而德国则以非会员国而有所不愿。此项困难,设德国重入国联,固属容易除去。然德国已坚决表示以收回旧殖民地为复返国联之条件。至于殖民地问题,其牵涉更广,困难更多,显然亦不易解决。以上难题,虽非不可扫除,但亦障碍重重。

所以西欧公约问题解决之前,再须有进一步的谈判。其实现之期,尚有待焉。不过欧洲之局势,系于该公约之能否成立,以欧洲之和平,系于德法之关系;而德法之关系,则又以西欧莱茵问题为枢纽;此为留心国际政治者所应注意之事实。

(本文原载《新中华》1937 年第 9 期)

五年来之欧洲政局

一

现代欧洲局势之变更，以德法关系为转枢。法德处于敌对状态，则欧洲局势变为危殆；反是，设两国言归于好，则变为平静。一九二五年《罗迦诺公约》之缔结为战后德法第一次妥协之表示，确定《凡尔赛和约》所规定之德法疆界及莱茵河之非武装区域，该项公约并得英意两国之保障。德国表示放弃恢复亚洛两省之企图，而法国介绍德国加入国联。当时两国和协，欧洲放射和平之曙光。此是第一转变时期。一九三三年一月三十日国社党领袖希特勒被任为德意志联邦总理后，德政府之外交变为强硬。宣布退出国联，并力图推翻《凡尔赛和约》，以建造第三帝国为鹄的。因此欧洲局势，突变紧张，而法政府尤觉惴惴不安。此是第二转变时期。第一时期之欧洲政局不在本文讨论范围之内，而第二时期之政局，我人应予以检讨，以觇其最近之嬗变及其将来之趋势。

在此时期，欧洲政局上之大波澜，大部分为德意志所掀起。德意志在大战以后，被和约所压迫，陷于怨望屈辱的氛围中。在希特勒上台之前夕（一九三〇年以后），德意志已不再能容忍和约之束缚。对于加入国联后得到平等的待遇与修改条约之希望突变微薄。一九三一年德奥两政府以政治上联合之受到阻挠，乃宣布关税同盟，以得经济上之联合。然法国及其"卫星"极力抗议，关税同盟成为泡影。一九三二年洛桑会议中，德政府要求取消赔款，救济德国财政上之困难，会议终依巴本之最后提议，以三十万万马克解决，赔款几乎一笔勾销。然德人对于军备未能达到平等之目的深为不满，眼看四邻诸国狂增军备，目标所指显然对德，而己者受条约之限制，未能扩充，其抑郁不平可以想见。一九三二年当赔款问题解决后，德意志向军缩会议提出平等的要求，而所得的结果仅是空洞无物的平等原则。德人对于缓进外交政策，已完全失去信任。趁此时期，国社党大施活动，以强硬外交为号召，复兴祖国为标语。国内不满意分子，群趋国社党旗帜之下,认希特勒为德意志之救星。国社党之势力因得扶摇直上,希特勒被任为联邦总理,取得政权。所谓"国社外交",从此发轫。

希特勒在其自传中,谓德意志为巩固其地位,成为大陆强国起见,只有与大不列颠与意大利联盟。法国是德意志的大敌,德意志必须与法人战争。彼指出两个战争:一系对付法国,一系对付俄国。德意志需要移殖过剩人口的领土,而可以利用的领土,只在东方。所以德意志必须与俄国开战,以夺取土地。又宣布国社外交之三大原则:(一)德人要求基于民族自决权利,联合全德意志人造成大德意志国家。(二)要求应与其他各民族享受平等的权利,取消《凡尔赛条约》及《圣泽门和约》。(三)要求国土与领土(殖民地),足以扶养德意志民族及移殖过剩的人口。简言之,德意志之外交政策,具有三大目标:(一)造成大德意志国家;(二)取消和约;(三)要求殖民地。此项政策之目的在于摆脱和约之限制,恢复德意志之光荣。所以国社党登台后,其外交上之措施,勇往直前,企图打破欧局之现状。因此德法两国又处敌对状态,而欧洲之政局,丕然大变矣。

二

第一件德国政策之掀动欧局者,为对奥之合并问题。

一九三三年国社党得势以前,德奥邦交非常和洽,两国且企图联合,建设大德意志民族国家。奥帝国由于大战之结局,分崩离析,其被压迫民族纷告独立,建立新国。故其主要生产区域大部被割,中欧之强大旧帝国一变而为蕞尔小邦。奥国人口只剩约六百五十万人,领土面积缩到三万二千方哩。故奥人企图与德合并,以解决经济财政上之困难。《凡尔赛和约》与《圣泽门和约》规定奥国须保持独立,非经国联行政院之同意,不可变更,剥夺奥人民族自决之权利,莫此为甚。一九一九年协约国又强制取消奥新宪法中"奥地利为德意志共和国之组成部分"之条文,一九二一年协约国又恫吓奥国中止表决德奥合并之公民投票,奥人民族意志之受到阻挠,当深愤恨。至于德国,当然希望两国得能合并,实现民族之统一;因战后之奥国纯为德意志之民族,与德同感战后之耻辱,同受和约之桎梏,又曾忧患相共,休戚相关,故合并奥国,原在其理想之中。

但当一九三三年希特勒执政后,德奥关系突然变为紧张。希特勒基于民族自决的权利,要求联合全德意志民族,建设第三帝国。决心以国社制度强加于奥人,使奥国国社党攫取政权以达到合并之目的。为此目的,德意志扩大国社党组织,深入奥国。在奥国又尽力进行宣传国社主义的工作,并到处暴动,炸弹攻击案件，层出不穷。此种暴烈方法引起一般奥人之反感，奥总理陶尔斐斯于一九三三年六月，一面下令禁止国内一切国社党的活动，并驱逐德籍国社党徒出境；一面鼓吹国家主义，以与大德意志主义相对抗。国社党人在政府高压之下，实施恐怖政策，举行变叛，于一九三四年七月刺死陶尔斐斯。奥人对于陶氏之惨死，深为扼腕，而对于国社党之残暴行为，更为怀恨。又认此次事件德意志在幕后活动，故奥人反德之情绪，一时极度浓厚。

旧协约国在此时期，对于奥国之独立，非常忧虑，所以采用积极的维护政策。初在一九三四年二月十七日，英、法、意三国鉴于德国企图并奥之日急，发表共同宣言，保障奥国主权独立，领土完整。宣言大意谓：奥政府曾向英、法、意三国政府探询彼等对于其证明德国干涉奥内政之案件，持何态度？三国政府对此问题，业经讨论，决定对奥国之独立及领土完整，有遵照条约予以维持之必要。此项宣言实为警告德国，不得侵害奥国之独立。迨至七月中，国社变叛（Nazi Putsch）时，意大利陈兵边境，以示武力维护奥国独立之决心。又于九月二十七日，英、法、意三政府重申二月十七日维护奥国独立宣言之原则。于一九三五年三月中，当德意志宣布废止和约军事条款时，全欧震动，英、法、意三国在斯特莱萨（Stresa）会议，对于奥国问题又加以检讨。结果英、法、意三国政府再申维持奥国独立与完整之原则，并同意如值奥国独立完整受到危害时。彼此当商榷应付之办法。此即所谓斯特莱萨阵线。

希特勒之对奥政策促成英、法、意三国之联合阵线，而意大利之反德联法，尤堪注意。意大利对于德奥合并有切肤之关系，因德人居住之提罗尔（Tyrol），恐将被德国夺去，而勃伦纳（Brenner）之要隘亦恐难于维持。所以意大利与德以前虽颇和睦，但以奥国问题，两国竟分道扬镳，而与素不和协之法国得到妥协，解除两国间之冲突点。此是欧局之一大变更。

但不久英、法、意三国所结之阵线，又以德奥妥协而发生裂痕。一九三六年七月，德奥两国由于意大利之拉拢，成立协定。德国承认奥国充分之主权。奥国承认其自己系一德意志民族国家之基本原则。两国各允不直接或间接干涉对方内部之政治发展。此项协定解决德奥间之纠纷，并恢复德意间之友谊。斯特莱萨阵线从此夭折，而德意轴心亦即初步形成。

三

第二件德国政策之牵动欧洲大局者，为其重整军备。

一九三五年三月中，德意志先宣布设立之空军，嗣恢复征兵制。对于《凡尔赛和约》之军事条款，完全撕破。希特勒在三月十六日说明其武装之理由：（一）德国已履行《凡尔赛和约》之义务，而其他签字国均未履行之，且有若干国家反增其军备。（二）德国处武装雄厚之各国中，无以自卫。德国与他国军缩建议之悉遭拒绝，故德政府觉不得不自负责任，取必要之计划，以担保德国之自卫。翌日希特勒又发表宣言，略谓："德国并不欲从事战争，此次颁布强迫兵役法律，用意仅在有备无患，使德国不复畏惧外国之侵略。……德国人民不愿长此受《凡尔赛和约》之束缚，使国家陷于屈辱衰颓之境。"

原在一九二六年后，德人希望在国际联盟内达到修改和约之目的，及军备平等之愿望。一九三三年军缩大会中，德意志提出军备平等之要求，而法国对于此项要求，以防德之心切，不肯稍事迁就而坚决拒绝德国军备之增加，以为此与凡尔赛条约相抵触，并违反军缩之精神。此种态度，使德人忍无可忍，宣布退出军缩会议与国际联盟。嗣以萨尔问题未曾解决、外交上暂取守势，但在一九三五年三月一日萨尔交还德国后，突取攻势，决然撕毁和约之军事条款。大战以还，欧洲局势固日在动荡之中，但此次德国之废约，最足以打破欧洲之现状。

对于德意志之恢复武装，英、法、意三国纷纷向德提出抗议，法国当然最感不安，表示极度愤慨。其抗议书内称："今德国既有此破坏条约之举，致使全世界为之不安，因而各关系国所负义务为之加重，一切后果自当由德国政府负其责任，法国政府决定寻求一切方法，以谋国际合作，以消弭此项不安之念，并以保障欧洲和平。兹特重行申明：法国始终尊重并信仰条约。凡破坏国际约束之单方面决定，在任何谈判中，均当拒绝加以考虑。"但英国始终居于调人之地位，劝告法意，于反对德国重整军备之时，力求审慎，当不咎既往，而以将来为观点。同时表示不肯在欧洲再负超越于现有义务，其目的无非促成欧洲之新均势，使法国不得继续占据优势，并使德国回复其应有的地位。

英、法、意三国复在斯特莱萨举行会议。其结果为：（一）德国愿加入东欧公约；（二）法意协订简单之协定，担保奥国独立；（三）英意允赞助法国，向国联申诉德国实行强迫军役事；（四）英国再努力劝喻德国重返国联。依此次会议之决议，四月十六日法外长赖伐尔在国联行政会议，提出以英、法、意三国政府名义，诋责德国政府违背《凡尔赛和约》军事条文决议案，于翌日行政院一致通过之。其大意谓：（一）国联对于德国之废弃《凡尔赛和约》，不能视为合法；（二）德国之举动殊为可憾，因此举系对于一切条约之打击；（三）德国既破坏和约，故须详细研究如何应付将来再有违约举动之方法。国联之决议案措辞和缓,并不超越道德的谴责之范围,仅为一种形式而无实际的意义。英国嗣复缔结英德海军协定,承认德国之武装。斯特莱萨会议所决定之英、法、意三国之联合阵线,开始发现裂痕。

所以德意志之武装是打破法国战后之欧陆霸权,造成新均势之局面,以后欧局之演变,均以此为转枢。

四

第三件改变欧洲政局并促成德意之结合者,为意阿战争。

墨索里尼对于非洲之开拓,蓄志已久,彼剿古罗马帝国以非洲为第四海岸之说,在国内加紧宣传。一九三四年三月十八日法西斯党第二届五年大会,墨氏之演说,极言意国在非洲觅取出路之重要,并以开拓非洲为今后意人之工作。有云:"以地理上地位而论,意大利为完全岛国,但意大利对于地中海,对于非洲及亚洲,均有前途,有其历史上之目标。"于一九三五年十月初,借口于华尔华尔事件之未得满意解决,发动征阿战役。国际联盟以意大利之显然违反盟约,判定意大利为侵略国,并援引盟约第十六条之规定,以制裁意大利之侵略行动。制裁办法由制裁调整委员会决定后,于十一月十八日开始实行。

此次制裁之发动,大部由于英国之创议,与法国之附和。一九三五年九月十一日,英外相霍尔对国联大会已阐明英国之立场,谓英国欲在其能力范围内履行国联盟约加诸英国之义务。法国虽踌躇于英意两国之新旧友谊间,然对于英国维护国联之原则,拥护集体安全之制度,则不得不表示赞同。法外长赖伐尔在国联大会亦申述法国对于国联盟约之忠诚,及其不能违反国联义务之意思。盖集体安全制为法国制止德意志侵略之利器,不得不予以同意。

然英法两国对意制裁终不能密切合作。法国基于国联将对付德国侵略之信念,一向力主加强国联,并设立国际军队,以拥护盟约。而英国则反是,常阻止法国欲以国联为其维持霸权的工具之企图。现英国突然主张国联采用强硬行动,法国以为英国之所以如此者,无非为保护其本国之利益。异日对于德意志之侵略,恐将无同样热忱,以拥护约章,故于一九三五年九月中向英政府提出问题。谓:"将来欧洲方面,倘有破坏国联盟约并诉诸武力之情事,法国是否可确保英国必以有效手段,立即实施国联盟约第十六条所规定之制裁办法?"此法国向英国要求支持其对中欧政策之表示。而英政府之复文,则审慎其词。谓:"国联盟约

第十六条之程序,仅对于未经挑衅之侵略行动方适用之。换言之,此种程序仅用以应付积极之行动。反之,对于不能履行条约条文之消极行动,则自不适用之。更进一步而论,所谓诉诸武力一语,其罪恶之范围,侵略之程度,有大小高低之不同,亦甚为明显。因此盟约第十六条之采用,其行动性质当如其分际。换言之,当视每一特殊之环境情势而有所殊异。"英政府之不肯积极拥护法国莱茵河政策,于此可觇一斑。故法国对于英国之尼罗河政策,亦不肯热心合作。

当国联制裁开始之时,国联会员国间即显露裂痕。英国代表主张制裁应由纯粹经济的制裁,而进至严峻的计划;而法代表未予赞成,力主缓和的制裁办法。因此,为国联中坚分子之英法两国,对意步骤未能划一。而奥匈两国,以对意友谊关系,拒绝参加。德美两国以站在国联之外,不负制裁之义务。其他国家借故延宕者有之,阳奉阴违者有之。在此情形之下,制裁办法非特不能制止意大利对阿战争之进行,反促使意大利上下一致,决心进占阿国,而实现其合并之目标。

意大利赖其坚甲利兵,猛攻阿军,节节进行。在一九三六年二三月之交,意大利对阿之战事,已可操胜券。国际联盟由于英国的策动,讨论对意禁油,以收制裁之效。意大利一面声称"禁油即是战争"以恫吓英法,一面勾结德意志,使发动三月七日之莱茵事变。于是英法之注意,突由东非移转于莱茵河畔,而禁油办法亦成为泡影。不久,阿国屈服于兵威之下,阿王于五月初仓皇出国,意军遂开入阿京。意政府嗣即宣布阿比西尼亚并入意国版图,意王兼阿比西尼亚皇帝。意大利东非殖民帝国,于焉告成。

意大利征阿之战,与往昔之殖民地战役颇有不同,后者为帝国主义者对于弱小民族之鲸吞,而前者为侵略者与维持集体安全制之国联相冲突。阿国为国联之会员国,应受盟约之保障,而国联亦曾运用其机构,宣告对意的正面冲突。故阿国之失败,同时为国联之失败,亦为正义不能对抗强权之铁证。

意大利全并阿国后,以既成事实置于国联之前,并申明意国所力征而得之领土,非世界任何国所得强令抛弃者。国联鉴于制裁之无效,乃于六月中由英国建议,通过制裁撤销之议案。国联之狐埋狐搰,自堕其威信,论者惜之。所以国联之威权,以对付意阿事件之失败,一时难于挽救;所谓集体安全制,亦完全崩溃。欧局之不稳定,此为一大原因。

五

第四件改变欧局者,为德意志之废止《罗迦诺公约》并驻兵莱茵兰事件。

德意志于一九三六年三月七日派兵开入莱茵兰非武装区域，并宣布《罗迦诺公约》之废止。该非武装区域曾由凡尔赛和约所规定，与一九二五年之《罗迦诺公约》所保障者。《罗迦诺公约》为西欧安全保障公约，法比与德国间之边疆与非武装区，由英意两国负担保之责。设德意志违犯条约，破坏非武装区域而攻击法国，则英国有援法之义务。所以该约为法国东疆安全之所托，亦为西欧和平之所系。德意志不顾条约之义务，以俄法互助协定为口实，即进兵莱茵兰。该协定为一九三五年五月中法外长赖伐尔与驻法俄大使波丹金所缔者，内载条文五条，以国联盟约第十、第十五与第十六条为根据，规定遇有无故被侵略时，两国立即互相援助。至一九三六年二月中，法政府始提交国会，予以批准。当协定在法国国会讨论批准之时，德政府表示协定与洛迦诺条约相违反，认二者不能并存，并向法抗议谓："如不理会此种情形，则将发生严重后果。"嗣后，德国即以协定的批准为理由，发动莱茵事变。其通告洛约签字国牒文中，提出下列诸点：（一）德国因法俄互助协定，故不满意于《罗迦诺公约》；（二）德国自以为不受不驻兵区域条文之拘束；（三）如比法亦有不驻兵区域，则德国准备仍允有新的不驻兵区域；（四）如英意两国为担保人，则德国愿签二十五年西方不侵犯公约；（五）德国愿允荷兰加入此约；（六）德国愿缔结西方天空公约，及东方连立陶宛在内之不侵犯公约。上述六项如获依允，则德国准备复入国联，保国联盟约必须与《凡尔赛和约》分离。此是德意志表示废约之理由与其所谓和平建议也。

然德意志之冒险行动，实当时的国际情势有以促成之。第一，英意两国为《罗迦诺公约》之保障者，而两国以东非问题变为敌对；又以禁油问题而剑拔弩张，怒目相向；两国当不能站于同一阵线援助法国。第二，意法关系在二三月之交，亦极度紧张。当三月二日国联十八国委员会讨论对意禁油之时，法外长佛赖林亦附和英国禁油之建议。意政府声称："设禁油办法付诸实施，则意大利放弃《罗迦诺公约》上所负之义务，并撤销一九三五年一月之法意军事协定。"法意关系既若是其紧张，意国之不愿助法，亦属显然。第三，英国不愿对于破坏非武装区，采用盟约第十六条之制裁办法，已有表示。且当时意大利外交处于危急之时，急需德意志之从旁援助，以解脱东非之危机；而德意志亦需意大利之声援，以了结莱茵河之片面的国际地位。莱茵河之大波澜就此兴起。

此项事变爆发后，法国忧惧愤恨，大有掀动干戈之概。法总理萨劳对于德国片面废约之行为，严词斥责，并拒绝考虑德国之建议。彼声称："法国政府决不在威胁之下，有所让步。德意志兹已蔑视庄严之义务，而在莱茵河边派驻军队。须知莱茵河苟有德国兵士一名,则只此一端,已足阻止谈判之进行矣。"法内阁于三月八日会议,决定拒绝德政府之建议,并授权海陆空军部长,相度机宜,采取必要措置。然不久,以国际情势之不利,法政府趋于软化,抛弃其"先撤兵后谈判"之主张,并向国联申诉。国联行政院于三月十七日在伦敦开会,通过斥责德国毁背《罗迦诺公约》与《凡尔赛和约》之议案。法国可谓已得到道德上之胜利,但德意志布防莱茵之既成事实,无法使之消灭。

在伦敦行政院会议以后,洛约签字国英、法、比三国曾举行多次谈话,决定举行洛约国会议,重订新约,以代替旧《罗迦诺公约》,并对于欧洲的一般问题,求得解决之方法。然洛约国会议,以洛约国间之意见分歧,迁延复迁延,迄今尚未召集,而新《罗迦诺公约》之订立,尚属遥遥无期。

莱茵事变为欧洲政局中之极大危机。此项事件开撕毁自由签字条约之恶例,并增德法间之紧张局势,而比利时之中立,亦被莱茵事变所引起。

西欧之杌陧局势,使介于德法间之比利时,不得不改变其外交政策。比利时于一八三九年由伦敦会议承认为永久中立国。列强曾签订条约,保障其永久中立之地位与其领土之完整。比利时亦接受保守中立之义务。一九一四年大战开始,德意志破坏比利时之中立。比国借英法之助,死力抵抗,但终以众寡悬殊,不支而退,其领土之大部分被敌军所占领。一九一八年战事停后,比利时重行考虑其国际地位,认永久中立制之恢复,事实上已属不可能,乃要求撤销一八三九年条约;经协约国最高会议予以同意。一九二〇年九月,比国与法国签订防守协定,及至一九二五年《罗迦诺公约》成立后,其东疆又得英、法、意的保障。比利时之外交,素以国联盟约与《罗迦诺公约》为其安全之砥柱。但在去年上半期中,两项条约俱成废纸,又鉴于局势之紧张,比国乃宣告中立政策,以求自全之道。

去年十月中,比王利奥波德三世亲自主持内阁全体会议,宣布恢复战前之中立政策,并谓:"此项政策必须坚决将比国置于其邻邦战事之外,且必须有充分之力量,保卫比国,免牵入任何方面之战事。"其所谓邻邦,殆指德法两国而言。比总理齐兰亦说明比政府之立场,略谓:"比国与德国之边界线,较诸他国为长,其防务比较为弱。自德国废止《罗迦诺公约》后,比国所感威胁亦较任何国为甚。加之,德国废约援引之口实乃系法俄互助协定,此与比国毫不相涉,未可牵强附会。"彼见比国介于两大冲突势力之间,乃恢复中立,不愿受法德未来战争之牵累,同时加紧国防,以求自保。

比王于本年三月中,亲赴伦敦与英当局谈判比国中立问题,结果颇为圆满。

对于比国之中立原则,英法两国予以承认,并发表共同宣言,宣布解除比国在《罗迦诺公约》所规定的保障国之义务。比国亦公开表示,决心保障边界,以防外来侵略。比国领土不为他国所利用作为军事根据地,或为军队借道之捷径,以为侵略第三国之用。比国又重新保证对于国联盟约所尽之义务,均信守不渝。现德意两国亦已承认比利时之中立地位。

然比利时政策之转变,使法国所支持之同盟系统发生动摇。法国之外交锁链中,失去一个环圈,因而欧洲入于一种新局势。故比国之中立,为近时欧洲大转变中之一幕。

六

第五件促成欧局之恶化者,为西班牙之内战问题。

西班牙内战导源于国内左右派之冲突。自一九三六年二月中,左派人民阵线在国会改选获得胜利以后,即重揽政权,进行其社会主义的政策。而右翼诸党,若帝制党、天主教党与法西斯党,受到压迫,企图联合反抗。适于是时,帝制党领袖索台洛被杀事件发生,右派以此为口实,在摩洛哥发难。各地右倾分子闻风响应,而欧洲列强又从中推波助澜,故乱事蔓延全境,迄未终止。

当西班牙乱事发轫之初,欧洲情势已酿成对峙之局面,而西国遂成为两集团斗争之场所。意德两国表同情于叛军,并接济飞机和军械,希望叛军得到最后的胜利。其原因有二:(一)西班牙之叛军系属法西斯主义派,为意德两国之同志,气味相投易生同情的心理;(二)意国企图发展西部地中海之势力,德国企图恢复其战前摩洛哥政策,两国皆须得西班牙之友谊与协助;且英法两国在西班牙占有贸易与政治的优势,意德又欲取而代之。所以趁此西班牙内乱之时机,结欢于叛军。

至于法俄两国之立场与德意相反,寄同情于西政府。法国与西班牙壤地相接,关系至切。法西间之比里牛斯山疆界,未设防御工程。法西间之友谊,为法国南疆安全之所必需。且设德、西、意三国联合而成为法西斯集团,则法陷于包围之局,难于动弹。此法国之所以援助西政府者。至于俄国,对于西班牙政府颇存厚望。列宁曾预言:"西班牙将成为第二苏俄。"西国人民阵线之得势,颇有实现此项预言之可能性。维持人民阵线政府,为扩展共产国际之势力,并屏障法西斯势力之蔓延。故俄国亦断然资助政府。

然法政府鉴于此种对峙的援助,势将引起列强直接的冲突,乃建议不干涉政策,并在伦敦召集不干涉委员会。不干涉协定规定各签字国不得以各种军火、军用民用飞机及军舰售与西班牙或西属摩洛哥。委员会即研究不干涉西班牙内乱之办法,并监察其实施情形。然不干涉协定与委员会均是表面文章,双方仍源源接济两交战团体,在委员会中各揭发对方干涉之事件。意德与苏俄之争辩尤为激烈,苏俄竟有退出不干涉协定之表示。法政府对西班牙问题亦采强硬态度,谓:"倘若干国仍以军火及人力接济西班牙内战双方,使世人视不干涉协定为儿戏,则列强或恐不得不重行考虑其采取之立场。"委员会之召集,原以缓和对峙局势,避免大战为目标;现反促进对峙局势之尖锐化。国际监察计划虽已付诸实施,但纠纷迭起,且最近德意两国竟宣告退出矣。论者谓西班牙之内战已形成法西斯集团与民主集团之国际斗争,确是不容否认的事实。其前途之变化,将层出不穷。

七

上述种种事件,已足显示近五年来欧洲局势变更之轮廓。此外更须一言者,即德俄关系之紧张与英国大陆政策之动向。先就德俄关系言之:德俄关系之恶化,原自一九三三年希特勒执政后即已开端。反俄政策与防共主义为国社外交之基本原则,希特勒是共产主义之大敌;共产主义亦以国社主义为深仇。俄国感受德国之威胁,与法携手,缔结互助协定;德国亦感俄国之威胁而与日携手,订立日德协定。希特勒公开表示,愿为"进攻苏联十字军之前锋",并垂涎于俄属乌克兰肥沃土壤,以满足其领土欲望。而俄国亦不肯示弱,表示其强硬的态度。至于英国之对欧政策,一向以维持欧陆均势为原则,对法不肯积极援助,对德亦不愿施以过分之压迫。但近以德国势力之勃兴,颇有助法抑德之趋势。英国曾提倡军缩并拥护集体安全制,然不幸皆宣告失败。且在地中海与莱茵河之事件中,外交上遭到种种的困难,表示退却。所以决意扩充军备,以维护世界之和平,尤其是欧洲之现状。本年二月中英政府所发表之惊人国防计划书,为其积极政策之表现,其用意乃在"促进国际协调与巩固世界和平"。英政府现正努力于打破欧洲对峙之局势,但终恐难于如愿,且为其安全起见,已有与法合作之趋势。

总之,近五年来欧洲之政局,与一九三三年前之政局,已迥然不同:

第一,近五年来欧洲维持现状与破坏现状两种势力,已入短刀相接之阶段。一部分不满意于现状的国家,若意若德,破毁条约,企图打破现状,又复互相结纳,以壮声势。另一方面,满意的国家,若法,若俄,若英,亦彼此拉拢,力图维持现状。其结果反现状派抬头,已使条约失去其尊严,而国际间互信心,亦顿然削减。

第二,近五年来欧洲集团对峙之局势,业已形成德意轴心之成立,与法俄同盟之缔结,造成敌对之局面。前者以反共为号召,后者以反法西斯为标的。英法之合作,亦属于反法西斯性质。此种对峙之局势,与一九一四年前欧洲之局势,大同小异。事实上,现时之国际政治,已走入战前之覆辙。

第三,近五年来国际联盟之威信日趋跌落。国联盟约第十六条久已视若具文。国联在中日冲突与大厦谷战争中,皆未尝援引该项条文以制止侵略。对于意大利之侵略行动,虽能得会员国之同意,实施制裁办法;第以会员国间未能诚意合作,执行不力,结果非特不能造成制止侵略国之先例,反证明制裁之无效,使侵略国更无所惧惮,而国际局势亦为之更形机陧,所谓集体安全制完全宣告失败。此是国际和平之一巨大损失。

第四,近五年来欧洲列强在外交上、军事上,皆积极准备未来的大战。前次大战所遗的教训,现已不复记忆。各国皆大增军备,彼此竞争。未来的战机,已埋伏于此。

所以近五年来之欧洲国际政治,渐趋于恶化。此项局势之能否澄清,尚有待于欧洲外交家之努力。西班牙内战与新《罗迦诺公约》两项问题,即为当前的试验。

(本文原载《外交评论》1937 年第 1 期)

太平洋公约问题

一

太平洋之局势,现已变为杌陧不安,此为周知的事实;而其所以如此者为华府条约之破毁。

一九二一年华府会议订立《九国公约》、《四国公约》、《海军限制条约》,以调整远东局面,并确立太平洋上之均势。当时太平洋上德俄两国虽然已退出竞争,而英、日、美三国则竞争更形尖锐化。日本以美国在菲律宾建造军港而生忧虑,并闻英国将在香港设立海军根据地,而更为不安。英美两国对于日本之向大陆迈进,扩大势力,亦表示不安,因为门户开放原则势将被摧毁。此外,美国疑虑英日同盟之继续维持,其真意究竟何在。于是美国哈定总统召集华府会议,以澄清太平洋之局势。

所以华府会议所缔结诸约皆用以削减列强间在远东冲突之因素,图得太平洋上之安全。《海军限制条约》规定:英、美、日三国之主力舰比例为 5∶5∶3,并保持太平洋中指定岛屿之设防或海军根据地之现状。《四国公约》替代解散之英日同盟。签字国约定相互尊重太平洋中之岛屿领土,并同意关于太平洋问题之争执而未能以直接谈判圆满解决者,应由四国会议讨论解决之。《九国公约》第一次确立中国门户开放之原则,缔约国同意尊重中国之主权独立与领土行政之完整。

上述诸项条约,当时凝固太平洋之局势,并阻止三国间竞争之趋势。美国得到与英国海军平等的比例,其传统的远东门户开放政策,以《九国公约》而得有保障。日英同盟之解散更消除英日联合对美之夜魇。同时美国承认在指定的岛屿上放弃不再设置新建或添造炮垒及海军根据地之权利。英国方面固然放弃香港设防之计划,但以《九国公约》而得有机会均等之保障。美国在远东无坚固的海军根据地,但以日本接受劣势的海军比例可以无忧。英国可依新加坡之军港,而得远东之安全。至于日本方面其所得的海军比例,虽不及英美,但以地势优越,可得安全上之平等。更以英美两国停止建造新海军根据地,而得到补偿。英美两国除新加坡与夏威夷岛外,没有迫近日本海军根据地,决难于单独制胜日本。所以华府会议乃奠定远东之局势,和缓太平洋之风云。

除华府条约外,于一九二八年,签订《非战公约》。该约原非特为远东而缔结,然与远东极有关系。华府会议诸国皆签字于该约外,复得苏联的接受。缔约国同意放弃战争为实现国家政策之工具,并只用和平方法解决国际间所发生之一切争议。于是太平洋之和平又得一重保障。为欲表示《非战公约》之签订不仅为空虚之姿势,英美乃停止正在建造中之数艘战舰之工程,并举行五大海军强国会议,以完成一九二一年华府会议与一九二七年日内瓦会议所未竟之海军缩限方案。于是一九三〇年开会于伦敦。英、美、日三国签字于《海军限制条约》。该约规定三国各得建造的巡洋舰、驱逐舰及潜水艇之总吨数,并约定自一九三一年至一九三六年为止,停止建造新主力舰。如是则海军竞赛,似可消灭于无形,而太平洋之前途,亦无所顾虑。

二

不幸伦敦海约之墨汁未干,而太平洋之风云顿起。太平洋突然变为不太平之洋面,谁为厉阶,孰令致之?

满洲事变发生后,世界震动,而日本悍然不顾,继续进占,直至我东北四省,囊括无余。乃建立伪国,置其卵育之下,并以国联之指责其非法行为,乃宣告退出。诸公约被其一手捣毁。所谓《九国公约》、《非战公约》、《国联约章》对于日本之侵略行为,未有制止之效力。因此十余年来太平洋之和平机构,变为破裂矣。

一九三四年伦敦海军预备会中,日政府要求:(一)废除华府伦敦两海约所规定比例制度,而实现军备平等。(二)采取总吨数主义,以代替分级限制主义。(三)各国废除或渐减攻击武器,以充实防御武器。其目的完全在谋巩固其在东亚军事上之优势地位。但对于此项要求,英美拒不接受。日本政府遂于是年十二月中,通告废约。又声明废约之旨趣:谓华府军备限制条约之比率主义,规定大海军国间之兵力不平等。故该约之存续实为日本政府依照根本方针,万难容受。所以缓和远东局势之海军条约于一九三六年年底亦失其效力。

由于上列二项事实,远东之局势变为非常紧张,而美、英、日、苏诸国正在积极准备,以应付危局。美国虽拟放弃菲律宾之政治控制权,但对于军备不断地扩充,在航空方面,尤力图发展,建设越过太平洋的航空路线。在夏威夷岛、伟克(Wake)、关岛及其他岛屿,建筑商业航空站。其大海军计划正在积极实现之过程中。英国原在太平洋中占有优势,但以对于一般军缩努力之失败,在远东之势力,渐见消沉。在中日事件中,英国外交在日本强力之前,已表示退却。所以近三年来英帝国努力于赶造新加坡之海军根据地,并加紧扩充一般军备之新计划。太平洋中以日本势力之长足发展,英自治领澳洲联邦与纽西兰已觉其防御力之单薄,而惴惴不安。所以国防大臣殷斯基浦爵士说:"政府如不实行重整军备政策,则必将为人所推倒。"此所以本年英政府宣布惊人之国防白皮书也。日本为欲实现其南进北进政策故,财政方面虽已捉襟见肘,然尚多方罗掘,以扩充军备。一九三七年度其军备预算之庞大,殊足惊人。苏联远东军备之扩充,使太平洋之局势增加一个新因素。苏联在远东驻军约有二十八万人,超过于日本和平时期之陆军力。其远东之伟大空军,可直接轰炸东京;并在远东赶造"蚊虫式"(mosquitoes type)的军舰,加强业已非常坚固之海参崴的防御。自赤塔至远东之铁路改建双轨,又自赤塔绕至苏维埃港,新造铁路。此皆增强其远东的军事势力。

所以华府条约所造成的太平洋之均势,由于满洲事件与海约之废止,已大部崩溃,而争霸之局面亦开其端。此项危机将任其继续存在而演成浩劫乎?抑将悬崖勒马,求得妥协方法,以中止之乎?此为国际当前的难题。

三

此项问题之解决为远东和平之所系,亦即与世界命运有关。国际间曾有多次的讨论,惜皆未得实行办法耳。

在一九三六年八月中,美国玉斯美脱(Yosemite)公园之太平洋学会曾讨论此项问题之解决办法。当时各代表所发之言词,约可分为三派:(一)日本代表芳泽建议改换《九国公约》,成立《新区域公约》。远东纠纷应以中日直接谈判为条件,并坚决反对国联或国际法庭等之组织,干涉其事。(二)法国代表萨劳提议:成立《世界公约》,其中应加入制裁条款,彼以为《九国公约》中未列制裁条款,因此失败,此点英国代表亚历山大表示赞成,而为日本代表所反对。(三)美国代表麦唐纳主张树立一集体安全制度,以弭战祸。其内容为维持中国领土完整,顾及日本在远东之特殊地位,并使日本承认欧美在远东之利益。此是妥协的办法,尚未脱去《九国公约》之窠臼。三派主张虽属不同,然对于太平洋之局势,皆以为有澄清之必要。此已有明显的表示。

去年十月间,英政府曾提出太平洋不设防之建议。原来华府海军条约第十九条规定:英、美、日三国在太平洋中的若干岛屿,都须维持现状,不准设防。英政府建议在该约满期之后,第十九条仍继续有效。所有英、美、日三国在太平洋各属地的海岸防御及海军根据地,应以维持现状为原则。此项建议引起美国之反对。美海军联欢社对于英国建议,发表声明,表示诧异;称"英国建议实不能不认为有欠友谊,吾人未能推知此项建议之动机,究系来自外国,抑系纯粹英国主张",该社曾并抨击日本,谓"日本业已悍然破坏保障中国领土完整及门户开放之各项条约。日本苟能立即退出中国,永久不加干涉,尊重美国在华权利,遵守代管岛防务各项限制,一任美国视察各岛,则美国自然愿意考虑缔结'君子协定',不在太平洋禁止设防区域,建设根据地云"(十月八日国民电)。美海军部部长史漷生并发表宣言,谓"军事设防必须报之以军事设防,威胁必须报之以威胁"。因此英国之建议,成为泡影。

本年五月中英帝国会议召集开会。该会鉴于远东英国势力之低落,特别予以考虑。盖英国自一九三六年地中海之危机后,对于太平洋更觉惴惴不安。有人谓:设当时远东方面亦发生紧急事件,则英国陷于极困难的地位。英国现有十二艘主力舰与三艘主力巡洋舰。此十五艘主力舰,除三艘外,皆为二十年以上的战舰。在去年,四艘兵舰正大修理中,不能应用。因此只有十一艘主力舰可以调遣。设英国为保护太平洋,而将主力舰开赴远东,则地中海之危局,难于应付。反是,则太平洋之领土,将难保持。德日协定虽或未有秘密条件之存在,但设英国与德日任何一国,发生冲突,则英国终不能不防备于万一。所以澳总理莱恩斯(Joaeph Lyons)迭次发表其太平洋不侵犯公约之计划。

莱恩斯在帝国会议中,曾提及太平洋局势问题,主张依据国联组织之精神,订立太平洋诸国间之不侵犯公约。又说明其建议之旨趣,谓"与澳洲有切肤利害关系者,莫如太平洋。故澳洲极欢迎太平洋诸国间订立不侵犯条约"。又谓:"澳洲对于太平洋诸国之人民愿与合作,俾得于谅解与同情之组织中,促成此种协定的缔结。"彼又在伦敦外报联合会演说,略谓:"太平洋沿岸各国缔结互不侵犯公约之主张,乃系本诸国联会盟约之原则。太平洋各国人民,均具有友好之情感,故缔结此种公约,实属切实可行。余深信此项不侵犯公约,倘能订立,则太平洋各国之均势,必可因而恢复云。"简言之,澳总理之提议,即系一种太平洋《罗迦诺公约》是也。帝国会议各代表承认此项建议,对于和平事业,关系极为重要。此项公约,倘有成立可能,决当赓续进行协商。

四

澳总理所提之不侵犯公约,企图缓和太平洋之紧张局势;但此项公约不过为帝国会议之一种建议而已,其前途障碍重重,能否实现,却是问题。

(一)中日问题之解决,非常困难。日本已显然不愿放弃其侵略的政策,又反对任何他国调解中日冲突的争端。而中国方面已抱定不屈不挠之精神,决心抵抗任何侵略,即应用武力亦所不惜。然而该问题一日未获解决,则太平洋上拥有利益之日、英、美、澳、苏、法、荷等国,即难完全成立谅解。

(二)日美问题亦难解决。太平洋久成为争霸之场所,而美日两国之远东政策,又背道而驰。美主门户开放,而日主亚洲门罗主义。两者根本上是不相容的。且非使海军均势与太平洋之设防问题得到谅解以前,美国不愿接受此项建议。此外,美国所最关心者为菲律宾群岛之安全问题,在该岛地位未见确定之前,当亦不欲有所举动。

(三)日苏冲突不易消除。日苏两国近年来怒目相向,针锋相对。边境冲突,时有所闻。两国互不侵犯条约之谈判,迄未有成。且自日德反共协定成立以后,苏联处于两国夹攻之中,而日苏之关系,亦因而更为紧张。

(四)英日在远东之竞争,已入于尖锐阶段。英国在远东之利益,遭到日本之威胁,已无庸讳言。英国之赶紧完成新加坡之防御工程,日本在其委治统治地上之设防,即为此种竞争之表现。在商业方面之竞争,较前更为剧烈。最近英日合作之谈判,能否成功,尚是问题。

(五)国际间的毁约行为,消失一般对于公约信任之心理。国犹人焉,国与国间之和平关系端赖信守,以为维系。不平等之条约或不合于现势之条约,当然可以废弃。此项废约,世界舆论,非但不加以谴责,而反予以同情。然而为和平基石之条约,而任意捣毁,则条约尊严,荡然无存。试问将用何法以维系和平。设另立公约以为补救,则谁将信任之。华府会议后之十余年中,远东之和平端赖对于公约之微妙的信任心。但近来这些心理竟完全丧失。当太平洋不侵犯公约建议发表以后,美国官场人士咸谓无此必要,以为现行国际条约如《白理安、凯洛格非战公约》及《九国公约》等,如能为关系各国信守不渝,则尽足维持太平洋和平。至于保障菲律宾之独立,又当别论(五月十四日国民社电)。此种心理为公约成立之极大障碍。

现在有不能已于言者,即国际间对于条约之信心,虽然失去,但余以为有约胜于无约。西欧之《罗迦诺公约》,远东之《华府条约》,现在已成废纸,但一时却曾缓和紧张之局势。所以为远东之和平计,《太平洋不侵犯公约》之建议,却有予以考虑之必要,余亦希望其能实现,以减低太平洋之险恶风波。

(本文原载《新中华》1937年第14期)

第二编　世界中古史讲义

《世界中古史》二十章撮要

第一章　罗马社会危机与西罗马帝国的灭亡
―― 罗马奴隶制社会崩溃与封建制萌芽的过程 ――

　　西罗马的崩溃即是奴隶制社会的崩溃，也是由奴隶制社会转入封建制社会的关键。在罗马帝国的后期，奴隶因不堪奴隶主的压迫，时常逃亡或起义，帝国境外"蛮族"时常侵袭。生产低落，城乡凋敝。奴隶主改变剥削方式，安放奴隶于田地，准他们娶妻成家，给予土地耕种，而收取其部分收获，但奴隶不得自由移动，终身附着于土地。那是所谓"佃户制"。佃户制后来推广到自由租户与自由农民，成为中古农奴制之起源，罗马统治阶级为镇压奴隶，佃户的起义与防止"蛮族"的侵入，大量扩充官僚机关与军队。由于自己人的军队之不可靠，招请"蛮人"当兵，组成雇佣蛮军，使他们防卫边境，镇压民众。不料蛮军更不可靠，当境外"蛮族"侵入之时，他们变为内应。同时帝国又利用基督教会作为其政权之支撑。但到第四世纪后半期，西哥德人首先从多瑙区侵入，巴尔干民众起义，使罗马政权受到极大打击。在第五世纪初，当西哥德人西进时，高卢、西班牙发生"浪人运动"、北非省发生"斗士运动"均反抗帝国政权与基督教会，并与"蛮族"侵入相呼应，因此高卢西班牙北非省都入于"蛮族"手里。西哥德人首先在高卢西南部及西班牙建立王国、汪达尔人在北非建立王国。勃艮第人、法兰克人占领高卢的东北部。意大利初受西哥德首领阿拉利之蹂躏，后遭匈奴首领阿提拉之破毁掳掠，最后汪达尔人又从南意进攻，占领罗马城，后虽退出，但首都已破毁得不成样子。社会阶级斗争更形尖锐，蛮族占领遍于全国，西罗马帝国已名存实亡，皇帝已成为"蛮族"军官手里的玩物，可随意废立。最后于四七六年蛮族军官鄂多阿克推翻末代皇帝奥古斯多尔，于是西罗马正式灭亡。此后欧洲逐渐形成社会新制度――封建制度。

第二章 "蛮族"社会,"蛮族"王国
———"蛮族"的社会制度与占领西欧后的转变———

在罗马帝国境外有许多"蛮族",其中主要的有克尔特族、日耳曼族、斯拉夫族。克尔特族最初住于莱茵上游及多瑙河区,后来散布于高卢、不列颠、爱尔兰等地。在高卢的克尔特人受到罗马化,在不列颠的还能保持自己的制度。他们的主要职业为牧畜业,土地为氏族公有。在凯撒时代,社会分化过程已开始,出现氏族贵族。僧侣团体占重要地位。日耳曼族散处于莱茵河、多瑙河、维斯杜拉河之间与斯干的那维亚南部。他们所住的区域是介乎克尔特人与斯拉夫人之间。在凯撒时代他们还在原始社会阶段;在塔西陀时代,社会阶级的分化开始进行,出现氏族贵族与奴隶。贵族有卫队,专门从事战争。人民大会决定部落内的重要问题,"公侯"的权力是有限的。后来贵族权力虽渐增加,但大体还保持自由公社组织。斯拉夫人分为西、东、南三族,散处于易北河到顿河、波罗的海岸到多瑙河流域之间。他们的主要职业是农业。家庭团体为主要经济单元。氏族贵族已出现。他们在原始社会的末期阶段,开始形成国家的历程。日耳曼蛮人的各族从第四世纪后期后侵入罗马帝国领土。汪达尔人在北非、西哥德人在西班牙、东哥德人在意大利、伦巴底人在北意、法兰克人在高卢、盎格鲁和撒克逊人在不列颠先后建立王国,其中法兰克王国最为强大。他们摧毁旧罗马的奴隶主社会制度,为封建农奴制开辟发展之途。他们很快组成农村公社,创造出有力的自由农民阶层使欧洲社会有了新的活力。奴隶制集权国家的消灭,一时减轻了人民的重税负担与官僚机关之压迫,同时农奴比奴隶的地位稍有改进,而对于生产有了自己的兴趣。因此隶农封建制的生产关系,促进生产力的提高,另一方面罗马文化的遗迹遭到极大破毁。城市建筑变为灰烬,文化古物摧残殆尽,西欧一时似乎沉浸在昏暗状态中,但那是由奴隶制社会过渡到新的封建社会的暂时现象。

第三章 四至七世纪的东罗马帝国
———帝国奴隶制社会转化到封建制的过程———

西罗马亡后,东罗马尚能继续维持,且一度向西扩充,企图重建西方帝国。其原因是在东罗马奴隶制社会的特点。东罗马的手工业、商业与城市生活远较西罗马为发展。君士坦丁堡、安提阿、亚历山大城等工商业很繁荣。由于工商的发展,大地主出售原料粮食于城市,和巨商发生联系,在政治上联合起来。政府

从商业方面取得极大税收,因而能维持其有力的雇佣军队。因此政府官僚、大地主、贵族、巨商联合一起,镇压民众运动,同时奴隶制发展程度也没像西欧的深广。在查士丁尼时代,拜占庭帝国达到最盛时期。它恢复西方领土。北非、意大利、西班牙东南部重入帝国版图,但以其企图重建奴隶制度,西方民众反抗,领土得而复失。大帝的对内政策的反动性反映在"查士丁尼法典"里。在查士丁尼时代,尤其是以后,东罗马的劳动人民(奴隶、佃户与城市下层),因不堪奴隶主——大地主与政府官僚——贵族的压迫勒索,时常起义,表现极尖锐的阶级斗争。"尼卡"起义、"斯加马尔"运动尤为壮大激烈。帝国和伊朗,因商业上竞争,发生长期战争,使国力衰惫、民生凋敝。此后北境的斯拉夫族大批侵占巴尔干半岛领土,而东方的阿剌伯人也乘机西侵,占领东方省区与埃及等地。当外族入侵时,被压迫民众又掀起革命高潮。其中最酷烈的是"福基"起义。福基占领君士坦丁堡做了八年皇帝。在这内外夹击之下,拜占庭领土日缩,到第七世纪末,只剩查士丁尼时代的三分之一。在民众起义与外族占领的过程里,奴隶主——大地主或被杀死或逃亡,他们的大地产被没收而转移于直接生产者,佃户与农民公社。奴隶制的大地产被消灭,而奴隶制度也被破毁了。但奴隶制剥削方式马上由封建制剥削方式来接替。在第七至第八世纪时,拜占庭基本上已不是奴隶制国家而是变为封建制的国家了。

第四章　五至九世纪的法兰克国家
——封建制度的成长与相应的社会、经济、政治各方面的转变——

在第五世纪末,法兰克的一个部落酋长克洛维统一法兰克诸部落,创立墨洛温王朝。他及其后继人打败西哥德人,占领西南高卢,又占领勃艮第,并扩充势力于莱茵东岸。在第五至第六世纪之间,法兰克的社会制度,尚有氏族制度残余。土地一般为氏族或农民公社所有,个别农民只有使用土地之权。但法兰克人之间已有财产与地位之差别,国王、贵族、教士已占取大量土地。但社会的基本形态还是自由法兰克农民阶层。从第六世纪后半期起,土地私有制正式成立。农民由于荒年、战祸等渐变穷苦而失去其土地,同时贵族与教会一面从国王领得封地,一面又夺取自由农民的土地成为封建的大地主,由于封建化过程的进展,封建主权力伸展,因此国王削弱,"宫相"专权。"宫相"查理马德成为事实上的国王。到七五一年其子矮子丕平废弃墨洛温朝,自立为王,创立加洛林朝。该朝和教皇密切合作互相利用。征服伦巴底,合并北意领土,又出征莱茵东岸撒克逊部落,经过长期苦战,得占领其土地,又合并巴威。在第八世纪末法兰克的版图已接近旧西罗马的领土范围。八〇〇年查理大帝由教皇加冕为皇帝。大帝企图建立中央集权制,但因为封建关系进展,终未能实现。在大帝时代,封建主大规模地夺取农民土地。封建主不仅增加地产而且建立私人政权,包括行政、司法、财政、军事的特权,国王因时势所迫,认可这种特权。教会与世俗大地主一样,用欺骗威迫方法,占取农民土地,并享有特权。这些特权便是超经济压迫的武器。封建化过程的完成更促进帝国政治上的分裂。在八一四年查理大帝死后,帝国不久即告分裂。经过长期内战,于八四三年签订《凡尔登条约》,帝国分裂为三部,由大帝之三个孙子分领。莱茵河西的领土归"秃头"查理,莱茵东领土归路易"日耳曼人",意大利领土与沿莱茵河一地归罗退尔。由于帝国的分裂,法兰克人的势力衰弱,诺曼人侵入,建立诺曼第公国。到九八七年加洛林朝遭到墨洛温朝同样的命运,被贵族休·揆伯特所推翻了。

第五章 萨萨尼朝的伊朗与六至十一世纪的阿剌伯
——西南亚两个国家的封建社会的隆替与回教的传布——

在亚洲西南部,在阿剌伯人兴起之前,伊朗的萨萨尼朝很强盛。其实际首都忒息丰城为工商业中心。在第六世纪中科司洛夫第一修改税制,维护商业,提倡文化,同时向外侵略,对拜占庭发动长期战争。在其死后,伊朗渐变衰弱。民众起义,贵族反叛。在第七世纪初,曾有广大领土,但由于封建分裂,国君无权,又由于长期战争,国力敝惫。于六四二年,伊朗被阿剌伯人征服遂告灭亡。阿剌伯人原是在阿剌伯半岛上的游牧民族,在回教兴起之前,尚保有氏族制度。半岛为南北商业通路,产生两个城市——麦加与麦地那。回教创始人穆罕默德生于麦加城的一个穷苦家庭。约在六一〇年他自称"先知",传布其所创的回教,主张信仰唯一真神,并扶助穷人,反对高利贷。回教之传布引起当地贵族之仇视,穆罕默德因此出奔到麦地那。那便是"黑蛰拉节",回教徒以此为纪元的开始。后来也率领教徒回到麦加城,统一阿剌伯部落。他于六三二年死去时,阿剌伯已形成一个国家。继承其位者称作哈里发。此后阿剌伯历史可分三期:(1)麦加—麦地那时期。在该期中有四位哈里发都驻在麦地那。其中最著名的是奥玛哈里发。他占领叙利亚、巴勒斯坦、埃及、伊朗。同时传布回教于各地。但阿剌伯人在占领地渐染得奢侈生活作风。他们大部放弃朴素生活,而变成大地主、奴隶主了。六六一年哈里发阿利被杀,因而这一时期遂告结束。(2)大马斯克时期。

穆维亚哈里发创立奥玛耶朝,驻在大马斯克。于是阿剌伯的政治中心移到叙利亚。该朝采用东方专制制度。当时回教徒由于古兰经"补编"问题已分成派别有散那派(正宗派)与十叶派。该朝扩充领土,向西占领北非与西班牙,向东伸入中亚细亚,远到印度河。但由于贵族与民众的反抗,该朝于七五〇年倾覆。(3)保格达时期。继奥玛耶朝的是阿拔斯朝,建都保格达,从七五〇至一〇五五年统治帝国。第八九世纪,帝国达到最盛时期,农业、手工业均发达,对外贸易很活跃,经济欣欣向荣。那时封建制度也已形成。但它有两个特点:(一)大地产一般不是世袭的;(二)在封建制里保持奴隶制的要素。由于封建赋役的压迫,民众痛苦,因而时常发生起义。更由于封建关系的发展,帝国分裂。西班牙、埃及、伊朗先后独立,到第十世纪中阿拔斯朝只保有首都周围领土而已。于十一世纪中被土耳其人所灭亡。阿剌伯对于文化有很大贡献,尤其是在于自然科学方面,如数学、医学、地理等。

第六章 九至十一世纪的法兰西与英格兰
——两国封建制发展的不平衡与政治上的差别——

法兰西王国是旧法兰克帝国分裂出来,在九至十一世纪间封建化过程已经完成,国家分成为许多独立的封建国家,法王为名义上的共主而实际上毫无权力,即在王室领土内也不能统一。农业生产力虽稍提高,但自由农民已沦入农奴地位,在人身、土地、司法三方面都隶属于地主,又须负担名目繁多的封建赋税与义务。贵族与教会拥有大地产并享有种种特权,来压榨农民,同时封建主之间时常发生内战,那又是破坏农民的。当时法国的封建关系一般已制度化,领主与附庸间关系——相互间的权利与义务——形式上已有规定,但由于附庸权力的伸长,领主很难强制其附庸履行义务,封建主之间的争执通常是以战争办法解决。封建主建造城堡,保卫自己,镇压被剥削的民众。在揆伯特朝法兰西在封建制的各方面是个典型的国家。当时国王领土限于巴黎与奥尔良两城,封建分裂达到顶点。

同时英格兰的封建化的过程较缓于法兰西,并由于不同的条件产生很多相异情况。自由农民被贵族、教会压迫逐渐失去土地与自由,陷入农奴地位,那是和法兰西相同的。但由于不列颠所受罗马的影响较少于法国,农民公社能较久地保持存在,并进行坚决反地主的斗争,所以封建主要最后消灭农民的反抗,就团结起来。从第八世纪起诺曼人的侵入又促成封建主间的团结,因此,在第九世纪上半期"七国时代"即已终止,而英格兰统一了。丹麦人(诺曼人)占领英格兰的东北部,盎格鲁、撒克逊人对他们进行长期斗争,在亚尔弗烈时代尤为激烈,结果英格兰划分两部:东北部归丹麦人;西南部归盎格鲁、撒克逊人。到第十世纪后半期东北部丹麦人屈服,英国又统一。但到十一世纪初,丹麦王占领英格兰统治了二十五年,后来英人推翻丹麦王的统治(一○四二)。在这长期对丹麦人的斗争里,英国封建关系继续发展,封建大地产迅速增长,国王"特许状"给予世俗的教会的大地主司法特权,同时在战争中产生许多军事贵族——骑士——他们也成为中小型的地主阶级。所以自由农民阶层跟着缩减。但到十一世纪中诺曼第人占领之英国封建化的过程尚未完成,尚保有部分自由农民继续对地主阶级的斗争,想保持他们的自由与土地。

第七章　九至十一世纪的德意志、意大利与教皇座
——两国封建制的发展及由政教勾结转到政教冲突的过程——

德意志由法兰克帝国分裂出来,但不是一个统一的国家,而分成几个独立公国。在各地封建化的过程极不平衡,并且其发展的速度远不及法国,约落后一百五十至二百年时间。其原因是德意志受到罗马化的影响较少而自由农民公社的保持也较久。但到十一至十二世纪,德意志封建化也基本完成,社会的基本阶级是封建地主、农民。农民有三种:自由农民、半自由农民与农奴,而农奴是基本的农民阶级。这种封建化的完成反映在国家方面。阶梯式的封建关系已经建立。国王官吏都是世袭附庸,封建主的大地产成为世袭领地,同时大封建主权力伸展,有政治上的独立性。撒克逊朝国王依靠教会对世俗大封建主进行斗争,鄂图第一给予教会特权,以对付大封建主,但因此教会的势力迅速增长。德意志封建主为要占领抢劫外人的土地,进行对外侵略,特别垂涎于意大利之富饶区域。当时意大利政治分裂,教权衰弱,他们认为有可乘之机。鄂图于九五一年占领伦巴底,九六一年进入罗马城,次年教皇加冕鄂图为"神圣罗马帝国"的皇帝。到一○二四年佛兰哥尼亚朝改变撒克逊朝依靠教会之政策,利用小封建主——骑士阶层来对付大封建主。当时教会的封建势力虽然增长,但教会已"世俗化",主教生活腐化,行动横暴,和世俗封建主没有两样。而且主教职位由皇帝指派并可由买卖方式得来。所以克留尼寺院发动"克留尼运动",主张提高教会的权威与纪律,对教会的"世俗化"进行斗争,尤其反对皇帝的"授爵式"。该运动中的激烈派主张:教权高于皇权,皇帝该受教皇的控制。一○七三年克留尼运动的领导人希尔得布兰当选为教皇后,他实行宗教改革计划。他禁止"授爵式",就是主教不

得接受皇帝的委派。政教冲突因此爆发。德皇亨利第四宣布废止教皇,而教皇宣布废止皇帝并驱逐亨利出教。德意志贵族乘机反抗亨利。亨利不得已亲赴卡诺沙,求教皇的宽宥。教皇恢复其帝位。但不久亨利报复教皇,一〇八四年率兵占领罗马城,教皇格里高利逃亡,死于南意。但政教冲突还是继续着。直到一一二二年亨利第五和教廷签订《窝牧宗教协定》,承认主教由教士会议选举,但有皇帝或其代表参加。政教冲突的第一阶段暂告结束。

第八章 七至十一世纪斯拉夫族与斯拉夫国家
——东、西、南斯拉夫族的封建社会与封建国家的发展——

斯拉夫族分为三支——西、南、东斯拉夫族。西斯拉夫人在于易北河与维斯杜拉河之间,再分为三系——捷克、摩拉维亚斯拉夫人,波兰斯拉夫人,易北河、波罗的海岸斯拉夫人。他们在七至十一世纪之间由氏族制度转变到封建社会,由部落联盟组成国家。在第七世纪为抵抗阿剌伯人组织捷克部落联盟,以萨摩为首,那便是萨摩侯国,但不久即告分裂。在第九世纪斯拉夫人创立大摩拉维亚国。在鼎盛时代,其领土除摩拉维亚、捷克外,另包括塞尔维亚、班诺尼亚、斯拉伐克等地的斯拉夫族。当时希腊教已传入,传教师发明斯拉夫文字应用于宗教仪式。于第十世纪初它被匈牙利人占领。捷克于第十世纪兴起,后来和德意志建立附庸关系,于十一世纪德皇给予国王称号。波兰在第十与第十一世纪之间强大起来,从罗马教皇领得国王的称号并在整个中世纪能维持其独立地位。南斯拉夫族分布于巴尔干半岛。在南斯拉夫人中保加利亚人所建立的"第一保加利亚"最为强大,从第七世纪后半期到十一世纪初期,能保持其独立地位。当时贵族逐渐变为封建大地主,自由农民转变为农奴,工商业达到高度发展,对拜占庭战争多次获得胜利,领土日益扩大。由于社会阶级矛盾的尖锐化,发生民众运动,内部分裂引起拜占庭的报复,于十一世纪初,它被拜占庭占领而倾覆。塞尔维亚人、斯洛文人、克罗特人进行反抗阿剌伯人与法兰克人的斗争,在这时期均未能建立持久独立的国家。东斯拉夫位于黑海北岸到剌多牙湖之间,在斯拉夫族间,人数最多的一支。第十世纪初成立基辅公国,以基辅为首都。其创始人奥列格合并诺夫哥罗得,统一东斯拉夫部落,并和拜占庭订立有利通商条约。基辅的最盛时代是第十世纪的后期与十一世纪的上期,其领土与财力超过查理大帝国。基辅大公爵和南方各国建立友好关系,皈依希腊教,在十一世纪编订《俄罗斯法典》。在这时期俄罗斯的封建关系已经确立。封建大地主脱离中央,使国家分裂,又有毕契尼格人与波洛佛人之先后侵袭。国内混乱,民生痛苦,基辅因此衰落了。

第九章　七至十一世纪的拜占庭帝国
——帝国封建制的发展与农民反奴役的斗争——

七至十一世纪的拜占庭历史可分为两个阶段。第一阶段是从第七世纪中期到第九世纪中期,在这时期自由农民尚能保持地位,对封建化进行顽强斗争。第二阶段是从第九世纪中期到十一世纪,在这时期,封建化迅速发展达到完成,在第七至第八世纪中农村公社在农业经济中占着重要地位。依当时的《农业法》,公社为土地之最高所有者。私人可领有耕地,但公共土地继续存在。当时公社内部已渐分化,出现富人与穷人阶层,并使用奴隶耕种土地。斯拉夫人移入巴尔干与小亚细亚后建立自由农民公社,使公社制度获得新力量。当时封建化过程已经开始,一方面公社内部进行财产的分化,一方面大地主强占公社的土地,同时国家赋税的繁重使一般农民生活苦楚,所以"派佛里基"派的异端运动能得到劳动群众的支援。该运动反对教会的财产要求社会平等关系。在这时期,新兴的封建地主包括教会在内用强暴方法霸占农民土地,他们的势力迅速伸展。寺院教会更急迫地奴役农民,引起农民的痛恨,而世俗贵族也觊觎教会之财富。因此发生大规模的反教会运动即是"圣像破毁"运动。该运动中的温和派(包括皇帝与贵族)主张限制教会的势力并把教会财产"还俗化";而革命派(包括民众与派佛里基派)主张彻底消灭社会不平等与统治教会。这次运动反映农民对地主阶级的斗争,也反映统治阶级内部的矛盾。到第九世纪,皇帝与贵族害怕农民起义转变政策,加紧压迫农民,并恢复"圣像崇拜"来调和统治阶级间内部矛盾。另一方面在小亚细亚,农民发动"福马斯拉夫人"起义。在该起义平复后,派佛里基派又在小亚细亚创立共和国进攻拜占庭。经过长期的战争,政府才能平服该派起义。此后,民众受到更进一步的奴役。马其顿朝实行反动政策,加强政府组织,赐给教会土地,以补偿其过去所受的损失,又采用如西欧的封土制,拨给贵族领地。自由农民因此很快地变为农奴。虽有"铜手"瓦希利与斯拉夫人的起义,终不能阻止世俗贵族与教会之夺取农民土地。所以到十一世纪,拜占庭的封建过程已告完成,同时封建大地主建立地方政权形成政治上的分裂。色尔柱土耳其人从东方,诺曼人从西方进攻帝国,马其顿朝遭到极大危机。一〇八一年封建主另立新皇亚历修·康尼南创立康尼南朝。在这封建化发展过程里,拜占庭的重要城市尚能维持其国际贸易地位,在帝国经济中,仍占重要地位,那是拜占庭封建制的特点。

第十章　十字军前夕的欧洲与东征的经过
——西欧的社会、经济情况与东征的性质和影响——

在十字军东征之前夕,欧洲封建化过程已经完成。同时手工业渐从农业分化出来,新旧城市也渐兴起。封建租税已部分改为货币缴纳。封建主需要货币购买城市商品,而城市向农村购买食粮原料。中世纪早期的自然经济被打破了。当时封建主——骑士希望向外扩充领地,增加收入,而农民希望向外移殖,脱离封建压迫,于是产生"军事移民"运动——十字军东征。十字军东征,虽然由于东罗马皇帝之请求,教皇的号召,但基本原因是在于西欧社会的内部阶级矛盾。十字军东征前后共有八次,而以前四次为重要。一○九五年教皇在法国南部克勒芒召开大会,号召组织十字军东征,收回圣地耶路撒冷解放巴勒斯坦。次年十字军就出发东征。那是第一次东征。其结果是夺回"圣地"并建立耶路撒冷王国,颁布耶路撒冷宪章,彻底实行封建制度。该王国成为最典型的封建国家。在十二世纪四十年代耶路撒冷王国的部分领土被土耳其人占去,王国受到威胁,于是发动第二次十字军东征,但这次东征没有获得任何结果。第三次十字军东征是因为于一一八七年土耳其人占领耶路撒冷。这次十字军有德、法、英国王参加,于一一八九年出发,一一九二年结束。夺回耶路撒冷之目的未曾实现,但占领塞浦路斯岛,成立塞浦路斯王国,作东地中海十字军之基地。十三世纪初发动第四次十字军东征。这次十字军已经变质,其目的不是在夺取巴勒斯坦,而是在进攻拜占庭帝国。结果占领君士坦丁堡,建立拉丁帝国。后来虽有多次十字军但由于土耳其人的强盛,耶路撒冷终不能复得。拉丁帝国也被拜占庭推翻。在十三世纪中,由于东西方局势的改变,欧洲人对于十字军已减少兴趣,十字军的宣传不复能鼓起民众情绪。最后几次十字军更无结果。十字军东征运动延续了两世纪,对于军事,虽然失败,但对于西欧社会、经济、政治、文化的发展有重大的影响,地中海商业城市的兴起,工业技术的输入尤为重要。

第十一章　蒙古帝国的创立与西侵
——蒙古族的兴起及由游牧封建制转化到大地产农奴封建制的过程——

在十二世纪初蒙古人还是过着游牧生活,保存牲畜氏族公有制。他们联合若干氏族组成部落,再联合若干部落组成部落联盟。为了战争他们选举军事首领。军事首领依靠士兵夺取政权,成为氏族贵族。氏族贵族集合在"库里尔泰"大会选举部落联盟的首领——"汗"。于是蒙古出现了国家的雏形。同时蒙古社会,由于对广大群众剥削的加强,产生封建贵族。他们像西欧与俄罗斯的大地主一样,领有广大牧场、大量牲畜,并使同部落陷入于奴役地位。在十二世纪后半期成吉思汗(铁木真)打败鞑靼部族及其他部族后由"库里尔泰"大会宣布为"大汗"。他占领中国北部并向西侵略中亚细亚,灭亡花剌子谟,进入伏尔加河流域,征服波洛佛人。在一二二七年成吉思汗死时,蒙古已成为一个强大国家。蒙古国家是个军事封建的组织。其主要目的是战争与占领。它把占领地分封于王族、将士或让原有部落酋长、公侯统治。在成吉思汗死后,其继承人继续向外侵略。其三子窝阔台即大汗位,派大将拔都西征。拔都征服俄罗斯公侯,占领基辅,进攻波兰、匈牙利并侵袭捷克,到处大肆抢劫烧杀并向居民征取重税。由于俄罗斯人与捷克人的坚强抵抗,鞑靼人的力量削弱,因此停止向西,在俄罗斯领土建立"金帐汗国"。鞑靼人又占领南高加索与中亚细亚。在十三世纪五十至六十年代,旭烈兀占领报格达,灭亡阿剌伯阿拔斯朝。同时蒙古又向中国南部及东南亚扩充领土。于一二七九年忽必烈即中国皇帝位,定都北京,创立元朝。蒙古贵族在征服地上接受当地文化,很快成为封建地主,剥削农民。当时蒙古由"游牧封建"转到大地产农奴的封建制。帝国内的劳动人民受到双重压迫,鞑靼人的贡赋与当地封建主的榨取,所以时有起义发生。又由于封建分裂,帝国势力日益削弱。元朝在中国于一三六七年倾覆,其他汗国也不久衰亡。鞑靼的侵略对于欧亚历史均有重大影响。鞑靼人之破坏残杀阻碍了占领区内之经济文化的发展。

第十二章　十一至十四世纪法兰西与英格兰

——两国从封建破碎的局面逐步把王权集中的过程——

从第十一世纪后半期起,西欧城市与货币经济发展起来,国王与城市联盟反抗封建分裂无政府状态。在法英两国王权集中的过程进行得很快。在十一世纪中,法王领地只限于巴黎与奥尔良两城附近地,权力极微。封建王侯割据一方,目无中央。到路易第七与腓力第二时代,法国王权逐步巩固。路易第七对王室领地男爵进行斗争,取得胜利,同时支援城市反对封建主,又整理财政,充实国库。腓力第二更进一步援助城市的反封建主运动而城市援助其对英的战争,因此打败英国,收回法境英属的大部领土,他又进行行政改革,划分相等的行政区——县,委派亲信者充任知事。到其孙路易第九代又采用一系列的行政、司法、财政改革,创立"枢密院"、"巴力门"、度支部,宣布国王法院为全国高级上诉院,推广货币的流通,增加税收——这一切都使王权集中起来。到腓力第四时代,法国大部领土已归并于国王的版图。为反抗教皇,于一三〇二年创立全级会议。教皇被迫移驻法境。法王依靠第三等级能巩固其政权,使法国成为中央集权化的"等级国家"。英国方面,威廉胜利者占领英格兰后,政治也走向集中化的道路。他平服盎格鲁、撒克逊人的起义,以后诺曼第、法兰西人的大地主接替当地的大地主,发展法兰西式的农奴制。新兴地主阶级果然拥护国王,而城市商人因为大陆上的商业联系也需要王权的加强。到金雀花王朝亨利第二时代,王权更形巩固集中。他一方面扩充领土,另一方面破毁封建主碉堡,派亲信担任州长,提高法院权威,建设常备军。但在其晚年贵族势力又抬头,他再进行斗争,不久死了。到其子查理与约翰时代,王权稍削弱,政治也纷乱。由于贵族的要求,一二一五年约翰颁布大宪章,保证贵族的权利,但实质上市民也得到利益。又为保证大宪章的实行,贵族争取国会的创立,一二六五年出现英国第一次国会包括城市代表在内。英国国会的权力后来继续增加。所以在英法两国于十三与十四世纪中,第三等级都已出现为政治上的力量,但农民还是在农奴制重压之下。

第十三章　百年战争时期与战后的英法两国
——战争的过程及对于两国形成专制民族国家的影响——

一三三七至一四五三年间英法间进行长期的战争——百年战争。其主要的原因是英法间对西、北法的领地之争执以及法兰斯德城市,而其导火线是英王爱德华第三依母方关系要求法国王位。战争可分为三期:(一)一三三七至一三六〇年时期,那是战争的初期,英军胜利,英国占领北法与西法的领土。法国军事上失败使其国内的阶级斗争更为尖锐。全级会议要求广泛的权利,巴黎民众与北法农民同时起义。巴黎起义是在毛织商马赛领导之下,夺取巴黎政权,农民起义蔓延到广大区域。但由于彼此缺少联系都被封建主平服。(二)一三六九至一三九六年时期,那是战争的中期,法军胜利。法国查理第五进行一系列的政策,集中王权,整理财政,并加强军力。同时他又有名将统率军队,因此打败英军,克复领土。依一三九六年和约英国只保留沿海若干城市而已。(三)一四一五至一四五三年时期,那是战争的后期,英军初胜后败。法国得到最后胜利,完成统一,在十四世纪九十年代后,法国朝廷发生内讧,奥尔良派与勃艮第派互相敌对,而后一派竟和英人勾结,订立友好同盟,巴黎又有民众运动爆发。英国趁此时机,再向法国开战。初节节胜利,迫使法王查理第六接受屈辱的和平条件,但后由于法人不愿受英人压迫,又由于"奥尔良姑娘"的鼓舞,法军转败为胜,终把英人逐出法境。一四五三年战争最后结束,在法国方面,战争使法国王权集中,并使民族感提高起来。另在英国方面,战争也有同样的影响,在战争时期英国社会、经济起着重大变化,尤重要的是城市工商业的发展以及劳役租转变到货币租。但由于租款太高,又出于黑死病的影响,又由于军事的失败,英国民众不满于政府,曾有多次起义。由于工商业的发展,城市资产阶级开始兴起。英王依靠新兴势力把王权集中。经过玫瑰战争老贵族相继死亡,英王提拔中小贵族接替老贵族的地位。他们和资产阶级有联系并顺服国王。所以到十六世纪初都铎朝的英国和法国一样成为一个集权统一的王国了。

第十四章 十二至十五世纪的德意志
——德意志的封建分裂与其封建主的向外侵略——

在十二至十五世纪英法两国逐渐走向中央集权而德意志背道而驰,更变分崩离析。其基本原因是在于经济与政治方面。在经济方面,国内没有工商业中心,国外市场的利益超越于国内市场。在政治方面,德意志皇帝,由于神圣罗马帝国的关系企图向外侵略,实现"世界统治"而忽略于内政。更由于神圣罗马帝国的关系,教皇操纵德意志内政,阻碍其统一。霍亨索伦朝红胡子腓特烈第一多次出征意大利,引起教皇与意大利城市的反抗,结果未有所获。在十三世纪在教皇英诺森第三时代,教权达到最高峰。教皇利用皇帝加冕之权,操纵德意志政治。教皇又有托钵僧团为其走狗,加强教会势力,迫害异端。"异端裁判所"之残酷迫害更惨无人道。教会当时为反动势力之中心,阻止政权的集中,同时德皇腓特烈第二注意西西里王国而容忍德意志之无政府状态。德意志王侯之间由于争夺皇位而发生内讧。在一二五四至一二七三年间皇位虚悬称做"皇位空缺时期"。早在十二世纪中,德意志封侯向易北河与波罗的海沿岸扩充领土,占领普鲁士、立陶宛、拉特维等地。他们毁灭部分斯拉夫人并移殖德人于东欧。在十三世纪建立柏林城,组织勃兰登堡侯爵领。在帝国分裂的状态下,北德城市组织汉撒联盟,南德组成斯瓦比亚联盟,西德组成莱茵城市联盟。这些联盟对封建主进行斗争,维护贸易利益。但由于皇帝无力支援而自己只注意地方利益,西南的联盟被封建主所击溃,而汉萨联盟能长期维持地位。一二七三年哈布斯堡族当选为皇帝,但不久皇位转移到卢森堡族。该族皇帝查理第四颁发"黄金诏书",规定皇帝由七个选侯会议选举并承认公侯在其自己的领地内有完全统治权。一四三七年皇位复归于哈布斯堡族。哈布斯堡族曾用"外交联姻",扩大领地,但对于帝国则毫无权力,所以德人竟至遗忘有皇帝的存在。在十五世纪帝国领土一部分归入别国版图,一部分组成独立国家。瑞士联邦在一四八一年宣告成立。所以到十五世纪末,德意志尚不是一个统一的国家,而是在封建分裂状态中。

第十五章 十二至十五世纪的意大利
——意大利的政治分裂与城市共和国——

意大利城市与贸易的发展决定其政治趋势。城市的资产阶级对封建主斗争的胜利使农民从农奴制解放出来,但农民马上陷入依附城市的地位。他们的土地被城市富人购买,而自己成为他们的租户,同时农产品的价格被压低,而使用"公共资源"的征费提得极高。农村不仅受城市的经济剥削并且受到城市暴主的政治压迫。在城市里手工艺者受富商与有特权的行会之压迫剥削,因而有尖锐的阶级矛盾。意大利之城市对外部市场的关系远过于国内市场,因而不感兴趣于政治统一,同时罗马教廷利于政治分裂而阻碍统一。意大利分裂之原因在此。在意大利商业城市里有许多城市共和国,其中最著名的有威尼斯与佛罗伦萨。威尼斯是沿海大商业国,有很大的商船队,东地中海商业几乎由其垄断,在打败热那亚后,势力更大。该共和国的政权操在商业贵族手里,实行"寡头专政"。佛罗伦萨是手工业发达的城市共和国。那里"老牌"行会由资本家组成,把持政权。小资产阶级与手工艺者对大资产阶级进行坚决斗争,于一三七八年爆发"乔比"起义,要求政治、经济改革。初曾胜利,但后被资产阶级镇压。到十五世纪中,政权完全落入佛罗伦萨的最大的财主—美第奇族。在罗伦佐时代,独裁政治更为明显。他过着豪富奢靡的生活,因得"豪阔者"之称号。当时,意大利之发展极不平衡,中意教皇领地与南意两西西里王国是落后的,而在西北区的农奴制度尚原封未动。农民对封建主进行斗争。在"使徒兄弟会"领导之下,农民武装起义。结果虽然失败,但它是其他各地农民战争之先驱。从十四世纪起,教权衰落。教皇移居亚威农及教会之"大分裂",都使教皇权威下降,但民族国家的兴起为其衰落之主因。虽然如此,但教皇在意大利还起着巨大作用——阻碍政治统一。

第十六章　十一至十五世纪的西班牙与葡萄牙
——西班牙半岛的"再征服"运动与统一王国的形成——

阿剌伯人于第八世纪占领西班牙,于第十世纪建立哈里发国家。阿剌伯的占领对西班牙农民的奴役地位没有改变,但对于经济、文化方面起着巨大作用,把东方的新种植方法与新作物输入,手工业与商业大量发展起来,东方的科学文化思想源源流入。阿剌伯西班牙的首都哥尔多华成为工商业与文化的中心,有巨大图书馆、高级学校、壮丽的寺院宫殿,对于其他西欧文化产生巨大影响。在西班牙北部有几个基督教国家,保持独立,在第十世纪他们开始"再征服"运动。卡斯提尔、亚拉岗、葡萄牙都参加运动逐渐克服半岛南部的阿剌伯人领土。到十三世纪末,阿剌伯人只保留格兰那达一地。在运动里占主要地位的是卡斯提尔。在克复地上,大批北方的农奴移入,获得自由。克复运动胜利之主因是北方西班牙人能够团结,而南方的阿剌伯西班牙有阶级、民族、宗教的矛盾并有封建的分裂状态。亚拉岗因为有沿海城市,商业发展,渐成海上强国,但大封建主的势力很大,对农民的剥削很厉害。在卡斯提尔养羊业发展很快,而羊毛需要量很大,因此农民的耕地被收取作为牧场。葡萄牙在十二世纪改称王国,那里教会势力在政治上占重要地位。由于商品货币经济的发展,对农民的剥削更深,因此,在这些国家里阶级斗争很尖锐。在十五世纪,卡培灵那的农民起义特别有力顽强。经过两次起义农民虽得若干成就,但还是失败的;人身虽获自由,但封建赋役的负担原封未动。卡斯提尔与亚拉岗于一四七九年由斐迪南与伊萨伯拉的结婚,两国合并拢来,成为统一的西班牙。此后国王依靠城市、教会来打破大封建主的势力,又利用残酷的"异端裁判所"来镇压民众起义及一切异端。到一四九二年西班牙又占领阿剌伯人最后一块领土——格兰那达。在斐迪南与伊萨伯拉时代,西班牙已成为欧洲强国之一,也是专制王国之一,当时葡萄牙也已成为统一的民族国家。

第十七章　十一至十五世纪的捷克与波兰
——两国封建社会的阶级、民族矛盾与内外的斗争——

捷克的封建社会,由于德意志人移殖,受到很大影响。封建主为了增加收入招徕德人移入。地主果然达到目的,但波兰人民受到不可估计的损害,他们的土地缺少了,租税增加了,同时又有捷克人与德意志人间民族矛盾。当时捷克王国为神圣罗马帝国的附庸,又为帝国的选侯,所以捷克卷入于帝国的争执与战争之间,阻碍其自己民族的发展。德意志人的大量移入伴随着天主教教会势力的发展。城市工商业又被德意志人把持,因此在十五世纪上半期捷克发生胡司运动,那是反天主教、反封建与反外族压迫的斗争。在其首领胡司被杀后,运动变为武装斗争(胡司战争)。起初代表贵族与市民的温和派与代表破落骑士、手工艺者与农民的激烈派尚能合作,打败皇帝军队,驱逐德人的政治势力使捷克独立。后来由于温和派的背叛,捷克复承认皇帝为国王,激烈派失败。胡司战争作为农民运动看是失败的,但作为民族运动看是相当成功的。波兰和捷克是毗连国家,在同样的封建化的阶段。在十二世纪波兰开始分裂为许多独立领地,又有德意志武士团的侵占领土及鞑靼人的蹂躏。同时德意志移民势力的伸展阻碍波兰民族资产阶级的成长与政治的中央集权化。在十四世纪中,由于工商业的繁荣及对德意志武士团斗争的胜利,波兰统一起来,在喀塞米尔大帝时代,波兰王国达到鼎盛时期。他粉碎贵族的武装联盟,但在其死后不久大贵族又抬起头来。大贵族继续扩大其特权,缩减对国王的义务。由于立陶宛侯爵当选为波兰国王,两国合并,贵族向东扩展领地。以两国的联合力量击溃条顿武士团,波兰获得全部西普鲁士领土,而东普鲁士为其附庸。在武士团斗争里,低级贵族(骑士)不满意于大贵族之独占优势,要求特权,国王给予政治上的特权(法律须经贵族大会的同意)及经济上的特权(免税输出农产品及酒类制销专利权)。贵族特权的伸展后来使波兰成为共和国的类型,以选举的名义上的国王为首。

第十八章　十二至十五世纪的俄罗斯
——从封建分裂与对外族的斗争里逐步形成独立、统一的民族国家——

十二世纪中俄罗斯领土分成许多封建侯国,其中主要的是基辅、加里茨克-沃伦斯克、罗斯托夫-苏士达尔、诺夫哥罗得领地等。基辅公国那时已经分裂破碎,不复为诸侯国之长。各侯国之间经常内战,而农民已陷入农奴地位,受苦最深。波洛佛人时来侵袭南部,俄人无法抵抗,任其抢劫破毁。十三世纪蒙古鞑靼人从东方侵入,俄罗斯公侯不能联合抵御,遂被征服。蒙古人建立金帐汗国,统治俄罗斯。同时西方有瑞典人与德意志武士团之侵袭。对于西方敌人之进攻,由于诺夫哥罗得人的奋勇抵抗而被阻止。到十四世纪,东北俄罗斯开始统一运动。原来东北俄罗斯分成若干侯国,封建地主、世俗教会剥削压迫农民。由于自然经济的统治,工商业与城市不得发展,诺夫哥罗得与普斯可夫虽然商业发展,但是其主要的商业是对外的。但后来由于货币商品经济的逐渐发展,各城市间的经济联系跟着加强。又由于需要对鞑靼人与立陶宛人之斗争,各侯国不得不联合起来。莫斯科大侯国遂成为团结的中心。莫斯科位于莫斯科河畔,水陆交通便利,商业渐渐发展。莫斯科侯爵伊凡·喀里塔拢大司教为其联盟,又从鞑靼汗获得"弗拉基米尔大侯爵"之称号,位在各侯爵之上。所以莫斯科的领地扩大,权力日增,在其死时,莫斯科已成为一个强大侯国。到季米特里时代,莫斯科开始对鞑靼人斗争,大战于库尔克夫,获得胜利。但不久鞑靼汗袭击莫斯科,占领城市。季米特尔被迫继续缴纳赋贡。此后莫斯科不断加强,到十五世纪伊凡第三时代东北俄罗斯已告统一,在原前分裂的领土上已建成统一的俄罗斯民族国家。当时金帐汗国,由于封建分裂,更变削弱。伊凡第三利用汗国的分裂,和克里米亚汗缔结联盟,同时停止对鞑靼的纳贡。金帐汗国的汗因此于一四八〇年出征莫斯科,要求纳贡。伊凡第三领兵应战,而克里米亚汗从后方袭击鞑靼汗,金帐汗国就此崩溃,而俄罗斯人从二世纪的鞑靼人的枷锁里完全解放出来,而成为统一、独立的民族国家。

第十九章　拜占庭、南斯拉夫与土耳其
——东罗马的衰亡过程、奥斯曼帝国的兴起与巴尔干半岛的局势——

在十二世纪中,东罗马帝国恢复,但其领土已缩小若干倍,其国际地位已失去其重要性。此后二百年的存在时期,内忧外患继续不休,它不过是过去强大帝国之遗影而已。在十三至十五世纪,封建主的统治更加厉害,对农民的剥削尽量提高,因此农民购买力锐减,影响到手工业的生产与市场的发展,同时封建主政府给予外商特权,而自己商人无法竞争,因而失败。所以农村与城市均日趋衰落,阶级斗争日趋尖锐化。十四世纪中"人民之友"的起义表现民众运动的高潮,提出激烈的改革计划,反抗世俗的、教会的封建主。该运动延续七年之久,虽然失败,但已动摇拜占庭封建制度的基础。当拜占庭的地位下降时,南斯拉夫国家——保加利亚、塞尔维亚——兴起来了。两国由于封建分裂与阶级斗争的尖锐,虽强盛一时,但终不能持久。十四世纪,奥斯曼土耳其人崛起于小亚细亚,向巴尔干半岛进展,占取拜占庭、保加利亚、塞尔维亚的领土。巴尔干国家虽曾组织联军抵抗,但一再失败,半岛领土大部被土耳其占有。君士坦丁堡已被土耳其的占领地包围。到十四世纪末,拜占庭的倾覆似已不可避免。适于是时,帖木儿统率蒙古军进攻土耳其,而土耳其失败,因而暂时放弃围攻君士坦丁堡计划。到

一四五三年苏丹穆罕默德第二率水陆大军围攻拜占庭首都,拜占庭末代皇帝君士坦丁十一,虽进行抵抗但因军力单薄又无支援,终告失败,首城陷落,而存在千年的古老帝国就此灭亡。帝国倾覆虽然由于土耳其人的侵入,但其封建社会的内部矛盾、尖锐的阶级斗争与统治阶级间的内战以及民生的凋敝都是重要因素。土耳其人改君士坦丁堡为斯丹埠尔作为帝国的首都。土耳其此后阻碍西欧国家和东方贸易,并向西发展领土成为欧洲民族之大威胁,同时也成为国际政治之新因素。

第二十章　中古欧洲文化与早期文艺复兴
——中古文化的特点与文艺复兴运动的由来和意义——

在中古时代天主教会的势力渗入文化的各部门。教会占着思想上的领导地位。教会倡导禁欲主义,把人类的欲望看作罪恶的体现,今世人生认作来世的准备。但禁欲主义高级教士阶层并不遵行,而一般劳苦民众在封建压迫之下不得不忍耐、节制,期待来世的补偿。中古的教育附属于教会,有三级学校:初级、中级及高级学校。高级学校即是大学。欧洲大学推巴黎大学为最老,内分文学院、医学院、法学院、神学院。文学院讲授七种"自由艺术"为"初级"学院,毕业文学院后进入其他三种"高级"学院。中古哲学派别中有烦琐学派与神秘学派。前者用希腊哲学家的系统与逻辑学来阐明基督教义,而后者反对,认为掌握教义只可用"直觉方法"。烦琐学派之积极作用是在研究古籍,引起对认识问题的讨论,而其消极作用是在阻碍科学的发展。神秘主义是反动的。中古艺术,尤其是建筑术,由于罗马建筑被"蛮族"破毁,是从头做起的。在查理大帝时代出现罗马式建筑,以雄伟庄严见长,在十二世纪又出现哥德式,以高耸巍峨姿态,表现"向上"的趋势。后来城市议事厅之建筑使建筑术转向于世俗化,同时雕刻、绘画有同样反封建的倾向。骑士文学与城市文学也表现两种不同的原则。文艺复兴运动是对中古宗教文化的反抗斗争,以"人"为中心反抗以"神"为中心的思想运动。该运动首先发生于意大利佛罗伦萨城。但丁、佩脱拉克与薄伽丘为该运动之三大先驱。文艺复兴运动注重研究古代希腊罗马的古典文艺,同时注意于物质与自然的研究,而印刷术的发明又促进这项运动的传布。

(写于一九五四年)

《世界中古史》讲义粹编

第一章 罗马社会危机与西罗马帝国的覆亡
——罗马奴隶制社会崩溃与封建制萌芽的过程——

一、奴隶制的危机

中世纪是以西罗马的崩溃为起点,但那是一个权设的分界线。从上古转入中古是从奴隶制社会转入封建制社会过程,那是个长期的历程。罗马奴隶制的崩溃与封建制的形成是相互交错的,中古封建制在上古社会的母胎里已孕育起来,而在中古的封建社会里尚有奴隶制的残余留存,所以要截然划分时代的界线是很困难的。

罗马帝国是建筑在奴隶制生产方式的基础上,是奴隶主的国家。它的奴隶经济最发展的时期是在纪元前后两百年间,但到第三世纪以后,罗马奴隶制社会出现了重大危机:奴隶、佃户的起义与"蛮族"的侵袭动摇了帝国的基础,奴隶制走入崩溃之路,而封建制也开始萌芽起来。

罗马奴隶主领有大量地产,使用奴隶劳动来耕种并剥削其劳动力,使他们过着"非人"的生活。罗马奴隶,因不堪主人的压榨与虐待,时常逃亡,或起义,反抗奴隶制度。当时罗马已停止对外征伐,奴隶的来源(俘虏)也已减少,因而奴隶劳动力之获得日益困难起来。又加上奴隶生产率的低落。因此种种,奴隶经济渐变不利,而生产力入于停滞状态,所以奴隶主为避免自己的破毁,找寻出路,乃部分改变制度,使可继续维持奴隶制社会。他们所采用的办法就是所谓"佃户"制。这个制度成为从第三到第五世纪罗马奴隶主经济之特色。

原来奴隶不得结婚,现在奴隶主准许他们娶妻成家,原来奴隶集中于奴隶营中,现在奴隶主,因为害怕他们的暴动,不愿他们集中,把他们分散,安放于各块田地上,强制他们替主人耕种土地,或给予一块地由奴隶耕种而把其收获的一部分缴纳于主人。这样,奴隶就开始附着于土地,一部分奴隶也就转变到"佃户"的地位,那就是接近于中世纪的农奴地位。

这项佃户制度提高了奴隶的生产率因而增加了奴隶主的剥削所得,所以奴隶主把它推广到自由农民方面来了。原来奴隶主所有土地,一部分是由农奴耕种,一部分是租给自由小农耕种的。自由小农原是自由租户,以租种土地上的一部分收获缴纳于地主。而现在奴隶主—地主把他们由租户转变为佃户。对于他们,地主可随意赶走或如果他们要离开,不准他们离去土地,或者任意提高他们所付的地租。名义上他们保留着自由,但实际上他们和由奴隶转变为佃户者的地位没有什么两样了,完全受地主的控制。除此之外,大地主又把自由农民沦入于佃户地位。所谓自由农民就是耕种自己的土地者。他们时常向大地主借款,受到重利的盘剥而不能归还,那时地主就强占他们的土地,迫使他们成为佃户了。大地主有时采用另一种强占土地的办法,就是所谓"自愿契约"的方式,也即是"保护"制。依此方式,农民把自己土地献给地主,同时接受地主的"保护",而地主把这块土地,在租种的形式下,归还农民并收取其地租。此后这些农民遂成为地主的佃户了。农民为了避免大地主的直接强力占领其土地,或者为了避免达官贵人的暴力压迫,忍痛接受所谓"自愿契约",而地主遂广泛地利用其所谓"保护",来把自由农民转变到佃户的地位。佃户是附着于土地的,因而封建制度下的农奴附着于土地制开始形成了。

当时由于大地主的繁重剥削,佃户时常逃亡。而奴隶主—地主阶级的首领——罗马皇帝,为了大地主的利益,也是为自己的利益,颁布法令阻止佃户的逃亡。君士坦丁诏令逃亡佃户必须归还原处。另有诏令规定自由农民在土地上居住一定年限后就不得离开这块土地。这样,自由农民也转变为农奴式的佃户了。奴隶主统治阶级使用国家法令,把佃户对地主的依附性、对土地的固着性巩固起来,加强起来。除此之外,法律又规定佃户不得向法院控诉地主,而地主得自由处理佃户之财产。名义上,佃户和农奴有差别:佃户保留着自由而奴隶则否,但实际上,他们之间的界限已不复存在,而国家的立法已把他们等量齐观了,在居于田地的奴隶与原为自由农民的佃户,他们之间的地位半斤八两,无分轩轾了。一句话,他们也成为农奴了。所以,在罗马奴隶制社会的母胎里已包藏着封建制的前提——农奴制的剥削关系。同时,罗马奴隶制社会越走到没落阶段,对于劳动人民的压迫与剥削,不管对奴隶或佃户,也越加厉害了。

二、重税、暴政、城乡衰败

第四世纪后,罗马帝国的内外危机,同时爆发,一面横征暴敛,来维持帝国庞大开支；一面实施专制暴政来镇压民众起义,结果城市与乡村均遭破坏而民生更凋敝了。

罗马奴隶主政府,为维持朝廷、兵队及官僚机关之日益扩大的经费,逐渐增加赋税,在第四—第五世纪,国家赋税已提高了很多倍,赋税重重地压在人民肩上。表面上,富有地主也付赋税,但实际上,这种重税完全由劳动人民负担着,因为富人所付的税可转嫁到奴隶、佃户、农民头上。当时罗马征税大部是征取货物——谷食、酒、牲畜等。因此收税官员舞弊勒索更加容易。他们时常盗窃税物后,再向人民索取。劳动人民除负担国家重税之外,又须负担官吏之苛扰勒索。所以劳动人民所生产的东西,没有被乡绅地主所劫去的,尽被政府及其贪污官吏所囊括而去。在此不堪忍受的情况下,劳动人民开始逃亡。有些越过边界,潜入"蛮族"区内,那里没有赋税与残酷剥削。有些逃入深山丛林组成队伍。政府军队对于他们也无可奈何了。

另一方面,有些劳动人民,因不堪压迫剥削,积极反抗统治阶级,发动起义。原先自由农民的利益和奴隶的利益是分歧的,现在由于前者已沦为佃户了,他们之间的利害趋于一致,所以他们站在同一线上,来反抗奴隶制社会,因而起义的力量更强大了。同时,帝国边境上"蛮族"的威胁也一天比一天加强起来,并且"蛮族"的侵袭与奴隶、佃户的起义已有内应外合之势。

帝国政府为了挽救危局,采用极端办法——专制暴政。早在戴克里先时代及以后,罗马皇帝的力量已变为无限。罗马皇帝已类似东方式的专制魔王,从东方,尤其是从伊朗,采入豪华淫威的宫廷仪式。一切政权集中在皇帝及由他委派的官僚手里。当时作为国家机关的元老院也最后瓦解了。帝国政权明显地表现官僚专制的性质。

这种专制皇权的基本任务是：(1) 镇压劳动人民的起义；(2) 对付"蛮族"侵袭的武装斗争。因为"蛮族"入侵与奴隶、佃户的起义一般是互相呼应的,所以这两种任务又是一而二、二而一的。从第三世纪末期以后,帝国军队数量不断地加增。罗马政府除改编边防军外,又创设机动部队。这种部队可调到任何地方,主要是为镇压人民的起义。又为了召集这种庞大的军队人员,他们采用"抽丁"办法：每个大地主须从其自己的奴隶、佃户、"自由"农民中,提供入营新兵。帝国政府,又因为不信任这些军队来执行上列两项任务,所以雇佣大批"蛮族"军队。招请"蛮族"部落,以"联盟"的名义,移住边境,由当地居民供给维持,叫他们负责保卫疆土。又利用住于帝国境内的被征服的蛮族,充服军役,组成雇佣的"蛮族"

军队。但这些"蛮族"军队都是靠不住的,不久以前,他们还是罗马的敌人,所以一有机会即倒戈相向了。帝国政府又为了加紧镇压劳动阶级又大量地增设警察机关,在帝国各地布置着各色各样的密探间谍,叫做"好奇者"。他们到处探听民众运动的酝酿消息,并搜捕不满意与可疑分子。

由于奴隶制度的危机,由于帝国政府的重税暴政,帝国的城市农村均趋枯萎。蛮族的侵袭与劳动人民的起义把社会的生产力破坏了,帝国的经济联系削弱了。因此帝国的经济危机一天一天地尖锐化了。在西欧方面,商业、手工业及城市生活都很快地衰落下去。有些城市原为手工业和商业的中心,而现在仅作为行政的中心。当时大地产制度的扩展也促进了城市的萧条。大地主住在庄园里具备各色各样的工人——从木匠、铁匠至家事艺术家、建筑师等。大地主依靠奴隶经济生活,并不需要到城市上去购买什么东西,除非为了要购买些来自东方的奢侈品,例如:中国的丝绸、阿剌伯的香水等等。所以大地产制度愈发展,中小农愈无存在的余地,那么自然经济也愈得势,而市场的需要也愈减少了。又由于产业的凋零,有些商人停息其营业,转向农村购进土地,自己也成为大地主了。当时城市人口日趋减少,而政府的苛捐杂税又把城市赶到穷途末路,城市中住民,因不堪重税负担,和奴隶、佃户一样,逃入深山旷野,组成武装队伍,来反抗政府军队。有些城市和农民一样,全城加入大地主的"保护"范围。城市生活死气沉沉,而在农村大地主更飞扬跋扈了。

在农村里,由于大地产制度的发展,自由中小农阶层日益消逝了,而大地主对劳动农民剥削与压迫日益深重,而其势力也日益巩固起来。大地主对其自己的奴隶、佃户成为统治者:征收税款,进行审判,并设置牢狱。他们又有武装队伍:有时由其自己的奴隶、佃户组成,有时维持雇佣军队,又因时有劳动人民的起义,"蛮族"的侵袭,他们用自己的军队来保护自己的庄园。他们把自己的庄园筑成真正的堡垒一样,在自己的领地内俨然成为小国王侯了。他们享有免税特权——一部分或全部不付税特权,并有不容许政府官吏进入其庄园之权。地方政权害怕他们,皇帝多次颁发诏令限制他们的独立性,削弱他们的权力。但是这种诏令一般都被作为耳边风而已。所以帝国的政治和经济同样破碎不堪。

三、基督教会与异端

帝国又企图以宗教的力量,来支撑其动摇的、破落的奴隶社会,因此,基督教就利用着。当时基督教在帝国内已广泛传布。该教原来宣传"人类平等"、"为富不仁"等道理,它原是奴隶、佃户、穷苦者及被压迫的人民之宗教,但后来其性质逐渐改变了：由被压迫者的宗教转到压迫者的宗教。教会把原有民主制组织改为以大主教为首的梯制组织，教士尽力宣传"和顺"、"服从"的需要，在思想上麻痹群众，逐渐成为欺骗、奴役劳动人民的工具，因此帝国政府原先是迫害基督教的，而现在变成依靠它来维持、来巩固其政权。同时，基督教之普遍性与世界性，对于多部落的罗马帝国也是很有利的。由于国家的支持，到第四世纪末，基督教已成为帝国中的统治宗教了。

从君士坦丁（三○六—三三七）开始，罗马皇帝对于基督教极力照顾，而对其教会内部各教派之统一尤为注意。他们认为宗教的统一是为支持帝国的完整所必须。社会的矛盾与地方教会的分裂倾向，反映为宗教的争论，阻碍了基督教派团结于国家教会的统一之中。君士坦丁曾召开第一次"全基督教大会"（三二五年）来创建教会的统一。在第一次会议之后，又曾举行过多次会议，但教会统一的目的终未实现。其原因是在罗马奴隶制社会的最后阶段，分裂社会的矛盾实在是太大了。

基督教会的内部统一虽未完成，但由于皇帝的支持，由于皇帝及大地主的捐赠土地，它成为政治上、社会上的巨大力量。教会手里握着大量地产以及奴隶佃户，主教在"保护"名义之下，成为城市的行政首领。农民及整个农庄接受教会的"保护"，而教会和世俗大地主一样，利用其势力，把自由农民转变为佃户。在第四世纪以后，寺院发展很快，成为基督教会的重要力量。寺院原本是为愤世绝俗、出家修道者之庇护所，但政府与大地主，因它对人民具有宗教的势力，也加以利用，寺院从他们取得大量土地，修道士乃放弃自己的工作，来剥削奴隶、佃户的劳动。同时，修道士破毁古代遗留下来的"异教文化"。所以在罗马帝国的后期，基督教会已是奴隶主国家的帮凶。

另一方面，罗马帝国内发展着和"统治教会"相异的帮派，叫做"异端"。原来宗教的分歧不过是社会或政治的斗争之外表反映。"异端"反对统治教会的教条，其背后蕴藏着仇视这种教会、罗马国家和奴隶制度的意义。异端反映着被压迫阶级的企图——尤其是奴隶、佃户。他们希望把奴隶制社会全部推翻。例如，北非的"斗士"运动，努力实行原始基督教人类平等的教义于现世生活中，而统治教会把这个"平等"教义仅仅应用于来世的生活。异端虽遭到政府与教会的迫害，但在民众里获得很多信徒。

四、"蛮族"侵入与巴尔干的民众起义

当奴隶制生产方式出现总危机时，奴隶、佃户的起义不断发生之后，罗马帝

国的力量日益削弱而境外的"蛮族"乘机侵入,占领帝国的领土了。"蛮族"对帝国的关系来说,原已不是单纯的外部力量。他们中有很多早已住在帝国境内,为奴隶、佃户,也有很多在帝国军队里,充当雇兵,住在帝国境内的"蛮族"成为从内部破坏奴隶制社会的力量。同时,和从外部侵入的"蛮族"部落结成"联盟"的关系。

在第四—五世纪,"蛮族"大移动——"部族大移殖"——开始了。其出发地在黑海北岸。那里住着各种人种起源的部落,比较而言有高度的文化。他们原来和罗马帝国进行贸易,运出毛皮、鱼类,运入酒、布匹、奢侈品。从第三世纪起,来自北方的哥德人加入了黑海沿岸部落。哥德人属东日耳曼族,分成许多部落,逐渐迁移,侵入黑海北岸。住在德聂斯特尔河沿岸的叫做西哥德人,住在德聂伯尔河下游的叫做东哥德人。在第四世纪中,黑海北岸诸部落受到匈奴人的威胁乃组成同盟,以东哥德酋长为首。那时,在顿河彼岸大草原上各部落也组成了部落同盟,以来自亚洲的匈奴人为首。这些匈奴人源出于蒙古种并和突厥种相混,他们是游牧、半游牧的部落,住在伏尔加河下游、顿河与高加索之间。第四世纪七十年代,匈奴同盟向西进攻,粉碎以东哥德为首的同盟。于是东哥德及其他部落参加了匈奴同盟。匈奴人的声势更大,继续向西进攻。在匈奴人冲击之下,西哥德人渡过多瑙河侵入罗马帝国境内(三七五年)。

当西哥德人侵入帝国时,罗马政府利用他们来对付其他"蛮族",允许他们以"联盟"地位,住居于米西(在多瑙河下游南岸),并允许他们各种特权,但西哥德人马上发现受骗。罗马官吏用一切威迫勒索方法,使他们陷于饥寒交迫状态,乃把他们变为奴隶,并迫使他们出售其妻子儿女为奴隶,甚至公开猎取奴隶。西哥德人受尽一切奴役的恐怖。他们于三七六年在多瑙河区起义了。当时罗马奴隶制社会已出现沉重危机,多瑙河区阶级矛盾已很尖锐,反奴隶制运动已经展开,西哥德人的起义和奴隶佃户的起义合而为一了。

西哥德人的起义得到各方响应。奴隶佃户从四面八方投奔参加,多瑙河北岸蛮族——日耳曼人、阿伦人及其他——渡河援助,罗马"蛮族"军队也大批参加起义。巴尔干半岛的被压迫群众成为起义的核心,西哥德人约有一万五千人,只占义军中的一小部分而已。义军声势浩大,于三七八年在亚得里雅那堡战役,由西哥德人统率,把罗马军打得粉碎,消灭罗马军的精锐。罗马皇帝瓦伦斯逃出战场,被义军捕获,活活烧死。

在这次胜利后,民族起义蔓延到巴尔干全部省区。罗马在多瑙河流域的统治权受了沉重打击。罗马集中全力仅能勉强地把该地的起义镇压下去。三八二年,罗马军官狄奥多西(后来登皇位)打败了义军,并分散他们的阵营。西哥德人仍以"联盟"的地位,留居于帝国境内。

五、西哥德人侵入意大利与"浪人"运动

到三九五年西哥德人再度起义,反抗罗马统治,推选能将阿拉利为首领。当时奴隶佃户也纷纷起义,和西哥德人相联合。大批帝国的东方省区被起义军占领。在四○一年,阿拉利领兵出发,进攻意大利。在途中被压迫的民众起义支援,所以无困难地越过阿尔比斯山脉,占领威尼斯省,进到现在的米兰城。帝国首都罗马城发生恐慌,大批富人——奴隶主纷纷向外逃亡,军官斯梯利克仓皇调集各地军队,先暂平服北意的起义,而后于四○二年打败了阿拉利军队。当时斯梯利克为支付军事用费曾征收富人——地主的税款。因此他们怀恨他,诬控他叛国罪,于四○八年他竟被处极刑。

于是阿拉利再领兵前进,围攻罗马城。据罗马史家所述,约有四万奴隶、三万"蛮族"军加入他方面,在四一○年罗马城被攻陷。城内奴隶大开城门来迎接义军。大批奴隶主、贵族或被杀死,或被俘虏,或出售为奴隶,或逃至北非(埃及)与亚洲。在罗马城陷落后,奴隶佃户的起义蔓延到几乎全部意大利。奴隶主的住宅别墅到处被破坏。西哥德人在占领罗马城后,移兵南向,意在占领西西里与北非沿岸。但所配备的船只被大风吹毁,他们回到北方,而阿拉利死于途中。经过多次和罗马兵冲突之后,西哥德人在四一九年定居于高卢之西南部阿启退尼亚省。那里他们建立第一个"蛮族"王国。形式上西哥德国王服从罗马皇帝,称做罗马军事总督,而实际上已是个完全独立的王国了。

当西哥德人西进时,罗马帝国的一个重要省区——高卢——展开了有力的奴隶佃户的起义运动。这个运动罗马奴隶主称为"浪人"运动。在第五世纪初,高卢省民众遭到不堪忍受的赋税与劳役的压迫。该省"蛮族"的侵入与经常的战事又完全破坏其经济。在破碎萧条的村庄里,奴隶、佃户以及中小农之所遭遇,更不堪言状。"浪人"运动因此爆发,蔓延各地,转变为反抗罗马统治的斗争,到四○八—四一一年时,这个革命运动震荡全省。该省的一个重要地区——阿摩立克——宣布独立,脱离罗马。西哥德人为了自己的利益,给予支持。

到了四三五—四三七年间,运动达到高潮,成为高卢农民总起义的运动。几乎全部奴隶拿起武器,来参加运动。西哥德人及其他蛮族援助他们,一起对罗马军队进行顽强斗争。直到四三七年罗马军队经过多次残酷血战才把这个运动暂

时平服。但过了若干年后,在阿摩立克,运动重复爆发。由于痛恨罗马暴政,自由居民这次也参加运动。罗马政府虽然镇压了这个运动(四五一),但不久该省全部被西哥德人、勃艮第人、法兰克人所分占了。他们在这里各自创立了"蛮族"王国。

在第五世纪四十至五十年代,"浪人"运动蔓延到高卢的近邻西班牙,并占领其北部。当然,这里的运动和在高卢的一样,有奴隶、佃户及城乡的贫苦人民参与。他们企图从罗马帝国的桎梏中解放出来。从四四一—四五四年他们占有塔拉哥那与阿拉楚尔两个地方,并以前者为活动中心。西班牙的"浪人"运动又和高卢的一样促进了蛮族的侵入。当时西哥德人从高卢西南部进入西班牙。那里早有两个"蛮族"部落联盟:一个是斯维夫人联盟,另一个是汪达尔人与阿伦人的部落联盟。西哥德人把他们赶走,而占领西班牙的大部土地。汪达尔人与阿伦人转到北非,而斯维夫人退到西班牙的西北角并建立一个小王国。

六、北非"斗士"运动与汪达尔族

罗马的北非省和其他各省同样发生壮大的革命运动,即所谓"斗士"运动。该运动起源于第三世纪,到第五世纪更有力地扩大起来。它原是民众反抗社会压迫的运动,但具有宗教的形式。在反对统治教会的口号下进行斗争的。"斗士"继续着早期基督教的民主平等的传统,宣传恢复原始基督教,企图建立社会平等、公有财产,并鄙视私有财产。所以在被压迫的群众间,他们获得广泛的同情。在四〇九—四一〇年间,奴隶、佃户、贫民参加运动,占领努米底亚作为起义的中心,再占领若干其他城市,"斗士"运动表现出革命的性质了。"斗士"运动紧密地联系土著居民,因为在北非的地主庄园内的奴隶佃户多是当地的摩尔族出身的。"斗士"运动得到他们的支持,迅速展开。在四一一—四一二年间罗马政府采用残酷手段来迫害"斗士",把运动暂时削弱了。但不久,运动在北非全部又爆发起来。到四一八—四二〇年间,运动达到紧张阶段。罗马军队围攻起义的中心——努米底亚,而义军顽固抵抗,经过残酷的血战,终被克服。于是罗马刽子手使用空前的残酷方法,迫使"叛乱者"自己焚死。

罗马北非的壮大革命运动开辟了"蛮族"部落占领该省的道路,因而罗马在北非的统治权亦被最后消灭了。当汪达尔人与阿伦人被西哥德人所迫,从西班牙渡海至北非时,备受起义的民众支援。他们长久受到罗马人的奴役,欢迎"蛮族"的来临,以得解放。四三九年汪达尔王真塞立克占领罗马非洲省首府喀拉秦,到四四五年北非省全部都在汪达尔与阿伦人统治之下。

七、阿提拉进攻、鄂多亚克政变

在第五世纪中期,匈奴人首领阿提拉进攻西罗马。当时,匈奴人声势煊赫,从莱茵河到伏尔加河间诸部落都承认其统治权并缴纳贡赋,即东罗马皇帝亦送给贡品。阿提拉以班诺尼亚(在现在匈牙利)为中心,扩充势力。他凶狠残暴,被叫做"皮鞭首领"。其军队所到之处,无不遭到空前浩劫,使人民的生产力破坏无遗。在其统治下的部落对他深恶痛极。在四五一年他领兵西向,进入高卢。罗马军官阿厄司拉拢西哥德、勃艮第、法兰克人参加罗马一边,共同抵抗。起初阿提拉受到挫折,但由于日耳曼人与罗马人间的不睦,匈奴人能转败为胜,进行劫掠。次年阿提拉入意大利,准备进攻罗马城。但其军队中发生疫疾,因此他掳掠一番并接受"赎金",退出意大利。四五三年他死去。此后匈奴人的统一即告分裂而其势力也下降了。

匈奴人虽然退出北意,而在南意方面又来了汪达尔人的可怕袭击。在四五五年汪达尔国王真塞立克率舰渡海进入意大利,攻陷罗马城。汪达尔人大肆劫掠,延续了十四天之久,把皇宫、寺院及公共建筑物内的一切贵重物品尽行囊括而去,帝国首都经过两次"蛮族"的浩劫之后已破坏得不成样子了。

同时,罗马皇帝只是一个空名,实际上,一切政权都操在"蛮族"军官,主要是日耳曼人卫队首领之中。在以后二十余年的帝国名存实亡的时期中,皇帝成为雇佣蛮族军官手掌中的玩物。他们随意废立皇帝。最后一个皇帝叫做罗缪·奥古斯都,在四七六年,被蛮族军队首领鄂多阿克废黜,并被放逐到意大利西南部坎佩尼亚去了。西罗马帝国从此正式灭亡了。此后鄂多阿克成为意大利的事实上的国王,但形式上他承认东罗马皇帝之最高权,甚至把西罗马皇帝的仪仗送给他,在意大利以外的西罗马领土已由"蛮族"分占,建立"蛮族"王国。在西罗马的旧社会里,灌输了"蛮族"的新活力,正在生长新社会制度——封建制度。

第四章 五至九世纪的法兰克国家
——封建制度的成长与相应的社会、经济、政治各方面的转变——

一、墨洛温朝的法兰克王国

西罗马领土上建立起来的"蛮族"王国中法兰克王国是最强、最大而封建制度在其领土上的形成也比较早些,其第一个王朝是墨洛温朝。

(1) 王朝创始者——克洛维。法兰克人属于日耳曼族,分为两支:在第三世纪时住在莱茵下游者叫做舍拉族,住于中游者叫做罗普阿尔族。在第三世纪法兰克族开始从莱茵东岸回西侵入高卢。在第四与第五世纪初,他们散居于东高卢的占领地上。舍拉族在索谟河畔,罗普阿尔族在莱茵河与谬司河之间。他们后来逐步和罗马帝国取得"同盟"关系并给予军事支援。但在第五世纪后期,当帝国崩溃时,法兰克人再进行占领高卢的其他地方。法兰克部落酋长之一,克洛维(四八一——五一一)出身于墨洛温族,和其他法兰克部落酋长结成同盟后,于四八六年,占领高卢的北部。为巩固其政权,克洛维于四九六年皈依基督教,以取得教会的支援,而教会也希望从他得到保护其巨大资产,以防止革命群众的侵害,并在对异端的斗争中取得了一个有力同盟。在对西哥德的战争中克洛维得到教士的支援,反对西哥德的异教贵族。结果,他占领几乎全部西南高卢。因此北高卢与西南高卢都在克洛维手里。他逐步铲除一切其他法兰克部落酋长,建立统一王国,包括约四分之三的高卢领土。其继承人继续扩充疆土,于五三四年占领勃艮第,五四二年占领西哥德人在高卢的最后残余领土。在莱茵东岸又征服了不少部落,在第六世纪后半期法兰克王国在西欧已成为最强大的国家了。

(2) 依《舍拉族法典》,法兰克的社会制度,法兰克人的占领高卢根本上改变了高卢的社会制度,这种占领汇合着奴隶、佃户的革命运动,把高卢的奴隶制度消灭了。在第五世纪末—第六世纪初,法兰克人的社会制度,我们可从舍拉族法典窥见一斑。该法典是法兰克人的司法判例的汇集,似乎是在克洛维时代编纂的。从这法典,可断言:法兰克人的主要职业是农业,畜牧业(特别是养猪)也起着巨大作用。法典也提及捕鱼、养蜂、园艺及主要的农村手工业。法兰克农村公社成员自有农舍,在公地上耕种划定的田地共同使用广大森林与公社牧场。法典没有说及土地的买卖,也没有说及依遗嘱把土地赠予或移转于别人的事情。那时,法兰克人还是没有土地私有制度。公社是土地的所有者,个别法兰克人只领有在一定条件之下使用其田地之权。在收养之后,田地用作共同牧场。法典有条文规定关于共同使用森林、牧场与水流。公社——"马克"——在"法典"里表现出接近于氏族制度的特点。法典所描述的氏族不仅是公共土地之最高所有者,而且是政治的组织。一切氏族人参加于陪审——出席法院为被控的族人作证。杀人罪的罚款只部分由杀人者的家庭缴付,其他部分由其族人负缴付之责。罚款也分派于被杀者的家庭与氏族之间。

但《舍拉族法典》已说及氏族制度的破裂。族人可以离开氏族,拒绝继承与陪审之权。法兰克人的社会的与财产的差别也可明显地看出。例如:杀死王室卫兵规定要罚六百金币。杀死一个普通自由法兰克人只要罚二百金币。杀死一个半自由人罚一百金币。杀死一个奴隶要罚三十金币——和盗窃一匹战马的罚金相等。法典没有直接说到大封地的存在。但从若干暗示(列举庄园的手工业者及其他)看来,封邑已有存在,和自由法兰克农村并列着。国王自己、他的卫兵、高级教士以及部分保留着自己土地的旧罗马地主都是大地主。但是在这个时期,法兰克社会的基本形态还是自由法兰克人——合规格的农村公社成员——自由农夫。"在罗马佃户与新的农奴之间站着自由法兰克农民",恩格斯说。

(3) 封建化的进程。从第六世纪后半期起,法兰克社会开始起着显著变化。土地转变为私产。依照所有者的意志,土地可以出售、交换、购买、赠送,并可传给子子孙孙。在这种条件之下,一部分农民很快地失去其土地。饥荒、牲瘟及其他的天灾人祸,农村的破坏(由于克洛维子、孙、曾孙间长期内战的结果),以及苛重的罚款制(由于氏族联系的破裂,现须由各个家庭负担)——这一切都使独立的法兰克农民陷入于破产状态。一面,农民的地产逐渐衰落破毁,一面世俗与教会的大地产日益增长。克洛维继承人大量分给王室土地于卫士,使他们转变为世袭地主。教会从国家领得大量土地,世俗与教会贵族损害农民,来扩充其领地。农民接受其附近世俗大地主的或教会(主教或修道士)的"保护",把土地献给他们。在规定的地租与劳役的条件下,农民仍然终身使用这些土地或另加补充的土地。这种制度叫做"请求让地制"。这种取得"让地"的农民居住于土地上替他们的主人执行这种或那种服役或缴纳地租,他们所处的地位已接近于佃户、半自由人、农奴的地位。在《舍拉族法典》里很明白说及穷苦的法兰克人,一部分甚至完全破产的不再有能力缴付罚款,乃流浪森林里成为浪人与暴徒了。有些穷人卖身求食,成为奴隶了。

自由、独立农民阶层消逝——转变到农奴阶级——便是封建制的进程,这种转变在移入旧罗马领土上的"蛮族"中均在进行着。但在法兰克人中表现得最明显、最突出的过渡形式:正如,《舍拉族法典》所说,强壮、稳定的法兰克自由农民现在转变到不自由的农奴的成分了。住于别人的土地上,替地主做这样或那样"不自由"的劳役了。但指出:在第六与第七世纪,在法兰克王国内,自由农民阶层消逝的过程远不是到处平衡地进行的。新制度最紧密地建立起来的是在王国的西部——纽斯的里亚,部分在东南部——勃艮第;这个过程特别迟缓地进行的是在东北边境——奥斯特拉西亚,这里罗马土地私有制的思想之影响并不深厚,这里氏族——公社的关系存留较多。在奥斯特拉西亚,农民在政治上,特别由于参加于民兵队的关系,不仅在第七世纪,还在第八世纪起着重大作用。总之,在墨洛温时代,法兰克社会开始封建化的过程——从原始社会制过渡到封建制。但在第八世纪开始之前,自由农民仍是法兰克社会的基本阶层,而自由农村公社仍然是它的经济组织的基础。

(4)墨洛温朝的削弱——"懒王时代"。大地主势力的增加、国王土地储备量之缩减以及自由农民阶层之大量消逝必然要引到王权的跌落。加之,克洛维所创立的王朝——墨洛温王朝——内部自相残杀又自己削弱了自己。在这种自相残杀的内战中,最足表现其特质的是克洛维的孙子与曾孙间的四十年内战——从第六世纪的六十年代到六一三年为止。在这个酷烈的王室内战中,贵族乘机扩展领地。到六一三年全国政权归属于克洛泰尔第二。但克洛泰尔于六一四年被迫发出诏令,保留贵族于内战时期所获得的一切领地,并允许从当地地主中指派伯爵(地方统治者)。这样,贵族从王室的内战中收取全部渔人之利,而王权日趋削弱了。六三九—七五一年这时期时人称为"懒王"时代,意即墨洛温朝的国王只有空名而无事可做了。他们只剩留着一些王室土地储备的残余而已。地方官员掌握着一切行政、司法、军事大权。在纽斯的里亚、勃艮第、奥斯特拉西亚大贵族家庭,以"宫相"的地位,把全部地方政权握在自己手里。开始,最有力量的是纽斯的里亚的宫相。他使勃艮第的宫相听命于己,但不久他遭到另一个更有力的奥斯特拉西亚宫相之反封。最后,奥斯特拉西亚宫相——丕平第二·热烈斯塔尔克推翻纽斯的里亚的宫相,从六八七年起,独自统治全国,但他仍然维持墨洛温的傀儡政权。实际上,他已敷设新王朝的基础——后来叫做加洛林王朝。

二、加洛林朝的法兰克国家

(1)查理马德及其政策。加洛林族的代表初以宫相的地位统治法兰克王国,从七五一年起,变为以国王的地位统治王国了。查理马德为丕平·热烈斯塔尔克之子,在七一五—七四一年间,仍以宫相地位来统治。依靠着自己的武士,他最后摧毁纽斯的里亚的反抗,扩展法兰克统治权于莱茵之外。当七三二年阿剌伯大举从西班牙侵入高卢并指回巴黎时,查理马德在普阿迭城大破阿剌伯军,获得敌人的大量辎重,并把他们逐到比利牛斯山。这次胜利的最近政治后果是军事改革,那对于法兰克的社会制度有很大的影响。这项改革是把军事重心移到骑兵方面(从前法兰克的主要力量和其他日耳曼人一样是步兵)。当然,破落的、失掉过去独立地位的农民已不能作为这种骑兵的基本队伍,所以查理马德的改革使农民大批离开军事服役。作为这种骑兵或如后来所谓"骑士队"的基础者是大地主与剩余的自由农民中之最富裕的分子。

同时,查理马德进行其封土政策。因为需要精良武装的骑兵,他从国家的土地储备中(现在以新占领地与没收叛逆贵族的土地来补充),实行分封采邑——在提供军事服役之条件下,给予骑士终身的小领地。因此,骑士也成为低级的,而以人数言,成为最多的封建主阶层。不自由的农民必须用自己的劳动来维持"战士"——骑士。查理马德不仅把国家土地储备分封,而且他时常为此目的利用教会的土地,他没收曾参与世俗贵族反叛的教士之土地。在纽斯的里亚与奥斯特拉西亚,这种教士不在少数。他把没收教士的土地也作为分封采邑之用。在西欧历史里,那是第一个巨大的"还俗化"行动——占有并配给教会财产于俗人手里。但他所进行的还俗化行动只涉及教会土地之一部分,并不是全部,后来查理马德之子矮子丕平被迫发还教会这种没收的土地,但附有条件,即对采邑之所有者——骑士——保留事实使用权,而他们须对教会缴付补充什一税。

(2)矮子丕平称王。起初矮子丕平(七四一—七六八)继续使用宫相称号,但后来他举行政变,废弃旧王朝,而自称国王。对于这个政变,罗马教皇给予密切合作。丕平从其执政的第一天起,就极力和教皇建立友好关系。所以他事实上放弃教会土地还俗化政策。他又给予教皇的传教士在莱茵东岸的一切合作。基督教传教师在日耳曼部落间活动对罗马教会有利,对法兰克政府同样有利:前者希望把西欧全部受其教士的控制,而后者努力更稳固地合并莱茵东岸的领土于法兰克国家。罗马教皇与法兰克加洛林朝间的接近也由于需要对付他们的共同敌人——伦巴底国王。七五一年,在苏阿松地方召开的法兰克贵族会议上,丕平宣布为法兰克王。马上,依教皇的指令,马因斯区的大主教逢尼腓斯(在西日耳曼领导法兰克传教师的活动)举行丕平登位之特别仪式(涂圣油典礼)。这样加洛林的新王朝获得必要的教会批准。

为报答教皇援助,矮子丕平于七五五年进行征讨伦巴底人,当时,伦巴底人围困教皇,罗马城有被占领之威胁。打败伦巴底人后,丕平"赠予"教皇所谓"拉温那教皇区"与罗马地方——教皇乃成为独立的世俗统治者,有十分广大的领土(意大利中部)。因此,在教皇座与法兰克新王朝之间建立了坚固的联盟,那是以双方相互的利益为基础的。丕平和其父亲一样继续其莱茵东岸与阿启退尼亚的战争,扩充领土并把阿剌伯人完全逐出于南高卢之外。在其子查理大帝时代,法兰克王国成为帝国了。

(3) 查理大帝的扩展领土与称帝。在查理大帝时代(七六八——八一四),法兰克国家达到鼎盛时期。由于侵略战争的结果,他大大地扩充国家的领土,把很多部落与部族臣服于其政权之下。在即位以后,他继续丕平对伦巴底人的战争。其第一次出征意大利(七七四)之结果是取消伦巴底王国。他宣布自己兼任"伦巴底国王"。为更进一步征服意大利,法兰克军队多次越过阿尔比斯山。北意全部并入法兰克版图。他也进攻回教的西班牙。第一次出征西班牙(七七八年)没有成功:法兰克人到达萨拉哥撒后,被迫折回,退入高卢,全无结果。这个失败的出征后来作为著名的中古法兰克骑士的叙事诗"罗兰歌"之题料。罗兰为查理的指挥官之一。由于巴斯克族的突击,他和法兰克的后卫队同遭歼灭。他成为叙事诗中之主角,在那篇诗里,这次出征的奇异故事被描写得淋漓尽致,尤其是基督教徒——巴斯克族在郎塞瓦山峡里进攻法兰克人的故事。后来在第八世纪的九十年代,法兰克人开始系统地向南推进。在八〇一年占领阿剌伯人的巴塞罗纳。在其西北领土上建立西班牙"马克"(边境设防区)。在西班牙,法兰克人的势力时间上延续到第十世纪之最初十年间,空间上发展到厄波罗河。

查理大帝又占领并合并撒克逊地方于法兰克国。该地的占领经过很长时间,从七七二—八〇四年。占领莱茵东岸的新地——尤其是占领撒克逊是为了满足组成加洛林国家的军队之一般地主之需要;他们需要新地及工作的人手。他们不能再从本国内取得土地报酬,因为这里所有空地都已分配尽了。为满足他们的土地要求,只有向外占领土地。撒克逊部落住于西莱茵河下游、东至易北河之间领土上。那时,他们是在原始社会的后期,依社会、政治的发展水平,很落后于法兰克人。他们已分出三个基本社会阶层:氏族部落贵族、自由平民(组成部落基本的成分)及半自由人,但阶级尚未形成,氏族长老占重要地位,国王政权尚未建立。撒克逊人是异端。撒克逊人顽强抵抗法兰克人是因为对一般撒克逊人看来,法兰克的占领就是奴役。起初,撒克逊贵族支援民众反抗法兰克人及传入的基督教。但到七七七年一大部撒克逊贵族,承认查理大帝的政权。在贵族背叛之后,民众反抗法兰克人的占领转变到反抗法兰克的封建占领者与反对封建化的撒克逊贵族之阶级斗争了。

在七八二年,撒克逊人发动特别强有力起义,粉碎法兰克军队于裘特尔山区,杀死法兰克军官、伯爵、基督教传教师。起义马上蔓延到全撒克逊地方并波及附近的弗里希亚区。查理决定采用极端办法:在维塞尔区打败撒克逊人后,他示威性地杀戮4500名的人质,同时,颁发所谓《撒克逊条例》,规定对教会与国王的极小侵犯,处以极刑,并强制居民缴纳什一税于教会,并一般地建立地方恐怖政治。七八五年著名的撒克逊贵族代表维陀肯德投降查理(他以前原是反抗法兰克人的组织人之一)。维陀肯德及其他贵族,由于投降的关系,从查理取得厚赐与撒克逊的封土,并和法兰克的封侯立于平等地位。此后,斗争中心的移到撒克逊的极东北地方,那里撒克逊群众激烈地持久地抵抗占领者。为取得最后胜利,查理和东部斯拉夫人——撒克逊人的旧敌——缔结同盟。在同盟军胜利之后,大帝又进行极端政策——把大批撒克逊人从其本土移入法兰克境,而他们的土地分封于法兰克人及有功者。因此,有些地方丧失其原有居民的三分之一。到八〇四年撒克逊战争最后闭幕了。撒克逊地方划分伯爵区者并入于法兰克国版图,而仍放在伯爵与主教手里。七八二年的残酷"条例"也放松下来。在法兰克占领之后,撒克逊也步入封建之路。

同时在东南方面查理合并巴威。七八八年,在法兰克贵族支援之下,他撤销巴威公爵的政权,把巴威划成伯爵区,由他指派伯爵去统治。巴威的占领使查理面对着阿佛尔汗国(第六世纪建立于班诺尼亚)。阿佛尔人仍是游牧部落,劫掠土著的斯拉夫部落,并对邻近部落进行盗匪式的袭击。七八八年,阿佛尔人侵袭法兰克的国境,阿佛尔战争开始了,时断时续,从七八八年拖延到八〇三年。当法兰克人未与南斯拉夫人联合行动之时,战争未能获得决定胜利。七九六年法兰克与南斯拉夫人联合进攻,打破阿佛尔的中央圆形炮台,并获得很多战利品。阿佛尔人的力量遂被破毁。以后,查理在多瑙河的所有注意力是在于加强多瑙河—班诺尼亚边境的防御,以保卫巴威与弗里希亚区。

由于这些战争的结果,查理大帝大大地扩充了法兰克国家的领土。西南疆界达到厄波罗河,东方——易北河、萨尔、波希米亚山区、维也纳森林,南方包括意大利的北部。依其范围,法兰克国已接近旧西罗马帝国领土,并和它同样包括各色各样的部落与部族在内。查理不复以国王的称号为满足,希望在适当时机宣布自己为皇帝,而时机来了。当时,教皇利奥第三柔弱无能,引起罗马贵族的反抗。教皇逃出,求助于查理。查理给予安全保障,并亲自领兵进驻罗马城。教皇感激其帮助,于八〇〇年底,在圣彼得大教堂举行法兰克王为皇帝的加冕典礼。这样在西方建立了新帝国。这一事件引起查理与拜占庭间的大冲突。拜占庭皇帝认为自己是旧罗马的唯一继承人。直到八一二年拜占庭皇帝迈克尔第一形式上承认查理的皇帝称号。查理希望用皇帝的称号来提高其在法兰克国的政权及其在国际关系上的势力。

在其以后生活的年代中,查理选定其新首都亚赫为常居住所,这里他继续指导其内政外交政策。他的注意力主要集中于新边疆的防务与更进一步的占领。在西方建立布勒塔尼与西班牙"马克",在意大利——法兰克的南疆——有半附属的威尼斯公国为对拜占庭领土之屏障。最困难的是在逶迤数百公里的东部边疆。从波罗的海至亚得利亚海的长距离间,法兰克人和很多斯拉夫部落相冲突。所以查理更加注意于东方边境,沿边设置"马克",建立防御线。法兰克国的西南与北境都有海面。这里从第九世纪初出现了新敌人:诺曼人的与阿剌伯人的海盗。在第九世纪开始十年中诺曼人蹂躏北方沿海岸,而来自北非的阿剌伯人劫掠意大利沿岸及附近岛屿。查理积极对付海盗,把诺曼人与阿剌伯人侵袭暂时打退出去。

在内政方面,查理为统治广大帝国,改组行政机构。他努力创立中央集权的国家。那是用官僚来统治,并用颁发皇帝诏令来多少控制地方政权。宫廷为查理大帝的统治中心。在宫廷中集中高级官僚的工作:"宫伯"(最高的法官,在皇帝缺席时担任其代表)、总务大臣(皇帝的事务主管)、财务大臣(皇帝的国库主管)、军事大臣(调度、统率国王的骑兵)及其他。在地方,最大官吏是伯爵……行政区的首长、副伯爵(伯爵的代理人)、大法官(王家法官)及其他。所谓国王的特使(钦差大臣)是在督察地方政权的地位,出发(照例每次两人)考察伯爵区的情形并接受居民对伯爵、主教及其他官员的控诉。大帝这些行政措施是要实现中央集权的官僚制,但并未获得结果。帝国是在封建化的过程中,而封建制度自然反映到政治制度。查理大帝,虽有军事力量与"大征服者"的荣誉,但自己还是依靠着地主贵族。当时,"显贵会议"占着重要政治地位。该会议照例由皇帝在秋天召开,讨论一切重要"条例",所以称为"秋天会议"。除此之外,另有春天会议,所谓"五月野会"……士兵大会,古日耳曼民族大会的残余……在加洛林时代变成普通的军队检阅,那里只报告一些皇帝已批准的诏令而已。

在其时代,查理可算一个十分开明的君主。他知道些希腊文与拉丁文,并重视教育。各地的著名学者被邀到皇宫居住。其中最著名的有来自英国的阿尔琴。另有当时出名的作家:来自伦巴底的巴维尔·特雅克,来自西班牙的西哥德人狄奥杜尔夫及其他。在法兰克人中出名的有年轻的爱加尔特,他后来写成生动的查理大帝传记。由于这些学者的帮助,查理设立很多学校于主教所在地,主要是为培植识字的教士与官吏。依查理的指示,搜集古代拉丁、希腊手抄本,并募抄最有价值的古本。这样,很多古代作品能够流传下来。

他又在皇宫里组成"学院"——学术研究会。他亲自参加学院的活动。学院院员研讨拉丁作家的散文诗典,有时提出他们自己的模拟作品。但他们所采择的只是古代遗产的一小部分而已。他们是基督教修道院的学者,古代文化对于他们的用场是为阐明基督教的教条,所以其他不符合于这项目者概被忽视。

三、加洛林时代封建关系的发展

查理大帝时代是法兰克国的鼎盛时期,也是封建关系迅速建立的阶段。

(1) 土地关系的转变。在第八世纪末与第九世纪初,法兰克国的土地关系表现急剧转变的形式——完全转到封建土地所有制。封建主——世俗的、教会的大地主——用特大规模的方式,占领农民的田地。大规模剥夺农民田地的事实不得不在甚至国王的"条例"中说出来。例如,查理大帝的八一一年的"条例"中说:穷人抱怨其所有权的丧失,同样抱怨主教,院士;其"保护人"、"伯爵及队长"。同一"条例"中又说:"该指出:如果有人拒绝转移其财产于主教、住持、伯爵或——队长,那么惩处这种穷人,并强制他们从军出征:他们到现在还是犹豫不决,既不肯出售,又不肯转移其财产。这些已完成其财产转移的人可安居家里,决无任何骚扰。"

当时大地主使用一切强制方法,使农民转变为农奴。其中最流行的方法是所谓"请求让地制"。这种制度如前所说,早已存在而现在更加广泛使用。它表现于两种形式:① 有条件的让移土地使用权于没有寸土的人;② 让移于原为小土地所有者。后者在贫穷原因压迫之下或在附近大地主的强力之下,把自己土地所有权让移于大地主,而大地主把这同一土地在"请求让地制"之形式下给予使用,终身的或传代的——以一至二代为限。有限让出土地所有权者所收回使用的土地不限于自己所让出的土地,并且获得补充的土地——那叫做"补偿让地"。由于这种"让地制",农民成为依附于地主的——世俗的或教会的——人,他们自己既失了土地又失了自由,又背着繁重的地租与劳役的负担。

在剥夺农民土地与奴役农民过程里,教会起着巨大作用。教会利用这个时代的愚昧与迷信,汲取大量捐赠,扩充领地。他们用获得"圣迹"或"奇异"圣像来欺骗人民。寺院或教会照例派遣使者到意大利,不择任何手段来取得"圣迹"。例如:在苏阿松地方圣弥达尔德寺院派院士到罗马,乞求圣塞巴斯的雅的"遗骨"。但他们不满意于所得,乃另偷窃圣格里高利的遗骸之碎粒而归。当他们携回这些遗迹于寺院时,群众奔来瞻仰新圣迹。院士就开始表演"奇迹治病",这样,他们从轻信信徒中骗得大量金钱。为了增加教会的财富,教士竟然采用极下流的欺诈方法。教会机关、个别主教甚至教皇本人特别广泛地运用伪造文献,霸占土地。另一方面,教会地产的迅快增加引起了世俗封建主的嫉视与愤慨及君主的不满情态。这是为什么查理大帝在其一个"条例"里(八一一年)表示不满意于教会之贪婪,并不是没有讽刺地问道:会不会放弃这个世界的俗务?谁增加教会的财产借助于欺骗、诡计与暴力?

(2) 特权与附庸关系。在第九—十世纪间,封土变成世袭的领地,那是在统治阶级手里压制农民的武器。农民的破产与穷苦情况强迫他们依附这个或那个封建主,这种依附关系往往获得完全奴役的性质。另一方面,农民的破毁与被奴役促进私人政权更集中于大地主手里,因为大地主的私人政权的扩大是以屈服于其权力下的人数为比例的。大地主在其领地以内,逐渐集中行政、司法、财政,甚至军事权力于自己手里。当时国王权力太弱,不能加以阻止,因而不得不用特别赏赐方法,认可这种制度。这种特赐的主要方式是:用国王的特别文告,禁止政府官员——伯爵、队长及其助手——为执行某种司法、行政、警察职务,进入属于这个或那个大地主的领土里。因此所有这些职务移交于大地主,他们藉着其私人代理人,行使这种职权。这种特赐叫做"特权"。那是移转于大地主在其领地的政治权的总和。所以大地主的特权促进了封建主对中央政权之政治独立性,为后来加洛林帝国分裂之肇端,但在另一方面它是超经济压迫与奴役农民的主要武器。在行使司法、行政、财政的全权时,特权者可利用这些权力来劫夺、压迫并最后奴役农民。在加洛林时代,特权的赐予建立了特权者对土地与人的政权,把居住其领地内的原先自由人民屈服于这种私人政权之下。

由于封建主的政治独立权的伸展,附庸关系也伴随着发展起来。起初"附庸"是称呼那种对地主发生"人"的依附关系的自由人,通常是他们的卫士。在加洛林时代,参加附庸的依附关系照例和封土相连接,因此附庸关系不仅是"人"的而且是"地"的关系。附庸须忠心服务于领主,而领主须保护附庸并在其困难时给予帮助。领主所有附庸的人数愈多,则其政治势力与军事力量也愈大。那是使领主脱离中央政府的保证。附庸关系的发展引致封建统治阶级的阶梯式组织,削弱中央政权,同时促进了有力的封建主的私人政权。

(3) 封建的土地制。由于第八—九世纪的土地关系的转变,封建的世袭领地制已建立起来了,那构成封建制的基础。封建的世袭领地制,在这个时代,已是剥削依附农民的制度,把农民的剩余劳动在地租、劳役的形式下归给予大地主。世袭领地普通分为两部分——"领主土地"与"佃农使用土地"。"领主土地"是由领主自己经营的,在领主土地上有领主的庄园——住宅、庭院、花园、菜圃,有时有住着艺术家、手艺者的住所,有养牲畜、禽鸟的场所。附近有属于领主的磨坊与教堂。领主的耕地、草地与葡萄园是分散在佃农田地之间。又有山林、牧场、荒地。领主土地主要是由佃农用自己农具来耕种的。领主有时使用农村奴隶的劳动(用领主的农具),来耕种其土地,但很少应用雇佣劳动。"佃农使用土地"分成块段。每一块段有复杂的成分。其中有农民村落及其房舍,那里附近,有时有领主的菜圃、果树园与葡萄园。每一块段是由个别的狭长耕地构成,和个别农民与领主的田地交错着。

在世袭领地上的居民分成三类——佃户、半自由人、农奴。佃农的大多数原是佃户。佃户有人身的自由,所使用的田地可世袭,但不能离开这块土地,但后来他们和半自由人与住地田地上的奴隶相混而同为农奴了。奴隶住在世袭领地的分为两种——住宅奴隶(没有耕地)与住在田地上的奴隶。第一种仍是奴隶,可以买卖,而第二种照其实际地位已是农奴了。半自由人站在佃户与农奴之间的中间阶层,通常是受大地主保护的人,保有世袭的土地使用权。依着所属的人,农田叫做自由的、半自由的或农奴的。但各类的依附农夫都须向领主缴纳繁重地租并服苛重劳役。农奴是在世袭领地上的基本居民。

(4) 自然经济。在封建庄园里与封建村落里,在加洛林时代,自然经济统治着。领地的一切经济活动主要是为着供应封建主庄园的一切需要,在国王的领地上——供应王室的需要。查理大帝的领地"条例"证明:大帝国的统治者竟不嫌烦琐参与管理其大量领地。为便于供应,王室常从一个领地移到另一领地,逐渐消耗其仓库里的储藏。领地的经济保证封建主一切主要的手工制品。那时手工业尚未从农业里分出来。农人或手艺者制造衣服、鞋子及用具来供应庄园的需要。这样所有在领地上生产的——农产品及手工业品——除很少例外外,用于领地以内的。偶然做些剩余品出售,或者只购买不能制出的东西,所以在加洛林帝国个别部分之间没有经常的贸易联系。在这一时期,对外贸易是很少发展的,只满足高级社会的奢侈品的需要,而在一般经济生活水平上没有多大影响。

四、加洛林帝国的分裂

帝国封建化过程的完成促进其政治上的分裂。查理大帝死于八一四年。其子路易诚笃者(八一四—八四〇)登位,在八一七年,把帝国分裂于其三子之间。他只保留最高权力与皇帝称号。这个分裂开始了新的争吵,即皇帝的三子间依靠着各自附庸的支持，互相争夺土地与政权。在八三三年他们暂时联合起来反抗路易诚笃者。在路易死后，其三子间的战争重新爆发起来。长子罗退尔承袭皇号不能获得其弟——路易日耳曼人与秃头查理之臣服。到八四三年，依《凡尔登条约》，进行法兰克国家的新分划。莱茵河以西的领土归于秃头查理，莱茵河以东的领土归于路易日耳曼人。罗退尔取得意大利及从莱茵河口到龙河口的一条地，并承袭皇号，但皇号只一空名，没有任何实权。此后，查理大帝的帝国分成三个独立王国——法兰西（西部）、德意志（东部）、意大利兼有沿莱茵的一条领土。在罗退尔死后，其继承人只保留意大利的领土，沿莱茵领土完全被路易与查理分去了。

《凡尔登条约》的一般重要性是在组成三个未来的欧洲大国——法兰西、德意志、意大利。在第九世纪后半期，其中较充实的是"西法兰克"王国——未来法兰西的前身。这里加洛林王朝延续到第十世纪之末，而在德意志与意大利老早已倾覆——还在第十世纪之初期。但就是在法兰西，封建的分裂也很快地进展。还在"第一位法兰西国王"秃头查理时代，他不得不经常对其贵族让步。八四七年，他颁布"条例"，提出每个自由人应找寻其领主，领主对附庸的权力同于国王对臣民的权力。八七七年的"条例"规定封土的世袭，及伯爵职位的世袭。此后封土变为世袭的"采邑"。公、侯、伯爵的称号也变为世袭的爵位。有些地方创立了公国，它们有同于国王权力的一切领土统治权。

由于帝国的分裂与中央权力的衰落，诺曼人又来大举侵袭。他们是斯干的那维亚人，熟练于航海技能，对法兰西是最危险的敌人。他们乘着船只进入法兰西的内河并在地中海的沿岸地方，尽情劫掠，使地方居民惶恐战栗，甚至编制特别祷告，开首句便是"拯救我们，神呀！脱离诸曼人的狂暴苦海！"最后的加洛林国王已无力组织国家的防御。他们的政治权力与土地的、军事的后备均已消逝了。地方封建主负起防止诺曼人的责任，因此，无阻碍地把最后自由居民的残余参加军事防务而受奴役了。在八八五—八八六年间诺曼人围困巴黎但经过十个月尚未能占领它。地方封建主巴黎伯爵厄特组织防卫，打败敌人。在第十世纪初（九一一年），一个加洛林后人"质朴"查理第四被迫把森河下游沿岸让给诺曼人首领罗洛公爵，这里组成那威人殖民地的公国——诺曼第。新公国是对加洛林在附庸的依附关系，但实际上是完全独立，并时时威胁占领巴黎城。

最后加洛林遭受墨洛温同样的命运。末代加洛林王变为全无地位与权力。到九八七年贵族休·揆伯特由贵族教士大会被选为法兰西国王，创立揆伯特王朝。加洛林王朝就此正式灭亡了。

第九章　七至十一世纪的拜占庭帝国
—— 帝国封建制的发展与农民反奴役的斗争 ——

一、农业制度——《农业法》

在拜占庭帝国,建立封建关系的过程是从第七世纪中期延续到十一世纪末期。这一阶段可分成两个时期:(一)从第七世纪中期至第九世纪中期为自由农民公社占优势的时期,当时老的奴隶制正是在破毁,而新的封建制尚只是在形成阶段,当时封建贵族政权尚未十分巩固,到足以控制自由农民;(二)从第九世纪中期至第十世纪末期为封建关系的充分发展的时期,农民依附的形成、大地产与封建主私人政权的增长之时期。到这个时期之末,拜占庭的封建关系已成为统治制度。

在第一时期中,农业制度与农民公社的情况,我们可从第八世纪的所谓《农业法》中窥见一斑。

《农业法》是管理在农民公社内私权关系的一般规则。依该法的资料,在那时的拜占庭农村的农业经济中,有广泛传布的粮食种植、葡萄培植与园艺。除农业外,畜牧业也很发达。该法律里所提及的基本社会范畴是自由的农民公社社员——邻人公社的成员。在公社里耕地已分给其成员,归于他们私人领有使用。草地、牧场、森林及其他附属物归全公社共同使用。农民公社是农村内全部土地之最高所有者。当一个村落与另一村落发生界线争执时,公社以最高所有的地位出面,当作诉讼当事人。除分配于社员间的土地外还有未分配的公共土地。《农业法》证明农民公社分裂过程已经开始,那表现在内部财产的社会分化。《农业法》的各种条文指出:一方面在公社成员间开始出现发财的农民,不仅领有牲畜、奴隶与劳动工具并且开始占有其破产邻人的土地;另一方面,公社内生长出无产农民阶层。他们由于自己没有土地耕种,必须向富有社员租种,有时简直离开土地,走到外地去了。在公社里已可看到依附农民阶层的产生与发展的情况。《农业法》说及雇佣工人。他们在法律上是自由的,而在经济上是依附于主人的。此外,《农业法》也提及奴隶,奴隶使用于公地或富农的土地上。农民公社从国家方面受到残酷剥削。公社须缴纳繁重赋税,而国家的征收赋税又很严厉。依连带负责制,公社什税,连同被放弃的土地在内。在财产不均发展的条件下,连带负责制使穷苦社员所受的困难更甚,因此那更促进了农民阶层的分化。所以,在拜占庭,农民公社是纳税的公社,全部受到国家赋税与义务的压迫。

《农业法》反映第七—八世纪的拜占庭帝国内之社会关系。当时斯拉夫部落,移居于巴尔干半岛,小亚细亚者,带来自由的农民公社。这种公社成为七—九世纪间拜占庭农村经济生活中的基本形式。斯拉夫人的侵入帝国与建立公社有助于当地拜占庭的农民公社的兴起与巩固,因为在先前时期,由于大地产的进攻,公社制原已走入崩溃道路。《农业法》不仅广大传布于拜占庭而且在斯拉夫民众间。

但那时在帝国里,除自由农民外,还有"佃户"与奴隶,他们的劳动使用于大地主的土地。当时大地产尚存留于拜占庭的各地方,尤其是在小亚细亚。大地主已稍缓和其对奴隶、"佃户"的剥削而转向到自由租户的办法。但当大地产重建在封建基础之上时,他们马上开始向自由农民公社进攻了。

二、帝国的内外局势与反教会运动

奴隶占有制剥削的消除、大批土地转移到直接生产者手里、建立与加强公社制度(政府努力利用农民公社作为付税团体与兵士补充的来源)——这一切表示在拜占庭农村里民众情况的好转。但是农民一般地虽有暂时的轻松情况,而在自由公社的内部进行着财产的分化,大批农民贫穷化与破产了。赋税苛重依然如旧。官吏的无限勒索、经常与失败的战争、时常疾疫与荒年使劳动人民的生活水平急剧地下降了。

在展开封建化的过程里,农民的情况特别恶化起来。大封建地产的增长与大地主强占自由农民公社的土地引到更进一步的奴役农民。世俗大地主贵族、寺院、教会、官僚之强盗行为使农民切齿痛恨,因此农民发动公开起义。在八—九世纪中,拜占庭帝国里,最大的民众运动是所谓"派佛里基"运动。该运动的性质是属于很多类似的"异端"运动的类型。它们在和国家教会教条的分歧之外衣下,隐藏着民众(主要是挣扎反抗奴役的农民,也包括城市的下层分子)的抗议。"派佛里基"运动在第七世纪末兴起于阿美尼亚,但在第八—九世纪特别蔓延于小亚细亚地方。"派佛里基"派要求恢复原始基督教会,首先注意到早期基督教社会之平等状态,而这种平等认为不仅要在宗教关系上,并且更重要的,要在社会关系上实行起来。他们的教义带有二元论的色彩。他们主张世界分为两部——上帝王国与恶魔王国,精神世界与物质世界。他们认为财富,特别是教会的财富及一切统治教会,属于恶魔王国。他们毫不妥协地攻击社会不平等、反对教会的奢侈、要求教会的仪式简单化,撤销教会阶梯制与"圣像崇拜"并清算寺院。"派佛里基"的纲领在帝国的被压迫的民众间获得广泛的反响。

在第八世纪拜占庭帝国的内外局势均颇不利。统治阶级派系间的争权夺利引起长期而严重的斗争。第七—八世纪间，帝国统治阶级的成分与性质已大有改动。到第七世纪中期，奴隶制型的大世俗地产已几乎全部消逝，开始出现新封建的大地产。封建型的大地主用占领农民的土地方法来扩充其领地。与大地主紧密联系的有新的军事贵族。同时教会，尤其是寺院与修道士的势力生长得特别快。在小亚细亚地方的新封建贵族又特别强大。在七一七年，小亚细亚的军事贵族拥立其走狗利奥第三、伊萨佛尔为皇帝，创立所谓伊萨佛尔朝。对外局势在第八世纪是极端紧张。在南面阿剌伯人从水陆两路威胁拜占庭，在北面保加利亚王国威胁着。利奥第三进行保卫首都抵抗阿剌伯人。在其执政的第一年，阿剌伯军队八千人渡过赫利斯滂海峡（达达尼尔）进迫君士坦丁堡城垣。马上阿剌伯水师又从埃及、叙利亚赶到，在整个一年中首都紧密地被包围着。经过苦战后，才把阿剌伯人打退。阿剌伯人占领君士坦丁堡的企图虽未曾达到，但对拜占庭那不过是个暂时喘息，也未完全胜利。

在这内外紧张局势下，阶级斗争更形尖锐，民众起义前仆后继，"派佛里基"势力日益伸展，这一切都使统治阶级吓得魂灵出窍。民众痛恨拜占庭帝国，首先指向反抗教会、寺院。它们兼并自由公社土地及小地产，并极力奴役自由农民。在教会、寺院的土地上，把转变直接生产者为农奴的过程进展得特别猛烈。此外，寺院有手艺工场，它们的竞争破坏了小自由手艺者，因此在城市民众里反教会、寺院的势力也伸展起来。

新军事贵族已由伊萨佛尔朝为代表取得政权。在民众压力之下，该朝开始反教会、寺院大地产的斗争。并且军事贵族的利益和教会、寺院的利益时相冲突。教会的财富与独立性，教会、寺院的大地产的特权引起军事贵族的嫉视与进攻，他们志在抓取教会、寺院之财富于自己手里。又为反抗外敌，必须加强军士阶层，与创立他们的稳固的经济基础。当时帝国内尖锐的斗争，采用反对崇拜圣像、圣徒遗骨等的运动方式。当时圣像崇拜是教会传布思想影响的重要方法，而且为教会、寺院搜刮巨款的方法，便是所谓"圣像破毁"运动（即反圣像崇拜运动）。

在这项运动中，参加斗争党派的社会成分是很复杂的。"圣像破毁"方面是以伊萨佛尔朝的皇帝为首，并有军事贵族站在这一边。他们把望土地的"还俗化"与教会财物的没收。当时圣像破毁的口号极得民心。有些教士，为了恐怕失去其在民众间的势力也支持这项运动。还有"派佛里基"派也参加于这项运动。该派教义已传布于农民间及帝国东部城市平民阶层间。民众构成这项运动的基本力量并使其范围扩大。民众发动反崇拜圣像与圣骨后,转到反对正教教会国家,反对教会阶梯制度。那和领导这个运动的军事贵族之目的与任务完全不同了。他们并不想整个地反对正教教会,而只是想限制其势力,利用广泛的民众运动,来实现其自私自利的目的。皇帝与军事贵族构成运动的温和派,而民众参加于"派佛里基"方面代表其革命派;后一派努力于彻底消灭社会的不平等与统治教会。

圣像破坏运动的反封派被称为圣像崇拜派。该派的社会成分也是很复杂的。该派反对破坏圣像,主张整个维持教会的权力与财产。站在他们方面的有全部修道士及大部分以君士坦丁堡的教长为首的教士阶层。他们也得到罗马教皇的全盘支持,因为他们企图利用圣像破坏与圣像崇拜两派间的斗争来解除在意大利地方的拜占庭教会的势力(这些地方还是在东罗马皇帝政权之下)。部分民众,尤其是在帝国的欧洲领土内的,受到修道士宣传的影响,站在"圣像崇拜"方面。此外还有君士坦丁堡的高级商人——手艺者的集团也给予支持,因为他们被军事贵族的强力所困扰。

在皇帝君士坦丁第五时代(七四一—七七五),反教会、寺院大地产的斗争展开得特别壮大。在其时代,开始教会、寺院土地的"还俗化"。君士坦丁第五严厉处理寺院与修道士:寺院建筑改为仓库、院士在瞎眼与死亡威胁之下强制结婚,寺院土地遭受没收。寺院土地与其他财产被军事贵族占取,而部分用作创立新的战士"分地"。七五四年,君士坦丁第五召集教会会议,谴责圣像崇拜派。

伊萨佛尔朝皇帝的反圣像崇拜政策帮助了军事贵族的政治、经济势力的巩固,而给予教会、寺院以严重打击。

三、第九世纪的阶级斗争

起初皇帝与反圣像崇拜派利用民众运动,而同时害怕阶级斗争的加强,所以,对于人民——尤其是农民不得不有些让步。例如他们实行广泛的内部移民并分给土地于"派佛里基"派人。但那只是暂时的让步政策。后来在其地位巩固之后,军事贵族逐步把自由农民屈服于己。皇帝利奥第五(八一三—八二〇)及其后继人猛烈地进行压迫自由农民的政策。贵族夺取"派佛里基"人的及其他异端的土地,从土地上赶走自由农民,建立大封建领地。在小亚细亚、伯罗奔尼撒及其他帝国领土,这些大领地开始创立起来。

另一方面，农民坚决地进行反抗加于他们身上的压力。农民与大封建地主之间的社会、经济鸿沟一天比一天加深起来。大地主更使农民经济依附于己并加紧剥削农民。那时农民在法律与其他文件上，被称为"穷汉"。他们受到强暴大地主与国家的压迫，而斯拉夫居民所受到的尤其深重。在第九世纪初，他们在伯罗奔尼撒起义。在八〇七年起义者联络阿剌伯人围攻在希腊西岸的主要设防港口与堡垒——巴特拉城，进行了残酷斗争。

在拜占庭农民反奴役的斗争中最大而最顽强的民众运动是福马斯拉夫起义。福马是运动的首领，所以该运动就以福马出名的。八二一年，福马是在小亚细亚的一个军区内的军事指挥官，他宣布自己为皇帝，依历史记载，"发动奴隶反抗主人，普通兵士反抗长官"。起义的核心是由被奴役的农民、被军事贵族压迫的兵士及部分城市贫民所组成。奴隶也参加运动。"派佛里基"派及其他异端教派也参与其间。

起义开始就蔓延到广大范围，包括小亚细亚的大部地方。在福马旗帜之下，加入大批精良的武装军队：强有力的水师接受起义者指挥。当时阿剌伯人企图削弱拜占庭，给予支援。进入弗拉基与马其顿后，福马从斯拉夫人方面也获得援助。福马率领大军围攻君士坦丁堡，历时一整年。但拜占庭政府用贿赂与诈骗方法诱使动摇分子脱离运动，因此大大地削弱起义的力量。同时又利用保加利亚国王的力量。虽然英勇抵抗，起义终被击败，福马被俘处死（八二三年）。但其残余部队，在个别的基地，尚继续维持到八二五年。该运动的自发性，起义分子的复杂性以及代表统治阶级的投机分子的直接背叛——这一切阻碍了运动的进展，并确定其失败了。

八二一至二三年的严重的民众运动吓伤了拜占庭政府。一方面，它不得不稍稍减轻民众负担，另一方面它企图消除统治阶级之间内部分裂。这种分裂是由其"圣像破毁"政策所引起。在八四三年皇后斐娥多拉（在其子迈克尔第三未成年时摄政）恢复"圣像崇拜"。圣像崇拜虽然恢复，但大部被没收的教会、寺院土地还是保留在军事贵族手里。跟着政府与世俗贵族和寺院派的妥协便是残忍地迫害"派佛里基"派。依照史料该教派的信徒约有十万人被野蛮地处死。对统治阶级，在民众运动威胁的时期，派佛里基派是很危险的敌人。为了反对他们，以阶级利益的名义，圣像破毁与圣像崇拜派就团结起来。

回应拜占庭政府的迫害，"派佛里基"派发动武装起义。几千"派佛里基"人越过帝国边境进入阿剌伯占领区，那里开始进行侵袭拜占庭。小亚细亚的得夫里加堡垒成为运动的中心,并在这里创立共和国。大批武装农民、手艺者、城市贫民参加运动。派佛里基军队纪律严明。拜占庭政府多次派兵征伐,结果遭到可耻失败。运动的首领是有才干的领袖克里沙赫尔。派佛里基的斗争在新的马其顿朝时代(八六七——〇五七)还是继续着。起义者方面多次获得军事胜利。皇帝瓦希利第一(马其顿朝)被迫向派佛里基派求和但被拒绝。克里沙赫尔要求皇帝放弃全部小亚细亚。费极大气力,用全部力量,拜占庭政府才打败派佛里基起义。八七二年他们的首都得夫里加陷落,首领克里沙赫尔被杀。

福马斯拉夫起义的粉碎与派佛里基运动的征服给予拜占庭民众极大打击,并使农民受到更进一步的奴役。

四、马其顿皇朝时代(八六七——〇五七)

在马其顿朝时代,拜占庭的封建过程猛烈地展开。在革命运动被镇压以后,该朝的统治是反动的胜利时期。马其顿朝的创始人是瓦希利第一(八六七—八八六)。他取消所有皇帝——圣像破毁派的改革,并恢复查士丁尼的法律。在其时代,对派佛里基进行酷烈斗争。对寺院赐给大批土地以补偿其过去所受的物质损害,同时加强帝国的官僚机构,增加中央与地方政府的官吏。反动力量重重地压到民众方面,首先是农民。

在第九世纪末—第十世纪,农民的基本群众分成两类——住于地主与国家土地上的农民及组织自由公社的农民。第一类是依附的住民——农奴。他们对地主付高度的赋税并服劳役。地主以直接强暴、诈骗、势力及其他一切方法开始大规模不仅占领自由农民公社成员的土地,并且占领战士的土地,并转变他们为"封建式的依附人"——农奴。地主对自由农民的村庄进行破坏性的侵袭,劫夺其财产,占领其土地。那时寺院大地产又兴起来了。到第十世纪军事贵族已经强大,企图扩充自己领地,发展地方的私人政权——那是国家离心力的体现。但另一方面,君士坦丁堡的有势力的商人与手艺者的集团需要保持有力的中央集权的帝国,以维持其利益。无数的官吏依靠国家俸给生活的,也支持中央集权。他们害怕强盛的独立大地主,为自己的利益,也支持自由农民,因后者是国家的主要纳税人与当兵者。所以在拜占庭的统治阶级内部之间展开了斗争——一方面是封建贵族,另一方面是首都有势力的集团。为了后者的利益,马其顿朝进行中央集权政策。为反抗军事贵族的分裂趋势,皇帝不得不采用若干立法来抑止大地主势力的增长。被奴役的农民群众反封建的斗争也促进他们采取这项政策。

在这民众苦难时期,被压迫者的阶级斗争并未停止过。在帝国省区里,时常发生起义。一个巨大的起义爆发于第十世纪的三十年代,在小亚细亚的一个军区内。这次起义的直接起因是九二八年的可怕饥荒。有一个名叫瓦希利者充当领导,在对政府的斗争中表现伟大英勇态度。在九三二年瓦希利在奥伯西基军区发动起义。刚在运动的第一天,他被政府官吏捕获。押送到君士坦丁堡,那里被斫去手腕,但他并未投降。他逃回其军区,依原始史料,似乎他装着一只铜手,铜手上缚着巨剑,因此他被称为"铜手"瓦希利。此后瓦希利集合贫民,开始"伟大起义"。起义的基本核心是小亚细亚的农民,虽然有可能城市贫民也参与其间。政府派遣军队征伐。起义军虽英勇抵抗,但终被征服,而其首领瓦希利在君士坦丁堡广场上被活活烧死,但农民运动在帝国内并未因此停止。在九三四年夏天,全部伯罗奔尼撒被起义的斯拉夫部落占领。政府经过很大困难,才把斯拉夫人的起义征服,但农民反抗地主的横暴仍继续不休。

由于民众的阶级斗争以及统治阶级内部的矛盾,马其顿朝颁布一系列法律来限制大地主势力的伸展。例如,九二二年的法律规定购买土地之优先权给予农民公社本身,而地主被禁止占领与购买农民田地。但这项规定并未实行。地主继续占领农民的土地,特别利用九二八年的饥荒。在九三四年又颁布一条法律,即在九二八年后所占领的土地归还于农民。这项法律是在民众运动直接压力之下颁布的,即是九三二年在"铜手"瓦希利领导下的运动以及斯拉夫人的起义迫使皇帝发出的。九四三年,政府再被迫重申九二二年的法律。九九六年,皇帝瓦希利第二颁布关于取消"四十年时效权"的法律。这种时效权保护地主过去占领农民土地的权利。但大地主的横暴依然如故。在以后时期,还发出许多条例,限制地主占领土地,但这些法律或者成为具文,或者在世俗、教会封建主之压力下,由皇帝自己撤消了。在第十一世纪,在封建主压力之下,还采用和西欧相同的封土(赏赐土地)制。因此,大地主获得庄园——采邑,成为领主,住于过去自由农民的土地上。归入封地的大部是属于农民公社的土地。封土制加速自由农民地产消灭的过程。

拜占庭封建制有一特色,即是在封建关系发展时期,城市继续在帝国的经济、政治生活中起着重大作用。在马其顿朝时代,拜占庭还能保持其在中世纪的世界经济地位。君士坦丁堡和以前一样,仍然为大商业中心。和它并列的有帖撒罗尼迦与特拉布松。以其国际市场的地位,它们维持着拜占庭在黑海与地中海的贸易霸权。那时,由于对南斯拉夫与东斯拉夫的商业的增长,拜占庭商人的商业关系甚至扩大起来。

第十世纪初的重要遗著,所谓《伊伯尔克案卷》告诉我们关于拜占庭的手艺与商业组织。依照该案卷的资料,君士坦丁堡的手艺者与商人联合同一行业于一种很类似西欧行会的组合。但拜占庭与西欧之间的行会有很重要的分歧。拜占庭行会异于西欧的是在于其内部机构与社会成分。在第十世纪拜占庭手工业,除雇佣工人外,奴隶劳动还占着重要地位。在行会内部存在着深刻阶级分化与社会、财产的不平等。拜占庭行会一般包括:(1)工场主人;(2)奴隶——合格的工人与助手;(3)雇佣工人;(4)学徒。便宜的奴隶劳动力的存在是拜占庭手工业的特色,但奴隶劳动在第十世纪的拜占庭手工业并不起着领导作用。在手工业的生产里小手艺者与自由雇佣工人占着中心地位。工场主人的财产地位也有重大差别。生产奢侈品的工场主一般是大财主。生产日用必需品工场一般是小手艺者所有。行会之间存在着极不平等的状态;有特权的行会,如钱商、珠宝商、公证人行会,织造昂贵的丝织品行会;有无特权的行会——制面包者、屠夫、渔夫及其他。不入行会的工场主的情况大多数是困难的。

　　此外,远非全部手艺者团结于行会。史料描写个体手艺者之贫穷景况,说"他们的生活是以失败为盟友,并有穷苦为伴侣"。史料告诉我们:穷人站在热闹地点一天所获得的施舍多于小手艺者一天工作之所得。在九—十世纪,农村贫民大批进入城市,因此小手艺者的生活水平,受着竞争的影响更向下降落。自由农民的破产与被奴役的过程展开于拜占庭的农村、使农民逃入城市来做雇佣工人。关于这种雇佣工人的情况在《伊伯尔克案卷》与其他史料,有详尽的说明。雇佣工人大部分是季节劳动者,依雇佣条件而工作的。他们时常从一个工场转到别一工场,从一个城市走到别一个城市找寻工作。雇工的工资非常低落,几乎不够维持生活。所以雇工构成城市居民中之下层,生活于极端穷苦状况中,他们参加于城市的一切革命运动。

　　拜占庭的行会从国家方面受到经常的控制。政府控制商品的数量与质量,规定价格,管理出产。受到特别严格管理的是生产丝织品的行会以及必须供给首都粮食的行会。在拜占庭首都的行会有商业的垄断权,收购贵重原料及其他特权。但拜占庭行会的组织首先不是为其成员的利益,而是为国家的利益。它是便利国家的控制商业与手工业,它们是国家收入的重要源流。

　　在第九与第十世纪马其顿朝的对外政策是十分成功的。帝国能保持其南意大利并甚至进行从阿剌伯人夺取西西里的企举。当时巴格达哈里发内部遭受很大困难,分裂为许多独立的封建侯国。拜占庭利用其最危险的敌人之削弱,占领克利特岛小亚细亚及叙利亚的一部分以及美索不达米亚北部。那时拜占庭极力向外伸展势力，而教会的传教师团成为这种向外扩展的有力工具。传教师的目的是传布拜占庭式的基督教于各地人民，那是为使这些人民对拜占庭建立更牢固的经济、政治、文化联系上所必需。那时对于基督教化，各地方之社会、经济、政治条件已经创立起来。封建制度的发展与斯拉夫封建国家的建立使基督教——封建社会的宗教——的传入为这些国家的统治阶级所需要，因基督教是屈服民众的助手。

但拜占庭传教师的活动掀起罗马教会的极激烈反抗，后者努力把各地人民受罗马教皇的指挥。君士坦丁堡与罗马之间的最尖锐的斗争是在于争取摩拉维亚的基督教化。那里拜占庭传教师遭到失败，但后来他们用斯拉夫语传教，在保加利亚获得成功。基督教化的保加利亚加速其封建化的过程。

五、十一世纪的拜占庭与拜占庭文化

马其顿朝在政治上的成就是暂时的。皇帝限制封建贵族的独立、专横的诏令并未达到目的，他们维持自由农民的法律不过是敷衍政策，并未付诸实施。酷烈的阶级斗争继续腾沸于帝国境内。统治阶级间的斗争也未停止；一方面站着城市上层居民与官僚努力于中央集权，而另一方面站着有势力的封建贵族争取政治独立。封建贵族握有自己的军事力量，多次发动反抗中央政权的斗争，并把自己的走狗捧上皇位。由于拜占庭内部斗争的继续，其国际重要地位也降落下来。帝国在全部边境不得不转攻为守。费极大力量，才把保加利亚的起义征服（一〇四〇年）。毕契尼格人多次渡过多瑙河蹂躏全部弗拉基省，达到亚得里雅那堡，帝国政府必须用贿赂与土地的让与使他们退却。在东方疆土出现了新的危险敌人——色尔柱—土耳其人。他们在一〇五五年占领巴格达以后，进攻拜占庭领土——叙利亚、美索不达米亚、小亚细亚与美尼亚，初系统地破毁，后来占领它们，迫使拜占庭人向海边退却。一〇七一年皇帝罗曼第四在曼契克尔特被色尔柱土耳其人击溃，自己被俘。在十一世纪八十年代，帝国在小亚细亚只保留若干沿海城市而已。还在此之前，从四十年代起，拜占庭开始从西方撤退，南意的残余领土让给诺曼人。诺曼人在占领拜占庭的亚浦利亚与喀拉布里亚以后，开始进攻帝国的巴尔干领土。一〇八一年围攻杜拉沙——掩护厄比尔的沿海——堡垒。

在西方，由于西方（天主教）与东方（正教）教会的正式分裂（一〇五四），情势更趋恶化。这项分裂是由于社会、经济、政治原因而发生的。其中最主要的是在君士坦丁堡的教长与罗马教皇之间争取权力、进款与政治势力的尖锐斗争。当

时拜占庭帝国内受阶级斗争的分化,外受敌人的压迫,是处于极度困难的情况下。在一〇八一年封建主拥立其走狗亚历修·康尼南为皇帝,创立康尼南朝。在该皇朝时代,和新的危险敌人——十字军发生冲突了。

另一方面拜占庭在第七—十一世纪时期创立出丰富而多方面的文化。早在第六世纪查士丁尼时代,东罗马文化已蔚然可观。查士丁尼进行许多社会性、经济性的建设活动——建造引水道、公道、桥梁、浴场、戏院,及各种政府建筑物。在后一项建筑物中宫殿、庙宇占最大地位。其中最大的古代拜占庭建筑术的遗物是圣索菲亚大教堂,在五三二—五三八年的时期中建立起来。该教堂的大厅壮丽辉煌,反映出拜占庭的特殊建筑式样。圣索菲亚大教堂类似罗马帝国后期的所谓"会议厅"(长方形的),含有自己古代建筑的要素(室内柱廊),也有东方建筑的特点(富丽的黄金装潢、巍峨的屋上圆顶等等)。在大教堂内部有各种颜色的高贵石头镶嵌的图画——那是极度艺术性的,也是最出色的。圣索菲亚教堂的建筑之耐久性使人惊叹不止。虽然经过几次地震,它能保留到今天,而成为著名的历史纪念物之一。

查士丁尼时代的建筑技术在以后时期继续发展,造成纪念式的拜占庭教堂之严格式样。如前一样,在壁画与镶嵌图案的形式,继续发展艺术性绘画。在拜占庭,高度发展了纤细精致艺术出品(制造丝绸锦缎、珠宝饰物、陶瓷器、玻璃器、珐琅产品等等);又有出名的兵器制造、造船与开矿等等。

在科学领域之内,拜占庭学者不断研习古代权威经典作家,他们搜集摘要,编纂古代一切类型的断篇残稿,蔚成典籍。马其顿朝皇帝君士坦丁第七(九一二—九五九)是这类有学问的搜集家与编纂家之一。在他之前,有一个著名的搜集家、编目家、百科全书家,那便是教长福地厄(第九世纪中期与后半期)。在其摘要以内,他为后代保留甚多古代经典作家的有价值的资料。在拜占庭,编年史尤为发达。第六—九世纪间的最大编年史家是约翰·马拉拉、费奥芬与赫尔奇·阿马多尔。他们的著作常译为斯拉夫语,为古代俄罗斯史家所熟知。从拜占庭的文学遗著里保留了很多"圣者"传记。在这些传记里,我们可看到中世纪拜占庭所特有的大批关于生活的材料。

第十一章　蒙古帝国的创立与西侵
——蒙古族的兴起及由游牧封建制转化到大地产农奴封建制的过程——

一、蒙古人的部落生活

在十二世纪,蒙古人的部落散居于现在蒙古、满洲及东西伯利亚南部地方。

他们大部在草原地带过着游牧生活——畜养马羊及有角的牲畜。部分蒙古人住于森林地区,从事打猎,猎取毛皮兽。草原蒙古人人数较多且较发展,森林区蒙古人时常受草原区蒙古人压迫,向他们缴纳贡赋。蒙古人的主要食品是肉类与马乳。他们并不播种谷物,且几乎无需于此。为了饲养大量牲畜,他们不得不从一地移到另一地,找寻优良牧场。他们住于可移动的毛绒帐幕里。这种帐幕在移动时放在四轮车上,他们继续住在帐幕里。妇女在帐幕里点火烧煮食物,炊烟从小孔透出幕顶,冉冉上升,远望大批帐幕移动,好像看到一整个城市迁移一样。

原来蒙古人游牧是氏族集体的。牲畜由氏族共同饲养并属于全氏族的。若干氏族住在一道的组成部落。在蒙古人间逐渐出现私有牲畜,并发生不平等状态。为了战争,部落选举军事首领。在勇敢首领周围集合着士兵队伍。兵士首长常常在自己部落里占夺政权,成为"汗"。在汗及亲属与士兵手里集中大量牲畜与奴隶。贫穷的蒙古人必须替汗与其侍从工作:牧畜他们的牲畜准备马乳、剪割羊毛、编制毡子等等。所以从十二世纪后半期起,蒙古人的氏族制度已开始破裂,而部落贵族与穷苦平民已出现了。

部落联合起来,成为部落联盟。部落的贵族时常集合在所谓"库里尔泰"(蒙古人的贵族会议)。在大会里他们选举"汗",决定对敌对部落的和战问题,有时审判犯罪的个别贵族或"汗"。强有力的"汗"征服其他部落,征取贡赋。所以国家的雏形已经出现。跟着广大群众被剥削的加强,蒙古的社会产生封建贵族,像西欧与俄罗斯的大地主一样。他们领有广大牧场与大量牲畜并迫使同部落人陷于奴役地位。他们用卫兵来维持其对臣民的统治权力。

二、成吉思汗的统一鞑靼—蒙古部落及其向外侵略

在十二世纪有一个著名的蒙古军事首领叫做也速该。他的氏族在东贝加尔湖区游牧。他在和附近部族鞑靼人斗争中死了。当时,其未成年子铁木真未曾掌握到政权。甚至最近的族人遗弃他。但在成年以后,他能集合很多武装伙伴,组成一个不大的,但勇敢的队伍,而自为首领。由于一个邻近汗的支援,年轻的铁木真能打败鞑靼人,歼灭几乎全部男人,只有"不高于车轮"的年幼者可刀下留情。鞑靼的妇女与儿童均作为奴隶。以后附近人民把鞑靼这个名称转给于由成吉思汗领导的部族,开始混同地称他们鞑靼人或蒙古人。在打败鞑靼人之后,铁木真扩展权力于其他部落。一二○六年蒙古贵族(封建主)会议即"库里尔泰"宣布铁木真为一切蒙古人之最高汗。铁木真遂改用新名——成吉思汗。当时在其政权之下的领土已是一个大国——由各种蒙古人、突厥人、满洲人的部落构成。

在统一游牧部落之后，成吉思汗进行占领附近国家。其子术赤征服南西伯利亚的部族：叶尼塞河上游的基尔吉兹人、贝加尔湖的布略特人及其他。一二一一年成吉思汗开始进攻中国北部，在其晚年才告完成，在其完成占领中国北部之前，在一二一八——二二三年之间，他在中亚细亚进行广大占领。他的向西进攻便和花剌子谟王穆罕默德冲突。穆罕默德无力抵御蒙古人的猛烈进攻。其国家内部混乱分裂，各部族之间互相敌对。失势的军事长官、地方官员、高级教士纷纷背叛部族，出卖国家，奉献城市于成吉思汗。穆罕默德在失败之后逃亡，后死于里海的一个小岛上。花剌子谟虽有居民的拼死抵抗，但终成为占领者之牺牲品。撒马尔罕、布哈拉及其他城市都被蒙古人占领并遭到可怕破毁。一个最大水闸（摩尔加在河）被击毁。由于水源的缺乏，密尔夫城变为荒芜。花剌子谟国全部转入成吉思汗手里。同时波斯的部分土地也归并于其版图。

此后，蒙古军在成吉思汗将领（哲别和速不召）统率之下移向高加索与南高加索。他们蹂躏阿塞拜疆、阿美尼亚、格鲁吉亚，而推入波洛佛人的草原。波洛佛汗向俄罗斯公侯请求援助。"如果不援助我们，那么我们将于今天失败，而明天就要轮到你们头上了"——使者这样说着。一二二三年俄罗斯公侯以基辅大公爵为首，进入草原，攻击蒙古人，或俄罗斯人所称的鞑靼人。鞑靼人开始退却，引诱俄罗斯军队深入草原腹地。俄罗斯人与波洛佛人追赶到流入亚速夫海的克尔克小河。当时，在俄罗斯公侯之间意见不一。其中有一位极勇敢的穆斯的斯拉夫，"勇敢者"。他会同若干年轻公侯与波洛佛人进行对鞑靼人的战斗，但并未知照其他公侯。战争开始了。起初，俄罗斯人胜利。特别出名的是达尼尔·罗甲力基。当时他还很年轻，受了伤，而在激战中甚至没有觉得。但波洛佛人不能抵抗鞑靼人的攻击，纷纷逃亡，因此阵线分裂而完全失败。穆斯的斯拉夫与达尼尔险乎被俘。基辅公爵及其他公侯站在附近山冈野营里，虽然望见俄罗斯人的失败，竟坐视不救。鞑靼人乘胜转向他们进攻。他们抵抗三天终被迫投降。公侯被允准保留生命，但这项诺言并未遵守，后来公侯都被杀死。在克尔克河胜利之后，蒙古人沿伏尔加河推进，攻击该流域的保加利亚人。这里，蒙古人遭到挫折，乃经过高加索草原班师东旋。成吉思汗在其最后的几年生活中专心对于中原王朝的进攻。

三、蒙古帝国的性质

在一二二七年成吉思汗去世的时候，蒙古已成为一个强大国家，占有辽广的领土——东自现在鄂霍次克海到西方的里海南岸。除蒙古本土外，其版图已包括中国北部、中亚细亚大部、南西伯利亚及部分南高加索。成吉思汗的正式首都是在鄂尔浑河(近贝加尔湖)的喀拉科陇城,那是个军营而非一般意义的城市。

蒙古人占领了这样广大地区,包括许多文化地区,他们的生活习惯与政治组织必然会受到影响而有所改变。他们从中国方面所受的影响尤多。成吉思汗利用中国的官吏在其帝国之内建设新国家机关与制度。蒙古国家明显地表现其军事特性。成吉思汗与其大臣所注意的大部是大量军队的编制供应、征服地贡赋的征集、征服人民的绥靖等等。

成吉思汗的国家不是一个单一国,而是一个分裂的封建国。其家族成员都领受特殊领地。成吉思汗的征服部落或者留在其原酋长统治,或者分封其族人或将士。每个领地须提供确数的兵士。所以领地的名称是依照所提供的士兵之数字而定的,百人郡、千人郡、万人郡,而附庸分为百人长、千人长、万人长。千人长、万人长也分封其领地,所以在其政权之下有小的封建主。虽有这些分裂,但成吉思汗能强有力地掌握着国家的最高政权。他挑选士兵组成优良卫队,作为其权力之支撑。他有著名兵队能奋勇进攻,分为十人队、百人队、千人队,各由其十人长、百人长、千人长统率。骑兵构成其军队的主力,有弓矢的配备。蒙古人从中国方面获得军事技术。在围攻城池,他们应用投掷石块的机械,容燃烧液体管子,以及破城槌。成吉思汗所创立的国家是军事强国,其主要目的是战争与占领。

成吉思汗把土地分封于皇族。蒙古国家的辽广土地全部被看作"世袭领地",看作成吉思汗家族的世袭财产。于一二二五年分封其四子,以俄罗斯东部、钦察等地封长子术赤,以中亚细亚封次子察阔台,以天山南北路封三子窝阔台,以蒙古本部及所得中国北部封四子拖雷。

还在成吉思汗在世时,尤其在其死后,万人长、千人长及其他文武官吏很快转变为大地主,剥削被奴役的征服的农民。在占领广大领土之前,蒙古贵族占有牧场与最多牲畜群。这种游牧封建制现在转到一般大地产的农奴制的封建制度了。突厥人原前所发展的封建制度使胜利的蒙古人易于转变到新的阶级关系。花剌子谟的及其他封建主自愿屈服于蒙古人,并且很快地和蒙古贵族同流了。

四、占领东欧

成吉思汗于一二二七年以七十三岁高龄而卒。在其死时蒙古国家的领土已非常辽广,并已分成若干汗国,由其子分管。其三子窝阔台"元太宗"被认为是成吉思汗"大汗"之继承者。他获得蒙古与中国北部的统治权。皇族的其他人员应服从窝阔台。成吉思汗的次子察阔台获得花剌子谟以东的中亚细亚。其他在俄罗斯领土上的大的蒙古国家是"金帐汗国"(钦察汉国)。那是由成吉思汗的孙子——拔都(术赤的长子)所建立。拔都到达伊尔的什河以西的一切土地,"那里只有蒙古人的马蹄曾到达过"。拔都为征服西方国家,率兵出发。其金帐队伍于一二三六年过乌拉尔河,侵入伏尔加河区的保加利亚人地区,并残酷地予以破毁。

于一二三七年鞑靼人进入梁赞侯国的领土。当时东北俄罗斯人分裂为许多个别的侯国,公侯之间又不能团结起来,所以无力抵抗鞑靼部队。弗拉基米尔大侯爵尤利·弗塞波洛特奇拒绝援助梁赞侯爵。梁赞遂被占领而焚毁了。此后鞑靼人打败弗拉基米尔,并分攻附近诸侯国,"杀人如割草"。在一个月内他们占领、焚毁十四个城市,包括莫斯科在内。大侯爵尤利·弗塞波洛特维奇率其残余兵队保守伏尔加河北塞特河的广大平原。鞑靼人追击围攻并歼灭全部守兵,大侯爵战死。拔都原想再向北进入诺夫哥罗得城,但诺夫哥罗得有不可穿越的森林与沼泽为良好屏障,所以拔都折回伏尔加河区的草原。但在向南的途中,哥尔斯克城给予强有力的抵抗,拼死地战斗七周,因此鞑靼人称它为"恶魔城"。在征服波洛佛人与占领克里米亚之后,拔都在一二四〇年围攻基辅。

基辅公爵把基辅城付诸命运,而城中居民不管九死一生,奋勇抗敌。车轮轧轧,战马嘶嘶,骆驼咆哮,他们均置诸不闻不问,一心御敌。鞑靼人日夜不休,用破城槌进攻城垣,最后,城破。但基辅人犹不甘休,在城垣破隙处继续战斗。在不得不退却时,他们晚间在城中心区放置木栅,次晨鞑靼人还必须用袭击来占据这个防御工程。

占领基辅以后,鞑靼人侵袭加利兹克—沃伦斯克侯国。达尼尔、罗曼继奇及其他侯爵逃出境外。弗拉基米尔、加利奇及其他城市也被占。此后鞑靼军向西攻袭波兰。当时拔都本人进入匈牙利,粉碎匈牙利国王的军队,并攻入捷克(摩拉维亚)。鞑靼人在欧洲和在中亚一样,足迹所过,到处留着破毁荒凉景象。成千累万人被屠杀。繁盛城市变为废墟,居民逃入森林。剩留的居民须付苛重的贡赋。在鞑靼人进攻捷克时,捷克人积极抵抗,进行猛烈斗争。一二四一年捷克—摩拉维亚骑兵打败拔都的一部分队伍。在这个紧要关头,德皇腓特烈第二的行为是可鄙的。他既不援助波兰人,也不援助匈牙利人。匈牙利国王表示:倘使德皇能够支援其对鞑靼人的斗争,他愿为帝国的附庸。而德皇仅官样文章地对欧洲各基督教国王及德意志公侯发出一个呼吁书而已。他并没有任何实际援助的办法来反抗威胁欧洲的鞑靼人之危险。

但当时捷克人的坚决抵抗阻止了鞑靼人的前进。拔都回到伏尔加河区草原。这里,近伏尔加河口,他建造其军营。

在金帐汗国里,鞑靼人逐渐和波洛佛人同化。他们采用突厥语文,并组成共同游牧群,使用突厥语。俄罗斯侯爵须缴纳贡赋并用自己的军队援助鞑靼人。拔都颁给"赏赐证状"于各侯爵,就是,领有侯国的特许状。俄罗斯公侯纷纷前来帐幕,争取这种"赏赐证状"。第一个出发领取的是雅洛斯拉·弗塞波洛特维奇——他是在塞特河被杀的尤利之弟兄。依照辈分,他有做大侯爵的权利。拔都承认他为弗拉基米尔大侯爵。其他侯爵臣服于鞑靼人者同样留为其侯国的首领。但进入金帐朝谒拔都时,他们必须经过屈辱仪式。在入帐幕之前,各侯爵须通过两道火把之间,鞑靼人认为火可洗清来到汗前之人的一切毒计。倘使任何侯爵拒绝实行这项仪式,那么就作为恶徒杀死(迈克尔·车尔尼哥夫侯爵便是这样处死的)。又进入汗帐后,各侯爵必须匍匐于地,在朝见时,必须继续跪下。

在重要俄罗斯城市里,拔都委派征税员驻扎,以苛税勒索紧迫居民。为从征服地增加贡赋,大汗窝阔台进行调查全部属地的人口。依据这种调查,在俄国土地上征取更重的贡赋。"谁不付税——当时人说——谁就被拖到鞑靼人那里去做奴隶。"收税官吏及其仆人又要求赠品。居民还须供应他们。鞑靼人征税的苛重引起城市的暴动,但公侯为害怕自己丧失爵位,常常援助鞑靼人来镇压起义。

诺夫哥罗得没有被拔都征服,所以当鞑靼使者到那里要求贡赋时,诺夫哥罗得人拒绝他们。该城贵族由于恐惧鞑靼人强迫贫民屈服。鞑靼人调查全部居民,向他们征收贡赋。贵族把全部赋税负担转移到贫民身上,"使自己轻松而平民负重"。

鞑靼汗免除正教教士的贡赋,赐给特许状使保持其土地的领有权。因此教士劝告平民必须服从鞑靼封建主的统治。当时俄罗斯的劳动人民既受鞑靼的封建主之压迫,又须受俄罗斯的封建主之压迫,呻吟于双重负担之下。

在全体俄罗斯侯爵中有一个达尼尔·罗甲力基起初不去金帐跪谒拔都。但当汗的威胁命令来到时,他觉得自己无力,必须屈服,乃去朝见。拔都表示宽大,达尼尔得屈辱地保持其侯国,但他不甘长处于依附的地位。从"金帐"返后,他开始准备斗争,建筑新城,设防旧城。他和匈牙利缔结同盟,并向罗马教皇请求援助,反抗威胁全欧之共同敌人。为获得教皇的合作,他同意甚至承认他为俄罗斯教会的首领,但在教皇方面,须承认达尼尔为国王。但西欧人相信鞑靼人的危险已经过去,谁也不愿意去支援俄罗斯人。因此,达尼尔和教皇断绝关系。鞑靼人获知达尼尔的准备工作,要求在加利兹克—沃伦斯克的防御须概拆毁。坚强设防的霍尔姆城拒绝遵行鞑靼的这项要求,而一切其他堡垒都削为平地。

俄罗斯因受鞑靼人的破毁蹂躏,所以其经济发展遂长期停滞了,其文化与教育也跌落下去了。很多俄罗斯古代作家之遗著与艺术品毁灭于城中大火。

金帐汗国的领土包括伏尔加河流域的保加利亚人区、波洛佛人的草原、北高加索、花剌子谟(中亚细亚)、西西伯利亚到伊尔的什河。在金帐汗的统治之下还有俄罗斯的诸侯国。金帐汗国的首都是伏尔加河下游的萨兰城。被俘的工程师替鞑靼汗在萨兰建造华丽的宫殿,屋顶覆盖彩色炼瓦。在城内有巨型的市场:来自俄罗斯、波斯甚至西欧的商人会集于此。一般鞑靼人继续过着游牧的生活方式,驱赶畜群往来于从多瑙河下游到高加索的草原。汗不是经常住在首都,一年的大部时间消费在帐幕里。

金帐汗国分成若干小国或部落。在每个小国之首站着侯爵——附庸汗。没有他们的同意,汗不能进行任何计划。侯爵及其他封建主剥削其部落人,从他们征集牲畜与畜牧产品。除此之外,侯爵从若干征服地征取贡赋。最后,很多封建主占取征服的农民之土地。这些农民必须向封建主缴纳赋税并在封建主土地上工作。

高级鞑靼人从波斯、中国及其他亚洲文化人民取法很多。在十四世纪鞑靼封建主皈依回教,并传布回教于其广大鞑靼居民中。对鞑靼封建主说来,回教是维持其附属居民的服从之一个方法。

五、占领西南亚

在占领俄罗斯的同一时期,鞑靼人占领亚美尼亚、格鲁吉亚及阿塞拜疆。鞑靼人"多如蝗虫一样",散布于南高加索与高加索之山区地带。在占领城市后屠杀成年男人,惟手艺者作为例外,变为奴隶。妇女与儿童分配于鞑靼队伍之间。全部土地分给于鞑靼王侯之间。险要山间堡垒被鞑靼人占领。最强力的抵抗是由南高加索的劳动人民对占领者之斗争。阿美尼亚与格鲁吉亚公侯和俄罗斯公侯一样赶快去跪谒拔都。拔都给予侯国特许状,要求贡赋与军事税。在亚美尼亚、阿塞拜疆与格鲁吉亚和在俄罗斯一样进行人口调查。鞑靼收税官吏,依当时人的话,"要求超过支付能力的赋税,使人民陷入穷境,然后开始用压力来困扰他们,猎捕他们,并处死潜逃者"。他们捕拿穷人子女,出售于外地商人。公侯帮助鞑靼人,如史家所说,"抢劫、剥夺穷人,用这些勒索所得,购买昂贵衣服穿着,好吃好喝,豪夸地过活"。阿美尼亚与格鲁吉亚的教士同样从拔都获得免税权,并支持其政权。所以在全部南高加索和在俄罗斯一样,劳动人民感受两重压迫——鞑靼人的与自己封建主的。

中亚细亚的大部分在成吉思汗死后,并入察阔台汗国,从蒙古侵略所给予的创伤里逐步恢复起来。在撒马尔罕与布哈拉城商业又兴盛起来。但这里蒙古政府的勒索也重重地紧压着。这种苛捐杂税,只有当地的封建主可以免除,因为他们是享有汗与王子所给予的特权的。

一切赋税与劳役的重负落在贫民肩上——农民与手艺者。手艺者必须无偿地提供他们的制造品于国库:武器、布匹及其他。勒索、服役义务的重担唤起布哈拉的巨大起义。其首领为制造筛子的手艺者——马克摩德。他住在近布哈拉的太拉布村落,因此他得太拉布的绰号。该起义蔓延到城市手艺者及周围村落。它不仅是反抗鞑靼官吏,并且反对当地封建主。鞑靼官吏从布哈拉被逐出去。马克摩德占领城市,从布哈拉放逐一切封建主与富人。鞑靼与布哈拉封建主团结起来反抗起义。起初,他们遭到大失败。农民携着战斧追逐、猛击遁逃的敌人。但后来马克摩德本人死于战斗中。此后虽有个别的胜利,但起义终被征服。

在西南亚的蒙古人占领由旭烈兀继续进行。他于五十与六十年代,占领伊朗、美索不达米亚与叙利亚,建立伊尔汗国。在一二五八年旭烈兀占领巴格达。那时政治上巴格达的地位早已消逝,但该城继续为极大的工商业与文化中心。在该城有很多华丽的建筑物。有极大图书馆,藏着无价的阿剌伯与其他东方文学著作,又有极丰富的艺术品的集合。这一切构成巴格达的光荣地位。那哈里发的首都被蒙古人突击占领。他们野蛮地劫掠城市,历时三周余。巴格达被焚毁,一切艺术珍品同为灰烬。哈里发摩斯太塞姆——阿拔斯的后裔——那时只保有对回教世界的宗教权力,他依旭烈兀的命令被取消了。

同时蒙古人继续征服中国的南方省区。于一二七九年忽必烈"元世祖"即中国皇帝位,定都北京,创立元朝。在东方,除中国蒙古之外,其政权建立于东南亚—印度—支那半岛。

蒙古人三次西征——成吉思汗西征为第一次,拔都西征为第二次,旭烈兀西征为第三次。

六、蒙古人西侵的影响

在十三世纪中蒙古人的占领,于欧亚两洲的历史,均有重大意义。

在欧洲方面,受到影响最深的是俄罗斯。由于鞑靼的统治,俄罗斯封建主的外部生活有若干改变。他们从鞑靼人采用东方服式(例如：靴子、长袍、腰带、尖顶兜——东方起源的)、武器、饮食器。若干鞑靼机构在俄罗斯国家内长久维持下去。例如：鞑靼在俄罗斯采行驿站。在驿站里备有马匹，输送汗的官员。驿站运送制在俄罗斯维持到几百年之久。但真正文化上的影响，鞑靼的占领并没有给予，因为他们在社会、经济与文化发展的阶段上远低于俄罗斯人。当时俄罗斯人早已发展农业而鞑靼人尚留在畜牧阶段。鞑靼的侵袭特别破毁农业区并使乡村走到一般经济衰落之路。手工业在古代俄罗斯已很发展而在鞑靼侵袭后几乎全部消逝，很多手工艺者被鞑靼人掳作俘虏。鞑靼的桎梏重重地压在俄人生活的各方面。汗的勒索、官吏的抢劫、队伍的侵掠破毁俄罗斯人民，阻碍了国家经济发展的进程。又在蒙古人的时代，俄罗斯和老文化中心——拜占庭的关系被切断了，和南斯拉夫族几百年的联系也中止了。同时俄罗斯和西欧国家不得发展正常经济的及其他关系。但在另一方面，俄罗斯人经常对鞑靼人斗争消耗了他们的力量；那不仅拯救了西欧避免鞑靼人的侵略，而且提高了俄罗斯人的民族自觉心理。在和鞑靼人的斗争里，俄罗斯人创立伟大的民族中心——莫斯科。由于蒙古人占领的结果所产生之经济、文化的衰落最后被克服了，蒙古人的压迫最后也被推翻了。

鞑靼人的侵略对于匈牙利与波兰的发展也有很不好的反应。虽然这些国家所受鞑靼人的蹂躏远次于俄罗斯，然而他们被削弱了。由于这个原因，匈牙利与波兰被德意志封建主侵略，而它们的民族独立性受到严重的威胁。

蒙古人的占领对亚洲国家也有极其重大的后果。其中主要的是老经济、文化中心的破毁，灌溉系统的荒废、毁坏，旧通商路线的切断。大蒙古帝国的创立似乎必然会获得亚洲"统一"国家恢复商业的新条件。但那个条件是不可能产生的，不仅因为蒙古人的占领，根本上炸毁了当地居民生活基础的本身(灌溉)并且迅速破毁蒙古"帝国"的本身。

成吉思汗的继承人，虽然属于同一皇朝，但相互间进行残酷的斗争。成吉思汗之子窝阔台的后裔全部被旭烈兀削减。在中亚细亚跟着进一步封建制度的发展，封建分裂状态完全流行着。到十三世纪后半期蒙古帝国分裂为几十个公侯国。这些国家之首领是封建割据的公侯——部分出身于察合台与旭烈兀的王朝，部分出身于其他封建主的蒙古或当地突厥贵族的氏族式家庭。由于政治分裂与内部斗争，帝国日益削弱，到一三六七年元朝被汉族推翻，同时，金帐汗国分崩离析日趋衰落，其末日也不远了。

第十八章　十二至十五世纪的俄罗斯
——从封建分裂与对外族的斗争里逐步形成独立、统一的民族国家——

一、封建公侯国（十二至十三世纪）

由于封建制度的发展，十二世纪中，俄罗斯领土分成许多独立的公侯国。其中重要的是：基辅、微尔尼郭夫、加里茨克、斯摩棱斯克、土罗夫—平斯克、罗斯托夫—苏士达尔、梁赞、诺夫哥罗得及弗拉基米尔—沃伦斯克。在这些公侯领内，侯爵多属于弗拉基米尔、斯凡多斯拉维奇后裔的广大氏族之某一支系。只有基辅公国时常转手：公侯中谁最强有力就占有它，正如一个侯爵说："不是位置找首领，而是首领找位置。"基辅公爵依惯例被认为公侯之长。他须"注意"到全俄的领土。但在弗拉基米尔·摩诺马哈之后，公侯停止服从基辅公爵而完全独立了。这样，在东欧斯拉夫人地区，出现了很多不大的，并彼此间缺少联系的大批公侯国。

每个公侯在自己的领土之内，是统治者与主人翁。他本人管理一切国家事务——审判、指挥军队、管理财政。公侯大部时间从事战争。公侯的主要兵力是由他们所给养的武装的卫士构成。卫士分成"老""幼"两级。老级包括发财的地主贵族。关于一切政事侯爵须和他们商议，没有他们的同意，不能作任何的决定。在战争时，公侯召集城市民兵，但不得强迫居民从军。对于这个问题，他们完全依靠城市大会的决定。大会的成分并不规定，而贵族与富人占着大会的领导地位，所以大会并不是反映全部市民的意志，而只是反映其有势力的部分。召集市民开会用敲钟，或通过传达人。如果大会同意出征，那么，叫喊"和孩子们大家去！"但有时市民不愿或不能出战。那时，他们要求公侯和敌人讲和："讲和吧，侯爵，或者你自己考虑吧！"所以，在十二世纪，没有大会的支持和没有卫士的支持一样，公侯不能进行出征，也不能抵抗敌人的侵袭。在新公侯即位时，大家和公侯谈判，要他承认他们的条件。有时市民驱逐不喜欢的公侯，召唤新公侯到会说："请来，侯爵，我们要你。"

（1）基辅公国。在十二世纪中期以后，基辅公国由于政治分裂变为很弱了。它已不能抗拒波洛佛人的侵入。独立的公侯之间又经常内战，所以俄罗斯更加混乱。波洛佛人的侵入几乎没有遭受反抗。又在内战里，受苦最深的是农民。在出征里胜利的公侯，俘虏失败国的农民回来，作为农奴，强迫他们替自己耕种。在自己的国家里，公侯与贵族不管一切强夺农民的田地并奴役他们。封建主的抢劫、剥夺与经常战争破坏了劳动人民。同时波洛佛人的侵袭又使农民从附近草原地区纷纷逃亡。未逃亡者常被波洛佛人俘虏,成群结队地驱赶而去。基辅俄罗斯竟至人迹稀少——不但政治上已完全失掉领导地位,而且在经济上已破碎不堪了。

(2)加里茨克—沃伦斯克侯国。西南俄罗斯人早从基辅分出,在喀尔巴阡山脚下组成独立国家。那是一个最富庶的俄罗斯地区。该地区在德聂伯尔河流域,不受草原部族的侵袭。又和中欧国家——波兰、匈牙利——毗连,所以能发展商业。加里茨克的盐的储藏,供给全基辅俄罗斯人的食盐。当地封建主——贵族与主教——很早占有优良土地,由于他们的财富,获得极大的政治势力。他们有自己的军队,用以进行战争,他们和外国发生关系,并时常撤换自己的侯爵。

在十二世纪西南俄罗斯有两个侯国:加里茨克(首府在加里契)及沃伦斯克(首府在弗拉基米尔)。加里茨克侯国,在雅罗斯拉夫人智者时代(一一五二——一一八七)达到极盛时期。

极盛时代雅罗斯拉夫获得"大智者"的称号,不仅因为其天资聪明,而且因为其有高度的教育,他懂得若干外国语言。

在雅罗斯拉夫大智者死后,加里契开始内乱。贵族不满意其子的独裁统治,向匈牙利王请求援助。匈牙利军队侵入加里契后,贵族迎立匈牙利王子安德里为侯爵,但匈牙利人在加里契的行动像占领者一样,那引起了居民的愤怒。他们得波兰人帮助驱逐王子安德里。附近侯爵弗拉基米尔—沃伦斯克的罗曼默斯的斯拉维奇(摩诺马哈之后裔),利用这个机会,占领加里契并把它并入自己的侯国(一一九九年)。这样,组成了加里茨克—沃伦斯克侯国。罗曼是南俄罗斯的一个最有势力的侯爵。他干涉基辅公国的内政并和立陶宛战争。他强迫立陶宛俘虏耕种其土地。在其国内,罗曼对贵族进行顽强斗争。在一二〇五年,在对波兰人战争里,罗曼战死。

罗曼遗有两个幼年子——达尼尔与佛舍尔克。利用他们的年幼,加里茨克贵族企图占夺政权。在内乱开始时,匈牙利与波兰起来干涉。罗曼之两子,一时被驱逐,一时再被召回。成年之后,达尼尔、罗曼诺维奇,对大封建主——贵族,进行猛烈的斗争,在这斗争里,他找得低级军事官员方面之支持,甚至在最艰苦的时期,年轻卫兵团结在达尼尔的周围。城市居民因感受封建战争与封建主压迫的痛苦,也热烈支持达尼尔。在年轻卫士与市民的合作之下,达尼尔最后确立其政权于加里茨克地方。主教与贵族不让达尼尔进入加里契城之企图归于失败,因为市民欢迎侯爵。达尼尔的兄弟——佛舍尔克和他共历艰苦,担任沃伦斯克侯爵。

达尼尔多次抵抗匈牙利的侵略。匈牙利与波兰的联军侵入加里茨克的领土。达尼尔冲入匈牙利人的队伍,险乎被俘,退出,再进攻,冲破敌人阵线,夺得并撕毁匈牙利的国旗。匈牙利人抱头鼠窜,同时,波兰军和佛舍尔克的军队作战也转向遁逃。

其后,匈牙利王认为自己和达尼尔联盟较为有利。达尼尔和匈牙利、波兰联盟后,对捷克与奥地利开战。达尼尔之子要奥地利公爵之娃女为妻,他期望:倘得胜利,把其子捧上奥地利公爵位;但两次短期出征,均告失败。不止一次达尼尔进攻附近立陶宛部落获得胜利。加里茨克—沃伦斯克侯国在南俄已占这样地位,所以达尼尔采取国王称号。

对外国敌人与对国内贵族的经常斗争里,锻炼出达尼尔的性格。他是典型的南俄罗斯公侯,大胆勇敢,热心于军事光荣。在十三世纪加里茨克—沃伦斯克侯国达到大胜时代,它和西欧国家与和德聂伯尔河区有兴旺的商业关系,因此境内城市继续增长。达尼尔建造霍姆尔城,招练移民居住,其中包括很多手艺者。到十三世纪又创立里沃夫城。后来该城成为加里茨克的首府。

(3)罗斯托夫—苏士达尔侯国。十二世纪,在基辅之东北,伏尔加与俄喀两河之间组成了一个强有力的罗斯托夫—苏士达尔侯国。该区是以自然资源的富饶著名。侯国的第一位独立的侯爵是弗拉基米尔,摩诺马哈之子——尤利长手。他占领大量土地,毫不踌躇地夺取甚至贵族的世袭领地。在莫斯科河沿岸兴起一个不大的城市——莫斯科。这里在一一四七年尤利款待其同盟——彻尔尼郭夫侯爵。莫斯科位于苏士达尔与彻尔尼郭夫之间。尤利围以木栅并转变它为堡垒。尤利长手是当时侯爵中之最强者。他战胜伏尔加河区的保加利亚人,征服诺夫哥罗得城,又占领基辅,并在死时,为基辅侯爵。

罗斯托夫—苏士达尔侯国在尤利之子——安德里"爱神者"——的时代(一一五七——一一七四)达到更大势力时期。安德里征服附近侯爵,使他们成为其助手。他的军队联合其同盟的军队再向外扩展其领地。安德里建造弗拉基米城为其首都。该城成为一个壮丽都市。在其年代所建筑的乌斯波大厅(在弗拉里米尔)代表古代俄罗斯艺术的辉煌典型。近弗拉基米尔有设防的侯爵的"爱神"园,因此他获得"爱神者"徽号。安德里努力加强其国内的政权,团结小贵族与平民,对大贵族进行斗争。他又依靠低级卫士与市民,企图统一分裂的俄罗斯侯国为一个王国,包括基辅与诺夫哥罗得在内。但由于各地之间缺少经济的联系,事实上那是不可能的。

在安德里死后,罗斯托夫与苏士达尔贵族决心争取独立,拒绝承认安德里之兄弟为侯爵而请其子继位。但安德里的低级卫士与弗拉基米尔的市民不愿顺服于贵族。安德里的兄弟弗塞波洛德(一一七六——二一二),在低级卫士与市民支持之下击破贵族,并强制他们承认其为侯爵。

弗拉基米尔最后确定为罗斯托夫—苏士达尔的首都,罗斯托夫—苏士达尔侯国改称弗拉基米尔侯国。弗塞波诺德改称弗拉基米尔大侯爵(大公爵)。他坚决维持其"在侯爵弟兄们中的最长地位"。他曾多次和伏尔加河区保加利亚人开战并大举出征波洛佛人草原。在其时代弗拉基米尔与格鲁吉亚建立友好关系。对于贵族他和其长兄安德里一样保持轻视的态度。

在拉塞波洛德死后,其诸子各得侯国的分地——采邑。这种采邑后再分开。弗拉基米尔—苏士达尔领地本部分成许多小侯国。在其子时代分成五个,在其孙子时代分成十二个。侯爵家族的长子获得首府弗拉基米尔城与"弗拉基米尔大侯爵"之称号。

(4) 诺夫哥罗得领地。十二世纪在北方,诺夫哥罗得领地脱离基辅公国。它是一个最老的斯拉夫城。位于伊里门湖畔。该地土质瘦瘠,但在商业关系上,它占着有利地位。其水路联络波罗的海及俄罗斯各重要城市。依地理地位而论,诺夫哥罗得是西欧与俄罗斯间的天然联络站。德意志与瑞典商人把布匹与其他织物以及金属器运入诺夫哥罗得,而从该城运出原料大麻、毛皮等。外国商人队经常每年两次来到诺夫哥罗得城。诺夫哥罗得商人也是对东欧贸易之媒介,他们转售外国手艺者之制成品及其他德意志的商品于其他俄罗斯侯国。

诺夫哥罗得贵族在诺夫哥罗得领地与占领地区占有优良资源,使用自己的农民与农奴开发它们。农民须提供收获之大部分于贵族。贵族利用权势,阻止农民离开其领地。贵族从农民所得的渔猎产物委托诺夫哥罗得富人商出售,而商人把它们销售于外国。在诺夫哥罗得手工业是发展的,但手艺者受到贵族与巨商之严重压迫。同时小商人受到同样的压迫。贫民雇用作船上的搬运夫与桡手。手艺者与小商人经常是贵族巨商之债户。对"平民"的苛重剥削时常引起他们方面的暴风雨般的反抗统治阶级的起义。

诺夫哥罗得的财富促进其高级社会的政治力量的加强。贵族与巨商有力地限制诺夫哥罗得侯爵的权力。诺夫哥罗得的民众大会比在其他城市占有较大势力，但民众大会之主人翁是贵族。贵族控制大会的一切事情。在十二世纪的初十五年里，由贵族领导的民众大会争得一切重要官员须由诺夫哥罗得贵族里选举出来。为了这项重要权利，诺夫哥罗得人曾用武力迫使侯爵承认。一一三六年当在弗塞波洛得·默斯的斯拉维奇（弗拉基米尔·摩诺马哈之子）即侯爵位时，诺夫哥罗得城发动公开起义。对于侯爵提出很多罪状：他不保护农民，在战争里首先从战场遁逃。诺夫哥罗得人监视弗塞波洛得及其家人，经过两个月后才释放他们。他必须离开诺夫哥罗得城。从那时起，诺夫哥罗得城的贵族之权力更强大了。

但诺夫哥罗得人不能没有侯爵，因为侯爵及其卫兵作为对外敌斗争之军事力量，那是必要的。但一遇到侯爵违反"诺夫哥罗得人的意志"时，他们就要驱逐他，并依他们自己的裁酌召唤新侯爵了。

弗拉基米尔大侯爵，屡次企图征服诺夫哥罗得，但诺夫哥罗得人坚决保卫自己的独立。大侯爵雅罗斯拉夫（弗塞波洛得·尤利维奇之子）在十三世纪初，任诺夫哥罗得侯爵。他大大地破坏该城贵族的权利。因此贵族发生叛乱，他不得不离开城市。那年早霜伤害了诺夫哥罗得田野的收获。雅罗斯拉夫占据从苏士达尔领地来的道路，不准谷物运入诺夫哥罗得城。该城开始饥荒。诺夫哥罗得人集合军队，由特洛别茨侯爵默斯的斯拉夫"勇敢者"统率。雅罗斯拉夫和其兄弟弗拉基米尔大侯爵尤利弗塞波洛得联合，进入苏士达尔领地。一二一六年在利宾茨河进行决战。诺夫哥罗得人依传统惯例，从马上跳下，脱去鞋子与多余衣服，冲击敌人，紧围苏士达尔的敌军，在紧要关头，默斯的斯拉夫率领卫士加入战争，三回攻破敌人阵线。侯爵尤利与雅罗斯拉夫领兵遁逃而去。利宾茨河战争保证了诺夫哥罗得的"自由"。

被邀请到诺夫哥罗得的每个新侯爵必须和诺夫哥罗得人缔结协定，约定不毁坏诺夫哥罗得的制度。侯爵没有采行新税与获得土地之权，一切城市与地方管理权付托于诺夫哥罗得人。民众大会从贵族里选出"市长"。不会同市长，侯爵无权审判也无权解决重要问题，大会又选举"队长"辅助市长。队长指挥军队。诺夫哥罗得的天主教职位也由选举产生出来。市长与队长事实上统治诺夫哥罗得城。

民众大会是诺夫哥罗得城的最高政权机关。大会迎立并驱逐侯爵，选举官员，处理司法。但大会完全不是反映诺夫哥罗得的广大民众的要求。封建—贵族与部分富商操纵大会。用收买与"请客"方式，贵族自己组成"粗暴人"的党派，由于他们的合作,控制大会。诺夫哥罗得的劳动群众受着贵族的奴役。时常起义反抗他们的压迫者——贵族。到十三世纪在诺夫哥罗得领地形成一个特殊的封建国。大地主—贵族和商人联盟把占全部政权而目无公侯。

由于贵族巨商积聚的巨大财富与由于对内部俄罗斯各地及对外国的贸易关系,诺夫哥罗得创造出高度文化。传流至今的遗物中,有侯爵、贵族、巨商所建的壮丽建筑物。其中最著名的之一是十二世纪所建的尼里基茨克教堂,装饰着美丽的壁画,今日已被法西斯蛮人破坏了。

二、对德意志与瑞典人的斗争

当蒙古游牧族在东方侵入之时,在西方俄罗斯受到德意志、瑞典人的十字军的侵袭之巨大危险。

在十二世纪德意志骑士为寻找新领地与农奴,进行向东侵略。那时波罗的海沿岸从维斯杜拉河到易河口地带是西斯拉夫人居住着,西斯拉夫人是异教徒,所以德意志骑士用使斯拉夫人皈依基督教名义,掩护他们的侵略计划。

德意志骑士攻占斯拉夫土地,建造碉堡,用剑与火迫使斯拉夫人受洗礼,并转变他们为农奴。易北河东的全部斯拉夫人的土地,包括波兰与立陶宛在内,逐步被德意志人占领,部分斯拉夫人被消灭,其残余的变为农奴。

在占领斯拉夫领土之后,德意志骑士进攻波罗的海东岸与南岸。这些地方住着立陶宛部落。和它邻近的有拉特维亚人,在其北方的有爱沙尼亚人。这些部落居住的地区总称为立陶宛。西杜味纳河沿岸领土隶属于波罗茨克侯爵,该地居民向他缴纳贡赋,在其北面的部落是隶属于诺夫哥罗得。

在十二世纪,德意志商人为购买毛皮,进入波罗的海沿岸,并在西杜味纳河口附近建立商业居留地。为要巩固其在外人土地上的基础,德意志人利用基督教,派遣传教师团到立陶宛,但传教并没有成功。于是德意志人在教皇支持下,宣布十字军出征立陶宛。北德城市商人对于占领立陶宛颇感兴趣,供给十字军船只,作为运输之用。

当被派到立陶宛的主教带着十字军队伍到达时,立陶宛人向他说:"放士兵回家吧!传教应用言词,而不是用棍棒的。"在猛烈的战争里,骑士击溃立陶宛人,但那个主教陷入敌人队伍,因而被杀。于是德意志骑士进行残酷报复,破毁地方并强制立陶宛人领受洗礼。新主教亚尔培看出:偶然袭击不能使立陶宛人完全屈服。所以他在西杜味纳河口建造设防的城市——里加,并把德意志殖民移居在这里。依照他的请求,教皇准许组织特别骑士团——刀剑武士团,其团员必须居住于立陶宛,并武装传布基督教。那个武士团后来叫做立陶宛武士团。参加骑士团的有德意志小贵族,他们打算在占领地区发财。在立陶宛,骑士建造碉堡,强制居民信教并使他们为自己的农奴。在骑士保护之下,德意志商人为贸易目的民留在立陶宛并在这里创立城市。

征服立陶宛后,骑士开始扩展其权力于俄罗斯领地。波罗茨克侯国居民给予德意志骑士有力抵抗。骑士进攻俄罗斯城——尤利夫(现在培尔特)。敌人用攻城机围攻尤利夫城,向城垣推进木制攻城塔,并在城垣挖掘坑道。当部分城垣破裂后,他们把攻城塔推进隙口,被围者顽强地拒绝投降。当德意志人进行冲锋时,被围者穿过城垣开挖的洞口,滚出火轮,烧毁攻城塔。但德人穿过这些洞口冲入城内,开始屠杀。德人并包围城市,不准任何人走出,尤利夫城遂被占领。

在主教亚尔培死后,德人势力衰弱,并遭到一系列的失败。所以,刀剑武士团开始找寻联盟。因此它和条顿武士团合并。这项合并加强了德意志骑士的力量,对于俄罗斯成为更大的危险。受打击的是诺夫哥罗得与普斯可夫。该两城不仅对德人并且对瑞典人须进行艰苦的斗争。在十三世纪中诺夫哥罗得人与普斯可夫人挽救出俄罗斯领土不受德意志与瑞典的封建主之占领。

瑞典人很早企图占据从芬兰湾到诺夫哥罗得之领地之河道。那将使对东欧的全部商业落入其手里。一二四〇年瑞典人在伯爵比尔格统率之下进行出征,那时伯爵已统治瑞典王国。在瑞典人刚刚到达涅瓦河口之时,诺夫哥罗得军队即向他们进攻。诺夫哥罗得侯爵亚历山大·雅罗斯拉维奇担任指挥。他是个当时出名的侯爵,对鞑靼汗采行谨慎而贤明的政策,在国内很有声望。他是个勇而多谋的将领,诺夫哥罗得人在其统率之下进行对瑞典人在涅瓦河之战斗。他们奋勇作战,破毁瑞典的部分船只,瑞典人完全失败。比尔格尔本人险乎被亚历山大的投枪杀死,逃到船上。诺夫哥罗得人追逐逃亡敌人,为了这个胜利,亚历山大获得"涅瓦"之称号。

亚历山大是个威武的侯爵,认识到在战争时必须有强大的政权。那时诺夫哥罗得贵族企图限制其权力。所以在涅瓦河胜利后,他即和贵族冲突,并离开诺夫哥罗得。德意志人利用亚历山大的离开,进迫普斯可夫。城内贵族中间出现卖国贼,普斯可夫被骑士占领。于是德意志侵入诺夫哥罗得区域内,并在那里建筑科波尔城堡。

那时,诺夫哥罗得人再邀请亚历山大。他带领其卫士及辅助的苏士达尔队伍来到诺夫哥罗得城后,立刻出征,占领并破毁科波尔城堡。一二四二年他进向普斯可夫城,击溃德意志守兵,解放该城。此后,他侵入骑士团的领地。有力的德意志军队出来应战。骑士吹牛说:"让我们活捉亚历山大侯爵吧!"首次先头队接触不利于诺夫哥罗得人。亚历山大占据楚得湖(刺多牙湖)的有利地位。这里,在结冰的湖面,一二四二年四月,开始决战,那是著名的"冰上之战"。结果德人失败,立即签订和约。他们放弃普斯可夫及一切其他占领地。"冰上之战"停止了德意志骑士之侵略俄罗斯领土,骑士追出俄国疆界。由于这次战争,德意志封建主侵占俄罗斯土地的运动完全停止了。

三、东北俄罗斯与弗拉基米尔大侯爵

(1) 东北俄罗斯侯国。在东北俄罗斯,居民的主要职业是农业,重要的副业部门是:捕鱼、狩猎、养蜂等。经济是自然经济——就是一切第一必需品(食物、衣服、木器)在家中制造出来。商业很少发展。在十四世纪大部土地属于封建主——世俗的、教会的。依完全私有权属于封建主的土地叫做世袭领地,因为这些土地可依继承权父传子,子传孙。封建主在其世袭领地内是个小统治者,他们有权审判在其领地内一切住民,可处以肉刑,甚至可使用死刑。他们从居民征集赋税并收取关税。当地侯爵不得干涉封建主之措施,不得派遣法官或收税员到封建主的领域内。贵族与其他封建主分封土地于其属下作为采邑。封建主经常损害自由农民来增加其世袭领地。在这方面寺院特别有力地活动。寺院一般在荒僻的、人烟稀少的地方建立起来。院士吸引农民到那里,砍下树木,创立种地。寺院使农民移殖于广大荒地,那是有助于地方经济的发展。关于这一点寺院有移殖的作用,但寺院的移民活动伴着对农民的残酷剥削。如果自由农民住于寺院领地的附近,那么院士用强力占领其土地并迫使他们耕种寺院土地。发财的、人数多的寺院并获得政治地位。

在十四—十五世纪封建主经济的一切工作是由住于其土地上的农民担任。他们建造地主庄园的大住宅,装置其周围的篱栅,挖掘池塘,在地主庄园耕种土地、播种、收获与搬运麦子、割草、烤面包、制酒、纺麻(那些田是地主分配给他们的)、放置鱼巢于河流捕鱼,出去猎取熊、狐、麋等等。这些便是当时的各色各样对地主的劳役。

在劳役之外,农民须另缴付租税:在大节日农民须提供地主"任何在手里的东西"蛋、干酪、烘面包,从全村引来一条牛或若干只羊。有时劳役完全用规定的租税替代:大麦或燕麦。当领主来到村庄里,农民必须供给他们与其卫士的伙食,供应"足够的啤酒、面包与饮料,足够的鱼肉及足够的马粮"。这一切繁重义

务农民必须无争辩地完成,因为封建主是土地的主人,而在他们的土地上农民生活着。

要避免封建主的横暴是困难的。农民离开土地就丧失其全部财产。此外,大地主之间约定互不收受,从他们领地上逃亡的农奴。即使农奴能够逃走,那么,也同样地受其他地主的奴役。农民在于两三户的散漫村落。联合起义是困难的,个别起义是不中用的。

不属于封建主领地的土地是由自由农民居住。这些农民组成公社。每个参加公社的农民有其一份耕地与草地,但森林与其他自然资源属于公社的共有财产。但实际上这些好像自由的农民也是在封建依附的状态里。他们不但须缴纳赋贡,并且须实行一切可能劳役工作:牧养公侯的马匹,割草,帮助公侯的猎人与渔夫,不仅给养公侯的臣属,还有他们的猎犬与万乌。

在自然经济统治时代,工商业在城市里不得发展起来,对外商业是在边境城市手里——诺夫哥罗得与普斯可夫。在其他大城市,如莫斯科与的威尔有不大的巨商集团,他们由贩卖外国绸布及其他贵重商品而发财。本地的小市场彼此之间很少联系,但在十四世纪中经济的联系逐渐开始建立起来。在该世纪末,莫斯科已是一个大商业城市。

在东北俄罗斯于十四世纪初,分成若干大侯国。其中最大的是:的威尔、莫斯科、梁赞,稍后有尼士哥罗得。在其中每个侯国里个别侯族巩固其地位,这些侯族都是西塞波洛得"大巢"之后裔。由于商业——货币经济的不够发展,在各领地之间,遂缺紧密的经济联系。所以它们之间坚固的政治联系也不能建立起来。每个大侯国分成采邑——小领地,那些都属于侯族的个别成员。领地是父传子式地世袭下去,所以侯国愈扩大,领地数量愈增加而领地本身也愈缩小了。每个侯爵想损害邻邦来增加自己的领地,因此为了争夺土地与城市,侯爵之间发生了不断的战争。

起初东北俄罗斯是完全分裂的。但后来,因有金帐汗国与立陶宛大侯国之危险,俄罗斯侯国的居民开始团结起来,共同对敌人进行斗争。弗拉基米尔大侯国遂成为俄罗斯诸侯国之团结的中心。依旧例,金帐汗国的汗委派俄罗斯侯爵之一为"弗拉基米尔与全俄的大侯爵",为一切其他侯爵之首领,并颁给大侯爵的证状。领导这个称号的侯爵,暂时归并弗拉基米尔城及其周围土地于其自己的领地之内。

为了防御鞑靼人,东北俄罗斯开始了统一运动,在弗拉基米尔大侯爵的领导之下,组成侯爵联盟。联盟者须互相援助,抵抗鞑靼人与其他外敌。此外,联盟者规定在他们的领地之内统一的地方关税。那可证明:在十四世纪封建侯国间的经济隔离性已经削弱,而这种情况使他们的联合有可能了。

(2) 诺夫哥罗得与普斯可夫。诺夫哥罗得城对弗拉基米尔大侯爵之关系占着特殊地位。从十三世纪起,它不选举自己的侯爵。弗拉基米尔大侯爵被认为是诺夫哥罗得的侯爵。大侯爵开始治理诺夫哥罗得时,照例须宣誓:他将遵守诺夫哥罗得的一切权利。大侯爵的责任在协定的文件上写出。大侯爵本人很少到达诺夫哥罗得城,但派他的代表驻在那里。实际上治理诺夫哥罗得者是从该城贵族里选出来的市长与队长。

那时诺夫哥罗得更加表现其封建贵族共和国的性质。该共和国的首领是诺夫哥罗得的最大封建主——民众大会选出的天主教。天主教有广大领地,并有自己的军队。没有天主教的同意,任何事情在诺夫哥罗得不能进行。天主教用一切可能的方法维持其诺夫哥罗得的政权以及该城贵族的地位。民众大会和过去一样由贵族控制。一切事情先在高级贵族会议商议,该会议是由天主教任主席。除贵族外,诺夫哥罗得的富商占有重大地位。他们和汉撒同盟与俄罗斯领地经商而发财。诺夫哥罗得商人作为当地贵族与德意志商人之间交易的媒介,他们从贵族买来的农产与矿产转售给德意志商人,所以富商一般支持贵族。

贵族权力的加强是以其财富增长为比例。这种财富是建立在剥削诺夫哥罗得下层居民的基础之上,所以该城有残酷的阶级斗争。一四一八年,诺夫哥罗得民众,由于贵族高利贷者的紧迫而发动起义。由于天主教的协助,贵族得平服起义。

在十四世纪中期,普斯可夫最后脱离诺夫哥罗得城。普斯可夫人在民众大会从贵族里选举自己的市长。这里和在诺夫哥罗得一样,有酷烈的阶级斗争。普斯可夫也同于诺夫哥罗得,隶属于弗拉基米尔大侯爵,那里他也驻有代表。

四、莫斯科的兴起、对鞑靼人的斗争以及内部封建斗争

(1) 莫斯科大侯国的强大。在十四世纪初十五年间,两个强盛的东北俄罗斯侯国——的威尔与莫斯科——剧烈争取弗拉基米尔大侯国之位置。两国都占着有利的地理位置。他们遭到鞑靼人的侵袭较少,因为东南方面有其他侯国为其屏障,其他破坏地区的居民移到这两国里。所以在的威尔与莫斯科侯国里生产力的提高较快于东北俄罗斯之其他地方。

的威尔位于伏尔加河畔,近的威尔茨河口,掌握着从诺夫哥罗得到伏尔加河

的商品的运输线,因为诺夫哥罗得的商人须沿的威尔茨河进入东北俄罗斯的。沿伏尔加河的威尔商人也和东方国家进行贸易。

莫斯科位于俄喀河支流——莫斯科河畔。从伏尔加河上游直达俄喀河之大道是穿过莫斯科侯爵的。莫斯科人经过俄喀河可达到顿河上游,再由顿河进入亚速夫海而达克里米亚半岛,和意大利贸易殖民地(那时已建立)进行交易。莫斯科是在东北俄罗斯之间占有中心地位,又在东斯拉夫部落所住的领土之中央。东斯拉夫部落是大俄罗斯民族之所自出。此外,其地位保证了它不受不但鞑靼人而且立陶宛人与德意志人之侵袭的危险。那使莫斯科易于统一东北俄罗斯分裂的诸侯国。

莫斯科城在十三世纪末才成为个别侯国的首都。那时,莫斯科侯国尚是不大。加入其版图的,除莫斯科外另有两城——鲁萨与爱莎尼哥罗得,莫斯科侯爵达尼尔(亚历山大·涅瓦之子)于一三〇一年占领科洛姆纳(在莫斯科河入俄喀河的出口),在一三〇二年依继承权获得附近彼里亚斯拉夫侯国,即大大地加强莫斯科。虽然如此,的威尔起初还是较为强大。的威尔大侯爵迈克尔·雅罗斯拉维奇在十四世纪初从鞑靼汗获得弗拉基米尔大侯爵证状。

一三二五年伊凡·达尼尔维奇继承其兄尤利为莫斯科侯爵,因为其发财,被称为喀里塔(钱袋)。伊凡·喀里塔是狡猾而有手腕的统治者,他不择任何手段来达到其目的。教会给予巨大支援,因为消灭封建分裂是有利于教会的。强有力的国家一定维持教会对所占的土地与所奴役的农民之权力。俄罗斯大司教那时已不住于被鞑靼人骚扰的基辅,而住于弗拉基米尔。伊凡·喀里塔吸引大司教彼得到其方面。彼得从弗拉基米尔移到莫斯科,此后莫斯科成为后来一切大司教之住所。莫斯科侯爵在大司教方面获得有力的同盟者。大司教使用其一切宗教力量,来加强莫斯科侯爵。大司教的威胁的"咒逐"可迫使附近侯爵顺从莫斯科的意志。此外,教会占有广大富庶的土地,可用财力与军力支援莫斯科侯爵。

拉拢教会之后,伊凡·喀里塔不惜用积聚的财富贿赂金帐汗、汗后及其亲信,这样他在汗国朝廷组成私党。不久在鞑靼人协助之下,取得大侯爵的机会来了。一三二七年汗的使节姚尔汗带大量鞑靼队伍到达的威尔。鞑靼人开始掠劫,因而市民起义。大侯爵亚历山大本人领导起义。姚尔汗及其伴从被杀。伊凡·喀里塔赶到汗国朝廷,表示愿为服务,来惩处起来。他率领大量鞑靼兵队,侵入的威尔侯爵领地,大肆破坏。大侯爵亚历山大遇克尔维奇逃匿于普斯可夫城。大司教资格诺斯特威胁普斯可夫人:倘使不交出大侯爵,将驱逐他们出教。亚历山大逃到立陶宛。后来他回到的威尔,并获得汗的赦免,但不久,依伊凡·喀里塔的建议,汗召唤亚历山大来朝,而杀死他。

莫斯科侯爵得实现其目的。一三二八年,在平服的威尔之后,他获得弗拉基米尔大侯爵之称号。汗给他征集并解送全俄贡赋于朝廷之权。由于这项地位,伊凡·喀里塔站在其他俄罗斯侯爵之上,对于他有若干权力。他扣留一部分贡赋,饱入私囊,因而更富了。他一贯地不择任何手段,这里用贿赂,那里用强力来扩展其领地,他巧妙地利用鞑靼人来加强其自己的力量。他把汗转变为其自己的工具。由于汗的帮忙,他铲除了最危险的对手,并扫清在其夺取政权的道路上的一切障碍。在伊凡·喀里塔死时,莫斯科已成为一个极强大的侯国了。

(2)对鞑靼斗争的开始。在伊凡·喀里塔死后,莫斯科侯国继续伸展其势力。大侯爵弗拉基米尔的称号继续留在伊凡的后裔手里。季米特里·伊凡诺维奇于一二五九年登位。在其时代莫斯科侯国更加强大起来。他坚固莫斯科城,建筑石墙。他努力使其他侯爵服从,对邻邦——的威尔、梁赞、尼士奇罗特进行长期战争。季米特里的敌人求助于立陶宛大侯爵,与尔赫德·奥尔赫德一度竟迫近莫斯科,但石头城是不能攻破的。季米特里又获得其附属——贵族与教士——尤其是大司教——之大量援助。

在季米特里时代,莫斯科大侯爵已有足够力量,对鞑靼人开始斗争。关于这一方面,全俄人民都支援季米特里。当莫斯科强大起来时,金帐汗国继续走向封建分裂。在汗国的各部分出现独立汗,他们互相争夺政权。鞑靼封建主中最有势力的是马摩侯,统治着汗国之大部。

一三七八年由马摩侯派出的鞑靼兵队侵入梁赞领地,并要进攻莫斯科,但在波西即遭到大败。那时,马摩参加立陶宛大侯爵雅谷尔的联盟。马摩亲率大军出征。梁赞侯爵和马摩缔结联盟,打算在其合作之下,破毁莫斯科。季米特里集合十五万人的军队。当时大多数侯爵集合在其旗帜之下。两个立陶宛侯爵——奥尔赫德之子——也参加,和他们同来的有白俄罗斯军队。季米特里率领这些军队渡过俄喀河,达到顿河。这里他召集军事会议,有激烈的争辩。一部分人说道:"侯爵进到顿河彼岸去吧!"另一部分表示:"不要前进,因为敌人众多。"季米特里决定。在他们和来援的雅谷尔联合之前,渡过顿河,迫使鞑靼人作战。于是兵士渡河。一八三〇年九月在库里哥夫旷野近尼普拉瓦河进行决战。在旷野的山冈上俄罗斯军队与鞑靼人对峙着。当晨雾消散,这方与那方立刻冲入旷野。

季米特里激励士兵,不仅向侯爵贵族呼吁,而且对平民(农民子弟)呼吁(其军队的主要队伍是由平民构成)。战争开始了,战马奔驰,践踏横尸,士兵挤轧气息奄奄,流血旷野,长达数哩。起初鞑靼人占优势。但俄罗斯队伍由季米特里堂兄弟与沃伦斯克军官率领正在埋伏着。在适当时机埋伏队伍冲入战斗,在千钧一发之时鞑靼人遭到俄方生力军之猛攻,不克支持,遂拔脚奔逃。俄人进奔逐北,并占夺其营帐。雅谷尔不敢和胜利者搏斗,即返回立陶宛了。季米特里由于这次胜利,获得"顿河"称号。

不久,马摩和新汗杜克塔米希发生斗争,马摩失败。一三八二年杜克塔米突然袭击莫斯科。季米特尔仓皇走到北方,召集兵队。跟着,贵族要逃出城市。那时莫斯科人把守城门,不准任何人离开克里姆,除大侯爵与大司教外。当鞑靼人企图突击占领克里姆时,俄人倾倒沸水,投掷石头,放射铳炮。因此杜克塔米希不能占取莫斯科。经过三天战争后,鞑靼人进行谈判。用诈骗方法,获得莫斯科降服——宣誓决不触犯城市。但城门刚开放,鞑靼人立刻冲入克里姆,杀死其守兵,劫掠焚烧其城市,在这次失败后,季米特尔须和前一样缴付贡赋给鞑靼人。

这样,库里科夫战争遂未曾把东北俄罗斯从鞑靼人桎梏里解放出来。但它还是有巨大意义:那已指出在俄罗斯人统一与团结的力量之下有粉碎鞑靼人的可能性。此外,它已消耗金帐汗国的力量,莫斯科已成为争取独立之斗争中心。

(3)十五世纪上半期的封建斗争。在季米特尔之子——大侯爵瓦西利第一季米特尔维奇(一三八九——一四二五)的时代,尼士奇罗得侯国并入莫斯科。瓦西利从金帐汗购取这个侯国的"证状"。但该城的命运不是决定于汗的证状,而是决定于它的封建主。他们愿意归顺于强大的莫斯科大侯爵,因为那时对他们有利。和尼士哥罗得一道合并的另有摩尔得夫人居住的俄喀河沿岸地。一四二五年其子瓦西利·瓦西利维奇登位时,莫斯科已成为最强大的侯国,其领土范围与资源的丰富程度已远过于一切其他侯国了。所以莫斯科大侯国现在进行消除内部分裂工作。

在瓦西利·瓦西利维奇时代,莫斯科侯爵家族进行内部血腥杀戮。其叔子——采邑侯爵尤利·季米特里维奇出来争取大侯爵职位。金帐汗决定大侯爵归诸瓦西利。那时在他们之间爆发了公开战争。这次斗争延续约有二十年。尤利·季米特里维奇两子——瓦西利库苏与季米特尔、雪米克——积极参加其间。莫斯科曾转手多次。一次当大侯爵到特洛茨克寺院进香时,雪米克的支队以席子遮掩,乘雪车,赶到寺院,捆扎守卫,冲入寺院内。他们拘捕瓦西利,押送他到莫斯科,并使他盲目。因此瓦西利获得"瞎子"的绰号。他被放逐到乌格里契地方,但马上其附庸大批地集合到大侯爵方面。瞎子瓦西利和他们返回莫斯科。雪米克率兵出城抵抗。在其离城时,瓦西利的党徒进入莫斯科,雪米克不得不逃走了。经过几年之后,他被毒死,斗争也停止。在这内战里,站在瓦西里大侯爵方面的不仅是世俗封建主与教会,而且有深感封建战争痛苦的下层居民。

瞎子瓦西利对王室采邑侯爵的胜利是在消除封建分裂的进程里的重要阶段。没有这个胜利俄罗斯领土不可能联合起来,成为一个统一的国家的。

五、俄罗斯的解放与民族国的形成

(1) 东北俄罗斯的统一。从十四世纪起俄罗斯侯国之间经济联系逐渐变得紧密起来。那是有助于俄国统一,需要共同力量对付鞑靼人与其他外敌更加速统一的过程。

在瞎子瓦西利之子——伊凡第三(一四六二——一五〇五)时代,几乎全部东北俄罗斯土地合并于莫斯科大侯爵版图。在此之前,保持独立的最广大地区是诺夫哥罗得领地。它继续由民众大会与选举的市长与队长治理,但诺夫哥罗得贵族明显地看到他们的独立已近末路了。在诺夫哥罗得贵族里有一个集团准备转移到立陶宛方面来维持他们原有的权力。该派的首领是发财的有势力的波勒茨克家庭。一四七一年诺夫哥罗得贵族背叛莫斯科,投入立陶宛大侯爵喀士米尔政权之下。相反地,诺夫哥罗得贫民阶层拥护和莫斯科联合。诺夫哥罗得和莫斯科有语言、文化的紧密联系,伊凡第三领大军出征诺夫哥罗得。在雪龙河决战里,诺夫哥罗得军队失败。城市饥荒,贫苦市民强迫贵族和大侯爵谈判,伊凡第三在缴纳贡税条件下停止军事行动。诺夫哥罗得被迫断绝和立陶宛的同盟关系。虽然失败,诺夫哥罗得保持其原有自由。

但诺夫哥罗得继续内讧,失败的党派向"莫斯科党派"清算,而后者请求大侯爵治理。一四七七年"莫斯科党派"遣使者欢迎大侯爵为"统治者"。伊凡第三利用这种机会,要求在诺夫哥罗得这种统治权力,像在莫斯科所有者一样,就是无限制的权力。当诺夫哥罗得民众会议不同意伊凡第三的这种要求时,他再进攻诺夫哥罗得,并围困该城。那一次诺夫哥罗得人不再企图抵抗。一四七八年一月在长期谈判之后,他们被迫接受大侯爵的一切条件。民众会议被取消,大侯爵的代理人替代市长统治该城,诺夫哥罗得封建主的大部土地归于大侯爵。诺夫哥罗得共和国停止存在。诺夫哥罗得自由象征——民众会议的议场大钟——被拆下运走。大批诺夫哥罗得贵族、商人移住莫斯科城,而他们的住所由莫斯科人移住。在没收诺夫哥罗得贵族的土地上,大侯爵安放莫斯科的服务人员。普斯可夫仍保持若干自由,因为在对诺夫哥罗得战争里它是支援莫斯科的。

其次,合并的威尔侯国——的威尔从前是和莫斯科相竞争的。的威尔侯爵迈克尔·波里沙维奇,和诺夫哥罗得一样,与喀士米尔——波兰国王与立陶宛侯爵——缔结联盟关系。伊凡第三以此为借口围攻的威尔。迈克尔夜逃立陶宛,贵族归顺胜利者(一四八五年)。

梁赞侯国也降为莫斯科的附庸地位。

这样,在伊凡第三时代,东北俄罗斯在原前分裂的领地上组成了统一的民族俄罗斯国家。创立统一的封建国家和封建分裂对比起来是积极的现象,因为这样国家保证在一定阶段内国家生产力继续发展的可能性。

(2) 从鞑靼人的压迫里解放出来。在统一东北俄罗斯以后莫斯科决定最后打破鞑靼的桎梏。伊凡第三巧妙地利用汗国的分裂状态,他和克里米亚汗——门格尔·奇里——结紧密联盟。他每年派使到克里米亚送赠礼品于汗、汗后及大臣。利用金帐汗国的衰弱,他停止缴纳贡赋予鞑靼人。

金帐汗国的汗阿克马特和立陶宛大侯爵联盟,于一四八〇年发动出征,要迫使莫斯科缴纳贡赋。大侯爵领兵前进准备在俄喀河打击鞑靼军队。但阿克马特期待立陶宛人的援助,溯流而上,到达立陶宛的边境。那时伊凡第三和其弟兄争执,又遭到反叛的威胁。大侯爵一时离开军队,遄返莫斯科。但莫斯科人战斗心热,要求他立刻回到军营。那时伊凡第三已和其弟兄妥协而复赶赴前方。

鞑靼与俄罗斯两军对峙于俄喀河的支流乌格拉河之两岸。俄罗斯人与鞑靼人皆不渡河。阿克马特准备媾和,但要求贡赋。罗斯托夫主教瓦西安上书伊凡第三,规劝他勇敢地反抗鞑靼,不要听信儒夫的出卖祖国之胡说。这样,时间拖延到初霜时期。当乌格拉河结冰时,伊凡第三命令其军队退却,要得到更有利的战斗地位。但汗并未决定进攻。他的军队感受饥寒痛苦,与军粮不足。此外,伊凡第三的同盟——克里米亚汗门格尔·奇里从后方进攻金帐汗国领地,而允许援助汗的立陶宛大侯爵,又背信食言,坐视不救。所以阿克马特不得不狼狈退出莫斯科边境。但克里米亚鞑靼人立刻迎头痛击,金帐汗国就此最后灭亡了。

这样,俄罗斯人结束了两世纪压在他们头上的鞑靼蒙古人的枷锁。此后,俄罗斯民族国家获得政治、经济、文化继续发展与巩固的可能了。

第二十章　中古欧洲文化与早期文艺复兴
——中古文化的特点与文艺复兴运动的由来和意义——

一、中古文化的教会性

中世纪文化明显地表现出教会——宗教的性质,那在一切中古文化领域内可以看出——科学、文学、教育、艺术等。天主教会从罗马传袭下来,从中古开始时起已占着欧洲国家中的统治地位,并能久远地保持这项地位。

在中古欧洲社会里,教会占着很重要地位。在每个欧洲国家里,教会是最大的地主,拥有各王国的几乎三分之一的土地。从教士阶层里产生国王的顾问、宰相、大臣、中央政权机关的官吏及其他。教士代表又广泛地参加中世纪的议会(全级会议、"巴力门"等等),其中尤重要的是教会在思想方面的地位。教会用其权威拥护中古封建制度并为封建社会之精神领导者。

禁欲主义是中古世界观的特点之一。一般民众就在这种禁欲主义的精神里教育出来。依照禁欲主义,人类世界是罪恶的体现。教民的责任是从今世里逐渐解放出来,为要准备过渡到优美的未来世界。为此,教士劝导人类斋戒、忏悔、禁欲。他们把出家修道作为最高功德。实际上禁欲主义在中世纪远不是一般所奉行的。横暴荒唐的封建主当然想不到禁欲生活方式。即教士阶层,尤其是高级教士,也粗暴地违犯他们自己的禁欲规律,实质上他们仿效世俗封建主的荒唐生活方式。城市与农村人民群众在这世界里本来过着艰苦生活,无所谓禁欲。所以,如果说:中古社会像整个寺院一样,人们只想到忏悔与拯救灵魂,都是绝对错误的。然而当时,禁欲主义是作为正式的教训:它在教会议坛上广泛宣传,在学校里教导青年,并渗入文学艺术里,作为必要的道理。很多人,属于各种阶级的,在或多或少的程度上,相信并时时切心企图奉行这项规律。事实上,禁欲主义是中世纪宗教统治的自然反映,当时正确科学还是在萌芽状态,人类对自然界力量之控制极不完备,而基于农奴剥削制的社会关系尤显然是敌对而专横的。所以人民大众注定要经常忍耐、节制,并期待来世的补偿与幸福。禁欲主义便是在这样的基础上产生出来的。

二、中古学校、巴黎大学

中古世纪有三类学校。低级学校附属于教会与寺院,其目的是在于教育初步识字的教士,注重学习拉丁语祷告及宗教仪式(天主教用拉丁语,举行宗教仪式)。中级学校常常在主教讲坛所在地兴建起来,这里进行学习七种"自由艺术"

（文法、修辞学、辩证法或理论学、算术、几何、天文学和音乐）。在学习"自由艺术"以后，进入高级学校。高级学校起初叫做一般科学院，后来改称大学。

初期的大学，在十二世纪，部分是从主教区学校发展起来的，那里有神学与哲学部门的最大教授；部分是由私人教授联合起来组成的，这里有罗马法学与医学专家。欧洲最古老的大学推巴黎大学，正式形成于十二世纪后半期与十三世纪初期。它首次领得法王的特许状是在一二〇〇年，它是欧洲各国学生的集合场所，有国际性的大学。中古高级学校的特殊国际性是由于这个条件所产生出来：即各地学生在各大学里都能听到同一的拉丁语讲课——拉丁语是当时的国际语。巴黎大学，和其他西方大学一样，在其组织内，包括学生与教授。服务人员（售书者、抄写员、信差、药剂师，甚至房东）也都算作大学的成员。大学里的全部教授联合组成团体，称做"教授团"。后来"教授团"这一名词指大学内教授确定部门的知识的各学院。

巴黎大学有四个学院：一个"初级"学院或所谓"文学"院与三个高级学院。初级学院教授七种"自由艺术"而"高级"学院教授医学、法学与神学。读完初级学院后方能进入高级学院。担任教授的须有"学士"、"硕士"、"博士"学位的人。各学院选举自己的首长——院长。在中古大学里，学生方面也组成团体（同乡会、地方会、民族会），巴黎大学有四个"民族会"——诺曼第、英格兰、毕伽与高卢。高卢民族会不但联合法兰西、西班牙与意大利人，而且联合东方十字军国家的人。每个民族会以选举的会长为首，而四个民族会联合选举全大学的首长——校长（总务长）。各学院的人数有显著的差别。人数最多的是文学院。毕业于该学院者可得"文学士"学位并有教授"艺术"之权利。法学院依照人数占第二位，获得中古学位是这样繁难：进入大学的，只有三分之一在出校时能获得学士学位，只有十六分之一能获得硕士学位。其余一切离校的学生一般没有任何学位，他们只以进入"初级"学院所得的旗徽，聊以自慰而已。

在中古大学里学习的要点是听取、记录教授讲课并参加讨论。在上课时，教授诵读并解释课本。在讨论时学生提出这个或那个问题，倾听别人意见并向他们辩驳。在中古大学生活里，讨论构成学习的重要部分并为普遍的日常现象。讨论的参加者达到高度的技术。一切应接受学位的学生须预先参加公开辩论，来证明他们有无接受学位的权利。但讨论或辩论不是都能平静地过去，有时辩论达到这样激烈程度，即参加者间竟至打架而散。

最古老的巴黎大学的内部组织便是这样。除巴黎大学外，另有其他欧洲古老大学：在英国有牛津与剑桥大学，在西班牙有萨拉曼加大学，在意大利有尼阿波利斯（即那不勒斯）大学。这些大学都在十三世纪中创立起来。十四世纪中，在布拉格、克拉科、海德尔堡各大城市里，都有大学创立起来。到十五世纪大学的数量更增加了，在一五〇〇年时全欧共有六十五个大学。

三、烦琐哲学与神秘主义

中古大学所研究的学术被称为烦琐哲学。烦琐哲学的最明显表现是在于中古的领导学术——神学方面。其基本特点不是在于发展新规律，而只是在于把基督教信条阐明与系统化起来。烦琐学派企图用古代哲学家的——主要是亚里士多德——相应语句，来证明圣经或使徒传所说的话。他们又借用亚里士多德的逻辑形式来说明各种复杂的理论与推论。一般中古学者看重"权威"而藐视实际经验，不但在研究神学——哲学问题时这样，即在研究自然时也是这样。例如在研究地理方面，亚里士多德及其他古代作家之"权威"认为确切不移，而不加以核对，在医学方面许多遗留下来的偏见继续统治着，因为那时并不采用像活体解剖一类的必要的实验。实际上，也没有解剖的研习，所有若干解剖知识是从阿刺伯医书上得来的，这些阿刺伯医书像少数流传下来的古代欧洲的医学论著一样，获得不可争辩的权威。

然虽如此，烦琐哲学作为学术运动发展来看，早期有其一定的积极作用。第一，烦琐学派，在欧洲思想长期和古代切断之后，重新研习古代遗产（虽然，只限于少数古文化之代表，如亚里士多德等）。第二，烦琐学派在十二—十三世纪研究若干重要的认识问题。他们进行关于宇宙自然界的争辩，即一般概念。烦琐学者的一派——唯名论者——主张：一般概念实际上是不存在的，而只是个"名词、名称"而已。另一派，他们的反对派——唯实主义者——相反地认为：一般概念实际上是存在的，虽然在实际上是脱离特殊的东西。唯名主义者与唯实主义者的争论恢复古代哲学的唯心论者（柏拉图及其学派）与唯物论者（鲁克里迅及其他）之争辩，并准备新时代的唯物论者与唯心论者之未来的斗争。最后，烦琐派中的很多人是广博的学者，从事研究一切那可能得到的学术，其中包括还在萌芽形态的自然科学。在烦琐学家中，最著名的有巴黎哲学家——阿柏拉德（一〇七九——一一四二），他在创立巴黎大学中起着重大作用；伟大亚尔培（一一九三——二八〇），他是《植物论》七册巨著之作者，托马斯·阿奎那（一二二五——一二七四），他是以其《神学纲领》而驰名的。《神学纲领》一书似乎是中古世界观的百科全书，它从教会的立场阐明一切自然的认识问题与社会的问题。另有一英国学者洛泽·培根(一二一四——一二九二),他首先提倡用实验方法来研究自然,他是烦琐学派中最注意研究自然科学的人。

从十四世纪起,特别在十三—十六世纪,烦琐哲学已倾向衰落。自然科学与古代文艺的进一步研究脱离了烦琐学派。烦琐哲学最后专门用于宗教辩护——教条的问题方面,变成科学发展的阻碍了。它又参加于对新产生的人文主义之残酷斗争。

除烦琐哲学外,在中世纪还存在着另一种学派,那便是神秘主义,它和烦琐学派进行猛烈斗争。其中最著名的是阿伯拉德的同时人伯尔拿·克勒伏(一○九一——一一五九),两人之间曾发生激烈争辩。伯尔拿和其他神秘主义者否定研究亚里士多德的必要性并反对用逻辑方式来说明信仰基础,他们认为:宗教原理的掌握只可用"直觉"方法——祷告与虞神的默想,无需任何"异教学术"的帮助。神秘主义者显然站在反动地位。但后来神秘派中也有民主倾向的思想家之出现在"直觉"与"默想"里,他们触及封建制度的本质,不信其能长久存在,因而预示了新时代的来临:那是封建主对劳动人民的剥削必须停止的时代。意大利人约翰·卡拉布里,或约翰·佛罗伦萨(一一四五——一二○二)可作为这些神秘主义者的例证。他们的观点影响于将来(十六世纪里)宗教改革运动中最激烈的首领的思想。约翰预示"千年太平时期"不久将会来临,那时将没有任何私有财产与剥削。

四、中古艺术——建筑术

在中古社会里,封建阶级的统治地位当然规定了中古艺术的统治方向,首先在中古建筑术方面(封建城堡与教会建筑)。

封建统治阶级建立许多城堡,围以厚垣,起初用木头,而从第十世纪末—十一世纪初,用石头建造。他们企图借助于这种军事要塞,控制其周围的一切领土,封建主阶级对于农奴阶层的"超经济压迫"在中古建筑术里可找到具体的反映。封建艺术之另一目的是要影响民众的想象力,使他们尽量屈服于教会势力之下(教会是统治阶级利益的拥护者)。寺院、教会、大礼拜堂的建筑都是服务于这项目的的。

在日耳曼人占领阶段,罗马的建筑艺术一落千丈,所以中古的建筑术须从头开始。

在这一方面,查理大帝的建筑表现若干前进步骤。从其时代起,在西欧,开始创立所谓罗马建筑式,那有半圆形的穹隆拱门为其特点。从那时保留下来教会的,主要是寺院的建筑物都是厚重的石头房屋。它们造成狭长十字形,在厚石墙上有狭而不大的窗门,在其内部并有短而粗大的圆柱。丰富的雕刻装饰集中于表门及内部祭坛旁边。祭坛设于高处,那是教士的地位高于俗人的地位之象征。所有雕刻的图画是用以向群众图解他们所不懂的宗教仪式(那种仪式用拉丁语举行的)。在大教堂内经常是暗沉沉的,而这种图画却涂着鲜明彩色,来汲取祷告者的视线。总之,这一切都是打算鼓起参观者一种完全确定的情绪,即是景仰教会势力的伟大而自己觉得渺乎无力。

从十二世纪后半期起,在西欧,尤其是在北法,出现另一种异于罗马式的建筑式,即是所谓哥德式。从技术观点看,它比罗马式远更完备,并反映了封建社会里生产力一般发展之一定的进步。哥德式建筑术的特点是全部建筑物的"向上运动"的趋势,那是用尖顶拱门表达出来。尖顶拱门替代了罗马式半圆形穹隆的拱门。哥德式的建筑物又不像罗马式的那样厚重。其墙上出现大玻璃窗,点缀着极显明绘画。哥德式教堂内部的大批尖峰及外面的尖峰更加强了"向上运动"之一般印象。这种建筑又是特多雕刻(雕像、浮雕、石头雕刻),因而更富有生动与活泼性了。哥德式教会建筑是企图向民众暗示这种概念,即神性高不可攀,而天主教会为其世间的代表;也企图使群众心里油然发生宗教——神秘的情绪。

但哥德式不是仅仅应用于教会建筑的,跟着西方城市的发展,建造大礼厅本身已不复为教会大匠师所独占。这种建筑事业基本上转到城市手艺者手里。他们组成相应的行会,并乐于应用他们的技术于建造城市的议事大厅。另一方面,市民已认识到自己力量、地位与财富,开始企图在城市广场上建造议事大厅,和教会大厅并存比美。中古城市的豪华建筑物,在建筑艺术范围内反映城市市民阶层的自觉性。这种建筑物至今尚保存于一系列的西欧城市里:佛罗伦萨、亚那、布鲁日、根脱、布鲁塞尔等。

那时雕刻艺术遭受更大的改变。在民众艺术的影响之下,在这范围内,写实主义的倾向不断地增加了。过去,画像大部是纯粹设想的、远离真正现实的可能"圣徒"画像(罗马式教会建筑的特点)。现在,开始绘画人像,画得接近实际比例,有个性的并有自然动作的人像。浮雕图画(这些图画丰富地装饰着哥德式建筑),现在常常取材于一般风俗景色(农民收获、教师对学生授课等景况),以及各种民间故事与传说。

城市手艺的艺术,原从农民的根源产生出来的,现在往往公开反抗教会的艺术,无名的城市雕刻家在城市大礼厅的墙壁上雕刻着对院士与教士的讽刺像。

例如：一只狼在听它说法讲道的羊群前做祷告，"狐狸"披着袈裟向鸡鸭布道，或简单地画着一个院士有长垂的驴子耳朵。在中古艺术领域和在其他文化领域一样，民众的原则和封建——教会的原则进行不断斗争。

五、骑士文化与城市文化

虽然承认教会的精神领导，西方封建社会里的每个阶级发展其自己的特殊的，反映其自己性格与理想的文化。封建统治阶级——广义方面的骑士阶层——到十三世纪产生出复杂多样的习惯、礼节以及世俗的、宫廷的与军事—骑士的娱乐。在娱乐一项里，在中世纪，特别受到广泛传布的是所谓"马上比武"——骑士公开比赛掌握武器的技巧，那是反映封建主的军事职业。

在骑士队里，创造出许多军事歌曲，宣扬骑士功绩。歌曲的循环往复歌唱转变为叙事长诗。其中最著名的是《罗兰歌》，在十一世纪产生于北法，最后完成于十二世纪。其题材是查理大帝出征西班牙，以理想化的形式表达出来。同样性质的英雄诗，在宣扬人民英雄的特点的，是《苏德诗》，在十二世纪出现于西班牙，该诗反映几百年西班牙人民反抗阿剌伯人的斗争。第三首伟大诗歌是"尼伯鲁奇歌"在十三世纪初创作于德意志。该诗叙述神话并夹杂着中古早期的历史传说及后来的骑士生活方式（十二—十三世纪）。

在十二世纪里也出现骑士小说。这种小说以散文描写骑士的冒险生活，在欧洲社会里，获得广泛流传。其中享有盛名的是关于古代不列颠王亚塔尔的稗史，那是在英法城堡里骑士们所爱读的小说。另有关于阿马基斯、高卢的小说，那在西班牙、法兰西、意大利有广大读者。

骑士文学里占更大地位的是抒情诗。德意志的恋爱诗人与南北法的田园诗人，歌唱骑士对他们爱人的爱情。那些情诗成为国王宫廷与封建主城堡的必要消闲品。

在中古中期城市起着重要的政治作用，而在文化方面也有很多的发展。在城市里，世俗文化获得很大成就，首先在暴露其反封建的特点。还在十二—十三世纪城市里，开始出现讽刺作品——法人的寓言或德人的笑话都是尖锐地讽刺封建主。意大利的一些短篇小说包含很多反封建的动机。《狐狸野史》是在十三世纪最后构成的，闻名于全欧。它把封建主描写为饥饿贪欲的豺狼，而他们经常受到狡猾的狐狸之欺骗。在城市里，产生了中古戏院，这种戏院起初表演宗教剧，就是以圣经上各种题材为剧情。但后来，戏剧里逐渐加入世俗生活材料，并产生带着讽刺趣味的滑稽剧。市民和骑士一样，爱好娱乐，但他们所爱好的是民众性的娱乐,其中之一为狂欢节的音乐化装的街道游行。又在意大利城市,在十三世纪末—十四世纪初已产生了文艺复兴的新文学。

六、早期意大利文艺复兴运动

文艺复兴或人文主义是指新文化和古代旧文化的联系。由于十字军的东征与此后和利凡得的经常关系,意大利熟悉东方,特别是拜占庭。他们熟悉古代希腊的手抄本、各种古代造型艺术的遗物及建筑术。这些古物开始部分运入意大利,在那里收集起来并加以研究。但在意大利本身有不少古代罗马遗著。它们也由意大利城市知识分子整理研习。当时,对于古典文艺的搜集与研究蔚然成风。

在十四世纪,大批留存的罗马著作由许多收藏家集合拢来。薄伽丘不倦地搜集古代搜本。在搜集古本里,他检查意大利旧寺院图书馆,那里这种宝藏散乱不堪,满蔽尘埃。无知院士时常撕下古本书页,作为书写赞美诗与祷词之用。波得呼、布拉邱里尼以教皇秘书地位出席于君士坦司宗教会议,而他对于教会事务之关心远逊对于在德意志寺院藏书楼里搜寻古代抄本之努力。商人尼古洛、尼古利为购买古本而至于破产,他将所有古书构成大藏书楼,后来留给予佛罗伦萨人。

当时希腊学者和意大利人不断接触,教授意大利人文主义者希腊文,使他们有可能阅读荷马、柏拉图的原本。佩脱拉克认为他所有最好的古本藏书中之一是希腊人荷马的著作。在希腊学者巴尔拉的指导之下,佩脱拉克开始学习希腊语文。但巴尔拉不久死去,他就终止这项学习,因此,他经常抱恨:荷马在他边旁依然是个哑子,他的同时人,薄伽丘是第一位能阅读荷马原文的意大利人文主义者。一方面许多希腊学者和意大利人文主义者维持经常联系;但另一方面,意大利人文主义者(何阿里诺·费利尔福等)常赴君士坦丁堡学习希腊语文,研究古代希腊文学、哲学。著名希腊学者黑米斯、普洛风是佛罗伦萨新柏拉图学院的创设人之一。该院经费由科可谟·美第奇拨给。从拜占庭帝国大量希腊手本运入意大利,意大利人与希腊学者都转运这些手本。他们抢救自己本身及其他们古代文化宝藏,避去土耳其人的屠杀毁灭。

意大利的古代艺术从其本地泥土里以无数残迹的形式出现起来:在建造房屋,开种园圃里时常掘出古物断片。布鲁尼勒斯哥"佛罗伦萨建筑家"勤勉地测量并热情地绘画罗马城残迹。古代罗马典型对"文艺复兴"的艺术给予巨大影响,但"文艺复兴"的文化不是奴隶性地服从古典式样,而是创造性地融汇并改造它们。

原来，古代理想是创立于古代经济最繁荣、政治最民主的（依当时标准）城市里。所以，意大利城市的（尤其是佛罗伦萨的）新兴的资产阶级对于这种古代理想感兴趣，他们不但要了解古代理想，而且要从这种了解里，创立他们自己的世界观。那便是人文主义的世界观。人文主义文化把"人"本身而不是把"神"作为注意的中心，中古理想是以属于另一世界的"神"为中心的。现在不再讨论那些禁欲主义。人的躯体、情欲与要求不再认作罪过的事情，必须加以抑制消除，而看作生活的标的——最主要的标的。现世的存在是唯一的真实，对于自然与人的认识用科学的原理来解释了。所以文艺复兴运动开始了一个新的时代。

站在中古与新时代的界线上的伟大人物是佛罗伦萨人但丁·阿里给里（一二六五——三二一）。他的《神曲》像任何其他在其时代的著作一样，反映中古时代的理想。"地狱"、"炼狱"、"天国"构成神曲的三部分。但同时，在但丁的诗里，已有新的唯实主义的动向。但丁的出生城——佛罗伦萨——阶级斗争，本身反映在《神曲》里，和反映在镜子里一样。《神曲》用多斯加尼方言写出，建立未来意大利民族文学的基础。

文艺复兴的真正代表是前已说过的两个其他佛罗伦萨诗人：佩脱拉克（一三〇四——三七四）与薄伽丘（一三一三——三七五）。佩脱拉克用其他写给情人兰和尔的情诗。薄伽丘用其著名的《十日谈》一百篇短篇小说集，这些小说主要是关于佛罗伦萨城的生活——奠定了人文主义基础。由于他们的努力，人文主义广泛传布开来，不仅在意大利而且在其他国家里，他们的著作在西欧各国文字中有很多译本。

在十四—十五世纪佛罗伦萨的其他人文主义导师里该指出布鲁尼·雷温那尔杜（一三六九——四四四），他创立人文主义精神的教育制度（他主张教育不仅在于智慧而且在于体育）。他也是佛罗伦萨政治史的著作人。他把佛罗伦萨的地位与社会政治斗争的性质比诸古代雅典城。

罗里尼佐·巴拉（一四〇七——四五七）也和佛罗伦萨人文主义者相联系，他是大批评家、哲学家与语言学家与伊壁鸠鲁的研究者。巴拉证明教皇廷的许多文件的伪造（其中包括著名的《君士坦丁赠予》）。对于教廷，他怀着极大仇恨，甚至制定全部教皇国还俗化的计划。巴拉也开始科学地批判《圣经》原文。

意大利人文主义作家留下不少精美拉丁语作品。但一切真正伟大的是由早期资产阶级文化所创造的，用意大利民族语所书写的作品。意大利早期资产阶级文化，像在西欧的其他地方一样，引起空前的民族语文学的繁荣状态。那种用拉丁语书写的大作家的著作现在已半被遗忘了，仅代表历史的兴趣了；而这种流传后世而被一般有教育的人所阅读的是用意大利文书写的。在文艺复兴刚开始的时候，在十三与十四世纪的交界，意大利语的人民文学在多斯加尼方言的基础上创造出来了。这种文学是生动而丰富，流利而通俗，为各阶级居民所易于了解。所以意大利的人民文学是其文艺复兴的特色，远过于用押韵的，艺术性的，虽然近于西塞罗、维吉尔的拉丁语笔调的文学作品。当时使用意大利语写的不仅是在诗曲与优美散文而且在科技方面（和拉丁并用）。在意大利语文里出现数学、建筑学、战术的论文——接近于实际生活事件的论文。意语的优美文学的典型在内容与形式方面均脱离古代典型。改造的诗词——但丁的三句韵诗与佩脱拉克的十四行诗——和古代诗体没有任何相同之点。

  意大利人文主义者对于艺术方面，也有极大贡献。文艺复兴时代的新建筑术建造巍峨大厦，有高的圆顶、大的圆柱。这种建筑需要正确的数学计算。大厦、礼堂、宫殿的建造本身，由于建造技术的改进，大大地缩短了建造时期（有时若干年），而先前哥德式的大教堂的建造需要几十年，有时竟需百年左右。另在造型艺术方面——雕刻与绘画——文艺复兴运动也有辉煌成绩。这类艺术，一方面，受到古代的（主要是罗马的）艺术影响，另一方面独立性地创造了世界艺术史上的特殊风格——"文艺复兴风格"。在十六世纪出现了许多天才作家，他们的作品达到了艺术高峰。

  在十五世纪后半期，人文主义广泛地传布于欧洲各国。人文作家利用拉丁语的国际性组织成人文主义的学术团体于欧洲，并在各国学者之间维持熟络的通讯与访问。在意大利本身，除佛罗伦萨城外，兴起其他文艺复兴的中心——罗马、尼阿波利斯（即那不勒斯）、米兰、威尼斯。

  对于新兴资产阶级文化上有更大意义的是印刷术的发明。十五世纪初，在西欧洲，为传布教会大批文件（祷告书及其他）曾使用特制木版刻字方式。在木版上雕刻着图画与文字，此后乃印刻在纸上（从十四世纪起欧洲使用写字条）。木版刻字并未解决传布书籍问题。这项刻字工作进行迟缓，而刻在版上的凸字，经过印刷以后，就变为无所用了。古腾堡（马因斯人迁居于斯特拉斯堡）发明印刷术，其功绩是在于发明活动字母；这种字母起初是用木制，后来用金属铸造。此外古腾堡又发明印刷机能印纸张的两面。印刷术的发明完成于一四四〇年，而起初是严守秘密的。但经过十五年后秘密公开了，从德意志传布到其他各国。

十五世纪末威尼斯人文主义的印刷家阿里德·马诺次于一四九○年创立印刷厂,翻印古代作家的遗著,因而享有盛名。印刷术加快了书籍的出版并减低了书籍价格,因此,对于新的资产阶级的启蒙运动的发展,立刻创造出极端有利的技术条件。

（以上六章均选自中央高教部代印高等学校交流讲义《世界中古史》,耿淡如编,一九五四年版。）

第三编　西方史学史散论

什么是史学史?

一 概念的合浑

什么是史学史这一问题,今天还在讨论之中,尚未有满意的答复。第一,因为这是一门比较年轻的学科,还没有经过充分的研究。第二,因为马克思主义史学史截然不同于资产阶级的史学史,需要建设一个新的史学史体系。

"史学史"这个词可能是从外文译来的,或者可以说相等于英文"Historiography"、俄文"Историография"、法文"Historiographe"、德文"Historiographie"。这些词,在外文用法里有时指"史学",有时指"史学的发展史"。比如,在菲脱的《新史学史》(*Geschichte der neueren historiographie*),这个词意味着"史学"。在《张伯氏百科全书》中古奇(G. P. Gooch)所写的史学史,是用"Historiography"词目的。也许为了名词上的合浑,在《英国大百科全书》与《美国大百科全书》,以"历史"(History)作为词目而没有"史学"("Historiography")这个词目的。在美国出版了三本关于史学史类型的著作,它们也都不用"史学史"这个书名。绍特威尔(Shotwell)的著作,叫做《历史的历史》。巴恩斯(Barnes)与汤普逊(Thompson)的著作都用《历史编纂学的历史》作为书名;在这些作家看来,史学史等于历史编纂学史。如果这样地了解史学史,那么史学史将变成历史著作的目录与历史家的传略了。

在苏联史学史类型的著作里,有的用"史学史"(Историография)的名称,如瓦因什坦(О. Л. Вайнштейн)所编写的《中世纪史学史》(1940年出版)。有的用历史科学史的名词,如齐霍米罗夫(М. Н. Тихомиров)主编《苏联历史科学史大纲》(第一卷于1955年出版)。最近苏联科学院出版了《中世纪论文集》第18卷,关于中世纪史学的专号,在论文中使用"Историография"这个词。由此可见,苏联关于史学史类型的著作是一向以史学(Историография)或历史科学为标题的。看来史学与历史科学两个词现在已经混用了。

于是，我们所说的"史学史"意味着什么呢？是历史科学史，还是历史学科史？这个问题的解答，须取决于对历史学的概念和史学史的内容。让我们先看看关于史学史的现有定义吧。

二　现有的定义

史学史，顾名思义，当然是以历史的发展为基础的，正像物理学史是以物理学的发展为基础的那样。可是在历史学方面，为了下史学史的定义，首先要决定什么是历史？其次要决定什么是历史学？对于历史与史学怎样理解，对于史学史也怎样下定义。反过来，历史家对于史学史的定义也可以反映出他们对这些问题的见解。

英国著名的资产阶级史学家古奇（G. P. Gooch）关于史学史的定义是："史学史即历史编纂学：它是涉及那些为了教导或训示作者的同时代人或后辈而编成的并具有或多或少文艺形式的历史事件的叙述。"（见《张伯氏百科全书》卷Ⅶ：页16）这定义的后一部分就是资产阶级史学家关于历史的传统概念，即历史是带有文艺性并有教育意义的历史记录，因此历史家可根据自己的价值观念，选择某些史事来编写有教育意义的故事。它否定了历史发展的规律性，意味着历史是一堆"偶然现象"。因而在这个意义上，历史当然不是科学，而有些像文学而不是文学。因此，这定义的前一部分也只能把史学史归结为历史编纂学史。所以，英美作家大多直接地使用历史编纂学来替代史学史这名词，并且按照这框框儿来编写的。

苏联历史家的定义完全与此不同。瓦因什坦在所著《中世纪史学史》里说："史学史应该——在和社会发展联系下——研究历史科学的发展，表现在历史学派、历史思潮和所有历史概念体系之合乎规律性的交替，也应该研究历史科学对制定最重要的社会观念方面之影响。"另在齐霍米罗夫主编的《苏联历史科学史大纲》内，我们看到一个较多综括性的定义："史学史（Историография）是科学，研究人类社会发展的知识积累史、历史研究方法的改进史、各种学派在解释阶级斗争的社会现象方面之斗争史、历史发展规律的揭露史以及马克思列宁主义历史科学对资产阶级伪科学的胜利史。"

这后两个定义已清楚地指出了史学史应该包括些什么，研究些什么。它们肯定史学史是一种科学。此与古奇的定义不同者一。它们认定史学史的研究应该在和社会发展联系下揭露社会发展的规律性，因而找出史学发展的规律性。

此其二。它们要求史学史应论述各个不同学者或学派在史学思想领域内所进行的阶级斗争以及他们的新陈代谢的过程。此其三。齐霍米罗夫的定义又强调指出史学史应叙述马克思主义历史科学对资产阶级伪科学胜利的过程。此其四。这样看来,马克思主义史学史与资产阶级史学史是名同而实不相同的两回事。另一方面,瓦因什坦的定义是为中世纪史学史而作,齐霍米罗夫的定义是为苏联历史科学史而作,如果应用到一般史学史或历史科学通史方面,它们还是不够的。

三　对象与任务

关于史学史的问题主要是在于确定它的对象与任务方面。苏联科学院历史研究所史学史委员会曾于 1961 年 1 月召开了扩大会议。该会议规定每个月第一个周三集会,因而定名为"史学史周三会"(Историографическая Среда)。在第一次会议上,就把这一问题提出讨论。这次讨论的综合报道发表于《历史问题》杂志 1961 年 6 月号。兹摘译其要点如下:

> 在会上主席提出两点意见:(1) 史学史是属于意识形态的领域,有其自己的特征与分期,在研究苏联历史科学史上应特别注意列宁著作与党的文献以及和反马克思主义者所进行的顽强斗争。但非马克思主义的历史家著作也是研究的对象。(2) 史学史研究者应注意历史科学史与一般社会史的关系、历史家的活动与世界观以及史学评价的问题。有人指出,史学史的对象是研究国家历史的发展。它的任务是研究科学发展的规律性。有人主张,史学史应在思想意识、阶级斗争与社会的物质生活联系下来研究历史家的遗产,并应指出有关历史家的阶级地位与政治面貌。有人认为,史学史著作应包括历史研究方法的发展问题。有人主张,史学史与历史科学史应作为两种不同的学科,历史科学史是社会思想史的一部分。但有人反对说:历史科学史的对象已由其名称的本身规定,用不到再作特殊的定义。史学史与历史科学史之间没有什么区别。此外,史学史与史料学也是不能分开的。还有人反对把史学史作为一门独立的科学,认为它是一门辅助性的历史学科。它的主要任务是协助解决历史科学上的问题。有人发表意见说:从马克思主义兴起以来,历史科学史是历史唯物主义和各种形式的唯心主义在社会政治思想发展领域内的斗争史。

从这些意见里，可以看出苏联历史工作者对史学史的一些分歧看法。现在让我们结合这些意见和上引的苏联学者的定义，就下列几方面来讨论吧。

（一）史学史上除按照一般通史的分期外，应另把史学发展阶段分为两大时期：前马克思主义前科学时期和马克思主义科学时期。

史学的发展阶段和社会的发展阶段是分不开的。毫无疑问，那按照生产关系的发展而划分的历史时期是可以应用到史学史上的。可是在历史科学发展史上，在19世纪中期出现了一个最重要的转折点，就是马克思主义的兴起。从此历史在历史唯物主义的指导下，开始成为真正的科学。正像列宁正确地指出的那样，"马克思以前的'社会学'和历史学至多是搜集了片断的未加分析的事实，描述了历史过程的个别方面"。① 马克思主义的奠基人马克思和恩格斯建立了他们的科学理论并制定了在历史科学领域内的基本原则，标志着在意识形态内全世界历史的转折点，在历史知识领域内是本质上一个崭新的、不同于以前的时期。所以，为了在史学史上强调指出历史唯物主义对各种唯心主义的斗争、马克思主义历史科学对资产阶级伪科学的胜利，所说的分期似乎是必须添加的。

（二）史学史应反映出社会上的阶级斗争，但不是叙述阶级斗争的本身，而是分析历史家、历史学派在思想领域内的斗争。

史学史是以历史为基础的。"迄今存在过的一切社会的历史都是阶级斗争的历史。"②"阶级斗争，一些阶级胜利了，一些阶级消灭了。这就是历史，这就是几千年的文明史。"③历史是阶级斗争史，史学史也同样是阶级斗争史。历史家记录这些阶级斗争的事实或编写他们的历史时，是具有一定的世界观，站在一定的阶级立场上，决不是像资产阶级所谓"公平无私"的。他们的著作决不会是所谓客观的叙述。所以，社会上阶级斗争怎样尖锐，史学史上的阶级斗争也怎样激烈。但史学属于思想意识的领域，只能在和社会阶级矛盾与斗争形势结合下来研究史学流派或个别作家之间的斗争以及他们所反映出来的社会根源、阶级本质与政治面貌。有人认为史学史内也应论述阶级斗争事件的本身，这是不合于历史与史学分工之原则的。

（三）史学史和历史科学一样应阐明其自身的发展规律性。

一般认为史学开始于希腊。有人说，希腊人不是最早开始记录历史事件，但

---

① 《列宁全集》第21卷，第38页。
② 马克思、恩格斯：《共产党宣言》。
③ 《毛泽东选集》第4卷，第1491页。

他们是最先应用批判方法的;这是他们之所以被认为史学之创始者。史学史内应说明史学的起源与发展、史学派别的新陈代谢以及唯心主义史学的破产与历史唯物主义史学的胜利。史学史的发展与历史科学的发展同样是具有规律性的。史学史一方面应研究历史的发展规律,另一方面应揭露历史科学自身的发展规律。例如,人文主义史学推翻了封建宗教主义的史学,法国启蒙时期的唯理主义史学接替了"博学派"(考证学派)的史学,历史唯物主义的史学战胜了唯心主义的史学。唯心主义史学家认为历史是一堆杂乱的偶然事件。勒尼尔(G. Renier)在其《历史的目的与方法论》(1950年出版)中,完全否认历史过程的客观规律,从而主张科学预见不可能是历史研究的结果;历史一般不是能够反映客观真实的科学。像勒尼尔这一流的历史家既不承认历史的发展规律性,自然也否定史学史的发展规律性。事实上他们是不能承认历史发展的规律性。承认这一点,即等于说,资本主义必然灭亡。因此,目前资产阶级历史家以主观的方式偷偷地换了客观的历史规律,他们妄图利用历史资料或伪造的资料来辩解垂死的资本主义制度。所以,资产阶级史学思想现已走入了死胡同。

(四) 史学史应是历史科学的历史,而不是历史家的传记集和目录学。

我们知道史学的发展是合乎规律性的,所以一个学派接替另一个学派决不是偶然事件。对于一个历史学派或倾向的形成,必须加以全面考查并说明它们兴起的条件。由于这个缘故,在史学史上不应一个又一个地叙述历史家及其著作。如果这样做,史学史会变成大历史家传记汇编或历史著作的目录学了。顺便说说,资产阶级史学史常有这样的编法。因此我们应该把有代表性的历史家归入一定的范畴,并使他们的著作系统化。但这还是不够的。应该进一步根据历史主义来揭发他们的进步性或反动性,估计他们著作的贡献,以及他们对当时代和后代所产生的影响如何。

(五) 史学史应和历史哲学史或社会思想史有区别。

史学史果然是属于思想意识领域内的历史,但不是一般叙述历史哲学的或社会思想的历史。它应通过具体历史著作或历史上争论的问题来说明历史家或历史学派的思想意识,无论进步的或反动的。它和历史哲学与社会思想史有联系也有差别。史学史在叙述思想方面的主要任务是:研究历史家或历史学派对整个历史过程或个别历史事件所采的解释方法与立场观点,因而估计它们的作用。它不是一系列理论与名词的堆积。

(六) 史学史应包括历史编纂与历史研究两者在内。

我们不能同意美国资产阶级史学家以历史编纂学或历史的历史来代替史学史,也不能同意瑞士资产阶级作家菲脱(Fueter)的说法:他在其《新史学史》序言里提出,史学史只应包括历史编纂(Geschichtschreibung),而不是提供历史科学的其他方面,后者他称之为"历史研究"(Geschichtsforschung)。但我们并不是说,历史编纂和历史研究在史学史中不是占着重要地位。在编纂方面,历史体例不断地演变着:从纪事史到编年史再到纪事本末体等;叙述文体也同样地起着变化:从史诗到散文而散文中又从修词叙述到朴素叙述法;又在研究方面,研究的技术、组织与领导也越来越多改进;这一切都是可以反映出历史科学发展过程上的成就的。

(七) 史学史应结合其他有联系的科学来研究。

历史科学的发展是和整个社会的发展、它的文化、它的意识形态紧密地结合着的,因而史学史的研究者应注意到其他科学领域的成绩与思潮。历史科学是研究整个社会的发展过程的。所以,就本质来说,史学史不能也不该孤立地去研究。历史科学的发展和其他社会科学一样是由社会的经济基础来规定的。生产关系的变更决定着社会思想意识的变更。"社会存在怎样,社会物质生活条件怎样,社会观念、理论、政治观点和政治制度也就会怎样。"[①]所以,经济、政治、法律、哲学等科学的发展,对史学的研究工作,具有重大意义。而且历史科学的研究技术、史料的数量与范围、研究工作的组织与领导也是依靠其他科学的成绩、整个的生产水平与政治制度的。

(八) 史学史应总结过去史学的成绩。

马克思主义史学兴起前,历史不得认为是科学。但这不是说以前的历史研究上的成绩可以忽视的。马克思主义的历史科学是从利用和改造它一切过去的成绩而来的。所以,史学史应根据历史主义,就是按当时代的条件来估计过去历史家与史学派所作出的成绩,决不像现代资产阶级那样用"近代化"方法来讨论过去事件的。史学史应总结出过去历史家的遗产。当然要用批判与继承的方法,汲取其精华,抛弃其糟粕。这里也应指出:史学史也和历史一样可分为国别史学史或断代史学史,也可综合地去研究,作为世界史学通史。由于各国史学的发展很不平衡,它可采用比较方法,在和社会发展状态联系下,来阐明各国或各

[①] 《苏联共产党(布)历史简明教程》,第151页。

时代史学发展的异同点以及它们之间的相互影响。例如在中古时期,阿拉伯的史学对欧洲史学的影响。

(九)史学史应以研究历史的同一方法论来研究。

史学史的对象不同于历史。但它和历史完全一样,是以历史唯物主义与辩证唯物主义为其理论与方法论的基础的。资产阶级的历史编纂学或历史的历史是以唯心主义的理论为基础的,所以它们的史学史不是属于科学范畴的。资产阶级史家不仅不谈而且反对历史唯物主义的理论与方法论,而且提出他们的所谓"方法论"。这种方法包括年代研究法(分为史前期、上古、中古、近代史)、地理研究法(分为自然地理与政治地理)、社会研究法(分为政治、军事、社会、经济史)等(见《张伯氏百科全书》,卷Ⅶ,同名词目)。

(十)史学史对资产阶级伪史学应进行坚决的斗争。

我们在史学史中应特别强调马克思主义历史科学对资产阶级伪科学斗争之胜利过程。在19世纪90年代以后,列宁进一步发展了马克思主义历史科学的理论。在十月革命后,社会主义由胜利走到胜利。历史科学亦不断地取得辉煌成就。现在资产阶级历史家还力图作垂死挣扎,提出各式各样的荒谬理论,我们应该对他们进行坚决的斗争。1959年苏联出版了《批判伪史学》(Против Фальсификации Истории)一书,在那里严峻地批判了当前资产阶级的史学,特别是美国资产阶级的史学。这种批判资产阶级史学流派的工作,是当前史学史上一个头等重要的任务。

上面所谈的只是史学史的内容应该是什么,而且也谈得不深不透。至于史学史是什么这个问题依然未曾解决。要确定一个国家史学史的内容,已有困难;如果要确定世界史学史的内容,困难当然更多。可是为了提高历史教学的质量,为了批判资产阶级的伪史学,这门科学刻不容缓地需要建设起来。我们应不畏艰难,不辞劳苦,在这个领域内做些垦荒者的工作。我之所以提出本问题,不是妄图解答而是希望大家来研究、讨论并共同解决这个问题。比如垦荒,斩除芦荡,干涸沼泽,而后播种谷物;于是一片金色草原将会呈现于我们的眼前!

(本文原载《学术月刊》1961年第10期)

古希腊史学述略

小 引

1964年始，复旦历史系师生因参加"四清运动"，原先的教学计划被打乱了，故有耿先生在1965年12月15日开始为本科生讲授的《外国史学史》一课，此时我已是耿氏弟子，也是这门课的助教。

这是先生最后一次为本科生上课。我在一篇回忆耿师的文章中，记述了他抱病上课的情景：一大早，他就从申城西南徐家汇天平路家出发，换乘几辆公交车，赶往市区东北角的学校上课。他早早地来到教员休息室，因年初重病开刀，原来羸弱的身体较前更为虚弱了，又患有老年性肺气肿病，在坐定后便大口大口地喘气，不停地咳嗽。两节课下来，先生总是气喘吁吁，疲惫不堪，课后又沿原路返回家中。如此往返，我从来没有听到过他有一句怨言。

此次重拾半个世纪前聆听耿师授课时记下的笔记，抚记怀人，能不怆然？先贤风范，自当赏心致志；整理先师讲课实录，亦未敢自专。查课堂笔记，先生从序论说起，继之讲的是古代东方的史学，在讲至古代希腊的史学时，放慢了节奏，然至古代罗马的史学，只说了它的时代特征，就戛然而止，一如修昔底德写《伯罗奔尼撒战争史》至公元前411年冬就突然中断（作者原来立意要写到战争结束的），这成了学界多年来颇为困惑的一个问题。不过，耿师的《外国史学史》一课上到古罗马中止，原因明白，此乃形势与身体的双重之故。

这里，且把先行整理出来的古希腊史学这一章刊发在这里，作为《西方史学史散论》之一，以飨读者。

上次我们讲了古代东方的史学，它是古希腊史学的前奏。接下要说的古希腊史学，在西方史学的新陈代谢中，实在处于很关键的地位。可以这样说，古希腊史学是西方史学的基础与源头。

史学的发生与发展,须与它所处的时代与社会相关,我们讲古希腊史学,还得从这里讲起。

一、古代希腊社会的特征

对于古希腊社会,有几点需要强调:

1. 古希腊社会属于"古典奴隶制"社会,是奴隶制社会发展的高级阶段。

2. 它的国家形式是城邦制,与古代东方奴隶制国家的政体不同。

3. 古希腊社会存在多种矛盾:奴隶主与奴隶的阶级矛盾,构成了古希腊社会的基本矛盾;城邦之间的矛盾,伯罗奔尼撒战争,就因两大城邦集团的矛盾而爆发;希腊人同波斯人的矛盾,这种民族矛盾,导致了希波战争的发生。

4. 马其顿征服希腊与亚历山大东侵,是所谓"希腊化时代"。此时,东西方文化才有了真正意义的接触与交流,我特列一点,说明我们要重视"希腊化时代"(公元前334—前30)的研究。

二、希腊史学的起源

一般说来,它开始于希罗多德,称其为"史学之父",但要溯源到:

1. 荷马的史诗。

据传说,荷马是盲诗人,生活在公元前10至前9世纪,写了《伊利亚特》和《奥德赛》,反映了早期希腊时代广阔的社会生活,通称《荷马史诗》。《伊利亚特》叙述希腊众英雄去攻打特洛伊城的故事,《奥德赛》描写希腊英雄奥德赛从特洛伊城回到希腊的故事。书中所载,大多是神话传说,也包括一些反映那时社会组织及风俗习惯方面的内容。从本质上说,《荷马史诗》是反映古希腊社会从氏族制度瓦解过渡到奴隶制出现时的社会情况。

《荷马史诗》缘于口头传说,后由大诗人荷马整理定型。但对此有争论,争论焦点集中在:荷马是否实有其人;《荷马史诗》是不是由一个人编成。不管如何,《荷马史诗》通常被认为是古希腊史学的起源。古老的史著多是史诗而非散文,中西皆然,如同中国的《诗经》,它也是用韵文写成的史诗。

有一点在这里需要指出,"史学之父"希罗多德深受荷马的影响,从他的《历史》那里,可以找到根据。

2. 散文纪事家。

历史一般从押韵的文字转变为散文体写作,故用散文记事,是史学发展的一个重要条件。

公元前7至前6世纪,在小亚细亚爱奥尼亚人居住的地区,出现了许多用散文体写作的纪事家,他们编写英雄故事,后来也注意到政治事件和城邦生活。在这些散文纪事家中,最著名的是赫克泰阿斯,他写了《谱系志》和《大地环游记》,后一书记载了他各处游历所到过的地方,希罗多德著《历史》,曾明白指出引用过他的资料。

古希腊史学到了散文纪事家出现的时候,叙述体的历史已经形成了。

三、希罗多德

希罗多德(Herodotus,约前484—前425),他的"史学之父"这一称呼,是后来罗马文学家西塞罗给他戴上的,沿用至今。他出生于小亚细亚,出身于贵族之家。他喜好游历,到过不少地方,在40岁前,遍游小亚细亚、爱琴海诸岛、北非埃及、叙利亚、黑海北岸,后来去了雅典,不多久,又搬了出来,行走在意大利半岛与西西里岛。他一路走来,一路采集资料,为编《历史》作准备。

希罗多德站在亲雅典的立场上来治史。在他生活的年代,正是波斯帝国向西方侵略的时代,于是希波开战,希腊人众志成城,表现出反侵略的勇气和精神,终于打败了波斯。《历史》一书反映了他的这种希腊民族主义的政治观念。

希罗多德的传世之作《历史》,又名《希腊波斯战争史》,共分9卷,每卷以希腊神话中的缪斯女神命名。

就其内容,该书可分为三部分:关于波斯的兴起、大流士统治时代及西侵、薛西斯远征失败,希腊获得胜利。此书是写战争的,说明冲突的原因,歌颂希腊人的英勇事业,写的是当代史。

《历史》一书的特点:

1. 创立了历史叙述体。经过他的手,把史诗与散文纪事家的体例,改进为"历史叙述体",他的创立之功,为后来西方历史著作的编纂体例,奠定了根基,影响很大。

2. 史料搜集,利用实地考察所得,采用调查研究的方法。古代史家大多是这样,希罗多德更甚,因为他还是一个旅行家。

3. 利用前人记载,如散文纪事家赫克泰阿斯等人。此外,还引用事件目击者的证明。

4. 带有批判性,这是比散文纪事家高明的地方,也是他所处时代了不起的成就,他编历史的方法已经到了有系统的地步。

5.《历史》擅于描写,有其文学价值。但其缺陷是虚构与真实混杂,交代不清,有论者说他为"小说派历史学家",或可聊备一说。

四、修昔底德

修昔底德(Thucydides,约前460—前396),他比希罗多德晚出生20多年,是下一代人。出身显贵,家在希腊半岛北部色雷斯,后来搬到了雅典。公元前424年,他奉命救援安菲波里斯,然带兵失败,被雅典当局驱逐达20年之久。在这期间,他密切关注正在进行的伯罗奔尼撒战争,同时搜集资料,为写作《伯罗奔尼撒战争史》作准备。回到雅典后,全力写书,因病而中断写作,此书只写到公元前411年。书是在他死后问世的,后人把它分成8卷。为此书续写者不乏其人,其中最有名的是色诺芬,虽不能说是"狗尾续貂",但与修昔底德名著相比,不是一个层次的。

修昔底德的政治立场是属于温和民主派,反对僭主政治和寡头政治。崇拜雅典当权派、政治家伯里克利。他的《伯罗奔尼撒战争史》,写的也是当代史。在希腊三大史家(希罗多德、修昔底德和色诺芬)中,他的历史学家的地位超过希罗多德,是最高的,原因在于:

1. 他运用批判方法,比希罗多德要进了一大步,并且说明历史著作的基本目的是求"真实"。在这方面,他批评过希罗多德,说不真实,写出来的东西还有什么用。

2. 他力求以理性主义来说明历史事件,避免用神意或超自然的力量来解释历史。

3. 使用史料十分广泛,尤其重视实地考察与目击者的记录,为此他做了许多艰辛的工作,获取了许多宝贵的材料。

4. 注意到战争中经济因素的作用,特别关注雅典的财政。

5. 文体采用历史叙述体,文字简括有力,较希罗多德又有改善与进步。

其书也有缺点:编年代采用"夏冬"体例,会引起混乱,同我国"春秋"纪年,是一样的意思;对历史解释持"命定说",这也是当时历史学家的通病;好借古人之口,发表长篇演说,实际上是他自己的作品。

五、色诺芬

色诺芬(Xenophon,约公元前435—前354年)。上述希罗多德与修昔底德都生活在雅典的盛世,但至色诺芬时,雅典已衰落。三大史家有一个明显的共同点,那就是都出身于贵族家庭。

他在政治立场上,反对雅典,拥护斯巴达的寡头政治。公元前401年,他起用希腊雇佣军助波斯亲王争夺王位失败,率万余人投奔斯巴达,对此他著的《长征记》作了记载。他被雅典当局判为终身放逐。

他的写作面较希罗多德与修昔底德要广,除著有名作《长征记》外,还有续修昔底德《伯罗奔尼撒战争史》的《希腊史》,从公元前411年写起,体例仿修昔底德上书,但其价值远远不及修昔底德,原因在于缺少批判性与公正性,他偏袒斯巴达;相信命运,他把斯巴达后来的失败,归之于命运所致。但他的书保存了许多有价值的史料。此外,他还撰有《雅典的收入》等作品。

在古希腊三大史家中,色诺芬的地位最低,地位最高的是修昔底德,因为他尝试用唯物的观点来解释历史。

六、希腊—罗马时代的史学

所谓"希腊—罗马时代"是一个过渡时代,即我们所说的"希腊化时代"。在这个时代,希腊在政治上已经衰落,但其文化却在迅速传播。罗马已经控制了地中海世界,这一时期的希腊史家,大部分为罗马国家统治阶级服务。下面,我们可以举出两个著名的历史学家作证。

一为波里比阿(Polybius,约前200—前120)。

他出生于希腊,贵族之家。其父在当地有大地产,很有影响力,依仗其父,很早就参加政治活动。公元前168年,他加入的亚加亚同盟抗击罗马人失败,作为1000名人质之一,到了罗马。罗马政治家小西庇阿看重他的才能,两人遂结为好友,从此有20多年,他们之间关系密切。于是,他得以了解罗马政坛情况,又游历意大利、非洲、西班牙、高卢、小亚细亚等,他也是一个旅行家。

他的传世名著是《罗马史》(又称《通史》),成了西方世界的第一部世界史,共40卷,只有5卷保留了下来。该书内容叙述公元前220至前168年,53年间的史事,写罗马人扩张,经过多次战争,直至征服希腊为止。所叙之事,属于当代史,分析了罗马人得以强盛的原因。

他提出了罗马政体循环论的观点,认为是君主制—贵族制—民主制这样循环,这种政体,混合了三种政体的优点,而避开了三种政体的缺点。执政官代表君主政治的要素,元老院代表贵族政治的要素,公民代表大会代表民主政治的要素。在波里比阿看来,这种循环的混合政体,能够永远保持下去。

他对历史的看法:认为历史是以事实为训,他的书专从政治军事叙史,认为历史是训练政治家的学校,倡导历史的训示,在西方史学史上可称之为"历史训示学派"。

他还认为历史学家还必须具有三项条件:地理知识、实际政治知识、搜集与整理史料的本领,三者缺一不可,否则难成就一位优秀的史家。

总之,他的政见及对史学的认识,在西方史学上产生了相当大的影响,学界有主张以他替换色诺芬,列为古希腊三大史家之一。

另一为普鲁塔克(Plutarch,约 46—120)。

他出生于希腊中部贝奥尼亚,在雅典他研究修辞学和哲学,也是一名旅行家。他写的东西很多,最具代表性的作品是《伟人传》(即《希腊罗马名人传》)50篇,创立了西方史学史上的历史传记体裁。其书反映了作者崇拜罗马文明,但又流连于古希腊文化的思想。他宣扬崇拜伟人,其学说对后世影响很大。

七、总结古希腊史学

通过以上的述略,我们可以对古希腊史学作一总结,这种"总结"(或说"小结")总是难以周全的,意在引发同学们课后思考,为进一步阅读创造条件。

1. 古希腊史家都是大旅行家,他们从不闭门造车,而是游历四方,以亲身观察所得史料来写史。"闭门造车"的情况,到了古罗马时代就有了。

2. 古希腊史家都是研究当代史的,关注当前发生的事件,以此为题材写作,很少谈到古代,他们是一些"厚今薄古"论者。

3. 古希腊史著内容都是关于政治、军事方面的,特别在意国际之间的矛盾和相争的事情。

4. 古希腊史学中,一般没有"官方史家",多是私人撰史,即便是位居高位的修昔底德,也是在"下台"后的"民间史家"。

5. 古希腊史家开始运用批判方法,从希罗多德经修昔底德到波里比阿,其法日益进步,对历史写作提出了更高的要求。请大家特别留意这一点,并以此与古代东方的史学相比较。

6. 古希腊史学,尚缺少历史进步观念,反映出来的历史意识,从初期的历史倒退论到"希腊化时代"的历史循环论,都说明历史思想还处在稚拙阶段。

7. 有一点必须指出,那就是古希腊史家的阶级属性,他们是为奴隶主统治阶级服务的。

8. 古希腊史学是后世西方史学的模型,近代以来,希腊史家与史著,成了西方史家研究和模仿的对象。请大家注意,我在讲本章一开头就说"古希腊史学是西方史学的基础与源头",也就是说古希腊史学的模型作用。大家还记得吗?我在讲序论结束时说过这样的话:"在研究西方史学史时,我们可以采用标本与模型兼备的方法。比如,研究古希腊史学,可以修昔底德为标本;研究古罗马史学,可以选李维为标本。这种方法,即类似于我们所说的以点带面,从中可以找出史学发展的共性与特征。"这里再说,为的是要认识古希腊史学在西方史学史上的重要地位与深远影响。

世界中世纪史学史提纲

中世纪史学的内容。研究中世纪这一阶段的历史科学史主要是研究：(1) 历史学派的阶级本质；(2) 有代表性的历史家与他们的著作；(3) 占着支配地位的历史概念。中世纪时代的史学可统称为"封建主义史学"。在 15 世纪"人文主义史学"出现后，这种史学还是占着重要地位。"人文主义史学"属于资产阶级史学范畴。

中世纪史学约可分为两个时期：(1) 封建主义史学的形成与发展时期，文艺复兴时代人文主义史学出现前的时期(5—15 世纪)；(2) 封建史学的衰退时期，人文主义史学出现后的时期(15—17 世纪中期)。

第一章　封建主义史学

封建主义史学思想。所谓神父—历史概念，由"教会神父"尤其是奥古斯丁制定，力图证明基督教会胜利的必然性，并把所有先前的历史说成是这项胜利的准备。这种形而上学的思想支配着中世纪早期的历史学。

它有两项特征：(1) 善恶二元论——奥古斯丁的"上帝国"中把天堂国与地面国对立，说明上帝统治对恶魔统治的斗争。人类历史被看作是这项斗争的历史；最后胜利必属于上帝国，即教会。他说明：被压迫阶级所感受的痛苦是暂时性的、过渡性的；任何反教会、反封建的起事(异端运动与农民起义)被看作"恶魔的暴动"。(2) 神意说——说明所有历史过程，是上帝规划的实现——神意的表现。

封建主义史学的阶级性。它替教会封建阶级服务，肯定现存制度不变直到"地面国"的末日为止。封建制度是神命的秩序，任何破坏的企图是犯罪的。托马斯·阿奎那(13 世纪)进一步制定天主教会封建史学的主要条件：政治权力来自上帝("除了上帝权力外，没有什么权力"——圣保罗)；奴隶制是处罚罪孽的神命制度；君主政府是最好的政府。精神权力高于世俗权力。

在文艺复兴运动前，史学几乎是同一阶级性的，就是纯封建主阶级性的。历史家不是僧侣,便是世俗封建主或封建教会的代表人。阶级性还具体表现在:(1)历史家注意在封建社会的上层活动;(2)在13世纪之前,历史著作几乎都用拉丁文写的。

中世纪早期的编年史。中世纪早期(5—8世纪)的历史,一般是编年史,即按年代纪事的历史,编年史家的主要目的是:要使后代人记忆现代事件。这个时代的编年史大部分是由僧侣写的;现有许多教会寺院编年史流传下来。它在编纂方面,有很多艺术性:表现在(1)转述或照抄著作内的资料;(2)往往存在互相矛盾的史料;(3)以神意来说明事件的进程并有神话式的记事,它的内容包括有:军事外交、统治者的个人生活、天灾和自然界的威胁现象。严格说,这些编年史是属于史料性质的。

喀罗林朝史学。在喀罗林朝时代,历史编纂方面有了进步。原因是:所谓喀罗林朝"文艺复兴运动",摹仿了古代历史典型作品的风格。爱哈德著名的《查理大帝传》是模仿《罗马皇帝奥古斯都传》的。查理曼的孙子尼特哈德伯爵《历史四卷》(约843年编写)注重公平的叙述,少有奇迹的记载。寺院编年史《伟大劳立斯编年史》(741—829),是把世俗利益放在宗教利益之上。保罗·地根(Paul Diaconus)的伦巴底历史是这时期最著名的历史著作。

到了10世纪,由于诺曼人侵犯和分封混乱,历史学趋向衰落。表现在文字粗俗、叙述杂乱、范围狭窄;编年史充满着梦见、预言与奇迹以及枯燥事实。

11世纪封建主义史学的高涨。封建混乱的减少、十字军运动的发生、城市兴起与公社运动和农民反封建主的斗争使封建思想的代表者动员一切力量对反对派思想进行斗争。烦琐学派力图论证封建制度的不可动摇性。例如,鄂图夫赖辛主教的编年史拥护禁欲主义;他又主张历史是"恶魔王国"与"基督王国"的斗争;世间的一切是不完善的、不固定的,把希望寄托在天堂上的未来幸福。他之所以抱着悲观主义,是因为统治阶级内部出现了尖锐的冲突,即德王亨利四世与教皇格列高里七世的斗争。基柏底的《生活杂记》以敌对态度叙述琅城公社反对高德里主教。

历史批判态度的萌芽与13世纪西欧史学状况。在上述时期,历史著作中出现了对历史资料批判的萌芽;揭露教会伪造的史料。基柏底在《论圣迹》里,揭破最粗鲁的伪造圣迹。但在13世纪,这种批判态度并没有进展;然而由于统治阶级对历史兴趣的增加,著作数量与种类增加起来。除了原有各种编年史与圣徒传记外,出现了简单的世界史课本、历史资料集、国王与皇帝的传记以及国语的国家历史巨著,等等。

总结。中世纪唯心的封建主义史学虽有很多缺点,但对古代奴隶制社会史学来说,是有进步性的。古代史家认为历史从"黄金时代"倒退到"铁的时代",有"历史倒退"和"循环论"的悲观倾向。但中世纪史学提出了进步观念——历史的过程将引到一个确定的目的,即上帝的统治。这是乐观的观念。又因为宗教的统一是实现最终目的的必要条件,所以全世界成为历史研究的对象。世界史观念也是在这个时期兴起的。

第二章 人文主义史学(文艺复兴时代)

史学思想的世俗化。文艺复兴运动是西欧广泛的文化运动,本质上,反对封建社会制度。反对教会的世界观,反对教会的垄断思想,包括史学思想在内。

文艺复兴运动的主导思想是人文主义,就是以"人的研究"(studia humana)来代替"神的研究"(studia divina),使人们思想从封建教会烦琐哲学和神学里解放出来。人文主义者以人们的活动与经验,以理性来代替上帝的干涉、神秘、奇迹说明历史事件,因而使历史学成为世俗化。

人文主义史学的阶级性与世界观。人文主义史学反映资产阶级的意识形态,是为资产阶级服务的。它的世界观是反对封建的、世俗性的、个人主义的,但仍然是形而上学的。人文主义历史家重视世俗事务和人们的经验,尤其是有关资产阶级利益的事件。为了巩固新兴资产阶级经济政治统治权,他们力图在历史学的领域内进攻封建主义的社会制度与思想,例如,他们反对血统的封建贵族,主张以财富、知识和本领为"贵族"的标准。意大利人文主义史学家,大体上多主张符合资产阶级利益的"贵族"共和主义。

人文主义史学与封建主义史学的斗争。这项斗争主要表现在:(1)反对奥古斯丁的"神意说"和"二元论"——上帝与恶魔在史学上不复有地位。(2)不复记载像中世纪编年史家所叙述的"奇迹"。如果提及奇迹,也只作为嘲笑的对象。(3)以批判态度来对待史料。批判那些轻信而又不学无术的僧侣的传说。严格鉴别史料的真伪性并注意史料的考证。(4)创立新的历史发展概念。反对"罗马不灭论"与"帝国转移论"。承认罗马帝国与古代社会在第5世纪已经消灭。从那个时期起开始了历史发展的新阶段。他们开始把历史分为三期:古代、中世纪和现代(即文艺复兴时代)。推翻"四帝国分期论"。(5)以敌对态度对待中世纪,称罗马灭亡后的时代为"野蛮的"、"哥特的"、"黑暗的"时代并蔑视中世纪时代的史学著作。

意大利人文主义历史家。意大利人文主义历史家可分为两派：(1) 政治修辞派。可以布鲁尼与马基雅弗里为代表。这一派认为历史不是科学而是修辞学，并把历史和政治斗争紧密地结合着。他们从历史事件中找寻适合于当代政治斗争的教训与方法。他们往往不去直接研究原始资料而乐于利用别人研究的成果，作出符合他们的任务结论。(2) 博学派。可以比昂多为代表。该派认为历史的任务不是直接的政治斗争，而是历史科学的研究，确定正确的历史事实。他们制定研究史料的批判方法。他们应用文字证据、实物遗迹和语言学来分析史料。

意大利城市史。意大利人文主义历史家自己所提的主要任务可归结到颂扬城市与王朝。佛罗伦萨是新人文主义史学派的中心；它的创立人是布鲁尼(1369—1444)；他的最重要的作品是《佛罗伦萨史》。它是用意大利语写的，1500年前印行了3版，不仅叙述一个城的历史，而且涉及一般有关了解佛罗伦萨城的中世纪情况。在书里确定罗马帝国灭亡的最重要原因是：罗马由共和转变到皇帝的专制统治。他主张"贵族共和主义"，反对君主政治。

马基雅弗里(1469—1527)，佛罗伦萨人。他最著名的历史著作是《佛罗伦萨史》8卷。第1卷综述意大利从蛮族占领到1434年的历史，第2—3卷简要叙述佛罗伦萨城史，也到1434年为止，最后4卷详细讨论从1434到1492年佛罗伦萨史(当代事件)。他利用过去历史事件为当代利益服务，就是要使意大利建立它的政治统一。

古代史学典型对人文主义史学的影响。人文主义历史家一方面蔑视中世纪史学，但另一方面竭力模拟古代作家的词藻与体裁，尤其是他们中间的政治修辞学派。古代作家塔西陀、西塞罗、李维的著作成为他们的模型。他们使用古代作家的词汇并模仿他们的笔调，因而削弱了人文主义历史著作的科学性。

封建世界观在人文主义著作中的残余。人文主义史学虽对封建主义历史思想进行斗争，但还有不少封建主义残余存在着。主要表现在：(1) 大多作家还按编年史形式来叙述事件；(2) 内容还偏重于政治、军事与外交，不注意于经济生活；(3) 继承封建史学的粗鲁论证方法——利用虚伪资料和臆造的事实来论证自己的观点(政治修辞学派)。

结论。文艺复兴运动时期是西方史学上的转折点，就是从封建主义史学转到资产阶级史学的过渡阶段。这种"新史学"按时代来说是具有进步性的，因为它是反封建的、世俗化的。在这时期虽然它对"旧史学"进行剧烈的斗争，但封建主义史学仍然是占有重要地位,直到资产阶级推翻封建统治为止。

第三章 资产阶级史学的初步形成

地理大发现对史学的影响。16世纪人文主义广泛传布到西欧。人文主义史学在英、法、德、波兰等国也开始成长。

地理大发现加速了西欧资本主义的发展,因而也推进了人文主义史学的进程。它对史学的影响主要表现在:(1)扩大历史著作的内容;(2)打破史学上的神学观点和《圣经》权威;(3)使史学思想突破欧洲的狭窄框框而扩展到全世界;(4)使史学战线上的斗争更加尖锐化。

意大利人文主义的史学。在15—16世纪,意大利人文主义史学站在领导地位,但到了17世纪,它跟着意大利经济的衰落,这项地位让给德法了。

在16世纪,值得特别注意的是:在意大利人文主义史学中除了政治修辞派与博学派的著作外,发展了另一种形式的史学著作——名人传记。传记体史学反映出个人主义的发展——资产阶级的个人崇拜、个人荣誉的追求,等等。作为例子,可举瓦萨(Vasari,1511—1574)的"著名艺术家、雕刻家与建筑师传"。他是反对封建制度,否认文艺复兴运动前的中世纪艺术的。

德国人文主义的史学。德国人文主义史学由意大利传入,在16世纪上半期由于阶级斗争的尖锐化而获得了发展,但在三十年战争后它变为衰落。它和意大利人文主义史学有所不同:(1)表现出民族主义色彩(意大利史学,富于地方主义或世界主义色彩);(2)具有强烈的宗教情绪与争论(意大利史学对宗教问题,比较冷淡);(3)较多注意于国内的社会政治制度与问题(意大利史学较多注意于对外关系)。

16世纪上期,德国社会矛盾与阶级斗争非常尖锐,特别表现在宗教改革运动与农民战争上,因此史学成为各党派的宣传武器。在宗教改革运动的过程中,史学战线上的斗争特别尖锐。当时,德国人文主义史学约可分为三大派:(1)人文主义烦琐学派。该派史学混合着旧的教会封建主义与新的人文主义史学观点与方法。代表新教神学史学派的,有"马德堡集团"。该集团由法拉塞(Flacius,1520—1575年)创立,反对天主教会与教廷。另一方面代表旧教神学史学派的,有红衣大主教巴罗尼(Baronius),在1588—1607年间出版他著名的《宗教编年史》。(2)人文主义博学派,可以雷南(Rhenanus,1485—1547)为代表,他是一个书斋学者,脱离实际政治斗争。著有《德国史》三卷。对于史料,重考证而富有批判精神。(3) 人文主义政治修辞派。它再可分为两派:(甲) 官方史学派——为皇帝公侯服务的史学家,以倍亨革为最著名。他的名著是《帝皇书》;市民人文主义派——代表新兴资产阶级,强调民族主义,也稍注意到人民的历史。可以卫弗林(Wimpfeling)与阿文丁(Aventinus)为代表。前者著有《我们时代以前的德国简史》,后者著有《巴伐利亚编年史》。

法国人文主义史学。16 世纪后半期起,历史领域内的领导地位,移转到法国。原因是:法国民族国家的强大与王权的集中促进了历史科学的发展。又在长期的内战时代,新教(胡格诺派)与旧教(天主教)的剧烈斗争,也有助于史学的成长。

胡格诺派霍德曼(Hotman,1524—1590)在 1574 年出版《法兰西—高卢》一书,企图论证新教贵族要求参加政权的正当;反对"王权无限说",主张"人民"有推选并罢免国王之权。另一胡格诺派奥比涅(ÒAnbigne,1552—1630)编写《世界史》三卷,反对国王的专制,辩护胡格诺派的政治纲领。

另一方面,天主教历史家哈兰(du Haillan)在 1576 年出版《法国通史》,反驳胡格诺派的主张,拥护绝对专制政治。

在内战结束后,法王颁布《南特诏令》。得·图(de Thou,1553—1617)出版《我们时代的历史》,说明这项诏令是贤明的折中政策。此后,法国人文主义史学达到了高峰。但在 17 世纪中期,法王的绝对专制统治堵塞了史学的前进。主教波绥(Bossuet,1627—1704)在 1681 年出版《论世界史》一书,又运用了封建神学的历史概念。法国人文主义史学有倒退趋势。

资产阶级史学的建立。到了 17 世纪中,人文主义史学虽有衰退的趋势,不久另有"启蒙"时期史学派的出现。但资产阶级史学已经初步建立。这里,应指出:人文主义史学家搜集并出版有价值的资料,使用科学批判方法来处理史料,建立历史的辅助学科,如文书学、编年史、印章学,等等。这一切也有助于资产阶级史学的成长。尤重要者,人文主义者使史学世俗化,在很大程度上捣毁了教会封建主义的历史概念;它反映资产阶级的意识形态,尤其是唯理主义、个人主义的世界观。

资产阶级史学随着反封建斗争的剧烈化和资本主义的成长而继续发展,但它的大发展时期,是在法国大革命以后。

(本提纲是《世界史学史大纲》的"中古"部分,1961 年撰写,复旦大学历史系资料室藏本)

资产阶级史学流派与批判问题

一、史学流派的新陈代谢

西方资产阶级史学跟着资本主义形成与发展而兴起,就是在文艺复兴运动之后开始成长。史学历来是为阶级服务的。西方资产阶级尚未取得政权之前的主要任务,在于捣毁封建神学的历史概念。跟着阶级斗争的尖锐化,史学的刀锋也就越来越犀利。在这个斗争的过程中,史学反映了阶段的阶级斗争形势。最先出现了人文主义的史学,继之而起的是博学派(即考证学派)。在法国大革命前夕启蒙运动对旧制度发动了全面的冲击,理性主义史学派猛烈地摧毁了封建主义的旧史学传统。在这以后,资产阶级史学迅速发展,于是接踵而来了浪漫主义史学派、实证主义史学派、德国兰克学派与普鲁士学派等。在第一次世界大战以前史学派交替过程就是这样。

"新陈代谢是宇宙间普遍的永远不可抵抗的规律。"[1]史学派别的此起彼伏正是证明了这项真理。西方资产阶级史学在18、19世纪反映了西方资产阶级在资本主义的上升阶段并由自由资本主义过渡到垄断资本主义——帝国主义这个时代的资产阶级意识形态。资产阶级鼓励了有利于己的史学发展;反过来史学家在对资产阶级争取政权的斗争上也起了有力的辅助作用。大家知道,正在法国阶级斗争最激烈的时候,"启蒙"时期史学派对封建神学的史学观点进行着无情的攻击;伏尔泰称中世纪编年史是"野蛮时代的野蛮史",终于创立了资产阶级的新史学。那时史学的领导地位在西方无疑是属于法国方面。可是到了19世纪中叶,情况不同:史学的领导地位则转移到以柏林大学为中心的兰克学派了。

兰克学派对当时德国正在发展着的资产阶级特别是德意志容克地主阶级来说,是最能符合于他们利益的史学流派。兰克不赞成法国启蒙时期理性主义的

---

[1] 《毛泽东选集》,第一卷,第311页。

史学,因为它蔑视了中世纪历史;也反对浪漫主义史学派,因为它过分渲染了中世纪时代。他主张每个时代都"接近于上帝",每个时代在上帝面前都是平等的;就是说每个时代各有其优缺点。他还反对理性主义史学的普遍原则和浪漫主义的情感解释。虽然还带有某些神秘的历史观念——历史是显示"上帝之手"——但他严格要求"客观"的历史,即后来所谓"历史主义"。他的名言是历史应该"像它实际曾是什么样",就是说,它应如实地描写出来。他强调使用第一手资料,即档案、活动者的记录与通讯等来编写历史;主张事件的最近证人是最好的证人。他还着重指出历史的继续性和世界性。他的 60 多卷著作中充满着崇拜"伟人"的思想;他认为:历史上的决定因素是政治家。他站在容克地主阶级的保守派立场上,反对自由主义与社会主义,拥护普鲁士的霸权与俾士麦的铁血政策。他创立了 19 世纪中"客观"历史的传统。这个号称"讲台上的俾士麦"影响远播,欧洲大陆与英美史学界从他受到了相当的影响。

可是跟着资本主义转入垄断阶段,兰克学派也站不住脚了。兰克的"超脱"态度被认为"从议会窗口瞭望事件的进行";他的"客观"历史被责为缺少思想性。有人批评他太偏向于中庸之道;还有人埋怨他对世界主义缺少热情。兰克学派失势的理由很简单。兰克学派的史学思想是拥护自由资本主义时代资产阶级的利益的,但后来,它不能符合于垄断资产阶级的利益。因此,到了第一次世界大战前夕,西方史学家抛弃了兰克的史学传统。

二、当前史学的危机与紊乱

19 世纪唯心主义史学家曾推崇兰克为"科学"历史的建立者,历史批判法的创导人。的确,他曾奠定西方历史研究的传统。可是,他的客观主义决不是客观的,也不是科学的。客观主义是和唯物主义截然不同。正像列宁所指出的那样,"客观主义者证明现有一系列事实的必然性时,总是不自觉地站到为这些事实做辩护的立场上;唯物主义者则是揭露阶级矛盾,从而确定自己的立场"。[①] 兰克学派虽然是非客观的、非科学的,但他们还多少坚持所谓"历史主义"。然而,继之而起的历史家或流派,在帝国主义阶段,连这一项研究历史的传统,也被置诸度外了。

现在资产阶级历史家所做的,是曲解历史,甚至伪造历史,来反对工人阶级。

---

① 《列宁全集》,第一卷,第 378—379 页。

恩格斯早已揭露他们的本质。他说,"至于说到历史科学,包括哲学在内,那么在这里,那种旧有的、不顾一切地从事理论研究的精神也已随着古典哲学而完全消失了。起而代之的,则是不动脑筋的折中主义,是恐怕失去职位和收入的顾虑,乃至极其卑劣的升官发财的思想。这种科学的官方代表者都已变成了公开地站在资产阶级和现存国家一边的思想家,但这已是在两者都公然敌视工人阶级的时代"。①

时至今日,资产阶级历史学家正像资本主义本身那样,发生了总危机;关于这一点他们自己也是懂得的。例如,英国巴拉克劳(G. Barraclough)在他的《变动世界中的历史》(1955年出版)里说:"今天的急切需要之一,是对于近代史过程作出一个新见解。自从战争结束以来,我们在感觉承袭的历史见解之不足的情态下进行研究。"所以他主张:改编欧洲史是急不容缓的;人种中心或欧洲中心的观点已不适用(第9页)。德国爱尔弗勒·韦伯(Alfred Wber)在他的《告别欧洲史》(英译本,1948年出版)里说:"我们被一种不确定的观念围绕着,因为我们觉得自己踏进一个新时代的大门口,而对于这时代,我们的以往经验不能再提供什么可靠的指导了。"武德华德(V. Woodward)在1959年美国历史学会年会上所提出的论文《再解释的时代》(美国《历史评论》1960年10月号)里面开首就说:"现有无数的影响已引起了历史的再解释。"他指出:共产主义与非共产主义世界间之思想意识斗争,现时在公众注意中已占着这样大的部分;俄国所已赢得的胜利会推翻传统的历史解释(第16页)。

然而资产阶级历史家由于他们的阶级性和顽固的立场观点,虽知道危机而不能自拔。他们一方面否认历史发展的规律性甚至历史事实的客观性,反对历史唯物主义,并经常诬蔑马克思主义历史科学;另一方面,他们也反对资产阶级旧传统的历史概念:"历史主义"、"科学的历史"、"因果律"等。

由于这些缘故,这批历史家提出各式各样的主观主义的论点,把各种唯心主义的哲学观点进一步注入了他们的历史著作里。例如,英国历史学家特勒维连(Trevelyan)在他的论文《再发现历史女神》(1913年)里主张:要恢复历史的早期地位,即反对科学的历史而以历史作为文艺的一个部门。在他看来,我们不能从历史里获得一般通用的因果律,历史解释不是科学的而是教育的,即教育人们回想到过去。科令武德(Collingwood)在历史解释方面整个拒绝所有19世纪实

---

① 恩格斯:《费尔巴哈与德国古典哲学的终结》,人民出版社1960年版,第49页。

证主义的遗产。他以思想来代替"实证主义"的观念,作为历史考察的基本概念。他主张:历史家必须深入事件的"内部",察出与事件有关的历史人物的思想。所以他认为历史是过去经验的重现。历史家仅仅通过证据不会知道过去,"历史家必须在自己的思想中重演过去"(见他的《历史的观念》,1946年)。新唯心主义历史家德国狄尔太(Dilthey)与意大利的克罗契等,从历史的解释中还排除了"原因"与"规律"的概念,而美国实用主义历史家虽保留着原因的概念,但也拒绝了规律的思想。

美国反动历史家替垄断资本家集团服务,最为卖力。他们的主观主义历史解释现已经过相对主义而转到现在主义的历史解释了。鲁滨生(J. H. Robinson)在他的《新历史》(1912年出版)里写道:"在以前,现在曾是过去的自愿牺牲者;现在这个时候已经来临,就是应转向过去,来利用过去以利于进步方面。"俾尔德(Ch. Beard)在《美国文明的兴起》(1927年出版)里开首就说,"一种文明的历史,如果被聪明地理解,可成为文明的一种工具"。他还主张:"历史是一种信仰的行为"(1934年);又在《崇高的梦想》(1935年)里,反对兰克的历史主义而提出了历史的相对主义并否认了客观真理。他说,历史家的能力是有限的。他可搜寻但不能找出历史的"客观真实,即编写历史像它真正曾是什么样"。有些美国历史家还进一步主张:所有历史是不可避免地以今天的观点来写的;它不仅是当代的历史而且是在目前被认为对于当代重要的历史。这就是现在主义的历史观。不言而喻,那是最适合于垄断资本家利益之要求的。

此外,还有一种所谓"玄历史家",另称"超历史家"。他们企图建立一种无所不包的历史体系来解释整个的历史过程。因此,玄历史家著作里充满着玄想解释与诗意暗示。施宾格尔与汤因比就是属于这一类。前者在其《西方的衰落》里提出文化循环论;他把每个文明再分为春、夏、秋、冬四季,认为西方文明由于以实际目的替代精神活动而已进冬季阶段。后者在其《历史研究》里提出文明衰亡论,主张:在历史上二十六种文明中大多已死亡或正在垂死,只有西方基督教文明尚有续存的希望。这批历史学家自由运用空论与幻想,他们的"理论"是难于在经验上获得证实的,因为它们与历史事件的正确资料离得太远,而且所包含的假设又是多得不得了。这里,当然谈不上什么"历史主义",更加谈不上所谓"科学"的历史了。玄史学家是企图建立与马克思主义历史科学完全相反的历史解释来为垄断资本集团服务的。

上面仅仅举出几个例子来说明目前资产阶级的史学紊乱情况。须知,除了历史唯物主义的史学外,没有什么真正的历史科学。唯心主义历史家的企图,都是枉费心机的,因为他们的命运和资本主义一样地走到了末路。

三、批判与介绍

资产阶级的历史家里形形色色的,资产阶级的史学"理论"是五花八门的,但他们具有一个共同的目标,即反对马克思主义的历史科学。为此,我们必须加以批判。

为了批判,须先知道西方历史家的类型。一般说,历史家是从事研究历史而有重要著作者。可是在我们看到的所谓历史家中间,有的只有关于历史思想的著作而没有或很少有关于叙述性的著作,例如德国的黑格尔;有的虽有巨大的历史著作,但是把历史作为文学来处理的,例如英国的麦皋莱(Macaulay)与喀莱尔(Thomas Carlyle);还有从事编辑资料或历史文献的编辑家,他们写了一些导论或加上一些注释,然而他们的工作对历史研究却发生了巨大的影响,例如在第一次世界大战后,德国弗里特里希·提姆(Friedrich Thimme)主编的《欧洲政府的大政策,1871—1914 年》五十卷,附以有争辩性的注解。所以历史学家可以包括三个类型:历史思想家或哲学家、历史编纂家、历史编辑家;也可分为专业史家与非专业史家。

然而,我们不能把所有知名的历史家(不论属于什么类型)或历史学派一个一个地拿来批判,因此,必须挑选应受批判的对象。一般说,当代的资产阶级史学流派应先受批判;而在他们中间那些对历史唯物主义历史学最凶恶的敌人更应先受批判。

这样看来,在进行批判之前,我们有几项工作须先去做:第一,要了解资产阶级史学发展的一般情况:这里应包括他们的史学传统、史学著作、史学思想与编纂方法,特别是那些促使他们史学发展的社会、经济、政治等因素;第二,要从资产阶级历史家或学派中间挑选出批判的对象,包括他们的历史思想与历史编纂等。这里还须衡量他们的反动性与他们在史学界中所占的地位。当然,如上所说,反动性多而影响大的历史家,应该作为重点;第三,要研究他们的著作并考查他们的资料来源。这里还应作出扼要的介绍,把它们的内容如实地总结出来,作为批判的根据;第四,还要了解被批判史家的阶级立场与思想根源、生活与时代背景。当然,以上说的一切工作是有困难的。

比如,就介绍资产阶级史学思想与著作来说,我们必须用很大工夫才能完成。唯心主义历史家所构成的一套思想体系,本来是与历史唯物主义背道而驰的。要了解这些史学"理论",尤其是那些涉及形而上学范畴的历史思想,有时是很不容易的。而且有些资产阶级史学家的著作,卷帙浩繁,例如,汤因比的《历史研究》,单单这一种著作就有十二卷。如果我们不去作一番探索而了解其基本思想与论点,那么,对他们将怎样进行批判呢?而且我们的批判不同于资产阶级历史家对自己同行著作的批判;他们是以唯心主义的观点来批判唯心主义的观点,而我们则是以历史唯物主义的武器来向反动的历史堡垒进攻的。所以,怎能不去找寻敌方的弱点呢?此外,我们也不是为了批判而批判。我们要通过批判,进一步来明了资产阶级史学的本质,提高我们对马克思主义史学的认识水平,扩大我们历史知识的领域,尤其重要的是找出历史科学本身的发展规律。另一方面,在资产阶级学者著作中有时也有若干可取的地方,或者在史料方面,或者在编纂法方面,所以,这里也应该考虑到批判继承问题。这样看来,为了批判,介绍工作也是必须进行的。

(本文原载《文汇报》1962年2月11日)

西方资产阶级史家的传统作风

一、法院与戏院

我们研究西方史家的著作,当然须懂得他们的阶级本质,但也同样须知道他们的作风。

历史研究的作风包括历史家对历史的看法、研究的方法与精神。

为了认识他们的作风,首先应注意两点:

(1) 史家类型。西方史家可分为:书本史家与实践史家。实践史家根据亲身的经历编写自己参与过的大事,如凯撒《高卢战记》、丘吉尔关于两次世界大战史。这类史家的著作多少带有申辩书的性质。又可分为:学院史家与"政客"史家。资产阶级史家为政治服务,所采取的形式,或隐蔽或公开。学院史家另叫做书生史家,自称为历史而研究历史,以超脱态度来研究历史;政客历史家公开宣称为政治的目的而研究历史。有一位属于普鲁士学派的历史家息贝尔说过:"我七分之四是政客,七分之三是教授。"又可分为:专业史家与客串史家。这些类型的史家表现着不同的作风。

(2) 作风类型。西方历史家有些形成学派,有些没有。学派之所以形成,不仅是因为它们研究历史的实质,而且是因为它们研究历史的作风是不同于它们的前辈或其他同行。西方史学上跟着时代的进展而出现了一系列学派。他们各有不同的历史研究的实质与作风。作风主要是取决于对以下一些问题的回答:历史是论证还是叙述?用比喻的说法,历史是法院还是戏院?史家是绘图家还是摄影师?对于这一问题西方史家从资产阶级兴起时直到现在还未取得一致意见。有一派认为编写历史是论证历史或判断历史,这派可称做论证派或法院派;另一派主张,编写历史是叙述历史,重建过去,这派可称做叙述派。当然没有历史家单纯地采用这一派或那一派的作风的,但他们偏重于这一派或那一派的作风,是显然可见的。

二、政治修辞派与博学派

我将从这两派的作风来讨论。

它们是哪个时候开始的呢？它们是跟着资产阶级史学一起来的。

西方史学研究开始于14—15世纪意大利文艺复兴运动时期，即资本主义萌芽时期，兴盛于19世纪德意志兰克学派，而没落于20世纪资本主义的总危机时代。

西方文艺复兴运动，即是人文主义运动，即是反封建神学思想的运动。当时，意大利在政治上分裂混乱，而在经济上却欣欣向荣。在历史研究领域里进行反对封建宗教的历史概念，使历史变为世俗化，以合理主义代替神意干涉说来解释历史；以批判精神来对待史料，反对奇迹神话。编写历史的主要目的，是颂扬城市与统治者。

在这运动里，15世纪意大利产生两个历史学派：

(1) 政治修辞派。该派是由布鲁尼创立，马基雅弗里也属于该派。他们把历史与政治结合，从历史里找寻符合当代情况的政治活动的教训与药方。他们选择有利于他们政治任务与论点的资料，不去直接考察原始资料，往往引用第二手资料或别人研究的成果。可是他们也拒绝使用神话奇迹的资料。他们很重视修辞。布鲁尼主张：为了使用历史事件永留于后代的记忆里，须有优美文体。文笔愈好，历史著作所记载的光荣事迹，也将传布得愈广而又愈久。布鲁尼的《佛罗伦萨史》是人文主义史学派的纲领性著作，明显地反映出他的共和主义的主张。这是论证派作风之起源。

(2) 博学派即考证派。该派以比昂多为代表。他们认为历史研究不是单纯为了政治任务而且为了科学研究的任务，主要在于确定其真正的历史事实。他们制定批判与研究史料的方法；他们不仅应用文书资料而且还使用遗物；他们还最先使用语言学分析原文方法。他们不讲究修辞，主张朴素地陈述事实，证明事实，认为事实胜于词令。比昂多的代表著作，是《罗马帝国衰落史》。这是叙述派作风之起源。

在这两派中，政治修辞派在15世纪的意大利与16世纪德意志占着优势，原因是：当时反封建宗教斗争正在高潮。16世纪，德意志的宗教改革运动与宗教战争促使新旧教派都利用历史作为斗争的武器。可是到了17世纪，由于宗教上与政治上反动势力的增长，在历史研究领域中，博学派占得优势。他们的作风是偏向于整理史料,出版史料汇编,述而不作。他们为后来历史研究打下了巩固的基础。

三、伏尔泰与兰克

18、19世纪跟着资本主义的上升与资产阶级逐渐取得政权,史学研究继续发展,并有不同于上述的学派出现;可是史家在作风上,还是旧传统的继续与扩展。

以18世纪法国的伏尔泰学派为例。伏尔泰是法国的大历史家,资产阶级理性主义历史学派的创立人。他也是属于"政客"类型史家。他反对封建神学史观与专制主义,也反对博学派注重的细节研究作风,主张历史的主要任务是论证,就是以世俗性的理性主义来抵抗封建神学历史观念。伏尔泰的影响遍及全球,形成了伏尔泰学派。法国康多塞、英国罗伯森与吉本都属于这一派。伏尔泰最出名的历史著作是《路易十四时代》与《论民族风俗与精神》,文笔绝好。他广泛地引用史料,关于阿拉伯、中国的史料,时常被引证,但所引资料常常是靠不住的。他好作总括性的论断;作出抽象的普遍原则;一笔抹杀中世史编年史。所以伏尔泰学派的作风是近于政治修辞派的。

再以19世纪的德国兰克学派为例。兰克是德国容克地主——资产阶级的代表人物。他是19世纪资产阶级最大的历史家。一生从事研究历史工作,他是属于学院史家类型。他反对唯理主义史学,因为它忽视历史事实而作出抽象的理论;也反对浪漫主义史学,因为它过分重视情感而抬高中世纪时代。他最崇拜乔治·尼布尔,作为近代史学的创始人,他接受后者的批判的方法。他长期在柏林大学担任历史教授。他的门生众多,人材辈出。他以柏林大学为中心,形成了影响远播的兰克学派。他的名著是《教皇史》与《宗教改革时代的德意志史》。他在编写历史著作中,坚持要引用原始资料;他在意大利与德意志堆满尘埃的档案库中亲自搜集资料并以冷静论断与批判态度,处理史料。他的名言是:历史是像它真正发生的那样。他表面上以超脱态度从事研究历史的。因此,他被称为"客观历史"的创始人。兰克学派的作风是着重如实地叙述事实,强调客观,所以它是还带有博学派遗风的。

可是兰克的门生息贝尔不满意于老师的作风,特别是关于超脱政治的作风,他参加普鲁士的学派,歌颂霍亨索伦王朝,宣传德意志民族主义。他在历史著作中,公开表明他的普鲁士旗帜来反对法国、奥国与罗马教会。他从历史武库里,取得斗争的武器。普鲁士学派的最后而又最大的代表人物,是特莱茨克,他最完备地体现了历史是论证这个原则。这一学派的作风是接近于政治派的传统的。

在同一世纪里,法国的政治学派以基佐、米涅、梯叶尔为代表,也倾向论证派而非叙述派的作风。英国的麦皋莱是以辉格党代言人的地位来编写历史的;同时,牛津学派则注重于史料与正确方法,该派的最大人物是斯达布斯;他以编辑《案卷丛书》出名,他被称为英国的惠芝(即兰克的三大门生之一)。这一学派又转向叙述派作风。

这样看来,西方资产阶级史家的作风像钟摆那样,摆来摆去。这是取决于资本主义发展与政治斗争的形势,也取决于史家所属的类型。所以,在我们阅读他们历史著作之前,必须知道他们的作风,要不然的话,我们对著作的实质,也不能获得真正的理解而被引入迷宫。例如,如果我们阅读麦皋莱《英国史》而不知道他以英国的历史来论证辉格党的观点,我们将被它的流畅绮丽的文笔所迷乱,而茫然于它的实质。

四、像钟摆那样回荡

上面所说的两种作风,现在继续在回荡。可是资产阶级史学跟着资本主义遭受危机而趋于没落,因而史家在作风上也表现出混乱情况。就一般倾向说,叙述派作风还多少表现于考古学、古代史研究。资料汇编方面,论证派作风特别强烈地表现在经济社会史、政治史、文化史方面。所谓历史主义已经消逝,例如,新唯心主义者克罗齐主张:一切历史都是现代史,一切历史都是主观的。他企图推翻按年代顺序的历史研究法;企图推翻历史的客观性。又如汤因比为了替西方文明吹嘘,提出文化衰亡论,认为只有基督教的文明可有出路。这批史家走到论证派作风的极端。

但另有一个值得注意的事实,是西方史家集体的多卷集的出版,例如,英国《剑桥史》,法国《文明通史》,德国《世界史》。同时他们也在出版大批资料集。这一切表面上是要保持叙述派的遗风,但实际上他们也在企图论证他们的反动历史概念。

所以西方史家现在作风上像钟摆那样回荡着。尽管如此,他们毕竟不能找出历史真理、历史客观规律。他们研究历史的作风和他们研究历史的实质,现在一起陷入从来未曾有过的尴尬境地了。

(本文原载《文汇报》1962年6月14日)

《西方史学史文献摘编》

(一) 关于修昔底德《伯罗奔尼撒战争史》

(摘自绍特威尔(Shotwell)《历史的历史》卷Ⅰ,第193—197页)

同希罗多德的《历史》并列的一部著作(修昔底德《伯罗奔尼撒战争史》),它以下面的话作为开篇:"修昔底德,一个雅典人,编写那个战争的历史,在这战争里伯罗奔尼撒人与雅典人互相敌对作战。当他们第一天拿起武器的时候,他就开始编写,他相信,这战争比任何以往的战争更大,更可纪念。"

这个古代最伟大历史家以这样冷静的话开始了那些多事之秋的故事,这种冷静态度是他整个著作的特征。修昔底德与诡辩而饶舌的希罗多德不是属于同一类型的作家。他在开始写作以前,也曾经旅行,并也是一个放逐者。但是他未曾成为像一个世界公民那样,容易感受各种不同地区的风气。他始终是一个高贵出身的雅典人①,一个历史上严肃而公平无私的判官。在希罗多德与修昔底德之间的对照再也没有比此更加明显。修昔底德自己也知道这一点,他轻视他的前辈;他毫不含糊地说:"没有鉴别力的人们是太容易接受关于他们自己的以及关于其他国家的旧传说。"他把那些"宁愿悦耳而不讲述真实故事的编年史家"归入诗人一类。他自己的理想,异于此,就是一个率直的故事与一个真实的故事。

修昔底德享有无可比拟的机会来知道这场战争的历史。他站在政府的高级

---

① 修昔底德(Thucydides,公元前460—前396?),按照他的母方,是出身于一个色雷斯旧族,虽然他的父亲是个雅典公民。关于他的出生日期我们没有可靠的证据;有的认为早在公元前471年,有的认为迟在公元前455年;但一般接受较迟的日期。他的家庭富有,在色雷斯拥有开采矿产权。他的早年生活是在雅典城度过的,在那里他受到了诡辩派的影响。公元前424年,他被选为两个将领之一,率领远征队去色雷斯,这事情似乎意味着他已有军事经验。然而由于他未能及时赶到,他援救安斐波里斯(Amphipolis)城的努力未曾成功,结果他被雅典放逐。这后,在20年时期中,他住在他的色雷斯家园,直到公元前404年在雅典失败后,才回到雅典城。我们也不能肯定他的死期,但看来可能他死于公元前399和前396年之间。——原注

人员的地位，熟悉政治的内幕，并认识政府领导人。在这场战争的早期，因为住在雅典，他得以知道那里发生的一切事情；他告诉我们他亲自听到有些他所报道的演说。他以指挥官的身份参与一次军事出征，可能在较低的地位上，还参与其他出征。然而，关于消息的大部分，他是依靠他的某种类型的"调查研究"——他基本上感兴趣于当时代的事件。因而，他能容易找到有资格的证人。甚至他的放逐在某种意义上也是件好事，因为这使他能够认识斯巴达人，同他们详细讨论过这场战争并从他们那里听到了斯巴达的立场。在这些年代里，他可能游历过西西里，在那里雅典海军遭受了它的致命打击。

他明白告诉我们，当这场战争于公元前431年爆发后，他就立即开始了他的工作，所以他在十年后《尼西阿（Nicias）和约》以前一定曾集合了一大堆资料。在以后比较和平的年代里，他显然编写到目前分卷的第五卷第二十五章。于是敌对行动重新开始：对西西里的冒险出征，希腊本土上的战争以及在公元前404年雅典的覆亡。当战事重起的时候，修昔底德可能还未曾出版他的第一部分的叙述，于是他着手准备第二部分（第五卷第二十六章起）来讲述这场战争的后期。这两部分合并在一起，第一部分先行出版，并加上提到公元前404年大灾难的若干节，并坚持从公元前431至前404年整个27年的战争实际上是一个战争。然而，修昔底德生前未曾完成他的工作，因为他的叙述终于公元前411年夏季的事件。书的最后部分在文笔润饰上远不及其余部分而最后一句是未完成的：人们几乎可以说，作者死时，笔就在手中。现时，书分为八卷，当然这是后来学者所做的工作。

第一卷论述战争的起源。首先谈到使雅典与斯巴达卷入战争的事件，但是他并不转到这场战争的直接原因而插入关于雅典帝国在战争以前成长的相当长的叙述。第一卷结束于雅典的谈判，伯利克里劝导他的国人进行战争的演说以及外交关系的断绝。全卷是关于战争起源的紧凑而有力的陈述。第二、三、四卷和第五卷的一部分，讲述"十年战争时期"的战斗和尼西阿的谈判。在这里，我们没有时间追随修昔底德，因为战争是长期而又有许多曲折的；他又不是饶舌而有趣的向导。他严肃地穿过事实的世界。结果我们被引导通过多年的时断时续的战斗、袭击、小战、陆地海上的远征、会议上的辩论以及战役中的战略，直到我们的记忆力被麻木于各色各样的偶然事件以及政策、领导与命运的变更。

然而，所有评论家都同意：修昔底德的最好写作是在第六、七卷里，他以无情的现实态度讲述了这个悲惨的故事（西西里远征）。这个可纪念的图景，充满着戏剧式的讽刺：不幸的雅典舰队在出发时的乐观希望，和在西西里战役的惨败结局——一个关于拖延、无能、背叛、恐慌、兵变、船舰损失、军队毁灭的故事。历史的最后部分是叙述公元前411年雅典的革命。修昔底德的(历史家)名誉基于他的西西里远征的故事，他关于战争起源的叙述以及几篇演说，尤其是伯利克里为纪念第一年战争中死亡战士所发表的演说。

(二) 关于李维《罗马史》

(摘自同上书，第291—300页)

李维(Titus Livius，前59—后17)出生于巴杜亚(Padua)，但其大部分生活是在罗马城度过的。他在奥古斯都皇帝直接支持下进行写作。奥古斯都很关心道德的改革，李维在他的历史著作里表现这项努力，特别强调古代人的品德并描述他们的英雄事迹与爱国牺牲精神。但是李维在精神上还是保持独立地位，不受朝臣身份的拘束。他不像贺拉西与维吉尔那样把奥古斯都奉若神明，但只是附带地提及他。他到罗马城的时候正是罗马后期共和国的激烈内讧已被抑止之时。虽然他在元首制政府下看到那些造成过去罗马伟大的要素继续存在，可是对于新政府并不抱有像贺拉西与维吉尔对它的那样热情。他像塞留斯特那样认为他的时代是衰败的时代，并把罗马的黄金时代放在第一次与第二次布匿战争时期之间。关于他的生活我们所得的资料很少；在他的著作里，显出他不大出外旅行，但广泛阅读；他的文体也表明他曾受过修辞学的训练。换句话说，他是个有修养的为学之士，除此以外，我们不再能说什么了。

关于李维的历史著作，我引证他的《建城以来》(*Ab urbe condita*，即《罗马史》)序言，让他自己说明他著作的目的与概念。

> 我所从事编写的罗马人民史，从它的存在开始起的一部全项工作，会否使我所费的劳动获得美好成果，我不能确定地知道，即使知道了，也不敢预说。因为我懂得这一个古老而又普通的习惯：一个新进作家会不变地相信自己或者在他叙述的材料上将达到更大的确定性，或者在他文体的优越上，胜过古代的粗鲁性。尽管如此，我还是很满意地参与这项工作，把我的全部兴趣尽量投入于世间最先进民族的编年史方面；如果我的声名在这样的一群作家中被抛入阴影里，我将以那些掩盖我名誉的作家的声望与伟大性来安慰自己。
>
> 而且，这个论题是需要无限劳动的。这应回溯到它的700年前的时期，

从它微小的开端起,增长到这么大的规模,以致它开始被它的伟大性所压倒。我也毫不置疑,对我大多数读者来说,罗马的最早时期及其紧接着的时期很少有什么吸引力,他们会赶快向前来到那些近代日子,在那里一个悠久的至高无上民族的力量由于内部腐朽而正在消耗着。另一方面,我的劳动将取得另一报酬,即可以闭着眼睛不看我们世代好多年代所亲见的这些祸害;至少当我一直专心致志于那些原始记录的时候;我也完全可免去这个为编写当代史的作家所抱有的焦虑;即使它不能使他歪曲真实,也会使他寝食不安。

关于建城以前或正在建城的时候所发生的事情之传说,是适合于点缀诗人的创作多于适合于历史家的可靠记录,因而我无意要确定它们的真实性或虚假性。对于古代人,我们可以容许:他们以人类行为与神的行为交织在一起使国家的起源具有更多的尊严性。现在如果有任何一个国家可以容许要求一个神圣起源并指向到神的祖先,那个国家便是罗马。因为她在战争中的声望已达到这样的地步,即当她愿意声称战神(Mars)是她自己的父和她创立人的父时,世界各民族会泰然接受这个说法,正像它们接受了她的统治那样。

但对于这些与之类似的传说,不管有什么意见或有什么批评,我认为它们都是无关紧要的。对于每个读者我要求给予最深切注意的问题是:社会的生命与道德;和那些使罗马通过内政政策与对外战争赢得了并扩张了统治权之人们与品质。然后,当这道德标准逐步下降的时候,让他追寻这个民族的腐化过程,观察它起初怎样慢慢下沉,继而越来越快地滑下去,最后开始鲁莽地投入毁灭深渊。

从研究过去时代,我们可以获得这种特殊有益与有成果的好处,就是,你会看到各色各样的可能有的榜样放在清晰的历史真理的灯光之下。从这些榜样,你可为自己与为你国家选择什么是应该仿效,什么是应该避免,我们应该避免那些开始不善而终于惨败的榜样。然而,除非我的工作热情使我走入迷途,我从来未曾见过任何共和国具有更大的权力,更纯洁的道德,更丰富的良好榜样;或者任何国家,在那里贪婪奢侈如此迟晚地闯入,清贫与节约如此高度地、继续地被尊重;那多么清楚地表明人们所有的财产越少,他们的贪心也越少。可是在晚近年代里,财富却带来了贪欲,而无限的享受与娱乐在人们间造成了一种情欲,使他们与其他一切事情通过自我放纵与淫荡而趋向毁灭。

但是，批评将是不被欢迎的，即使它也许是必要的；所以无论如何批评不该列入这规模巨大著作的开端。我们宁可以吉利的预兆作为发轫；如果我可以采取诗人的惯例，我会很轻松地以向男女众神的祷告与祝愿作为开篇：愿众神给我们面前的这项巨大工作以有利的、成功的结局。

这样动人的序言，在古代史学中任何别的地方是找不出的。李维的历史标出这个简朴的书名：《从罗马建城以来》，它是应该以伊尼阿(Aeneas)开始的，关于他的事情，根据"一般接受"的传说潦草地略述。没有迹象表明他对这个故事或接着的罗缪拉(Romulus)的故事具有什么热情。甚至对于罗马城创立人的神的出身有所怀疑。的确，在这起源的传说里，叙述几乎是没有正式进行。所以，起源问题仍然未予解决；对于轻信与怀疑双方，都不置可否；详情细节几乎是不予理睬；因为李维说道："依我意见，这样巨大的一个城的起源以及在权力上仅次于众神的一个帝国的建立都是由命运(fates)决定的。"(卷Ⅰ,第四条)

这一点，在我们看来是在李维的历史里最足以引起问题的。它在语调上是这样富有宗教性，把超自然力插入人类历史作为它的一个内在部分。在书中，预兆与奇迹多得不得了；当众神不在舞台上出现的时候，他们还是站在后台。李维按照奥古斯都的宗教改革精神，使虔敬行为成为爱国主义的真正核心。

罗马的故事是经常战争的故事，而李维竭尽所能地描写了战役与战场。他自己是个文人，而非军人，缺少军事科学的训练，缺少正确的地理知识，对于数学的感觉又很差；可是他对行动的叙述简练、流利而有力量。在议论的部分，他的笔调往往是纠缠的，有时是拖沓的，但在这里，他也有本领结合着风趣的描写。那唯一足以损伤他的最好部分的事情是他往往以冗长演说或训话形式插入这样的议论中间来中断文气。这些演词在李维的目光里毫无疑问是技术的高峰；因为那项为罗马人所最欣赏的修辞形式，在他的笔调里占着主要地位。在留传下来的35卷中有400多篇演说。

李维认为不是这些演说而是一长列绵延不断的战争本身会赶走读者。在十卷以后，他觉得要劝告厌倦的读者继续下去作为爱国的任务："当这些战争未曾使那些实际从事于它们的人们疲乏的时候，一个只在叙述或阅读这些战争的冗长故事的人倒觉得厌烦，那么他是怎样一种人呢？"

从李维的叙述技术转到他的批评与资料使用方面时，我们立即碰到他的弱点。批评不适合于他的本性。他给人的印象是：他仅是浮面地使用批评。对于资料他不加鉴别,但采用最适合于这个故事的框框的东西。李维对于语言学或古文化的探索都是不感兴趣的。

李维似不是一个有高深研究的历史家,他也缺少那由波里比阿认为比研究更加重要的关于实际事务的经验。他未曾觉得他需要关于人类事务与地理的更广大的知识；那不仅表现于他所引证的地理上缺少正确性而且表现于他关于宪法方面的可怜弱点,这一点使他对历史与对罗马的视野变为狭窄了。帕兰(Pelham)精辟地说道：

> 在波里比阿看来,罗马的伟大是一个应予以批判地研究并科学地说明的现象；罗马的兴起构成世界史上的一个重要篇章；不该把它作一个孤单的事实而该把它联系于文明世界事件的一般进程来处理……但李维以一个罗马人身份写作,旨在建立一个相称于罗马人的伟大性的纪念物,并且为了指导与警告罗马人,他使他们永远记牢那些德性与恶习；前者曾造成罗马的伟大,后者曾给她以毁灭性的威胁。

所以李维是一个强烈的爱国主义的历史家。他认为罗马的兴起是由于良好古代的纯正品德,首先是由于虔敬精神。共和国的创始人是勇敢、坚定的人们,也是对于他们命运的伟大性具有不可动摇信念的人们。幸而这些品德是可以一般地应用的；即使作为罗马胜利的说明是不够的,但它们给后来的道德家提供了很大鼓舞力,把这些教训应用到别的地方去。马基雅弗里,即人文主义时代最现实主义的政治思想家,挑选了这一个古代作家作为驱使他的时代吸取过去的教训的手段；这一点已是对李维的一个充分的颂赞。

(三) 关于圣奥古斯丁的著作与历史概念

(1) 奥古斯丁(Augustine)《上帝国》

(摘自同上书,第 366—370 页)

非洲希波(Hippo)主教奥古斯丁曾把世界截然划分为两个——黑暗势力支配的异教世界和神恩支配的基督教世界。他生活的时期包括公元第 4 世纪后半期与第 5 世纪初期的多事之秋。在少年时他曾受过修辞学的训练。他又酷爱古典文化,直到三十二岁时由于受了安布洛斯(Ambrose)布道的影响才接受洗礼并成了基督教徒。在他童年时,父亲还是一个有野心的异教徒,而母亲是一个圣洁的基督教徒;父母思想上的冲突和他对这冲突的反应都记载在他的《忏悔录》里,这是一部最有揭露性的自传。这项背景,使他强烈地感觉到宗教是生活之指导。在基督教神学正在形成的时代,奥古斯丁是最伟大的争论家。在一切教父的著作里,都洋溢着争辩的音调,可是谁也未曾能像他那样勇敢地进行辩论。

他的不朽名著《上帝国(城)》(*Civitas Dei*),最能完全表达他的世界观以及对于人类历史的看法。奥古斯丁不是个历史家,这著作也不是一部历史,可是他以它的思想体系来提供了后来历史编纂上所遵循的方案。以前,已有别人探索过这种方案。奥列根(Origen)曾应用神秘主义,尤西比(Eusebius)曾应用学术研究来追述历史的发展,但留给奥古斯丁的热情雄辩来制订思想体系。《上帝国》原是对异教徒的答复,也是替基督教会的辩护,雄辩滔滔,魄力宏大,因为证据层层堆在论点上面;但是只是对于那些以信仰的眼光来看它的人们,才有说服力。

《上帝国》的编写,开始于公元413年。当时有些人声称罗马亡于哥特人与遭受汪达尔人的劫略,是因为它放弃信奉罗马的众神和它丧失那在罗马过去伟大日子里的古老虔诚精神。该书便是对他们的驳复。关于该书编写的时机与计划,最好以奥古斯丁自己的话来总结起来。

> 在罗马城遭受哥特人在他们的首领阿拉列克(Aearic)统帅下的突击与劫略后,那些崇拜伪神的人们即我们通常称之为异教徒的,企图把这灾祸归因于基督教并开始以异乎寻常的仇恨心理与恶毒语调来污蔑真正上帝。正是这一点,煽起了我对于教会的热情并促使我进行保卫上帝国来驳斥它的攻击者之指责与歪曲……
>
> 这项重大工作我以二十二卷来完成。其中开始五卷,是驳斥那些抱有幻想的人们:他们认为,为了获得世间繁荣,多神的崇拜实属必要,并认为所有这些不可抗拒的灾祸之降临于我们头上,是由于对这种崇拜的禁止。在随后的五卷里,我对另一些人们讲话:他们认为这类灾祸在一切时期已伴随着并在一切时期将伴随着人类而来……所以,在这十卷里我驳斥了这两种意见:它们既是毫无根据,又是与基督教敌对的。
>
> 但是人们会有机会说,我虽已驳斥了别人的主张,可是我没有确立了自己的主张;为了防止这一点,我编写了本著作的第二部分,包括十二卷……在这十二卷中,开首四卷是叙述关于这两个国——上帝国与世间国——的

起源。第二个四卷是论述它们的历史或进步；第三个即最后四卷是论述它们的应得命运。因此，虽然这所有二十二卷都是论述这两个国，可是我以这较好的国来命名全书，因而称之为《上帝国》。

书中论点是大家熟知的——上帝管理下的世界曾是两个国之间继续不断进行冲突的场所：一个国是由恶魔支配的，另一个国是以上帝的爱为基础的。奥古斯丁从"创世"开始，追溯一个国（恶魔国）的起源到该隐（Cain），另一个国（上帝国）的起源到亚伯（Abel），他所依据的资料，便是那些有灵感的《圣经》。所有这些论点，都是属于一般辩论者的平凡论点。但是在这里，他把它们汇成为百科全书式的论著，因为奥古斯丁能够随手使用管禄的古物学知识，西塞罗的宗教与哲学概论，李维关于罗马兴起的撮要，以及塞留斯特（Sallust）关于罗马衰落社会的悲观记载。

开首十卷大部分是论罗马人由于崇拜伪神而遭受灾祸，因为世间国——恶魔的巢穴与牺牲品——到最后只剩罗马城本身。如果没有教会来供给避难所，该城最近从蛮族所遭受的劫难会更加沉重。于是他谈到罗马城的遭劫经过。这项论述使奥古斯丁遭受了指责，说他对于"永不灭城"的命运漠不关心。但是对他来说，它不是永不灭城，它只是世间国的最后的一般形式，按天意它是注定要让位给天国（上帝国）的。后者是一种将接替旧政体的新政体，在那里基督教的思想体制，坚强而又确可信赖。恶魔的力量已经造成了它们自己的毁灭；人们看到上帝国（指教会）的前景：一个普遍统治的主权国，在那里所有历史都达到顶点。

《上帝国》是称为最伟大教父的最伟大著作。但是奥古斯丁本人也以历史观点曾察觉它的缺点。他所以取得论点的武库，与其说是人们所曾做过的事情，不如说是人们相信所曾出现过的事情。这著作是一种世界历史的哲学，例解丰富，也是这类哲学的第一部著作。奥古斯丁原是在使用历史，不是在编写历史；他未曾从这项辛苦工作里腾出时间来做更多的事。可能，他也不喜欢这样做，因为他的性情是好辩而又好漫谈的。他浏览各种著作，旨在获得他当时所需要的事例，好像一个演说家要以例解来丰富他的演词，或者要以证据来加强他的论证那样。的确，这是《上帝国》的主要缺点，也是一个巨大缺点。

(2) 奥古斯丁的历史概念

(摘自柯斯铭斯基《中世纪史学史》讲义，第15—22页——陶松云译)

奥古斯丁之使我们感到兴趣的，是因为他是古代和中世纪过渡时期的奴隶主阶级思想家的突出代表。

奥古斯丁生于公元354年,死于公元430年。他是东哥特人第一次攻入罗马帝国境内和410年罗马城被阿拉列克占领的目击者。这个事件成为他主要著作《上帝国》撰写的直接动力。这本书写于公元412—416年间。他死于汪达尔人围攻希波城(非洲),他在这里任主教。这样,奥古斯丁在某种程度上,是自己所在时代重要戏剧性事件的参加者。

奥古斯丁在行将死去的古代文化的基础上,于短期内形成了完全新的世界观,对于历史、人类和自然的新观点。

在奥古斯丁生长和学习的非洲属罗马,在4世纪末是文化最发达的地区之一。但是罗马文化只盛行于当地社会的上层,广大的居民群众,仍保存了自己的语言、文化和宗教。

在非洲,基督教最初是限于社会下层的意识形态,后来也开始传播到社会的上层。在城市居民的中层阶级和城市人民群众中,从4世纪开始传播了各种异教。

占统治地位的国家同教会和异教的斗争构成奥古斯丁时代非洲各省的特点。在这种斗争的影响下,形成了他的思想体系。关于奥古斯丁生平最重要的事迹,见于他的《忏悔录》。早在他青年时代,西塞罗的著作给了他很大影响。他开始研究哲学并感兴趣于新柏拉图主义,其时还开始接触基督教。

公元383年奥古斯丁来到罗马城,他很快在米兰著名高等学校获得修辞学讲座。在他居住罗马和初次到米兰时,他放弃了任何神秘宗教的学说,甚至新柏拉图主义的观点并开始接受那些讲授纯粹的不可知论,怀疑一切的哲学家的观点。

但是,他很快对不可知论失望,又对基督教产生兴趣,现在基督教对他来说比在青年时代有更多吸引力。正是在这个时期,他皈依了基督教(387年)。从391年起,他回到非洲,最初在希波城任长老,后来任主教。在任主教时期,他同在非洲的反映社会运动的各种异教进行了坚决的斗争。在斗争中他推进了关于天国(上帝国)的学说和关于宿命论的学说。他认为正统的罗马教会是天国的唯一的代表。

奥古斯丁关于神恩的学说是和他关于原始罪孽的理解有关。他断言,原始罪孽只是人类第一次破坏对上帝的誓约——是一种自由意志的行动。从人们构成这次罪孽时起,人的意志永远和这些罪孽相联系。"神恩"可以解除罪孽。这里突出了奥古斯丁关于宿命的理论。一些人注定要得救,另外一些人注定要毁灭。而且,人类在未来生活中,预定幸福的非常少,绝大多数人早就注定有罪。

在奥古斯丁《上帝国》著作中阐述的历史哲学便是建立在他的关于自由意志、罪孽和宿命论的学说的基础上的。这本书是在阿拉列克占领罗马城的刺激下编写的。异教信徒认为罗马城在410年陷落,是因为它放弃了旧的众神宗教,这些神曾建立了罗马的伟大和保卫了罗马城。而基督教在帝国内的传布是罗马陷落的原因。奥古斯丁在《上帝国》中力图驳斥这些责难,以和他们对立的立场阐述了自己关于人类命运的观点,关于罗马的命运,特别是关于历史进一步发展的道路。

在《上帝国》里,奥古斯丁所说的上帝国是上帝选民的团体或王国。这王国从人类历史最初时期,从《圣经》上最早的族长时期开始一直存在到耶稣下降人世时为止。耶稣基督、他的学说和基督教会乃是这个上帝国进一步繁荣的基础。属于这个王国的只有那些预先由上帝决定得救的选民。当世界的末日来到时,所有的罪人都将被定罪。这些选民在永恒的幸福中和永恒的上帝国中联合起来。

在奥古斯丁看来,世界历史乃是实现早由上帝预定的计划,朝向逐渐发展和完善这个上帝国——上帝选民的王国。

这样,按照奥古斯丁的观点,上帝乃是决定历史力量的基础;一切是从属上帝的意志的。上帝已不是以抽象的实质出现。上帝用自己的意志决定全人类的发展。与此有关的是奥古斯丁关于"奇迹"的概念。他证明没有一种自然和历史的规律是上帝不能破坏的,并指出这种破坏经常在发生。以后中世纪天主教和部分新教史学完全接受了这种对奇迹的盲目信仰,这种信仰是建立在上帝预定和上帝万能的思想基础上的。

同时奥古斯丁设想,恶魔也在世界上统治着。在他看来,地面世界还是恶魔的世界,苦难命运的世界。

当时西方世界遭到的那个巨大危机,在对生活与世界的厌世主义观点上找到了反映。但按照奥古斯丁的主张,神的恩泽可以克服当时统治世界的恶魔和罪恶,它在上帝"默示"形式下逐渐揭开人类的历史。

在奥古斯丁看来,"上帝选民"和其余的民众在历史上起的作用是不一样的;其余的民众不是上帝国建立过程中的参加者。

这种上帝计划在历史上的实现,被奥古斯丁描写为独特形式的进步过程。

奥古斯丁把这个"进步"完全归到上帝国的领域。至于人类绝大多数所属的地面王国，他所描写的完全是另一图景。在这方面，《上帝国》第十八卷里很有意思地阐述了地面国家的历史。奥古斯丁提出了某些不同的历史分期。一种分期法按照帝国，尽管他只提出两个帝国——亚述—巴比伦和罗马帝国。

第二种分期法是把历史分为耶稣诞生前和耶稣诞生后。

此外，他也使用年龄分期法，这种分期法在中世纪的历史家学说中常遇到，而西塞罗已使用过它，指出人类成长年龄的四个阶段。

奥古斯丁把人类分为六个年龄阶段——婴儿时期、幼年时期、少年时期、壮年时期、稍老时期，最后高龄时期，高龄时期以衰弱、病态为特点，必将趋于死亡。最后，死亡后进入第七年龄阶段——这是选民在"上帝国"中的再生和幸福阶段。

有意思的是，在第六阶段里，按照奥古斯丁的观点，开始产生基督教。他认为他所在的时期是人类的高龄期，地面世界的末日就要到来。这种关于古代世界衰老、人类必将灭亡的观念对奥古斯丁是很自然的，因为他是这个世界趋向灭亡的目击者。

但基督教会的出现似乎应该标志为人类的再生。奥古斯丁以这种方法解决这个矛盾：他说古代人类肉体的衰老是被伴随着人类的灵魂的新生。他认为人类的发展乃是揭开上帝真理和培养人类领悟这个真理的过程。

在什么方面我们能找到他的上帝国适用于地面国家呢？当罗马帝国处于崩溃时期，奥古斯丁发展了自己的观点。因此当谈到地面国家时，他使用了完全和他谈到上帝国时不同的音调，提出更多现实主义的历史哲学，特别是他谈到国家是由暴力产生的。

按照他的意见，在人类社会中，经常存在着斗争，这种斗争导致弱者屈服于强者。弱者宁愿接受屈服而不愿常处于斗争与无政府状态中。这样国家就产生了。

按照奥古斯丁的意思，国家——这是一伙匪徒，而罗马是由各种罪犯组成的匪帮建立的。罗马的历史开始于罗慕洛被杀的罪行。按照《圣经》，正是这样，那杀害兄弟的该隐是第一个城市的建造者。

奥古斯丁非常轻蔑地对待那些似乎巩固了罗马统治的公民善行。同时他反对异教徒关于众神建立罗马的统治这项断言并嘲笑罗马的偶像崇拜。他证明，这些崇拜乃是最野蛮迷信的锁链。他把基督教关于魔鬼的学说转用到罗马神话学上，他认为在所有异教的奇迹后面存在着黑暗力量。

奥古斯丁谈到罗马时确认,上帝把这个国家作为实现自己目的的工具,在罗马帝国完成了世界的统一;那是建立了传布基督教的前提。

这样,按照奥古斯丁观点,世俗国家对于看不到的"选民"精神上的联合——"上帝国"应起着辅助作用。既然后一个国家在地球上是看不到和没有一定地点的,那么它就应这样或那样地包括在教会中;教会用自己的圣礼拯救人类,因而世俗国家事实上必须为教会服务。这个对于世俗国家作用的观点完全可以从4—5世纪西罗马帝国国家机构的普遍倾覆获得了说明。按照他的观点,教会是新兴力量,必须亲自夺取那个过去世俗国家曾执行过的政权。

奥古斯丁说上帝创造了自由的人,但奴隶制是罪孽的不可避免的产物;奴隶制是罪人的命运。这个结论是在道义上辩解奴隶制。这样,奥古斯丁从"上帝国"的观点出发,没有起来反对现有社会制度,而相反,站在维护这个制度的立场上他似乎把历史发展重心移到"上帝国",但却提出要全部教会机构为现存的"地上的"秩序服务。

这样,我们看到奥古斯丁的理论中,完全回避了关于社会变革必须和上帝国相联系的问题。这里,奥古斯丁完全站在社会统治阶级方面的观点上,他以自己的理论"选民"的学说、"宿命论"的理论表明他怎样不理睬下层人民群众的要求。这样,奥古斯丁的历史哲学是和他所在的时代的重要政治社会问题紧密联系的。以后,他的理论成为支配中世纪历史哲学的基础。奥古斯丁的神学观点,以反动的、神权的精神渗透于人类历史的概念,在长时期内预定了中世纪历史思想的发展。

(四) 关于伊本·卡尔敦(哈尔敦)的生活与著作

(1) 卡尔敦的生活

(摘自卡尔敦《历史导论》* 英译本导论)

伊本·卡尔敦(Ibn Khaldun)属于一个起源于南阿拉伯的部族。他祖先,据说于第8世纪,即穆斯林征服的早期,曾移入西班牙。后来卡尔敦家族迁到西北非,初住休达(Ceuta)后又迁居突尼斯。其祖先中有不少人从事政治活动,担任过西北非哈夫息(Hafsid)王朝的要职。他祖父与父亲爱好学术研究;其父对《古兰经》与法理学的研究颇有成绩。这些祖先的政治关系与学术研究对他发生了

---

* 伊本·卡尔敦《历史导论》分导论与历史两部分,共三册,简称《导论》,罗森塔尔(Franz Rosenthal)的英译本,1958年出版。——译者

很大影响。

伊本·卡尔敦在1332年诞生于突尼斯。兄弟三人,其弟雅赫亚(Yahya)和伊本·卡尔敦一样成为高等政客与著名历史家。在早年,他受到常规教育,研习《古兰经》与阿拉伯文。在15—25岁时期,这个青年完成了他的教育并开始了他一生的事业。

1347—1357年这一时期,对伊本·卡尔敦未来生活,是具有最大意义,也是在西北非历史上一个非常混乱的时期。在卡尔敦童年时期,哈夫息王朝地位已越来越不稳定,而到了上述的时期,该王朝对突尼斯的统治变为摇摇欲坠。1347年斐斯城麦里尼王朝(Merinid)统治者征服了突尼斯,旋即被迫退出。在这征服期间,有大批著名学者随军而来。从他们中间,年轻的伊本·卡尔敦获得了名师益友,其中对他最有影响的是阿尔-阿比里(Al-Abili)。阿比里后来的西归成了卡尔敦离开家乡的原因之一。当时,卡尔敦已任哈夫息王朝监印官,但他并不想待在这个位置上;1352年离开了突尼斯,两年后到达了斐斯城。在那里,在麦里尼王朝的庇护下,参加了学者圈子,做了很多研究工作。

在斐斯城时,1355年末,他得任为麦里尼王朝统治者的秘书;不久他由于和哈夫息王朝有联系,被拘入狱,1358年被释。下一年,新统治者任命他为国务大臣,后又任命他为最高法官。其时,他觉得斐斯政局不很稳定,因而借故离开,于1359年到格拉那达,当时西班牙半岛上唯一留存的穆斯林国家。在那里,他也取得王室的信任,被派充当外交使节。1365年他接受他的老友阿布·阿布达拉的邀请,转往婆吉(Baugine),当时后者已控制该地区,并任以首相职位。但不久阿布达拉被他堂兄阿布·阿拔斯(Abud-Abbas)推翻,卡尔敦即转到胜利者方面,以求保全地位。

在这以后的八九年中,西北非政局由于王朝斗争的尖锐化,动荡不定。因而卡尔敦对于政治生涯感到厌倦,渴望得有安静生活来研究学术。他果然获得机会,脱离政治生活,退居奥朗省(Oran)一所乡村别墅里,在那里他过了三年多安适生活,并开始编写了他的世界历史。1377年底,他告诉我们,他已完成了他的《导论》(Mugaddimah),后来,他又花了四年时间,完成了这部历史巨著。

其时,《导论》作者久静思动。他希望离开乡村,重登政治舞台活动,也为了要对他的著作继续加工,希望能住在设有大图书馆的城市,而突尼斯正是一块适宜的地方。那时,阿布·阿拔斯已成为突尼斯的统治者,卡尔敦取得他的准许,于1378年到达那里,又住在他的老家。由于受到统治者的恩宠,他惹起朝臣的嫉妒；当他开始讲学时，又遭受大法学家阿尔瓦尔格密（alwarghami）的反对。后来，阿布·阿拔斯对他的忠心也有所怀疑。因此，他借机离开突尼斯，于 1382 年到达了埃及亚历山大城。之后，除了偶然到东方旅行外，他继续住在埃及，以终其余生。

1383 年卡尔敦从亚历山大城迁到开罗。其时，埃及的马密鲁克王朝（Mamelukes）正在盛世，政局安定。他急需找得一个位置，使可久居埃及。但是由于缺少像在西部的家族联系和友谊关系，他必须大部分依靠自己的计谋、人品、才干、学问以及政治上的经验来实现其目的。可是，他是成功的。

伊本·卡尔敦的一个幸运是在他到埃及之前巴奎克（Barquq）已是埃及统治者；在初登位时，他企图吸收新人物以加强阵容。卡尔敦很快就取得这个新统治者的器重。另一幸运的情势也有助于提高卡尔敦在埃及的地位。几乎刚到达时，他能够同土耳其高级、有势力的官员建立联系。因此在他生活的其余 23 年中，他担任过各种高级职位：在不同时期，多次任过大学教授、学院院长与高级法官。

1384 年 3 月，他第一次在埃及任教授。以后，他在各学院或大学，时断时续地从事讲学。就职务来说，所有他的教授任务是讲授宗教学科，当然主要是穆斯林的法理学与"经外传说"。可是他也演讲历史导论，可能还讲授自选的历史题目。同时，他也不断地修订《历史导论》，并把最新资料加入其中。

教授生活对卡尔敦是合适的，但埃及统治者召唤他担任一个更重要的工作。1384 年 8 月，他第一次被任为埃及首席法官。他对于做官生活的诱惑力还是敏感的，他欣然接受这个新荣誉，因为教授地位虽然给他威望，但法官位置对他来说意味着不但拥有威望而且拥有权力。他完全认识到法官的重要性，严厉执行他的司法职务。因此，他遭受诽谤，多次被免职，但也多次被任命。最后一次任命是在 1406 年 3 月，不到几天他突然死去，葬于开罗城外苏斐（Sufi）公墓。

伊本·卡尔敦一生的行动与渴望是简单的。他专心致志地努力获得社会上的领导地位以及掌握那在当时水平上的人类智慧发展。他一步一步地把这两项目的实现起来。可是，他在猎取政治地位上是不惜采用无穷的投机行径的。他的才干、耐心与所遭逢的有利情势使他能成为像他少年时所想要做的大思想家与实际行动家。

他的《历史导论》包含着新精神的颤动，但当时代人对它未给予十分重视。到了 16、17 世纪，土耳其学者争先恐后地研究他的著作与思想。19 世纪初，欧洲学者也开始研究伊本·卡尔敦,发现西欧人在他时代好久以后所讨论的许多思想①并不像所设想的那样新,因为他们早在 14 世纪这个西北非学者的著作里,已经讨论过,至少在初步形式。

(2) 卡尔敦《历史导论》(*The Muqaddimah*)

[摘自凯尔恩斯(Grace Cairns)《历史哲学》,第 322—336 页]

在他的巨著《历史导论》里,伊本·卡尔敦(1332—1406)几乎在维科四百年前已明确地称历史为一种"科学",一种社会科学。他告诉我们,说这项科学的题材:

> 是关于人类社会组织的知识,而社会组织本身等同于世界文明。它论述诸如影响文明性质的条件:例如,野蛮性与社会性、集体感情以及一个人类集团做到优越于另一集团所采取的各种方式。它论述王家权力和由此产生的王朝以及存在于它们范围内的种种等级。(它还论述)不同类型的有益职业和求生活的方法,兼述人类追求那些作为他们活动与努力的一部分的科学与工艺以及其他由文明本质所产生的各种制度。

他以研究地理影响作为其著作的开篇,认为高级文化的兴起大部分是有赖于地理影响的。他说,气候是很重要的。在温和地带人类"较多中庸性",无论他们的体格、肤色、性质以及一般情况。事实上,他们的中庸性表现在一切事物——房屋、服装、食品、工艺——他们并具有最优良工具。他列举的温和地带是:北非沿岸、叙利亚、西伊拉克、西部印度、中国、西班牙、欧洲基督教与高卢教徒的地区。在"非温和"地带如埃及以下的非洲和北方寒带如斯拉夫人家乡,人类是像"哑叭牲畜"那样。

食品,在刺激人类达到高级活动水平上,也是具有重大意义的。例如牛乳食品使动物与人类身体健康,知觉锐敏。

在表明文化只在温和地带与健康民族间才有可能以后,伊本·卡尔敦略述一个文明②的兴起、发展与衰落过程。实际上,他所追溯的,只是一个王朝兴亡的循环,但是他的总括在含义上是可以应用到一整个文明的过程的。

---

① 例如,地理影响论、文明循环论等等。——译者
② 依伊本·卡尔敦的意见,文明是人类组织的野蛮阶段以后的任何阶段。——原注

依据亚里斯多德,他肯定说,人是唯一能思维的动物;也依据亚里斯多德,他告诉我们,说人是政治动物——人的理智能看到集体协作的优点。集体生活以家族为出发点,进而扩展到部族。人类文化的游牧阶段(贝督英族)从部族开始,并从这一阶段发展出高级文明。根据一个人生活循环的类比,他追溯出文明发展的模型。

依医生与占星学家的意见,一个人可以享有 120 岁的"自然寿命"。一个文明的王朝循环,也可享有同样的持续时间。它的持续时期是三个世代而每个世代包括 40 年。在第四个世代里,它达到了末日(冬季)。王朝(文明)的这样一个寿命循环是依循自然界的一切事物的特别是人的寿命循环模型。伊本·卡尔敦说道:

> 应该懂得:自然力的世界和它所包含的一切,都是经历形成与衰败的。这一点对于它的本质与它的条件,都可应用。矿物、植物和一切包括人类在内的动物以及其他造物,无一不是形成起来与衰败下来,如人们所能看到的那样。这同一的情况可应用于那些影响造物的条件,特别是那些影响人类的条件。科学也是先成长起来而后被抹去。同一的情况可应用于工艺,也可应用于类似的事物方面。

(阿剌伯)文明兴起于贝督英族(Bedouin)的部族生活;王权也由此形成起来,它一般地延续四个世代。第一世代是文明兴起的第一阶段,在那里存在着这些沙漠区的品质:勇敢、粗暴、贪婪性,因而"集体感情的力量继续得以保持"。第二世代是文明的第二阶段,在那里财富的积聚促使安定文化的形成。沙漠区品质的力量开始衰颓,因为现在一个人(统治者)"要求一切光荣归于自己,因而其他人们则懒于争取(光荣)了";而且他们的态度也有转变:从骄傲的优越感转到屈从感了。集体感情的活力因此削弱。然而,在这个世代人们的心里,还存留着某些旧有品质的力量,因为他们同第一世代有着直接的亲身接触。

第三世代完全忘了沙漠区的品质。安定文化的繁荣达到了一个极点。"奢侈达到了它的顶峰。"统治者的政府是武力的政府而臣民抱着依附与屈从的态度。他们变为"比妇人还要胆怯"。统治者必须从血缘或亲族集团以外,来招募保卫王朝的人们。"集体感情完全消逝。"客卿的身份只是雇佣工作者,而雇佣工作者当然不愿为这个集团舍生卖命。所以这些客卿与支持者是拯救不了这个王朝的破裂的。只在"集体感情"存在的地方,才有那种为了王朝利益而冒着生命危险的充分刺激力。随着集体感情的消逝,王朝变为"衰老而疲乏不堪"。第四世代看到"(祖先)威望"的完全毁灭。这是文明的末日。于是一个外省家族夺取王权而接管了旧王室的领土,或者一个外族乘机侵入而占领它了。然而,这个新王权也一模一样地通过这同一的朝代循环,而趋于覆亡。在他的《历史导论》的后面部分,伊本·卡尔敦还把这个循环伸展为五个阶段。

1. 第一阶段,是一个成功地克服一切反对力量的阶段,也是"从前王朝占夺王权"的阶段。其时,统治者成为他臣民的典范领导人。他在他的赋税政策上,在他的保护财产上,都是公正的;他也能提供军事保卫的力量。他并不要求一切专属于己而排除(他的臣民)……(集体感情)一如既往,还继续存在。

2. "第二阶段,是统治者对于臣民获得了完全控制力的阶段:他要求王权全归于己,排除他们并阻止他们企图参与王权"。统治者与他的家族,由于占取一切权力而开始破坏集体感情。局外人被给予政府职位,而亲近者反被踢开了。

3. 这是统治者掌握完全权力的最后阶段。在这紧要阶段里,国内的一般安静状态使统治者能够大量花费资金于城市建设、宏伟建筑与纪念品。他从赋税搜刮来的金钱也使他能够维持雇佣人员来管理国家。

4. 第四个阶段是"按桨休息"的阶段。伊本·卡尔敦说,在这阶段里,"统治者满足于他前辈所建立的一切"。那些由以前统治者所建立的典章,被小心谨慎地遵守着。

5. 这是衰老的时代。伊本·卡尔敦的描写如下:

> 第五阶段是一个浪费与挥霍的阶段。在这阶段里,统治者浪费他祖先所积聚的(财物)于荒淫与娱乐;对他的左右宠臣,给予过度的赏赐。同时,他信任坏分子、卑鄙追随者而委之以国家大事……(此外)统治者力求排除他人民所信任的人们和他前辈的旧臣。这样,他们对他变为痛恨,而阴谋反对他。(而且)他不以饷银发给士兵而把它消耗于他的个人娱乐,因而丧失大批士兵的拥护;他并拒绝他们接近他的人身,对他们也不给予(适当的)监督。这样,他破坏了由他祖先所创设的基础,并拆毁了他们所曾建造的一切。在这阶段里,王朝陷于衰老状态,千疮百孔,无可救药,而终于毁灭。

上面所述的是一个王朝文化所走的道路。伊本·卡尔敦有时标出三个阶段、四个阶段或五个阶段。他未曾提出年代的绝对数字,但我们在上文已看到120年是一个他所赞成的数字。然而,他也提到超过这个年代数字的王朝。不管王朝掌权的阶段或年代数字的多少,一般模型却是一色一样的,而衰老阶段也是相同的。王朝破裂真正的开始,在于统治者把一切光荣归于自己与他的直接家族的时候,因为这是集体感情破裂的原因。但是,另有一个重要的、不可避免的因素,这个因素一般地促使一个王朝权力或任何文明归于衰败。它便是"安定文化"(sedentary culture)。"安定文化是文明的目标。"但它也"意味着它的寿命的末日;它产生了它的腐败状态"。一个人在40岁时既然停止增长与增加力量,所以一个文明当它到了安定的时候,也就停止增长了;"过分安定文化"正是这个文化破产的原因。安定文化总是要使人们腐化,因为它破坏他们的真正优良品质:勇敢、真诚、有用性与集体感情。安定文化以它的荒淫奢侈,以它的放荡行为,以它的过去重视智慧,使人们失掉精神力量。

(五) 关于马基雅弗里的政治思想与历史著作

(摘自柯斯敏斯基,前引书,第57—69页)

像马斯雅弗里(1469—1527)这样的人,在自己的著作里不仅留下自己阶级与自己时代的痕迹,而且留下自己的特殊个性的人格。他是法学家的儿子,是属于在文艺复兴时代出身于佛罗伦萨城为资产阶级服务的知识分子的圈子。在1498—1512年间,马基雅弗里充任佛罗伦萨共和国十人委员会的秘书,被派遣到外国宫廷执行外交任务,并参加策划佛罗伦萨对比萨的战争。

马基雅弗里的主要著作有:《关于李维罗马史的讨论》(1519年),《国君论》(1513年),《卡斯特拉坎尼传》(1520年),《佛罗伦萨史》(写于1520—1525年间)。

关于马基雅弗里的教育,我们很少知道。直到今天,还在争论这个问题:马基雅弗里是否懂得希腊语,或只是通过拉丁文译本知道希腊作家。他精通拉丁语,但他宁愿用意大利语写作,为的是要摆脱当时流行的盲目仿效古代作家的风气。

马基雅弗里广泛熟悉古代著作,特别是历史著作,但我们在他的著作里找不到有直接采用古人的思想。个别古代作家,只在他们能唤醒他自己的思想时,才对他产生了很强烈的影响。他的名著:《关于李维罗马史的讨论》表明,这个或那个事实,这个或那个思想怎样推动了他进行自己的政治思考。又在叙述方法上他爱好作出总括。他所感兴趣的事实,只是在它们可用以作出总括或结论的资料。那些不能用以作出政治结论的事实,叙述得枯燥乏味;而关于有可能用以作出政治结论的事实则叙述得生动鲜明。因此他常常被指责,说他的叙述是不老实的与颠倒事实的。在其他方面,对史料的批判,确是薄弱的,他轻信古代作家,以致接受明显的谎言与无稽之谈。

马基雅弗里是个热情的理论家,但在政治上是个非常柔弱的实行家。决不能说,他没有广博的知识和观察的能力。他关于各种外交使命的报告,充满着正确的政治思想和观察力,但他从未能把自己正确的观察与自己可行的计划付诸实施。这里存在着他性格上、意志上的某种特殊缺陷。他缺少坚持性。就性质来说,他不是残忍者,也不是伪君子;但他是一个关于残忍行为与伪善作风的理论家。在他身上,可以完全看到理论与实践之间的分歧。

关于马基雅弗里的政治观点,不易作出概括。他的观点常常是不一致的。在《国君论》里,他是君主制的坚决拥护者,而且拥护以"政治目的可以辩解任何手段"这个原则作为指导的君主制。但是如果我们转到他的《关于李维罗马史的讨论》,那么我们随处可以看到他歌颂自由作为确定的政治原则。在他的《佛罗伦萨史》里,也有类似的思想,有时候把自由与僭主政治对立起来。在他的《关于李维罗马史的讨论》里,露出他的民主观点。他引证一系列例子,表明"人民"历来是比帝王明智而有稳定性。依他的意见,人民应享有确定的、不可分割的权利——控制行政权、司法权和分配一定职位权。

马基雅弗里当然很懂得:什么是僭主政治,什么是僭主。在《佛罗伦萨史》里,他经常谈到王公的卑鄙行为。但是,他称颂最坏的王公——凯撒·波吉亚,作为统治者的典范。这里就是马基雅弗里的思想上的矛盾。

在分析马基雅弗里的政治观点时,发生一个问题——他怎样理解"人民"这个名词。在应用于13—14世纪佛罗伦萨历史上,他一般地谈到贵族与人民。但在这个时代的佛罗伦萨,还有一个居民集团平民,即广义上的人民本身,但他完全没有提及他们。所以,当他谈到人民时,很明显,他意指城市居民的富裕阶层即市民阶层,但不是指广义上的人民,即劳动群众。

马基雅弗里比较喜欢在共和国形式下的混合政体,在那里城市贵族阶层的代表充任首脑,受着富裕市民的控制。他在罗马共和国里看到这样国家的理想。很有趣,这个混合政体的概念是和马基雅弗里社会的政治发展的总概念有关。他决不想创立某种牢固的社会制度。相反,在党派斗争里,他看出政治生活的基本原则。他认为古代罗马的贵族与平民的斗争是正常的政治生活,而且在一定党派斗争的后面潜伏着某些物质利益。然而,根据这一点,决不能就认为马基雅弗里已懂得党派斗争的真正原因。他说,贵族力图取得过度政权而人民力图保持自己的自由。但依他的意见,在这人民与贵族间的斗争里,应该建立一定的平衡状态。这个状态怎样建立起来?马基雅弗里认为应建立于这个原则的基础上:国家高于一切,高于一切个人利益,高于一切党派利益。社会的全体成员应了解国家利益是整个的,应能够为了国家而牺牲自己、自己的个人利益或党派利益。

这样看来,马基雅弗里的理想不是一个党派对另一党派的彻底胜利而是某种平衡状态,即使这状态是由斗争维持的。依他的意见,这种斗争有可能推动这种或那种新要素,给宪法本身以生命与发展;最后,对于国家是有利的。马基雅弗里根据罗马历史与佛罗伦萨历史来描写这个理想。但是在佛罗伦萨历史里,依他的意见,斗争的进行并不是像它所应当进行的那样。国家的精神代之以党派的精神。每一党派在占得政权后力图消灭其他党派,毫不考虑到国家的利益。因此,他认为,佛罗伦萨的全部历史是这个或那个党派争夺政权力图消灭它的反对派的历史。

马基雅弗里的理想,是国家的统一,不仅是佛罗伦萨而且是全意大利的统一。但是意大利历史的特征,妨碍着这样的统一的完成,在这方面,他特别指责教廷。关于教廷的地位,在他的《佛罗伦萨史》里,给予辛辣而沉痛的评述。由于意大利的分裂和它遭受西班牙人与法国人的侵入,他获得的结论:国家的政治统一,意大利民族的统一是当时意大利的首要任务。

马基雅弗里已具有民族的概念,尽管表达得不够清楚。他说,领土的统一与语言的统一在许多场合会导致政治统一。但是在意大利,由于一系列原因,特别是由于教廷敌对统一的政策,没有产生像在西班牙与法国出现的那样统一。为了反击外国的侵入,意大利必须建立牢固的政治统一并必须有自己的武装力量。

马基雅弗里在他著作里以很大篇幅叙述军事史。他严厉谴责拥兵队长制,按这制度,军事是委给外地人的;他们只想到自己的个人利益而不想到国家的军事威力。因此,敌对方面往往事先约定"发动"战争,并一般地在这个或那个方面按照预先的协议,自认失败。依他的意见,这项军事组织是意大利军事衰弱的原因之一。他看出,当时意大利所遭遇的绝望情况的唯一出路,在于通过任何手段强制实现国家的统一,并在于创立强有力的军事政权。马基雅弗里在《国君论》中发挥了这种政治理想,里面他制订了在他时代摆在意大利面前的任务。

总之,从马基雅弗里的事例方面,我们看到那时的意大利资产阶级准备走向封建暴君任何妥协的道路,不惜付出放弃混合政体的代价,只要能够实现主要政治任务——统一意大利。如果为了统一意大利而需要使用暴力、残忍、暗杀的手段,那是可以容许的。马基雅弗里说道,无须害怕做小坏事来为国家免除大祸害。他提出,只有那种机巧、残暴、狡诈的人,才可担当得起这个基本的政治任务。所以,他认为只有暴君可以挽救意大利。他指出像凯撒·波吉亚这样的暴君在他占有的领域内能确立政治秩序,执行司法。但这决不是说,波吉亚本人在马基雅弗里看来,是理想统治者。他在若干罗马皇帝中如图拉真、马克·奥理略,又在古代立法家中如苏伦、李科尔格看到他的理想统治者。但是马基雅弗里清楚地了解,在他时代的意大利,对于这些统治者,没有土壤,这个理想在意大利政治实践上是不能实现的。

马基雅弗里政治观念的范围与他政治观点内这些矛盾的根源大概就是这样。

现在,我们转到马基雅弗里著作本身的讨论。

他的《关于李维罗马史的讨论》,与其说是历史著作不如说是政治论著。《卡斯特拉坎尼传》在正确意义上也不得称做历史著作。那是一部英雄传记。《佛罗伦萨史》八卷是名实相符的历史著作。从书名上看,它是佛罗伦萨城的历史,但事实上它不仅仅是一个城的历史。这部著作的第一卷叙述全意大利的历史,以蛮族的入侵作为开端。接着的三卷叙述 1434 年前就是在美第奇家族政权建立前的佛罗伦萨城的内部历史。在下面四卷里,不仅极详细叙述 1492 年前佛罗伦萨城的历史而且还谈到很多关于意大利个别城邦的外交史。

在马基雅弗里看来,佛罗伦萨城的政治制度是那里发生的内部斗争的结果。当然,依他的观念,这不是社会斗争而是政治党派的斗争,但政治党派在他看来也表现若干社会特征。马基雅弗里部分意识到这些斗争的经济基础,但它们并未引起他的重视。任何社会集团使他感到兴趣的,只是在于它作为政治力量出场的时候。政治党派使他感到兴趣的,也只是在于它们以一定的政治纲领出现在政治舞台上的时候。他是从政治斗争的观点和由斗争而引起的政治制度的转变来检视整个佛罗伦萨城的历史的。

《佛罗伦萨史》是在美第奇家族政权复辟时期按照美第奇红衣主教的倡议编写的。到他写完这著作的时候,这个红衣主教已充任教皇,称克勒芒七世,而马基雅弗里就把该书题词献给他。可以想象,由于这个关系,在《佛罗伦萨史》里马基雅弗里对美第奇政权作了很大让步：他放弃了他在《关于李维罗马史的讨论》里所发表的共和主义的思想。然而《佛罗伦萨史》还是写得富有独立语调，决不是只说赞美之调。

在书的序言里，马基雅弗里表明，他的任务主要是描述内部斗争。

从我们的观点看来，很有趣的，是那描写中世纪开始时期的第一卷。马基雅弗里指出罗马帝国是由蛮族破坏的；他们闯入帝国境内气候优良的地区后，很快繁殖，因此不得不定居下来。罗马皇帝在某种程度上也促进了这项趋势，因为他们把首都从罗马城迁到君士坦丁堡；这好像把帝国的一部分让给蛮族了。马基雅弗里评述蛮族侵入的历史。他引述很多传说的资料。撇开不谈这著作中的错误与不正确地方，我们可以理解他所制定的中世纪历史的体系。他推翻了旧的中世纪史体系——四帝国体系①，这个体系把罗马帝国描述成在整个中世纪时代好像还是继续存在。依他的意见，西罗马帝国亡于第4世纪。他不承认查理大帝帝国同罗马历史有任何联系。这样，我们看到马基雅弗里比起中世纪编年史家是以更现实的态度对待中世纪史的。在他看来，中世纪和罗马史没有直接的继承关系。他看出西罗马的覆亡是一个完全新时代的开端。

马基雅弗里对基督教的态度也是有趣的。他说，基督教在罗马帝国倾覆时期起着消极作用，因为它把新骚动带进帝国，使那里新的与旧的宗教间的斗争更加尖锐化，因而使蛮族占领帝国变为容易。此外，他认为，古代宗教培养公民中间的勇敢性，而基督教对于公民的性格却产生了削弱的影响，那就捣毁了帝国的威力。从他的观点看来，基督教本身也是不好的，因为它的内部是不统一而分成各种宗派。例如，他指明阿利安教派向天主教会的斗争所带来的破坏作用不比蛮族的侵入要少。

谈到伦巴人历史时，马基雅弗里强调指出，由于伦巴人国王的残暴，君主政权被消灭，公侯成了最高统治者。这事件也成为他作出一般政治结论的借口。他表明，国王政权的消灭导致伦巴人的政治衰弱，导致他们战斗精神的下降，因而他们不能在意大利维持自己的政权，而终于屈服于法兰克人。

这里，马基雅弗里谈到教廷政权兴起的问题。他对教廷的态度是很不好的，一点也不因为他的书献给教皇而有所转变。马基雅弗里简直不谈"君士坦丁赠与"这个问题，但在字里行间不难看出，他是不承认这事实的可靠性的。他指出，

---

① 亚述—巴比伦帝国、米太—波斯帝国、希腊·马其顿帝国、罗马帝国。——译者。

教皇没有世俗权;教皇的权力只是在西罗马帝国覆亡后才兴起。教皇起初在伦巴人与东罗马帝国之间运用机谋而后来转向法兰克人求援。马基雅弗里指责教皇召唤法兰克人进入意大利;他们也经常召进蛮族;那种情况到他的时代,还在继续;那是意大利政治分裂的原因之一。他对于查理大帝帝国的成立并不给予特别意义,也不认为它是罗马帝国的复兴;相反,他把教皇替大帝的加冕看作是教皇的胜利。关于神圣罗马帝国的建立这样的事件,他甚至提也不提。这里,可以看出他处理历史事件的现实态度,而不相信历史编纂上的传统说法。

马基雅弗里叙述意大利史到1434年止,但他的叙述愈到后面,愈加简略。然后,他转到佛罗伦萨的历史。

佛罗伦萨史的叙述是从它的建立时期开始的。马基雅弗里指明,该城的历史是在"不良影响"下发展起来的:起初在罗马人的奴役统治下,后来在个别僭主政权下。但到了13世纪该城达到了高度繁荣状态。13世纪末期,是贵族与"人民"政权之间平衡状态的建立时期,因此也是佛罗伦萨的最盛时代。

这项平衡是由党派斗争得来的,到14世纪这斗争重新兴起,约在1343年结束于贵族的完全推翻。在这时期,在"人民"阵营内还发生了矛盾——在老行会与新行会之间。这些矛盾日益尖锐,经过若干时期后,在斗争舞台上还出现了雇工与平民。这些阶级各自意识到自己的利益,起来争取政权,旨在把相应的变革加入宪法之内。

马基雅弗里完全不谈这些阶级的起源,也不提及它们的经济特征,只限于谈到政治党派的特征。他惋惜地指出党派斗争消耗了佛罗伦萨的力量。他认识到在共和国内,这种党派的分裂是不可能避免的,并且这分裂在本身也不是坏的。党派分裂只在个别党派的个人利益放在国家利益之上时,才是坏的。在佛罗伦萨,国家观念非常薄弱,个人利益历来是放在共同利益之上,因而产生了个别家族间的敌对情况。这种党派斗争的结果使佛罗伦萨的军事精神日趋下降,因而出现军队组织的拥兵队长制。最后,它的公民竟至准备出卖共和国而就在科斯谟身上找到了买主。

如果要问在什么程度上马基雅弗里的《佛罗伦萨史》可称做科学著作,那倒不是容易回答的。在他著作里,我们找不到任何对史料的认真批判。他主要是利用比昂多(Biondo)的著作,并在大多情况下他无批判地重述他的记载。此外,马基雅弗里所感兴趣的,只是那些有关他理论结构的资料,因此他有时毫不犹豫地采取了歪曲的事实。这样看来,要是从研究方法的观点来看,马基雅弗里的

《佛罗伦萨史》这部著作恐怕是不能称做科学著作的。另一方面,这个著作从头到尾企图理解党派的即使不是阶级的斗争,那无疑是史学上的一个新现象。马基雅弗里在某种程度上感觉到14世纪佛罗伦萨党派斗争的社会基础。所以尽管有许多错误,尽管有一系列遗漏,我们在他的著作里照样可看到即使不是按科学意义的历史,也无论如何第一次以政治斗争的观点说明的历史,而且在政治斗争的背后他有时候还直觉地感觉到阶级斗争的存在。所以,无论他的方法与事实叙述有多大差错,这个特征却给他的这一著作以特殊的意义。

(六) 关于维科《新科学》

(摘自柯斯敏斯基,前引书,第168—176页)

维科(Ьико,1668—1744)的生存年代,是意大利最衰落时期。在那不勒斯王国内,文化与教育的衰落更为突出。该王国是意大利最落后的角落,国王实施绝对专制,天主教会控制全部生活。耶稣会徒在这王国内享有极大势力。他们在学校中专横势力所造成的闭塞气氛是不适合于像维科那样的独特的、有创造性的才智的。

维科是小书商的儿子。他就学于耶稣会学校,精通古典作家的著作。但是他对教师们不满意,因而在16岁时就离开学校。之后,他充任贵族家庭的私人教师,得有很多余暇进行自修。从1694年起,他担任那不勒斯大学修辞学教授,但这个讲座是很不适合于他的才干。他的教授的薪水也不够维持他的大家庭生活。因此他想尽方法来多赚些钱,主要是替人编写演说与诗词。直到晚年,他才被法王查理邀请,担任宫廷史官而获得高薪。但到那时,他以受尽苦难的折磨而已精疲力竭,不久即去世。

维科的不朽著作是《关于民族共性的新科学原理》(简称《新科学》)(1725年)。①

在说明维科的观点时,我们必须主要依靠他的《新科学》——一部十分难读的著作。它是晦涩、无逻辑又无系统的书。必须指出,这个修辞学教授是不善于修辞的。他的措词含糊,思路不清,并有时把自己的与袭用别人的思想混在一起。在维科著作里,我们看到幻想与证明的经常混淆以及神秘情绪。

维科把历史过程理解为有机的过程。依他的意见,由于人类固有本性的若干内部规律,民族是从本身发展起来的。维科反对机械式的"社会契约说",提出

---

① 马克思给它好评,说它有"不少天才的光芒"。——译者

从低级到高级的历史发展规律,即我们所谓的进化规律。维科称自己的著作为《关于民族共性的新科学原理》,这也不是偶然的。维科认为历史现象是合乎规律性的、重复的现象。由此看来,维科把内部发展原则应用到人类历史方面。但据他看来,这个原则是神所制定的,而且神是干预历史进程的。神的干预归根到底是那支配人类社会发展的理想的永恒规律。维科对于流传下来的关于原始时代人类发展的消息,抱着很大怀疑。他否认荷马是一个历史人物,尤其否认那些由荷马诗篇所描写的事件。但同时他认为神话资料、英雄故事、诗篇纪事一般说是为了重塑原始阶段人类发展的最丰富的史料。根据这些残余,可以部分地重建那些没有可靠遗迹的时代的历史。

维科把人类发展分成三个时代——神的时代、英雄时代与人的时代。

第一时代——神的时代——是人类的孩童时代,即人类处在原始状态的时期。维科所描写的原始人外貌是肌肉发达、毛发满身的巨人,具有锐利的牙齿与手爪。依他的意见,人们的精神生活随着第一次打雷而出现。打雷所产生的恐惧唤醒了人们的精神生活。恐惧迫使人们逃入山谷洞穴里,而且个别男人随带强占的妇女同住。这样就产生了家庭。

打雷迫使人们认识某种可怕的、超自然的存在——雷神的存在。在雷神愤怒面前的恐惧教导人们辨别什么是可做的,什么是不可做的事情,给人们以善与恶的观念。之后,人们乃力求讨好众神,软化众神,终于导致崇拜众神。在崇拜神的基础上兴起了独特的、神秘的语言,独特的、神秘的艺术。维科关于语言与艺术起源的概念是有意思的。依他的意见,它们和这些原始崇拜是紧密地联系的。在这阶级上所兴起的语言是包括众神的名称,一般是专门名称。在这里,语词还未联成句子,在这里,没有抽象的名词而只有个别的人与物的专名。维科指出,在这种语言出现以前,还存在过手势与动作的语言。书写文字在这同一时期也开始出现,但仍是象征的、图画式的;后来的象形文字即由此发展而来。

在神的时期里,还兴起了神话。在神话学里,维科看到关于最初文化的历史。神话学不是描述真实事件。在崇拜神的兴起过程上,他看到人类社会上的一定态度、一定事件的反映。新神跟着社会发展上的每一前进的新步骤而创造出来。例如,使婚姻神圣化,创造了新女神:裘诺娜;由于埋葬死者的风俗,创造了新神阿波罗,等等。

在这神化自然力的时代,所有权力都是属于那些在神与人之间作媒介的人们。穴居家庭的家长便是这些媒介。他们的权力是绝对的,一般是严峻的,为的是使粗鲁的野蛮人养成服从的习惯。除了住在山谷中屈从家长的人们外,还有许多住于盆地上的人们。他们还是在半野兽半人的状态,为争取生存而进行着猛烈的斗争。在他们中间有弱者与强者。弱者逃入山谷,以取得那里的族长的第一批家庭的家长的保护。族长把这些人置于自己保护之下。之后,他们下山,消灭那些盆地上最强的居民;后者曾迫使弱者逃入山谷中。

之后,开始了新的时代——英雄时代。在这时代里,英雄消灭巨人——暴徒后,使那些要他们保护的人们屈服于己,并使他们为自己劳动而沦为奴隶。这些奴隶没有宗教,没有家室,没有财产;他们不愿忍受自己的屈辱地位,开始要求较好的命运。在这个情况下英雄的上层不得不联合起来,组成国家,并建造了设防的城市。在这里,维科发表了有意义的思想:社会斗争是组成国家的原因;国家的兴起是旨在防止下层阶级的起义并使之屈服。

当然,在这样的国家中,政府是带着纯贵族性质。据维科看来,政府的最早形式是贵族制。这一点是和理性主义者的主张不同:他们提出君主制是政府的最初形式。

像罗马的罗慕尔和斯巴达的李科尔格那样的人物,就是反映英雄时代的人物。依维科的意见,这个时代也反映在《十二铜表法》里。这里,建立了氏族贵族政权,即军事的、脱离人民群众的政权。贵族政府定要仇视人民群众而不给他们任何自由权利。

英雄时代有其相应的特殊语言。如果说前一时代的语言主要是那与神有关的神话语言,那么在英雄时代,那与各种各样比拟有关的比喻语言占着统治地位。这个时代是粗鲁风俗、司法决斗、明显等级、下层阶级屈服于上层的时代。

这样看来,维科主张:社会关系、语言与文化,所有这一切都不是互相独立的现象,而是联合在一幅总图内的。语言与文化是依赖社会制度的。这一思想在他的时代是有创见的思想。

但是英雄时代也会达到它的末日,因为下层群众特别是平民阶层越来越多地发动起义,反对贵族。于是贵族不得不让步而容许下层加入政府。这样就进入了第三时代——人的时代。

在人的时代,社会关系乃形成了另一样子。与民族贵族并列的,还有靠功绩与财富出身的贵族。新的社会制度也由新的社会阶级(平民)建立起来。那就是民主制。同时,一切文化风格起着变化;语言、概念、风俗和思维本身的方式都改变了。过去带着具体性质的语言,现在采取了抽象性质,抽象的概念也开始形成。于是占统治地位的,不是韵语而是散文了。

这样看来,在维科方面,我们看到政体的更替稍稍不同于 16—17 世纪的思想家:他们认为君主制是最早政体。维科认为贵族制是原始社会制度,而民主制是跟随着贵族制而来的。但是,民主制的毛病,在于它的内部经常发生穷人与富人之间的斗争,因而内战频仍,社会混乱。这个情况迫使人们采取君主制。君主制在维科的描写里是带有理想化的民主性质。这个政体是旨在保卫弱者,维持法律的温和性;并使社会等级与民族融化为共同的国民性。这便是罗马帝国在它存在的起初百年时期被理想化的图景。

然而,从维科的观点看来,君主制也带有一定的危险。首先,它使人们脱离政治生活,因而使他们腐化和处于屈辱地位,并迫使他们失掉相互依存的感觉。这导致新的粗鲁风俗,新的野蛮性,即堕落的、颓废的野蛮性。

维科在这里看到了两个可能出路。据他看来,第一种较好出路是由年轻的富有朝气的蛮族占领这种颓废的社会,像第 5 世纪罗马帝国的情况那样。依他的意见,中世纪初期野蛮性代替了后期罗马帝国颓废野蛮性,那好像是神的时代的新的再生,从此开始了社会发展的新环圈。新的英雄时代又跟随而来;维科认为这就是中世纪封建欧洲,然后来了新的人的时代,在他看来那就是他所生存其中的现代。因此,他认为君主制是他时代欧洲的正常制度。在像英国与波兰的贵族国家中,国王政权是很弱的;依他的意见它们应该建立较稳固的君主制。总而言之,依他的意见,现代是走在未封闭的环圈内,在那里还有未来。

这样,新的环圈开始周转,如果旧的瓦解的社会被新的富有朝气的蛮族所占领。此外,另有一种可能性,就是在解体着社会的附近没有什么能以自己的原始蛮族性来使晚期堕落蛮族性新生起来的民族。于是堕落的民族只得听天由命;分裂与内乱使它完全陷于蒙昧状态;摆在它面前的,有几百年的文化衰落时期。这当然使它回复蛮勇精神,使它回到原始状态,引导它回到神的时代,于是循环又从头开始。

维科最出名的思想——循环论,就是这样。这个循环在古代世界已完成过,而在今天,在他时代的欧洲,这同一循环又在重复着。

值得注意的是,在维科著作里所有各个时代之间以及两个大循环之间的更替,是这样或那样地向社会变革相联系的。这些变革常常被描写成是阶级冲突的形式——族长(或氏族长老)与封建主,贵族与平民,最后富人与穷人的冲突。我们看到维科虽然说得不很清楚,有时还有些歪曲,但总是提出了社会斗争是社会发展的一个根本动力这个原则。同时,他看到国家与法制是富人用以对待贫民的强力与压制的机关。

在评述维科的观念时,必须指出他的若干非常有价值的思想或正确些说他的直觉的推测。维科懂得人类历史的各方面之间的有机联系,社会制度与意识形态之间的有机联系。语言、文字——文化的总和——归根到底是取决于某一时代的社会制度。所有反映在风俗与语言上的思想之发展是依靠事物的发展。思想的程序是跟随事物的程序的。

(但是)维科在了解历史上是唯心主义者。他相信神意。从他的观点看来,神是指导历史朝向一定目的之动力,引导人类从无政府到有秩序状态。从这个立场,他攻击格老秀斯,因为他认为上帝只是抽象的哲学的观念而不是历史上的真正动力。例如,维科说道,人类的整个发展导向"神的正义"。关于自己的《新科学》,他说道,它"似可说应是关于神意的历史事实的证明"。

总括起来,我们可以说,维科的《新科学》是一部非常独特的书。它是一种很罕见而奇异的结合:作者对社会发展规律的有意义的直觉洞察和完全非科学的原则结合在一起,前者在很大程度上胜过当时流行历史学上的概念,后者使该书的地位低于17—18世纪那些理性主义社会学家的著作,他们把神逐出于历史学,或者把神的概念转化为抽象的、哲学的观念。

(七) 关于伏尔泰的历史家地位

(摘自柯斯敏斯基,前引书,第187—202页)

伏尔泰(Voltaire,1694—1778)是法国司法官的儿子。他求学于耶稣会学院,在那里,据他自述,他学习了"拉丁语与各色各样的愚蠢"。他不喜欢研习法律而醉心于文学创作。起初,他因写讽刺诗而触犯了权贵因而被捕入狱,后被驱逐出境。在1726—1729年间,他旅居英国;那在他的一生中起着很大影响。他仔细研究英国政治制度和英国哲学,特别是洛克的哲学。他也研究英国正确科学的成就,认为牛顿是一个最大权威。最后他还阅读英国诗词与剧本。

1734年返回英国以后,他发表关于英国的《哲学通讯》。这份刊物被政府取缔。1736年,他不得不逃入荷兰,因为他被控嘲笑宗教。经过相当时期后,他回到法国。由于以恭维国王的语调编写了剧本,他获得了王家诗人与王家史官的称号,但不久又招惹国王幸臣的逸谤再次被迫离国。

1750年伏尔泰被邀到普鲁士腓特烈二世的宫廷;在同普王的关系破裂后,他旅居瑞士。在瑞士时期,伏尔泰的写作达到最盛的时期,他的权威也升到了顶峰;声名远播,著作到处传阅,连各国君主也重视他的言论。

直到84岁高龄时,即在逝世前不久,他才回到巴黎,受到盛大欢迎,并被任命为科学院院长。

在他的历史著作里,在他的小说与剧本里,反映着法国上层资产阶级的意识形态。

伏尔泰首先反对封建社会的主要理论支持者,反对天主教会。诚然,他没有完全摆脱宗教观念。但是他的宗教观念却是带有哲学性质,只是在于信仰上帝是一切存在的自然律的初因。对于任何奇迹的信仰,对于任何关于天意干涉历史的信仰,据他看来,都是破坏这样的观念的。所以,他虽把上帝从历史著作中排除出去,但还是承认上帝的存在,因为他不能用其他方法说明世界的起源与宇宙规律的确立。

伏尔泰认为文学与历史的主要任务是同偏见首先是同宗教偏见进行斗争。

伏尔泰的政治主张是很缓和的,反映他时代的上层资产阶级的政治观点。他首先力图加强法国的经济,即加强法国资产阶级的地位;对资产阶级来说,开明专制是主要的政治方法。他认为法国必须创造为自由发展工商业的条件,像英国所做的那样,并消除那些阻碍法国工商业发展的无数封建残余,使法国成为在经济上与政治上像英国一样强大——这就是他的目的所在。他提出,这个目的在开明专制的基础上是完全可以实现的,他的理想国家是开明专制国家,在那里科学与艺术得以欣欣向荣。据他看来,理想的国君是像罗马皇帝奥古斯都那样提倡科学与艺术。在他的《路易十四时代》里,他正是要描写这样的理想统治者。

在伏尔泰历史观点的发展上,我们可以指出两个阶段。如果说在早期阶段上资产阶级的文化理想起着决定性作用,那么在后期阶段上,经济繁荣的问题越来越多地被用作他的政治概念的枢纽。在他最成熟的历史著作《论民族的风俗与精神》里,他已开始讥笑只按科学与艺术发展来判断民族、时代与统治者这个方式。

在《路易十四时代》里,伏尔泰表明,路易十四毕竟不是合乎他的理想意义的开明专制君主。伏尔泰认为,开明专制便是反对一切政治坏事的方法。同时,他也不是拥护任何一定的政治制度的。在他看来,君主制也罢,共和制也罢,最重要的是:它应有强力的中央集权政府,应使政权一方面不落入"无智的愚民"手里,另一方面也不落入粗鲁专制君主手里。他指望,管理国家的权力应由以专制君主为首的开明阶级掌握着。他认为,中国是理想国家,在那里似乎实行了这种管理方法。像英国与荷兰这样的贵族国家,依伏尔泰的意见,也可实现强有力中央政府这个理想。对伏尔泰来说,理想的贵族阶层不是封建式贵族,而是以才智为标准的贵族,即由资产阶级所提拔出来的新知识分子。

国家的任务在于保证社会安宁、和平、良好财政政策、司法,以及因此而来的科学与艺术的繁荣。为了社会的内部安宁,国家首先需要奉行宗教容忍政策并抑止僧侣与狂信的人们。由于政治理由,宗教容忍是必要的,因为宗教冲突经常导致国内骚动、战争,最后导致国家物质幸福的衰落。

现在,我们转到讨论伏尔泰的个别历史著作。

伏尔泰的最早历史著作之一,是《查理十二史》,写于1731年。这不是一部成熟的历史作品,它是属于稗史性质的传记。与其说它是历史叙述,不如说它是出名的历史小说。他的第二部历史巨著是《路易十四时代》。该书于1735年开始编写,于1739年完成并出版。后来他彻底改订它,于1753年出版改订版。

在这一部书里,我们已可看到历史编纂的新方法。在这里,伏尔泰所感兴趣的,不是事件的详情细节与政治阴谋,而是关于内政、财政、教会事务以及文化的历史。他把任何类型的惊人事情放在次要地位。在他看来,最重要的是真实地冷静地叙述那些对政治活动家与对任何人都是有益的事件。我们还可看到对事件的分析远多于对事件的叙述。这部书是新历史风格的作品。他抛弃编年顺序,而开始分析各种现象的内部联系。

在本书的第一版里,伏尔泰起初列举那些由专制君主为建立国内秩序而采取的有利措施。之后他叙述战争、行政制度、财政与教会事务。最后,他叙述科学与艺术的繁荣,即路易十四时代文化的光辉图景。第一版的主要结构就是这样。

在第二版里,我们看到另一种结构。那些关于科学与艺术部分缩减,而对天主教会的攻击则加强,并以宗教冲突作为结尾。第二版的目的是表明:路易十四不是合乎伏尔泰所了解的意义上的开明专制君主;由于他的宗教不容忍政策,法国当时经受了一系列宗教性质的骚动。

由于这个缘故,那结束《路易十四时代》第三十九章是有意思的。这章的标题是《关于中国礼节的争论》。在那里,伏尔泰叙述那开始于18世纪在中国的传教师当中的争执。耶稣会徒为了促进基督教传布的顺利,允许皈依基督教的中国人保存自己的旧礼节,但他们的对手——多明我派教徒把这情况报告教皇。

教皇遂派遣使节驻在中国,为的是禁止这些变质的宗教仪节,但其结果是所有的传教师——耶稣会徒与多明我派教徒——都被中国逐出,因而中国消除了宗教骚动的根源。据伏尔泰的意见,路易十四应把所有新教(胡格诺派)与天主教传教师一并逐出法国,但他未曾这样做,因此他是不配称做开明君主的。这一点明显地表明,《路易十四时代》第二版稍稍不同于第一版。它首先是同宗教狂信主义与迷信进行斗争。必须指出,该书无论如何不是对路易十四的赞颂,虽然把他抬得很高。

伏尔泰最出色的历史著作是《论民族的风俗与精神》。这部著作是世界史的总论。它的主要篇章冠以引言部分,在那里他从最早时期起一直叙述到路易十三时代。这后,还加入路易十四时代以及路易十五时代的简要概论。这样,我们可看到从古代到伏尔泰时代的世界史。很容易批评这部著作,说它常常表现片断性质,没有提供一贯的完备的叙述。这项批评是完全有道理的,但在这个时代限于资料不可能提供多于伏尔泰所提供的东西。

伏尔泰在这部著作里的主要任务是历史批判。他的批判虽不是经常充分根据于史料,但却是出于他的健全智慧的。他的主要目的是表明神学理论的荒谬。伏尔泰把自己的著作首先看作是对宗教狂信主义的斗争。

这部论著实际上是第一部真正的世界史。他在这里向所谓欧洲中心论割断关系;他不仅叙述欧洲史而且叙述亚洲民族史:中国、印度、波斯、阿拉伯人的历史。如果说在这里欧洲史还占着大部分篇幅,那是因为他对欧洲史较为熟悉的缘故。在叙述其他国家的历史时,他大多旨在推翻关于它们的流行见解。伏尔泰并不企图表明欧洲比其他国家优越的地位。他常常把欧洲的和其他国家的制度与风俗相比较,而且决不是站在赞成欧洲方面的。在他的著作里,我们看到他企图提供现实主义的历史叙述。但他的资料尤其是在叙述东方民族的历史上远不是可靠的。

伏尔泰还表明西方文明多么依赖于东方;阿拉伯人及其他东方民族在欧洲文明史上起着多么巨大的作用。

最后,这著作对于欧洲史本身,也有所贡献。伏尔泰首先企图总结中世纪史,把它的发展归纳于主要路线。然而这个尝试是很表面的,因为他不会把政治史与经济史联系起来。

可以作为伏尔泰特征的是:他企图推翻权威,不管宗教的或世俗的——包括古代权威在内。任何权威,他不予重视,相反,他特别高兴地以讽刺语调来揭露那些由传统所推重的偶象。他的政治经验,他对政治人物、英国政治生活、政治经济的熟悉,以及他在文学、科学与哲学领域内,在一般文化领域内的广博知识——所有这一切,使他能够做出比 17 世纪学者所做的更多决定性、更多真实性的历史批判。

伏尔泰的批判是要推倒一切权威,拉下一切虚伪英雄,表明那种过去认为明智的事情实际上是愚蠢的。但在批评与讥笑野蛮人与古代的宗教之掩护下,隐藏着对天主教的最辛辣的讽刺。他从未放过机会表明其他宗教比基督教的优越性。

在总结伏尔泰的历史家地位的讨论时,必须再一次强调他在史学上的主要功绩在于推翻对历史的神学观点,特别鲜明地表现于他的《论民族的风俗与精神》里。这项破坏性的批判工作是该书的最强方面。此外,伏尔泰在这里最先从真正世界史观点提供了历史概论,不仅评述欧洲的历史而且评述整个人类的历史。

其次,他的毫无疑问的功绩是:他按新方式制订了历史学的要求与任务。可以说,正是在伏尔泰的著作里,我们最早看到关于历史的科学任务的最清晰的概念,他指出不仅有必要研究教会史与王朝史而且还要广泛地研究经济、政治与文化史。同时,伏尔泰也部分地实现了自己所制订的规划;在他的《路易十四时代》里,按照这项规划提供了关于 17 世纪法国社会与政治生活的最重要方面的概论。

(八) 关于兰克的历史家地位

(摘自柯斯敏斯基,前引书,第 332—338 页)

兰克(Leopold Ranke, 1795—1886)活了 91 岁,继续写作,直到逝世为止。晚年,当不能亲自执笔的时候,他还口授自己的著作。所以毫不足怪,他死后出版的全集共有 54 卷。他的祖先,除了他父亲外,都是法学家,信仰新教。

兰克是在宗教的、保守的环境里成长起来。

他的历史观点是在各种不同的影响下形成。这里,必须指出他初受到尼布尔的历史著作和斐希特的哲学著作的影响,后又受到瓦尔脱·斯谷特的影响,后者是在兰克的文体方面。

兰克在奥得河畔法兰克福高等学校当过教师七年,主要讲授古代与中世纪历史,同时广泛地利用史料。这项史料研究的结果是 1824 年出版《拉丁与日耳曼民族史,1494—1535 年》——兰克的第一部名著。在该书里已表明他在后来时期突出的通史观点。他承认伟人是历史的主要创造力。据他看来,历史人物的特写、他们个性的描绘是历史家的主要任务之一。但他认为历史家的一般任务是客观地叙述事件。历史家不该判断历史与提示教训。他的目的是表明历史"实际是怎样"。对于这个公式,现代德国历史家千方百计地予以引证,但如果加以仔细考虑,它是没有什么意思,因为谁也不愿意不按照实际情况来编写历史。如果说兰克的这个声明应作为强调对历史家客观性的要求并表达他对历史的哲学研究法的否定态度,那么,它后来对德国史学当然会发生而实际上是发生了有害影响。

在上面提及的兰克著作内附入有意思的批判方法概论——《关于新史学的批判》,在那里他的论述是从 15 世纪末期开始。

这部书其中包括对一系列人文主义历史家的批判,立即给了他在学术界里的声望。1825 年他被聘到柏林大学,讲授西欧史概论课程。在讲授这个课程时,他特别注意于外交手稿,其中有威尼斯使节的外交报告。他认为,在国际关系的领域内,鲜明地表现出世界史的联系。1827 年他出版他的重要著作:《南欧国君与民族》。之后,兰克漫游意大利,搜集档案资料。

1832—1836 年间,兰克主编《历史政治杂志》。杂志的目的是针对自由主义进行斗争。它坚决地站在历史法学派的立场上反对"破坏性的革新",特别是警告德国防止"外国理论"的诱惑。在那里,兰克发表了各色各样的历史政治问题的论文。

1834 年兰克开始在柏林大学指导"学术讨论班"(习明那尔),那在德国史学发展上起着极大作用。在这里,形成了兰克学派,后来这样出名的历史家如惠芝、基斯布勒希特、息贝尔等都出自兰克的门下。

1834—1836 年间兰克出版他的《罗马教皇史》第一卷;书是完全根据档案资料编写的。结束该著作后,他开始编写关于宗教改革时期的历史,为了这书他研究德国的大量档案资料。1839 年,他出版《宗教改革时期的德国史》第一卷(后面五卷到 1847 年全部出版)。兰克赋予这部书一定的政治意义。他拥护德国的统一,看到在宗教改革运动里德意志民族首次感觉到自己的内部统一性。但是他对这个时代的研究主要是从政治方面进行,并把国际关系因素提到第一位。至于社会运动,他差不多未加注意。

之后,兰克从事研究普鲁士史,重新埋头于档案资料,其中包括在巴黎的档案。1847 年他出版《普鲁士史》,后来加以修订。这部著作充满着普鲁士民族精神。这里仍然主要是叙述普鲁士的国际关系史,即它逐步增长与加强国际权威的历史。

刚刚结束普鲁士史著作后,兰克着手研究法国史,再回到巴黎档案库。1852—1861 年他出版《法国史》。之后,他转到研究英国史,并研究英、法、荷兰的档案。结果,他出版《英国史》巨著。1881 年已在高龄,兰克开始编写《世界史》,直到 1885 年,但未能完成,写到第七卷(到鄂图一世死亡止)。

兰克在青年时代就站在保守派的立场,无论在政治或宗教方面。他是理性主义的敌人。在他的第一部著作中他经常攻击 18 世纪的理性主义者。他自己的公式——写历史它实际是怎样——是针对 18 世纪理性主义历史家而提出,因为他们企图判断历史。兰克之所以尖锐地攻击理性主义者,是因为他们从人类本性的卑鄙动机,从物质利益与自我意图来解释一切。在他看来,必须在历史上找出神意,虽然他表示反对神学家把一切归给神的干涉这个说法。他认为,决定历史进程的观念不是先验观念,也不是存在于历史外部的力量而是固有于历史内部的力量。然而,由于不能说明这些观念的起源,兰克归根到底是主张它们是由神意即上帝灌注于人类的观念。

兰克在到柏林以后,接近高级官僚,接近宫廷。萨文尼委托他在《历史政治》杂志上以历史论据来辩护普鲁士政府的保守政策。关于兰克的政治特征,值得注意的是,他在 1848—1849 年革命时期呈交威廉四世的报告书。在这些报告书里,兰克表示坚定不移地反对革命,但是同时深信不可避免地要同立宪主义作出某种协调。在那里,还表明有必要统一德意志民族,而军国主义的普鲁士是这项统一运动的支持者。在晚年,兰克还接近俾士麦,后者公开承认自己和兰克抱有同样的观点。

总之,兰克是德意志最保守的资产阶级集团的代表人;该集团同普鲁士的封建分子获得协议,指望在普鲁士的领导下实现他们统一德国的政治目的。

由于拒绝历史家有权裁判历史并认为历史家的任务,只在于客观地叙述事件,兰克当然会建立某种关于选择历史资料的准则。他认为历史家首先应该描写突出现象。在兰克著作里,关于突出现象他使用一个特殊名词——"重大的国家的行为"(Hauptund Staatsaktion)。对于兰克来说,这些行为是叙述的主要对象。兰克谈到"重大的国家的行为"时意指国际关系性质的重大事件。

无疑,在研究这种对外关系史上,兰克是杰出的能手。尽管他的叙述带着表面性,但叙述在形式上总是有趣而精彩的。他把历史看作相等力量的斗争,同时表面上他并不偏袒其中任何一方。在他看来,都是一样,不管谁胜谁负——天主教或新教,腓力二世的西班牙或尼德兰。对他来说,每个历史现象是有其本身目的,他好像是从美学观点爱好它的。

尽管兰克在欧洲国家的对外政策领域内学识渊博文笔生动,但所有他的著作却是不够深刻并往往缺少结构统一性。那是决定于他不愿考察历史过程的各种不同方面,因而他常常失去引线而描述流于散漫而肤浅。

但是必须说,兰克直到今天还是德国最出名的历史家。那贯彻于他的历史著作中的普鲁士民族主义倾向,那由他放在首位的这个意识形态,即为德国(其中有普鲁士)占领太阳下政治地位与领土的要求——这一切符合当时的也符合今天的一定部分资产阶级的口味。因此,他在生存时期已享有盛名。这项声誉在以后年代里又获得反动历史学家的尽力宣扬。现代资产阶级以表面的客观叙述作为掩护阉割历史,力图建立有利于自己党派与阶级的观点。所以,他们把兰克捧到他所不应获得的高位上。

(九) 关于斯本格勒的文化循环论(文化形态学)

[摘自凯尔恩斯(G. Gairns)《历史哲学》,第 353—356、368—374、377 页]

斯本格勒(Oswald Spengler,1880—1936),探索人类历史,旨在发现一个确定的模型,使西方文明的未来或者任何后来文化的进程可以预先决定。他的巨著《西方的没落》(有中译本)企图表明这样的一个模型。他提出的宏观文化有机体的循环模型大概如下:第一是春天,那相应于微观有机体,即个人的儿童时期;其次是夏天,那相应于个人的青年时期;接着是秋天,那相应于个人的壮年时期;最后是冬天,即文化的末日,那相应于个人的衰老与死亡时期。

一个文化的儿童或春天时期类似维科所说的"神的时代"。它是以宗教自觉的觉醒为特征:"神的感觉"、"世间恐怖"、"世间渴望"。宗教与神话标志着这个时期,因为它本质上是像个人的儿童时代的一个诗的(幻想的)时期。一种典型的建筑式样开始出现,例如,古典文化里有多立克式(Doric),阿拉伯文化里有圆屋顶,埃及文化里有金字塔式,西方文化里有哥特式。族长制或封建制政治经济组织是属于这个时代的特征。

在夏天即青年时期,出现批判精神的觉醒,在宗教里出现改革运动,例如,《奥义书》(*Upanishads*)出现于印度文化,路德与喀尔文出现于西方文化,狄奥尼息(Dionysian)宗教(对阿波罗式宗教的反抗)出现于古典文化。在这新生的批判精神时代,也出现形而上学作为一个"纯哲学式的世界感觉"。在这时期,古典文化里出现伊奥尼亚(Ionian)自然哲学家与爱利亚哲学派(Eleatics);西方文化里出现诸如笛卡儿、波厄姆(Boehme)、莱布尼兹等。在发展的艺术形式上,有古典文化的伊奥尼亚式,西方文化的奇形怪状式(Baroque),阿拉伯文化的伊斯兰—穆尔式。在文化的政治经济范围内也出现城市生活。

在秋天时期,文化达到它的充分成熟时期。这是启蒙时代,也是"真正智慧创造的顶峰"。它是以"理性万能"的信念为特征;它从理性观点来处理宗教问题。在印度,这是佛教的系统发展时期。在古典文化里,这个时代产生诸如苏格拉底、柏拉图与亚里斯多德的成熟思想家。在西方文化里,这秋天时期,在哲学思想方面,产生18世纪英国理性主义者与法国百科全书派,在数学方面产生欧勒(Euler)与拉格朗日(Lagrange)。在这时期之末,还出现康德、歌德、席勒(Schelling)、黑格尔与斐希特。在阿拉伯文化里,斯本格勒把那扎姆与铿迭(al-Kindi)和遍在神秘派(Sufis)作为相应于西方18世纪理性主义者。斯本格勒还指名阿尔法拉比(Alfarabi)与阿维森纳(Avicenna)作为西方浪漫主义形态学上的同时代人。

在冬天时期可看到"大政治文明"(megalopolitan civilization)的黎明。这便是大规模的文明,其时大城市与大帝国成为一般性的现象。人们在大城市里成为乌合之众。在人与人间没有什么纽带。每个人关心自己的事情,甚至很少知道他的隔壁邻舍。宗教信仰趋于衰落,实际上变为灭绝。怀疑主义支配着哲学思想。到处渗透着幻想破灭与厌世精神的音调。在这文化的衰落时期历来有着一种"唯物主义世界观"。它是崇拜科学、功利与繁荣的时代。在西方,社会主义,直言不讳的唯物主义的哲学,占得支配地位。在古典文化里,斯多葛主义(禁欲主义)得到欢迎。一般说,在这时代,创造性的哲学思想已死去而哲学成了单纯空谈的思想操演。民主政治是这时代的主要政体,但它不久就演变为凯撒主义(法西斯主义)与帝国主义了。现在文化已到了它的生命循环的末端。

斯本格勒声称,每种文化有一个生命时期:大约千年(以它的诞生到死亡)。如上所述,生命循环的每一阶段是必要的,而且按照必然的年代顺序一个接一个地阶段更替着,正像在个人的生命循环里的那样。每种文化是一个宏观有机体,"一个最高级的人类有机体",各有其特殊人格或风格(style)。一种文化的自然目标,在于具体表达它的灵魂(精神)或人格。这文化灵魂的内部动力,斯本格勒称之为"命运观念"(destiny-idea)。他比较西方、古典时代与阿拉伯文化的灵魂并描述它们作为这论旨的例证。对于这三种文化,他分别给以一个动人的有意义的名称：古典文化叫做阿波罗文化（按照尼采），阿拉伯文化叫做麻葛（Magian）文化（按照东方拜火教的贤人），西方文化叫浮士德（Faustian）文化（按照歌德戏剧中的人物）。在这些宏观人格中每一个有它关于空间与时间形式的特殊表达方式，有它关于建筑、雕刻、绘画、音乐的风格，有它关于文学、哲学与政治的独特风格。

把这循环理论用到文化中的政治—经济组织方面。在文化的儿童时期，族长制或封建制组织是有代表性的。"纯农业价值"是经济制度的特征。因此两个首要阶级是贵族与僧侣。农民是第三个集团，但是散漫的。历史是属于贵族与僧侣阶级或等级的。

贵族是"高级农民阶层"，因为它是"血统加上种族之和"。贵族的建筑式样，即城堡，是从农民住所发展而来的。贵族不自觉地追随文化的命运。"贵族便是历史人（man as history）。"直觉机智、行动、男女关系、感情、家庭生活、"种族史、战争史、外交史"都是属于贵族的。政治便是贵族的活动范围，因为"政治就最高意义说即生活，而生活即政治"。

僧侣阶级不同于贵族，前者以智慧突出，而后者以直觉生活突出。僧侣是思想家的等级，他们的兴趣在于永恒真理。真正的僧侣是站在世俗生活、男女关系、家庭关系之外的。他是旁观者，注意于（世间的）因果关系（空间）而非创造性的时间（命运）。

这两个等级（贵族与僧侣）统治社会生活的时期是：在西方，哥特时期（900—1500）；在古典世界，多立克时期（前1100—前650）；在埃及，古王国时期（前2900—前2400）；在中国文化里，前周时期（前130—前800年）。

在以后的文化时期，兴起了城市并"实现成熟的国家观念"。由于朝向城市生活与离开农村的倾向，出现了第三个阶级即资产阶级。资产阶级代表"金钱对土地财产的胜利"。在西方，这是奇形怪状式时期（1500—1800）；在埃及，中王国时期；在古典世界，伊奥尼亚时期；在中国文化里，后周时期。

在西方文化里，资产阶级第三等级的出现，是作为民主政治的先锋，是对等级制度的抗议。

在西方，这时代结束于法国革命与拿破仑主义，并必然导致文明时代的冬天。在古典文化里，冬天时期是从亚历山大大帝到西罗马帝国灭亡的时期；在埃及文化里，从喜克索人时期到拉米斯二世的时期；在中国文化里从战国时期到东汉末的时期；在浮士德文化里。

这个时期是以第四等级"群众"的观念为特征。"群众"是大政治的(Megalopolitan)无机的、世界性的现象。

在西方,这时代的唯物的怀疑哲学是"社会主义"(类似古典文化里的斯多葛主义,印度文化里的佛教)。"社会主义"是真正的浮士德式的怀疑主义,因为它强调功业、行动或意志的伦理观。另一怀疑时代的特质是"头脑统治,灵魂退位"。唯物主义、达尔文主义与社会主义,是交织在一起,"只在表面上可以分开"。在这些思想形式上,表达了人世间的幻想破灭和怀疑主义,那预示文化的末日。每种文化有它"自己的精神灭绝的方式"。浮士德人粉碎自己的理想;阿波罗人"坐视理想在他的眼前破碎",而印度人"从理想前退缩到自身"。

浮士德人现处于过渡时代,从金钱独裁与它的武器:民主政治转到凯撒主义的时代,那将结束他的文化。浮士德人由于要做自然的主宰——他的命运观念的必然表达——创造了今天的机器世界。斯本格勒说,机器是魔鬼般的东西,因为意味着废弃上帝并瓦解文化的基本宗教精神。机器哺育了企业家、工程师与机械工人作为有决定性的人物。目前正是机器与金钱搏斗的时代:生产经济对掠夺经济的搏斗;但是最后的冲突还是在金钱与血肉之间的搏斗。最后胜利属于血肉(凯撒主义)。斯本格勒预言式地写道:

> 凯撒主义的来临打破金钱与它的武器(民主政治)的独裁……宝剑制胜金钱,主宰意志(master-will)再次征服掠夺意志。如果我们称这些金钱权力为"资本主义",那么我们可把那要实现一种强大的超一切阶级利益的政治经济秩序这个意志叫做"社会主义"……一个权力只能用另一权力来推翻而不是用一个原则来推翻;除了这个权力外不再有可以对付金钱的权力。金钱权力,只能用血肉来推翻并取消。生命是始终存在,宇宙洪流的客观形式。它是历史世界(world as history)内的千真万确的事实……世界史是世界法院;它的判断历来是有利于较强、较丰满与较多自信力的生命……它一直为强权与民族而牺牲真理与公平并把那些重视真理过于事业、公平过于强权的人们与民族判决死刑。所以一个高级文化——神明、艺术、思想、战役、城市的奇妙世界——的戏剧结束于永恒流血的原始事实的重演;那是和永远周转的宇宙洪流完全相同的……

现在,我们已被命运置于这个(西方)文化里,又处在它发展的这个阶段——在金钱是在庆祝它的最后胜利而那将接班的凯撒主义正在悄悄地稳步迫近的时候——我们的方向,自愿的同时也是强制的,已给我们在狭窄的界限内规定了:在任何别的条件下生活是不值得过的。我们没有自由达到这个或那个地点,但是有自由做这必然的事情或不做什么事情。而且历史必然性所规定的这一个任务将会完成,不管个人愿意与否。

德国纳粹(Nazi,国家社会主义)党的"血肉与领土"的凯撒主义是在实现斯本格勒的历史必然性观念上的一个流产的企图,但公元2000年这一年代尚未到来。世界帝国的凯撒主义可能会出现。

斯本格勒历史理论的要点为历史是关于文化有机体形态的研究。"文化即有机体,世界史即它们的集体传记。"文化,像人类动物与植物一样,是内在形态;它们经常并到处重复自己,而这个重复是循环式的重演,因而使历史形态学成为可能。一种文化的宏观心理——生物学的循环,像个人的微观心理——生物学的一样,是受着同一类型的内在必然性的支配。

(十) 关于克罗齐的历史概念

[摘自施密特(B. F. Schmitt)《近代欧洲若干历史家》,第Ⅳ章]

克罗齐(Benedetto Croce,1866—1952)是现代最出名的思想家之一。1866年他出生于那不勒斯,父母属于地主绅士阶层;祖父曾任波旁王朝的大臣。他的教育是属于天主教与古典式的教育。在罗马大学,他注册于法律系,但他消磨大部分时间于图书馆内研究自己所爱好的学科。他还在国外,特别是在德国,进行研究工作。在父亲死后,他继承大量遗产;他的财富不仅加强他的保守自由主义的倾向,而且使他能产生巨量学术作品。他的早年著作有《哲学作为精神科学》(1902年)、《历史学的理论与实践》(1917年)等。

在某种意义上,他的思想曾准备意大利法西斯主义的道路,因为它强调行动的重要性、政治的自治性与价值的相对性。波尔奇斯(Borgese)辛辣地说道,法西斯主义是可以从他的《哲学作为精神科学》作出的唯一逻辑结论。确实的,克罗齐起初是以他的广大威望来支持墨索里尼。同样是确实的,1924年他和墨索里尼的关系发生破裂。这是由于法西斯暴行所激起的。1924年以后,克罗齐以较多自由的倾向改动他的哲学体系。晚年,他还以冷静的学者的愤怒来攻击法西斯主义。他最重要的后期著作有《1871—1915年的意大利史》(1928年)、《19世纪欧洲史》(第3版,1932年)、《历史作为自由的故事》(第2版,1938年)。

在克罗齐的历史概念中，基本的东西是他的时间概念。一般历史家认为，时间似河水般地流着；设想自己生活于现在时期，那是接替过去的也是不同于未来的时间。时间是永恒的，而现在只是一刹那。但克罗齐不以为然，认为时间是静止的。现在是永恒的，包括一切时间在内。过去与未来同现在是分不开的，并且是现在的部分。它们的存在只是在现在，因而它们只是在心理上作为关于已发生的或将发生的事物的观念而存在。过去与未来仅仅是在现在以内的心理上的再分。所有的事情——无论是法国革命或一个计划的未来革命——都是在现在。所有历史，包括旧石器时代、中世纪时代和近时的历史，都是现代史。"现代性不是某一类历史著作的特征……而是每部历史著作的一个固有特征。"割去过去，现在就失掉一切意义，看看患健忘症的牺牲者。

克罗齐关于现在是永恒的这一命题，使真实(reality)成为意识的创造物。真正的真实是主观的，是精神的。所以这项永恒现在的观念不仅导致他等同真实与精神而且导致他等同历史与知识。知识包括事实而事实一直是那些出现过的事物。它们是关于完成的行动的记忆，所以是属于永恒，现在的我们所谓"过去"的那一部分。而且所有知识是关于具体事物的。事物完全是像它们发生的那样；每个事实是独特的。每个艺术品不同于每个其他艺术品，每种独裁制不同于每种其他独裁制。没有知识，不是历史性的知识；也没有知识，不是关于个别事物的知识。

根据这个知识概念，克罗齐主张，历史不是科学，也永远不能成为科学。原因是，科学是从具体的人类活动抽出它的物理与数学的公式，并把这些公式看作独立于精神的真实；同时假设它们是不变的、一致的，因而制订经验的总括，即所谓"自然律"。所有科学程序都是违反真实的本性，因为真实是主观而非客观的，具体而非抽象的，分歧而非一致的。自然科学是实用的而非理论的活动。它们是为实用的目的所作的思想虚构，和真理不相干。

历史也不是一种社会科学。有些好心肠人甚至企图认为历史是一种科学。克罗齐强调指出社会科学仅仅是企图模仿自然科学的方法。这样做，它不会获得真正成功，因为只有自然科学才能提供抽象化的坚实基础。历史也不是艺术，因为艺术是直觉用相等名词说，即是表达。

历史倒是哲学，或更正确些说，哲学是历史的方法论。据克罗齐的说法，"哲学即历史，因为历史是关于一切发生过的事件的真实或意识；这项真实除了通过那些永远伴随历史的哲学范畴以外不能达到它的完满认识"。换言之，历史即经验,而哲学便是阐明那些使可了解经验的概念。以通俗的话来说,问题的本质是事实与解释根本上是没有差别的。它们是相互包含着的。一切事实是历史性的,一切解释也是哲学性的。不可能知道事情而尚未了解它的。既然所有历史上的问题不能不联系于哲学上所制订的概念而予以了解,所以所有哲学上的问题除了联系事实外也不能予以解决。要不然的话,我们所得的是,关于枯燥事实的无用记录,像在职业历史家方面那样;或者是关于无意义抽象名词的无穷争辩,像在职业哲学家方面那样。

然而,克罗齐关于哲学与历史的结合这个观念并不意味着历史的哲学。按克罗齐想法,所有历史的哲学都是根据一个基本错误:事实与解释的二元论。它们无视那些包含于事实的意义,而在这些事实上面加盖着一种未断的解释。历史的哲学家采取历史的示意图案——按照时间、空间与事实种类所作的划分——并企图把这些虚构转化为概念。像一切二元论那样,历史的哲学是一种智慧怪物。当然事实与解释是可以区别的,但是它们是不可分离的。

根据这一观点,那个客观性的旧问题可以用新眼光来观察。在克罗齐看来,没有这样的客观性的东西,像正宗历史家所谓在解释文献事实上公平无私态度一个问题。正宗客观性的缺点,与其说是在于它所揭示的理想不如说是在于它的肤浅性。它正当地避免道德判断、党派偏见与历史哲学,但那是根据这个错误的理由:真实在于事实的单纯陈述。这种客观性,事实上是智慧幼稚病的一种掩盖。再也没有更好的例子像兰克的历史著作那样;它们不是关于紧要的理论问题的考察而仅仅是按国家这样的概念所组织起来的记载。兰克未曾看到,他所希望如实地描写的真实对他本人来说不是外在的而是他自己思想上的解释,因此真正客观性和关于一切知识的主观性的觉察是相符合的。事实的单纯陈述是编年纪事而非历史;职业历史家是编年纪事家而非历史家。按照兰克所树立的榜样,他们避开理论而保持事实。他们所提供的东西,不是知识而是为未来知识所作的实际准备。编年纪事只是在一个有思想的人理解它以后,只是在事实和思想融合以后,才能成为历史。历史家必须认识:历史是在时间过程上的一定时刻所感觉到的知识学(gnosiological)水平。所有的解释是自我——理解的过程,只在这个时刻并只为这个时刻有其意义。只在接受真实的主观性后,历史家的著作才能成为深刻而有意义;只有这样,历史才能是真正客观的。

很明显,克罗齐以为正宗历史家过分重视文献的批判估价。当然人们必须坚持事实的正确性,但事实的正确性不是真理。文献是比较无足轻重的。文书、宪章与日记并不供给我们历史的原始资料,而是供给次要的细节,不值得用力记在心中。历史家的真正文献是他自己的思想,在思想本身内包含着全部历史。编纂历史在于复活一种行为,因而它成为我们自己经验的一部分。在某种程度以外,研究文献变为多余,因为这个回忆已经发生。对克罗齐来说,在历史著作内基本的东西是它的逻辑统一性,它关于制订并解决从行动需要上出现的若干要紧的理论问题。

克罗齐所说的过程确是巨大流动,在那里只有改变是永恒的,或者可以说只有范畴是永恒的,因为范畴使有可能认识改变。在他的历史过程里没有因果关系。从来没有历史家能按照因果关系成功地编写了历史的。历史也不会重演。每个事件有一个毫不含糊的形相。重复的幻想是起于分类原则的滥用。作为物质事物来考虑,事实可以分类,但作为精神实体来看,它们是不可以分类,因为每一事物是独特的。

在历史过程上虽然没有因果关系也没有重演,不是它的流动性是有着一个模型。它的辩证发展是对立物的继续综合。第一,它是永恒性与改变性的综合。事物的持续,只是因为它们是在发展。第二,它是害与恶的继续综合而善一向是克服恶的。衰落与解体是新生活的准备。第三,它是真理与错误的综合,一个动态的前进。这辩证过程不仅有一个模型;它也有意义;它有方向;它是进步。依克罗齐的想法,一个十全十美的状态,从消除罪恶所得的结果,是不可想象的;那会意味着一切人类问题的解决。这个目标不是在历史过程之外而是在历史过程之内;它随时可以达到,但同时也并未达到,因为每次目标的达到造出一个新目标。进步是把前行的东西包括于后继的东西之内;并且只按历史上没有出现过无结果的事情这个意义,历史才能达到一个较高水平而实现了进步。事实上,最后的便是最好的。

所谓进步表现于一个程度更大的自由,就是创造新的、更丰富的生活形式,促进人类的真正创造力。自由实现于各种有关真理、善行、功利与理想的思想与行动方面。所以,在或大或小的程度上每个时代里存在着自由。自由时而反映在法律与政府,时而反映在反抗与叛乱;可是自由一向是在我们方面;关于自由的命运的故事,便是历史。

最后一点,是关于历史著作在历史过程中所起的作用问题。正宗历史家倾向于把历史知识看作有趣但无用的东西,作为一种只在本身有价值的东西。克罗齐争辩说,没有历史知识,就会没有历史过程。"历史知识的目的是使人类社会关于自己的过去,即关于自己的现在,即关于自己本身的知识复活起来"。克罗齐的论点是:我们感兴趣于过去事实,是因为它们对我们的当前问题有着直接关系。所以历史学是企图回答迫切问题的。换句话说,历史学是提供一切实际问题的理论基础。

(十一) 关于汤因比的历史哲学

(1) 汤因比:《历史研究》的概要与估价

[摘自汤因比《历史研究》节本(中译本)下册附录(索罗金的论文),第452—460页]

汤因比(A. J. Toynbeo,1889—1975)认为文明是历史研究的正确对象,而文明乃是"社会的一个品种"。关于文明,他列举了二十一个(后来加到二十六个)品种:西方文明、两个东正教文明(在俄罗斯和近东)、伊朗文明、阿拉伯文明、印度文明、两个远东文明、希腊文明、叙利亚文明、古代印度文明、古代中国文明、米诺斯文明、苏末文明、赫梯文明、巴比伦文明、安地斯文明、墨西哥文明、于加丹文明、马雅文明、埃及文明;再加上五个"停滞了发展的文明":玻里尼西亚文明、爱斯基摩文明、游牧文明、鄂图曼文明、斯巴达文明。汤因比掌握了这二十六个文明的材料以后,就首先研究了文明的起源问题;为什么有些社会,像许多原始集体那样,在它们存在的一个比较早的时期就停止前进,而不像其他一些社会那样,达到文明社会的水平呢?

汤因比的回答是,文明的起源既不是由于种族的因素也不是由于地理环境,而是由于两个条件的一种特定结合所造成的:一个条件是在这个社会里要有一个具有创造力的少数人,另一个条件就是那里的环境既不太有利也不太不利。凡是具有这些条件的集体后来都发展成为文明社会;凡是不具有这些条件的集体都始终停留在低于文明社会的水平上。在这种情况下,文明的诞生活动可列成一个公式,即互相交替的"挑战与应战"。上述类型的环境向这个社会不断地进行挑战,而这个社会则通过它的创造性的少数人进行成功的应战来解决问题。接着又出现了新的挑战和新的应战的胜利;这个过程周而复始,永远不停地进行;这种情况总会使这个社会达到文明的阶段。

汤因比所研究的第二个问题是在上述的二十六个文明里,为什么有些文明流产,有些文明在它们生长的早期就停止了生长,而其他文明却生长了起来?根据他的看法,文明的生长是表明这个文明有了"日益增强和日益积累的内部自决能力或自我表现能力"。文明的生长乃是这个社会内具有神力的少数人在他们的环境不断地向他们提出了新的挑战时所不断进行的新的应战与不断创造的过程。处于生长过程中的文明乃是一个单位。它的社会包括一些创造性的少数民,他们受到多数人的自由模仿和服从——这些多数人就是这个社会的内部无产者和由他们四邻蛮族所组成的外部无产者。在这样的社会里,既没有内讧又没有固定不变的界限。生长过程中的文明,不断施展它的主要能力;不同文明的能力也各自不同:希腊文明的能力是属于美学的,古代和现代印度文明的能力是属于宗教的,西方文明的能力是属于机械科学的,如此等等。结果,文明生长的过程就表现为文明的不断进展与不断增强自决能力的过程,因此不同文明的生长就日益表现了多样化的形式。文明的生长问题就这样解决了。

汤因比所研究的第三个主要问题是文明为什么,又如何衰落、解体和消灭?它们显然会这样,因为"在二十六个文明当中,迄今至少已经有十六个是死了和埋掉了"(古代埃及文明、安地斯文明、古代中国文明、米诺斯文明、苏末文明、马雅文明、古代印度文明、赫梯文明、叙利亚文明、希腊文明、巴比伦文明、墨西哥文明、阿拉伯文明、于加丹文明、斯巴达文明和鄂图曼文明)。至于其余十个还活着的文明中,"玻里尼西亚文明和游牧文明现在已经到了最后的痛苦挣扎的时候,而其他八个文明之中的七个都已经在不同程度上遭受着被西方文明消灭或同化的危险。除此以外,在这七个文明中还有六个……已经呈现了衰落的迹象,进入了解体的阶段了"。

汤因比以为,衰落并不是由什么宇宙的必然性所造成的,既不是由于地理的因素,也不是由于种族退化,更不是由于敌人的外部攻击,这些因素反而毫无例外地使文明的生长能力更为增强;文明的衰落也不是由于技术与技能的衰退,因为"文明的衰落永远是因,技术的衰落永远是迹象或是果"。

文明的生长过程和解体过程之间的主要差别,在于一个处于生长阶段的文明对于不断出现的新挑战永远能够进行胜利的应战,而一个处于解体阶段的文明则不再能对于挑战进行这样的应战,它试图一次又一次地进行应战,但总是不断地失败。在生长的阶段里,挑战和应战永远是在变化着的;而在解体的阶段里,应战有变化而挑战则一直得不到答案,也一直是不变的。汤因比的结论是:文明的死亡原因永远是自杀,而不是谋杀。根据他的说法,"文明的衰落性质可以归纳为三点:少数人丧失了创造能力,在多数人方面则相应地撤回了他们的模仿行为,以及后来那作为一个整体的社会丧失了它的社会统一性。"

这个衰退的阶段又可以分为三个小阶段:(1)文明的衰落;(2)文明的解

体;(3) 文明的灭亡。在衰落和灭亡之间,每每相隔数百年,甚至数千年。例如,古埃及文明的衰落发生在公元前16世纪;而它一直到公元后第5世纪才灭亡。在衰落和灭亡之间的两千年里,它一直是处于"僵化了的"状态中。在古代苏末历史的这两点之间大约有一千年,在古代希腊历史的两点之间约有八百年,如此等等。这样的一个社会就像一棵枯死的树干似的,可以在这种僵化的状态下存在几百年,甚至几千年。但是不论早晚,这些文明的绝大多数,也许是全体,到后来总还是难以逃避灭亡的劫运。至于西方社会,虽然看起来它已经有了衰落与解体的各种迹象,汤因比却不肯作出明确的论断。他还保留着一线希望,希望能有奇迹出现:"我们应该祈祷,我们也必须祈祷,上帝曾对我们的社会恩准过一次缓刑,现在如果我们再一次以负疚认罪的精神和哀求怜悯的心情向上帝呼吁,他是不会拒绝我们的。"

文明衰退的一般性质就是这样。在生长的阶段里,创造性的少数人对于不断出现的新挑战总是能够进行胜利的应战,而到了解体的阶段,则总是失败。相反的,他们为胜利所陶醉,他们这时就"扶着船桨休息了",把一些具有相对价值的东西当作绝对的"偶像来崇拜";他们失去了神力一般的吸引力量,不再受到多数人的模仿与服从。因此,他们就不得不更多地使用武力来控制内部无产者和外部无产者。他们在这个时期创造了一个"统一国家",作为维持他们自己和他们文明的一种手段;他们进行战争,变成了无法逃避的制度的奴隶,把他们自己和他们的文明都拖到了毁灭的境地。

"内部无产者"到了这个时期也与这些少数人脱离了,变成了一群心怀不满、怨言不断的人;他们往往创造一种"统一教会"——如基督教或佛教——作为他们自己的信仰和组织。统治的少数人的"统一国家"是命中注定要毁灭的,而内部无产者的统一教会(如基督教)却将成为产生一个新文明的桥梁和基础,与前一代文明发生着"亲子"的血缘关系。

"外部无产者"到了这个时候也把他们自己组织起来,向这个垂死的文明冲击。于是,在文明的肉体与灵魂里出现了分裂现象。结果,斗争与自相残杀的战争越来越多而毁灭的危机也日益深化。在一个社会的解体过程中,灵魂的分裂造成了这个社会成员在心理上和行为上的深刻变化。结果,出现了四种类型的人物和"救主":复古主义者、未来主义者、冷淡与漠不关心的利己主义者和神化的宗教救主。

但是一切都是徒然的。除了神化外,其他一切努力和救主们都无法改变解体过程的深化。唯一有希望的出路是通过神化,把目标转向追求超感性的天国。神化也不能使某一个文明中止解体,但是它却可以在促成一个新的"亲子"文明的出现与发展上,起着一粒种子的作用;通过这个阶段,人类便可以在走向超人的永远不停的上升过程上,前进一步;从"人的城走向神的城",这乃是人类与文明的最后终点。

汤因比的历史哲学的轮廓就是这样。他在这个骨架外面覆盖了一层非常丰富和生动的事实、实证的方法和大量的假设。这部著作就其整体来说,乃是对于历史的综合研究的一个真正的贡献。

(2) 汤因比的文明循环模型论

[摘自凯尔恩斯(G. Cairns),前引书,第三编第四章]

汤因比的历史哲学,从整个人类历史观点来看,不是循环式的,可是在人类的巨大文明兴亡方面,他所描写的模型确定地是循环式的。他把这循环模型应用于世界上一切重要文明方面。

每种文明开始于对自然界或社会环境的某个挑战的应战。文明的成长即在"自决能力"上创造性的增长,是由创造性的个人或少数人所促成。文明的破裂是由创造性的少数人丧失了创造力所引起。接着,出现了文明的解体阶段,文明的解体需有某个救济方式。唯一可以感动绝大多数人的方式乃是宗教。在一个救济文明的宗教出现后,"内部无产者"及其他阶级就团结在它的周围。于是,就有一种新文明兴起。这新文明也必须应付来自自然界与社会环境的新挑战;它的增长也是由于有着创造性的少数人;这少数人终将变得庸碌无能,于是文明又告破裂。汤因比认为一切过去大文明所遵循的模型就是这样。

循环的第一阶段:挑战与应战(文明的诞生)。汤因比认为,只有六种文明是直接从原始生活出现的:苏末、埃及、米诺斯、古代中国、马雅和安地斯文明。苏末人与埃及人最初是应对自然环境(亚非地区的干燥气候)的挑战而进行创造性活动。古代中国人在一个艰苦地区——黄河流域同样应付了生活上的挑战。马雅文明开始于应付热带森林的挑战。米诺斯文明开始于应付海洋的挑战。其他文明是从先前文明的废墟上出现的,它们叫作先前的父母文明所生的儿女文明。这些儿女文明最初是由"无产者"脱离腐朽文明这项积极行动而出现的。

"无产者"团结在一个新宗教观念的周围,因而诞生了一个新文明。在一个成长中的文明里,出现来自自然界与社会环境的新挑战和创造性的应战。这文明在它新生与成长的阶段里可能移到"新地",在那里出现一个挑战的刺激。例如,苏格兰、英格兰、新英格兰提供一个艰苦的自然环境的挑战;这些挑战刺激了西方文明的进一步增长。还有一种叫做"打击"的刺激。例如,波斯给雅典的打击刺激了雅典获得极大成绩:它不仅战胜了波斯而且显出在公元前第5、前第4世纪文化上的伟大性。还有"压力"的刺激。汤因比写道,伦敦成了英国的首都,因为这城市"承担了当年的艰难困苦",在公元895年能够赢得一次对丹麦人的决定性的战役。"惩罚"是另一类刺激文明的创造活动的手段。犹太人(由于他们的宗教而受惩罚)的创造活动是突出的。他们因被排挤出其他职业而往往擅长于经济活动,他们也在专门职业内培养智力(许多大音乐家、大科学家和大哲学家是犹太人)。

总之,艰苦地区、新地、打击、压力与惩罚的挑战是提供文明的继续创造的动力。然而这些挑战,必须是"够多而不太多"。像在个人方面那样,一个太困难的挑战是有破坏性的,而一个太容易的挑战不够鼓起他的创造性的潜力。"够多而不太多"的中庸之道,在唤起个人的与文明的最大创造性反应上,是最有效的挑战类型。

循环的第二阶段:文明的成长。汤因比首先表明,成长不是等同于地理的扩张,因为那造成这项扩张的军国主义导致自相残杀的冲突,所以那是文化衰落的标志。另一常常与成长等同的现象是技术的进步;汤因比说这也不是一个成长的标志。成长意味着行动的领域一直是从外部环境移入文明的内部。例如,封建制度的社会与经济问题——一个内部挑战——是由资本主义的应战而应付了的。在当代社会里,产业制度与民主政治的挑战尚未受到一种创造性的应战,因而这是一个衰败的标志。

其次,汤因比转到文明成长的分析。他认为成长是有创造力的个别天才或少数人的成绩。在宗教方面,这是正确的(例如,摩西和希伯来先知、耶稣、释迦牟尼、穆罕默德、琐罗亚斯德、老子)。在政治理想(例如,民主政治)、产业制度与资本主义、科学、艺术与哲学方面,这也是正确的。

那由创造性的个人、少数人或两者共同所促成的成长,产生一种确定的文化模型。希腊发展了一种审美文化——美是中心价值。印度发展了一种宗教中心的文化。西方发展了一种机器中心的文化。产业制度与民主政治是它突出的末尾发展。

循环的第三阶段:文明的破裂。既然文明的成长是一个内部精神的发展,所以它的破裂也有一个内部精神的来源与原因。破裂是由于"自决能力"的丧失。汤因比的主要观念是：这自决能力的丧失导致社会机体的分裂与解体；创造性的少数人变成统治的少数人，因而无产者脱离他们；结果，社会各部分之间丧失了和谐状态，自决能力也随着丧失。

汤因比告诉我们那与自决能力的丧失相平行的和谐的丧失之主要原因。第一类原因，是"社会暴行"。这意味着如谚语所说硬把"新酒装入旧瓶里"，意即"把新的社会力量——倾向或情感或观念——硬塞进社会的现行制度内"。在这种情况下，不是(a)调整——建立新制度或适当地改组旧制度，便是(b)革命——暴力的革命。关于文明破裂的第二类原因，是"创造性的天罚"。这表现于(1)一个短命自我的偶像化；(2)一个短命制度的偶像化；(3)一个短命技术的偶象化。关于第(1)项，可用古典社会上一个事例给予充分说明。雅典是这个社会的最伟大城市，是"希腊的教育者"。她对自己的精神优越性，骄傲非常，可是她未能设想出政治上统一希腊的计划。悲惨的结果是伯罗奔尼撒战争。这场战争直接引起了古代希腊文明的破裂。关于第(2)项，希腊城邦制的偶像化显然也是古代希腊文明破裂的一个原因。这是伯罗奔尼撒战争的主要原因，它转过来导致古代希腊文明的急剧衰落。在我们今天的世界，民族国家的偶像化，与之颇相类似。关于第(3)项，可说明"骄傲先于覆亡"这个真理。例如，斯巴达方阵曾经是战争上的一个很成功的技术，但它就"坐下来休息"。到了公元前第4世纪，这方阵遭受了可耻的惨败，初败于雅典的轻甲兵，继而败于底比斯的纵队新战术。之后，雅典与底比斯的作战技术都被马其顿的阵形替代了。

文明破裂的原因根本上是精神性的，首先是骄傲(hybris)——对于制度、技术与自我(无论作为一个人格或一种文化)的骄傲——骄傲促使人"坐下来休息"而不是促使人应付新挑战。骄傲的人是自趋覆亡。骄傲与懒惰导致创造性的丧失，因而使整个文明不能继续成长。

循环的第四阶段：文明的解体。汤因比写道，解体模型是一切文明的一个标准模型。这个模型包括：(1)动乱时期；(2)统一国家；(3)间歇时期。动乱时期与统一国家是表示解体阶段的特征。在动乱时期，社会机体一定会分裂为三个阶级：统治的少数人、内部无产者与外部无产者。其中每一阶级创造它的特有制度：统治的少数人创造统一国家，内部无产者创造统一教会，外部无产者建立蛮族军队。汤因比基本上通过仔细研究古代希腊文明衰亡的历史而获得了这项分析。例如，在这个社会里，创造性的少数人(在最好的情况下他们是由雅典文化的领导人代表)一次又一次地失败于应付希腊城邦政治统一的挑战。在从伯罗奔尼撒战争经过罗马元首制到帝国这个动乱时期里,社会分裂为上面所说的三个阶级。统治少数人在罗马帝国范围内大规模地发展了统一国家。内部无产者发展了基督教作为统一教会,高卢及其他边境"蛮族"在后期罗马帝国成为好战的"蛮族军队"。

在文明的成长阶段里,有挑战与应战的节奏模型。过去文明的破裂与解体是因为它们未能创造性地应付挑战。文明解体的节奏模型在大多情况下是:动乱—集合—动乱—集合—动乱—集合—动乱,即三拍子半的节奏模型。汤因比认为这个模型可应用于古代希腊文明。公元前431年这个日期(伯罗奔尼撒战争)是第一次动乱;在公元前第4世纪亚历山大大帝时代出现第一次集合;之后在公元218年汉尼拔战争的爆发又出现一次动乱;另一次集合是在公元31年统一国家的建立;但在公元180年奥理略皇帝死后,又有一次动乱;于是在戴克里先时代出现最后一次集合;在统一国家分裂后出现最后一次动乱与间歇时期。

在西方文明里,汤因比发现同样的倒霉节奏。他把第一次动乱日期放在16世纪的"宗教战争"。在教会里和在兴起的民族国家里,未曾创造性地应付这些动乱,结果产生了百年的宗教战争。在18世纪出现了一次集合,但是这是一个暂时性的休息,因为这个时代的和平不是建立在基督教信仰、希望与爱上,而是建立在"幻想破灭、恐惧与冷酷的邪恶病态上"。所以这次集合不多时即引起另一次动乱,即法国革命与因此而来的无数动乱,这些战争都是起因于我们不能成功地应付我们时代的重大挑战——产业制度与民主政治。国家主权观念是和产业制度与民主政治相抵触的。汤因比认为下一次集合将是一个统一国家,这是对这挑战的唯一适合的应战。德国纳粹党企图以武力来建立这样的一个国家,但是宝剑不能救出我们的文明与我们的世界。现在所需要的是一个自由民族的大家庭,和谐地一起过活。依汤因比的看法,没有什么"历史宿命论的绝对准则",迫使我们相信我们的文明是命中注定要符合"解体的节奏";终于建立一个统一国家而后继之以破灭和一个间歇时期,像过去的文明那样。

宗教在历史哲学中的重要意义。文明与宗教进步之间的关系主要有三项:(1)正是世俗文明的失败,促使人类上升到越来越高的精神水平。例如,基督教是希腊文明失败的一种反应。文明的任务是向人类表明灵魂救济不是属于这个世界而是在于"教会"(高级宗教)所象征的精神水平。文明就其本身来说会产生骄傲,而骄傲必然要引向灾难。但是几乎所有历史上大文明的失败所引起的苦难(我们自己文明的失败也近在目前)都是无限地有助于精神的进步——通过苦难的赎罪。(2) 同时代的各种文明提供发展高级宗教的刺激。值得注意的是，创造性的大宗教的发展都是在世界上十字路口的地方。巴勒斯坦即是一例。汤因比主张，大宗教是诞生于"文明汇集之所"。(3) 另有一种同时代文明间的接触情况促进宗教的进步。一个解体中文明的内部无产者往往采取一种"外来"宗教，因为他们的本地宗教与文明已被证明是一个失败。这外来宗教当然是一个同时代社会所发展的宗教。例如，在解体中的古代希腊世界中，无产者采取同时代叙利亚文明的"外来"宗教——基督教。

  文明的任务是促进宗教即人类的统一教会的进步。汤因比认为，宗教的进步是人类精神进步的最高类型，这是因为宗教把情感与理智的真理化为一体。情感的真理属于直觉与下意识的王国，而理智的真理属于智慧王国。理性与感情是可以调和的，只要了解两者各自表达"真实的不同的方面、水平与境界"。

  直觉与智慧、情感与理性的真理之来源是由高级宗教发现的一个真正上帝。这是为什么宗教是人类的主要事业而宗教进步乃是人类一般进步的标准之原因。高级宗教是以"一个真正上帝"为特征的。一个真正上帝，特别作为神的化身(印度教)，作为菩萨(大乘佛教)或作为耶稣(基督教的唯一的神的化身)的崇拜，是教会的普遍意义与事业。这些教会有下列的任务：(1) 它们提供"权力来克服人类社会的根深蒂固的祸害即不和睦情况"；(2) 它们提供一个关于解决历史的意义这一问题的办法；(3) 它们灌输一种行为的理想作为有效的精神刺激。(4) 它们阻止对一个同类人的偶像化。汤因比论述这四项任务时说，教会已保存人类的精神生活而文明已退化到粗鲁的唯物主义。所以进步是属于教会，而不是属于文明本身。

  人类未来的进步，在于教会之手，特别是在于极大多数人所属的教会：基督教、伊斯兰教、大乘佛教与印度教。汤因比写道，在今后世界人类历史里，这四大宗教将会有相互的密切接触。结果是，"很有可能开辟这个世界人类生活上的一个新纪元"。

  然而，目前的问题是在共产主义与非共产主义之间的冲突，美国与西方必须有效地、革命式地实行基督教的真正社会福音，以赢得世界上四分之三的人口之尊敬与支持。如果西方能够这样做，它的文明可能会返老还童并无限地延长寿命。

(复旦大学历史系资料室 1964 年藏本，未刊)

《十九世纪历史学与历史学家》选译

第一章 从文艺复兴到法国革命

在中世纪曾经出过一些成绩卓著的编年史家,如弗赖辛的鄂图①和马泰·帕里斯②、儒安微尔③和弗·鲁瓦萨尔④。这些人就他们那个时代留下的史料是相当可靠的,但当时进行研究的基本条件尚不具备。⑤ 印刷术还无人知道,因而书籍稀少。对文献资料的分析评价还没有开始,人们也未认识到有这种需要。虔诚的编年史家们置身修道院的图书宝藏内,怡然自得,他们从不停下来对文献的价值加以考虑,而把过去史料中的错误也一起抄到他们的著作中去了。当时,伪造典章之风很盛,但揭穿赝品的方法却还没有发明。凡是用文字记录的事件都被深信不疑地接受下来,而人们由于承认传统,就更加相信事件的真实性了。最后一点,中世纪的空气弥漫着浓厚的神学味道。奥古斯丁的影响,在一千年之

---

① 弗赖辛的鄂图(约1114—1158),弗赖辛的主教,中世纪德意志著名史学家,著有《编年史》、《腓特烈皇帝本纪》传世。——谭注。谭,即四川大学谭英华教授,他为耿译本古奇《十九世纪历史学与历史学家》加注甚多,为之增辉。
② 马泰·帕里斯(约1200—1259),英国史学家,著有《大编年史》。——谭注
③ 儒安微尔(1224—1319),法国史学家,著有以第七次十字军东征为背景的《圣路易传》。——谭注
④ 弗·鲁瓦萨尔(约1337—约1410),法国史学家,曾任英宫廷史官,著有《法国、英国、苏格兰、西班牙编年史》记其当代之事。采遗闻佚事及文笔优美见长。——谭注
⑤ 评述文艺复兴以来史学的最佳作品有:傅埃脱的《近代史学史》(1911年),第三版(1936年);J. W. 汤普逊《历史著作史》,卷Ⅱ(1942年,纽约);莫里茨·里特尔《历史科学的发展》(1919年);弗里茨·瓦格纳《历史科学》(1951年)。在研究文艺复兴以来德国史学方面,韦格勒著《德国史学史》(1883年)、迈涅克著《历史主义的兴起》(1936年)和斯尔比克著《从德国人文主义运动直到今日的思想与史学》(1950年),是必读之物。为了研究文艺复兴以来的法国史学,弗林特《法国与比利时的历史哲学》(1893年)和莫诺《法国历史研究的进步》,载[法国]《历史评论》(卷1)是有用的资料。在近代史方面,集体创作的《五十年来的历史学与历史学家,1876—1926年》二卷(1928年),是一部重要的著作。特别是其中有关小国家方面。——原注

中几乎像是一种物质力量,压在欧洲人的心头①,使他们无法注意世俗历史及其问题。由于一切都被归之于神意,因此对自然因果关系的探索也就被看作完全不必要,如果不算是僭越的话。这样,历史成了布道,而不是一门科学,成了对基督的验证,而不是设法客观地追溯和解释文明的进程。

对人类的展望,在15世纪的意大利,起了很大变化,这种转变有利于客观的方法和历史的发生学概念之兴起。古典世界被揭示为光彩夺目的实体而不是朦胧不明的传说,这样就激发了人们的好奇心与深思。而人们的探究精神又由于新大陆的发现以及同东方建立进一步密切关系而得到更大的鼓舞。在不到两代人的时间里,空间的范围与知识的眼界都加倍地扩大了。随着知识疆界的向前扩展,在学术气氛方面,也开始发生了几乎同样重要的变化。教会的日益腐朽、城市生活的发展和商业的扩大本已开始对神学精神起着溶解的作用,而异教文化——它是又崇高又那么坦率地合乎人情——的引诱又加速了思想解放的过程。所以,与其说意大利的文艺复兴,是对权威的有意识的反抗,不如说它是一个思想世俗化的运动。对于人,对于人的智力和人体美的引以自豪的喜悦心理,取代了中世纪理想中忧郁的禁欲主义。对人类在世间的成就的研究,取代了对人的精神特质和死后情景的臆测。以奥古斯丁作为开端的中世纪时代,随着马基雅弗里与拉伯雷②、哥伦布与哥白尼的出现而告终了。

这种新精神在历史研究的领域内也获得了反映。这门新学科的最早的大师佩脱拉克与薄伽丘,是近代历史学之父。然而,他们仅仅是业余研究者,而佛罗伦萨人布鲁尼③才是史学家的完美典范;他是在原则上使用批判方法的第一个历史家。为了达到尽量摹拟古典作品的目标,布鲁尼和他的人文主义朋友不得不做死板的摹仿工作,不过,他们如果没有采取这个步骤,也就不可能取得以自然因果关系代替超自然因果关系的进步。当马基雅弗里和圭恰迪尼④使历史学超脱文学的领域,并把它同国家生活联系起来以后,历史学发展到了一个新的阶

---

① 奥古斯丁(354—430),基督教神学家,神学历史观的代表人物。在其所著《上帝之城》中指出人类一切活动无不出于上帝的安排,体现上帝的计划。他把世界历史说成是"上帝的城",即上帝的信徒与"人世之城"即撒旦的信徒之间斗争的过程,认定后者注定要毁灭,前者则将永生。并指出教会是上帝的代表。因此教会权力高于世俗权力,教会应当成为世界的主宰。这部书创立了关于社会历史的神学理论体系。——谭注

② 拉伯雷,F.(约1494—1553),著名的法国人文主义作家。——谭注

③ 布鲁尼(1359—1444),意大利人文主义史学家,著有《佛罗伦萨史》十二卷,首先恢复了古希腊罗马史学的优良传统,用理性来分析和考察历史。——谭注

④ 圭恰迪尼(1483—1540),意大利人文主义史学家,著有《佛罗伦萨史》、《意大利史》。——谭注

段。从此,传统不再像是向人们发布命令,而像是在进行挑战了。洛伦佐·瓦拉证明了"君士坦丁大帝的赠与"①是伪造的;而人文主义的教皇伊尼亚斯·希尔维优斯②,也以一种健康的怀疑主义精神来对待奇迹和神话。人文主义的历史学迅速传遍欧洲。③ 学者们像群星一样照耀着马克西米利安皇帝④(他本人就是一个历史家)的宫廷,激起了人们对条顿族的英雄和成就的兴趣。凯尔蒂斯⑤讲授塔西佗的《日耳曼尼亚志》。库斯比尼安编辑乔丹斯和弗赖辛的鄂图的著作。⑥ 波伊廷格尔⑦与勒纳努斯⑧潜心于德意志古文化的研究。这些学者给中欧引进了研究世俗学识的理想与方法和公平正直的学术风气。

歌特在宣称宗教改革运动使欧洲文化倒退了一百年的时候,心里想到的正是这批人,因为德国人文主义的短暂历程是由于路德的出现而被粗暴地截断的。于是,神学再度占据统治地位,而世俗研究也就被淹没在教派斗争的漩涡里。但是,这场热症本身也就包藏着治疗它的细菌。中世纪的争论者们都诉诸原则,而他们的后继者则诉诸史实。新教教徒力图证明美第奇族教皇的教会已不是早期的基督教教会,并设法说明教会是怎样地日趋堕落。另一方面,天主教徒则企图用揭示新教徒所不知道的事实,使他们惊惶失措。在这场激烈的斗争中,双方追求的目的都是胜利,而不是真理,但是,珍贵的文献却因此而见了天日。当弗拉希和他的合作者们在路德派王公的支持下,以《马德堡世纪》⑨作为武器来攻击敌人时,罗马教廷命令巴罗尼准备一部详尽的答辩,并以梵蒂冈档案供他随意使

---

① "君士坦丁大帝的赠与"是一个教会文件,文中说教皇的领土系罗马君士坦丁大帝所赠与。意大利学者瓦拉(1406—1457)著文,用缜密的考证方法,作出了这一文件纯属伪造的结论。——谭注

② 教皇伊尼亚斯·希尔维优斯(1405—1464),德意志人,史学家,著有《欧洲通史》、《巴塞尔会议评注》等。——谭注

③ 参阅约阿希姆森(Joachimsen)《德国在人文主义影响下的历史概念》,1910年。——原注

④ 马克西米利安皇帝(1483—1540),爱好学术,奖掖文艺,在宫廷内罗致了一批人文主义学者,学术文化极一时之盛。——谭注

⑤ 凯尔蒂斯,C.(1459—1508),德意志史学家,恢复和出版了塔西佗的《日耳曼尼亚志》。——谭注

⑥ 库斯比尼安(1473—1529),德意志学者,对鄂图的著作及乔丹斯(6世纪修士)所作的卡西奥多罗斯(约480—575)《哥特史提要》进行了整理和考订。——谭注

⑦ 波伊廷格尔,C.(1465—1547),德意志史学家,整理和出版了大量德意志中世纪史原始资料。——谭注

⑧ 勒纳努斯,B.(1486—1547),德意志人文主义史学家,著有《德意志事务史》。——谭注

⑨ 弗拉希(Flacius,1520—1575),为德国新教教派学者,马丁·路德的学生。《马德堡世纪》,1559—1574年出版,是由几个作者合写的,其中以弗拉希为主,是第一部从新教观点编写的教会史。——译者

用。虽然巴罗尼的这座"大厦",像卡佐邦①后来指出的那样,在某种程度上说是一座用纸牌搭成的房子,虽然这部驳复的作者不懂希腊文,天真地轻信了伪品和传说,但他所使用的大量新资料和他的答辩的表面完整性使得这部《编年史》②的发表成为反宗教改革运动具有决定性意义的事件之一。③

虽然到了13世纪教派斗争的毒害逐渐消退,但历史研究在很大程度上依然是宗教性的。属于英国国教派的卓越神学家,从厄谢尔到宾厄姆④所编写的关于早期教会的著作,是具有持久的重要意义的,因为他们处于罗马和日内瓦两者之间的地位,能够对争论的问题作出不偏不倚的论断。比利时的耶稣会徒在巴兰与帕珀布罗赫⑤的领导下,开始编辑《圣徒传》,规模如此宏大,以致迄今还在进行。⑥ 法国所作的贡献更加伟大。高卢神学家⑦对教皇极权派所肯定的东西进行了细致而严格的研究;詹森教派⑧的蒂尔蒙⑨搜集资料,编写了关于教会和罗马帝国的具有无限价值的著作;巴吕兹⑩探索了(被囚于)亚威农的教皇的历史。最重要的,圣穆尔的本尼迪特教派⑪开始出版大部头的丛书,阐明了有关宗教历史的几乎每一个领域。这些学者生活在一个仍由抽象的笛卡儿哲学占据主导地位的时代,国家对历史不闻不问,公众对历史也还不感兴趣,因此,在整个学术史中没有一页能比记载着这些伟大学者辛勤劳动的篇章更为辉煌的了。所

---

① 卡佐邦(1559—1614),法国人文主义者,温和的胡格诺派,曾著文驳斥巴罗尼书。——谭注
② 《编年史》(Annals),全名为《从基督诞生到1198年的宗教编年史》(Annals ecclesiastici a Christo nato ad annum 1198年),1580—1593年出版。系巴罗尼(罗马天主教历史学家,1538—1607)对《马德堡世纪》所作的答辩。——译者
③ 参阅帕蒂森(Mark Pattison)《艾萨克·卡佐邦传》第六章,1875年。——原注
④ 厄谢尔,J.(1581—1658)英国大主教、神学家,以研究《圣经》年代学及英国教会史知名。宾厄姆,J.(1668—1723)英国神学家、史学家,著有《基督教古迹》十卷。——谭注
⑤ 帕珀布罗赫,是协助巴兰编辑《圣徒传》的神学家。——谭注
⑥ 参阅德勒海伊(Delehaye)《巴兰派的工作,1615—1915》,1922年。——原注
⑦ 高卢教派,系起于17世纪后期法国天主教中主张限制教皇权力,维护本国教会一定独立性的教派。——谭注
⑧ 荷兰人詹森(Cornelius Jansen,1585—1638)所创立的天主教会内的改革派。——谭注
⑨ 蒂尔蒙(1613—1698),撰有《公元最初六世纪教史札记》,共四卷,《罗马皇帝和统治教会的其他君主最初六世纪历史》共十六卷,以资料丰富见长。——谭注
⑩ 巴吕兹,E.(1630—1718)编著有《亚威农教皇史》,《法兰克诸王诏令集》。——谭注
⑪ 爱麦尼厄尔在其有关马比荣与蒙福孔的著作(1888年和1891年)中对本尼迪特派学者作了极佳的叙述。——原注
本尼迪特派修道院保存有大量中世纪文献,并进行了搜集、整理和出版史料的工作。此派于1619年创立圣穆尔僧团。这个僧团以圣泽曼修道院为中心,以历史研究作为自己的主要工作之一。——谭注

以,我们不能指摘那个从巴罗尼开始,以马比荣①达到高峰的一世纪为停滞不前的时期。

虽然16和17世纪历史学家的题材主要是基督教,但世俗性的题目也吸引着个别研究者的注意,这些人大多数是俗人。皮图②与帕基埃③探索法国制度的起源;杜孔日④绘制拜占庭帝国的很少为人知道的版图;戴尔贝洛⑤概述当时所积累的有关东方的知识;而梅泽雷⑥则以宪政主义者的批判精神编写了法国的历史。马利安那⑦为他的同胞撰述西班牙民族史,而苏里塔⑧则编写了阿拉贡的编年史。在意大利,西戈尼在努力弄清罗马的机构和制度方面,作出了独特的成绩。⑨ 在英国,(弗朗西斯·)培根编写亨利七世的传记,赫伯特勋爵⑩撰述亨利八世的生平;卡姆登⑪研究英国的古迹,而塞尔登⑫则溯述法律的历史。在德国,康林⑬指导关于德意志法律起源的深入探究。但在荷兰,世俗性研究涉及的范围却是最广泛的。斯卡利吉尔⑭在发表他那为科学编年史奠基的不朽论述之前,已在荷兰定居很久了。格吕特尔⑮的铭文集是在他的督导下编成的;莱顿大学教授们所编关于希腊罗马时期的一系列著作也是继承了他的传统的。

---

① 让·马比荣(1632—1707),本尼迪特派修士,法国博学派的杰出代表,治学严谨,具有批判精神。著有《本尼迪特圣徒传》、《本尼迪特年鉴》等。其《论古文书学》一书为这一学科奠定了基础。——谭注
② 皮图,P.(1539—1596),法国博学派史学家,著有《法兰克年代记》,并整理和校订了许多历史资料和著作。——谭注
③ 帕基埃,E.(1529—1615),法国律师,著有《法兰西研究》。——谭注
④ 杜孔日(1610—1688),编有《中世纪拉丁词汇》、《拜占庭历史家著作汇编》等,被认为是中世纪拉丁语言学和拜占庭学的奠基人。——谭注
⑤ 戴尔贝洛,B.(1625—1695),法国东方学家。——谭注
⑥ 梅泽雷(1610—1683),站在资产阶级立场,写成《法国史》三卷。——谭注
⑦ 马利安那,J.(1535—1625),西班牙人文主义史学家,著有《西班牙史》。——谭注
⑧ 苏里塔,J.(1512—1580),阿拉贡王国史官,撰有《阿拉贡王国编年史》。——谭注
⑨ 西戈尼(1524—1548),以批判态度研究古罗马历史、制度及文献而知名。——谭注
⑩ 赫伯特勋爵,E.(1583—1648),政治家,哲学家,著有《亨利八世的生平及其统治》一书。——谭注
⑪ 卡姆登,W.(1551—1623),著有《大不列颠志》、《伊丽莎白女王时期的英格兰、爱尔兰史》。——谭注
⑫ 塞尔登,J.(1584—1645),代表新贵族和资产阶级利益,研究英国的法律和政府,写有多种专著。——谭注
⑬ 康林,H.(1606—1681),所著《德意志法律起源之史的探讨》被认为是有关这一问题的第一部科学著作。——谭注
⑭ 斯卡利吉尔,J.J.(1540—1609),定居荷兰的法国人文主义学者,致力于古史和《圣经》年代的研究,对当时已知的纪年方法进行了全面分析和总结,使年代学摆脱宗教史家的体系,为近代的年代学奠定了基础。——谭注
⑮ 格吕特尔,Jan.(1560—1627),古典学家,辑有《古罗马古文物铭文集》。——谭注

在确定历史研究的原则与方法的少数尝试中,博丹①的论述是一个大胆而又辉煌的成就。这位法国政论家,在宗教战争最炽烈的时期把历史看作是一个世俗性的课题,并以科学精神来研究它。博丹在孟德斯鸠之前指出了地理位置、气候和土壤对民族性格和民族命运的影响;另一方面他提醒人们注意,一位作家的个人地位、爱国的和宗教的倾向性以及求知机会对他的见解和成就的影响。在他以前,没有一位思想家对于环境所起的作用有过这样深刻的见解,而且在他以后的二百年中也没有人添加什么新的东西。此外,在历史评论的领域里,人们也获得了一些成绩,不过,这些成绩还只是一种开端,而不能算是确定的成就。斯宾诺莎②宣称,对待《旧约全书》必须像对待任何其他历史著作那样。当西门神父③开始运用批判方法来对待犹太教的经文时,曾惹起博絮埃的暴怒。劳诺瓦④由于无情地处理殉道者的记录而招来"圣徒的捣巢人"的称号。佩里佐尼厄斯⑤提出,早期罗马史近似传奇。尤其重要的,马比荣以其《古文书学》(1681年出版)奠定了拉丁古文书科学的基础。

到了18世纪,历史研究的领域迅速扩大了。研究者们不断地进行搜集资料的工作,研究者对权威与传统采取了更多的批判态度,最早的用文学体裁叙述的历史编写出来了,而对于文明现象,也第一次认真地企图作出解释。现在就让我们按照这四个方面来看一看18世纪的作品吧。

在学识的积累方面,法国本尼迪特教派保持了他们在17世纪所建立的优越地位。鲁伊那尔⑥仔细审查了早期殉道者的记录;蒙福孔⑦奠定了希腊古文学与

---

① 博丹,J. J.(1530—1596),法国卓越的历史哲学家,第一个用哲学观点来考察历史。著有《理解历史的简易方法》。他认为历史是一有秩序的向前发展的过程。他将人类史按照其中心地区分为东方、地中海沿岸及北欧三个阶段,强调地理条件对历史运动的决定性作用。这些观点对后代思想家有很大的影响。——谭注

② 斯宾诺莎,B.(1632—1677),杰出的荷兰哲学家、唯物主义者和无神论者。对《圣经·旧约》进行过批判性研究,认为《创世记》非一人一时之作,《摩西五经》非摩西所作。——谭注

③ 西门神父,S. R.(1638—1712),法国神学家、圣经学家。——谭注

④ 劳诺瓦,L. J.(1603—1678),法国神学家、教会史家。——谭注

⑤ 佩里佐尼厄斯,真名Voorbroek, J.(1651—1751),荷兰古典语言学家、考据学家,批判地研究早期罗马史料,对其真实性提出了怀疑。——谭注

⑥ 鲁伊那尔,D. T.(1657—1709),穆尔僧团教士,编有有关殉道者的原始资料集。——谭注

⑦ 蒙福孔,B.(1655—1741),穆尔僧团教士,有名的博学派学者,编著有《希腊古文字学》、《古迹图解》(十五册)等。——谭注

古典考古学的基础;布凯①汇集了有关法国历史家的作品;克莱芒②在其《年代考证法》里,编辑了最早的收罗广泛的历史编年表;圣马尔泰③撰述了基督教高卢诸省的历史;韦塞特和德维克编辑了朗格多克编年史④;里韦特开始了那部至今仍在继续编写的巨著:《法国文学史》⑤。这批学者,当他们四周的一切正在变化的时候,还在安静地进行研究,自得其乐,直到法国大革命把他们扫除为止。穆拉托里⑥以搜集意大利历史资料、编辑意大利编年史和论述意大利古文物的艰巨工作而获得了同马比荣并列的地位。至于蒂拉博斯基⑦所编的意大利文学史,直到现在不但没有可以与之媲美的,而且也没有能与之接近的。在德国,莱布尼茨⑧搜集布伦斯威克家族的早期记录并开始撰写《圭尔夫派的起源》,这部书在其死后很久才告完成。奥地利耶稣会徒埃克尔⑨毕生致力于古币的搜集和分类工作。在17世纪晚期和18世纪初期的英国,沃顿和斯特赖普、赫恩和马多克斯、希克斯、赖默和威尔金斯⑩继承了坦纳与达格代尔⑪的传统,使得人们有可能搞清楚中世纪的历史。⑫ 这些人的渊博学识从来没有人能够超越,而他们的著作也依然是严肃的研究者必须经常向之求教的学问宝库。

虽然这些大搜集家们很少使用批判的方法来验证他们的资料,可是学者们

---

① 布凯,D. M.(1685—1749),主编《高卢及法兰西历史家选集》一卷。后人续编至大革命前完成,共十四卷。——谭注
② 克莱芒.F.(1714—1793),法国年代学家。——谭注
③ 圣马尔泰(1572—1650),法国年代学家、历史学家。——谭注
④ 朗格多克,在法国南部有本尼迪特派修道院,所修之《朗格多克通史》五卷,1730—1745年出版。后代学者续事增修,自1843年开始至1905年出齐,共十六卷。——谭注
⑤ 由里韦特开始主编的《法国文学史》系一多卷本集体著作。自1733年开始出版至1949年出齐共三十八卷,此书不仅是文学史而且是史料集。——谭注
⑥ 穆拉托里,L. A.(1672—1751),意大利杰出的博学派史学宗,编著有《500—1500年的意大利历史家》共二十五卷、《意大利中世纪文物》、《意大利编年史》等。——谭注
⑦ 蒂拉博斯基,G.(1731—1794),意大利耶稣会教士、博学派学者。——谭注
⑧ 莱布尼茨(1646—1716),有名的德意志哲学家,兼治历史。他的历史著作《布伦斯威克家族史》原拟叙述这一家族的始末,后来扩大范围,写成了帝国西部,特别是巴伐利亚和萨克逊的圭尔夫派史,只完成了第一卷。——谭注
⑨ 埃克尔(1737—1798),奥古币学家、近代古币学的创立者,著有《古币论》,共八卷。——谭注
⑩ 沃顿,H.(1664—1694),英国教会史史学家;斯特赖普,J.(1643—1737),撰有《英国宗教改革编年史》;赫恩,T.(1678—1735),文献学家;马多克斯,T.(1666—1727),撰有《国库的历史与文物》;希克斯,G.(1612—1715),被认为是盎格鲁-撒克逊的语言学、历史学奠基人之一;赖默,T.(1641—1713),曾任王家史官,编辑出版了多种古文献;威尔金斯,D.(1685—1745),英国中世纪史学家。——谭注
⑪ 坦纳,T.(1674—1735),英国主教,以搜集史料,编撰历史家词典而知名。达格代尔,W.(1625—1685),英国贵族,长期致力于历史考古与史料搜集工作。——谭注
⑫ 道格拉斯的出色著作《英国学者》,1939年,描写了从1660年到1730年的伟大资料搜集家。——原注

却开始更自由地鉴别史料与传统了。在18世纪的前夕,本特利已揭穿《法勒里斯的书信》①的伪造性。而在18世纪里,阿斯特律克②已发现《创世记》的混合性;赖马鲁斯与塞姆勒③始创了对《福音书》的评论性讨论,而维科④则对荷马诗篇的协调性提出了怀疑。法国铭文与文学学院成员撰稿编成的《论文集》以及由此而引起的辩论⑤,取得了有价值的成果。关于罗马早期记录的可靠程度的长期讨论,激起了人们极大的兴趣。这项讨论是1722年由普伊利⑥首倡的。他大胆宣布,在皮洛士⑦的著述出现前的罗马史都不是完全可靠的。修道院长萨利埃觉察到这种看法对宗教的危险性,因而诽谤普伊利,说他是一个无神论者。弗雷雷⑧出来充当调解人,他提出,真情往往是与神话混合在一起的。对于这个问题,博福尔作了一番独立的探讨;他关于早期罗马史之不确实性的著作,证实了普伊利的结论⑨,并预示了后来尼布尔的论点。铭文与文学学院对形成批判方法的贡献,决不仅限于这些辩论。学院的杰出的秘书弗雷雷把一切古文化包括于其研究领域内,因此他的编年表超出了斯卡利吉尔和佩塔微⑩的研究范围,而分析了希腊神话的来源。同时,他对东方语言的研究也值得他怀疑印欧系诸种族间的血缘关系。梯叶里宣称:"如果他能享有我们现在所有的自由,关于我们的制度和社会起源的科学一定会早在一个世纪以前就产生了。"在18世纪的后半期,由于赫鸠雷尼阿古城⑪的部分的发掘的推动,学院把大部分注意力放在考

---

① 法勒里斯(约前570—前554),西西里岛上阿格里琴托(Agrigento)城的暴君,以极端残暴著名。英国古典学家本特利,R.(1662—1742)在他的《法勒里斯的书信》中揭出,有一百四十八封有他署名的书信是伪制的。——译者

② 阿斯特律克,J.(1684—1766),法国医生、圣经学家。——谭注

③ 赖马鲁斯,H. S.(1694—1766),德意志古典学家;塞姆勒,J. S.(1725—1791),德意志神学家。——谭注

④ 维科,G. B.(1668—1744),伟大的意大利思想家,是西方第一个把人类历史看作有规律的过程,并予以系统论证的历史哲学家。对民俗、宗教、神话、语言、文学等均有深刻的研究,认为《荷马史诗》非一人一时之作,而是古希腊人长时期的集体的创作。所著《新科学》为传世名篇。——谭注

⑤ 参阅穆利著《古老的铭文与文学学院》,1864年。——原注

⑥ 普伊利,L.(1691—1750),法国史学家,首先怀疑早期罗马史学家的作品,认为恢复共和以前的罗马史真相是不可能的。——谭注

⑦ 皮洛士(前319—272),伊皮罗斯王,曾与意大利希腊殖民地联合对抗罗马,最后为罗马人击败。——谭注

⑧ 弗雷雷,N.(1688—1749),法国古典学家、年代学家。——谭注

⑨ 博福尔,L.(死于1795年),法国史学家。他从有关早期罗马史诸记载的歧异,推论公元前3世纪以前的罗马史是以传说资料为依据,因而是不可信的。——谭注

⑩ 佩塔微,D.(1583—1652),法国神学家、年代学家。——谭注

⑪ 赫鸠雷尼阿,在那不勒斯湾附近,公元79年威苏维火山爆发与庞培城同时被埋没。1738年以来,法国古典学家德布罗斯、巴泰勒尔密等,先后进行发掘,发现希腊古庙及珍贵文物甚多。——谭注

古学方面,因而德布罗斯与巴泰勒尔密在温克尔曼①越过阿尔卑斯山之前即已从意大利带回了有价值的研究成果。

　　批判性的历史研究,由于那种使 18 世纪获得"理性主义时代"称号的学术风气大转变而得到助益。17 世纪曾偶尔出现怀疑主义思潮,但由于担心受到当世的惩罚而没有发展起来。在 18 世纪初叶,曾经有一股冷风刮过欧洲,而在它的中期,启蒙运动却又是旭日当空了。在丰特内尔在世的时期内②,法国即已从博絮埃的天下转移到伏尔泰的时代,从波特—罗雅尔派得势转变为百科全书派盛行了。于是,对现行制度和对传统信仰的批判互相影响着。培尔③始倡了以怀疑眼光看待史料和传统的风尚,然而对过去的一切采取崭新态度的,则主要是伏尔泰。培尔是怀疑主义者,而伏尔泰是理性主义者。认为只有真心维护理性的威力和尊严的人才能推翻权威的沉重压力。所以尽管伏尔泰在学问和道德方面有其缺欠,他在那些为历史科学铺平道路的重要人物中仍应享有崇高的地位。伏尔泰以其犀利的智慧,驰骋于迄未受到批判精神挑战的广阔领域,沉重地打击了盲目轻信的风气,而打击盲目轻信之风,仅凭博学是无能为力的。

　　在 17 世纪出现了一些有高度价值的著作,它们或者涉及作者亲身经历的事件,或者讲的是他们那个时代前不久的时期。这些作者是萨尔皮④和帕拉维奇尼、达维拉、多比涅和德图⑤、克拉伦敦和伯内特⑥、霍夫特和普芬多

---

　　① 温克尔曼,J. J.(1717—1768),著名的德国艺术史家、考古学家,所著《古代艺术史》二卷(1764年)对古典世界研究及文化史有很大的影响。1758 年温克尔曼由德意志前往意大利进行考古调查。——谭注

　　② 丰特内尔(Fontenelle,1657—1757),法国哲学家和作家。他以理性作为反对宗教权威和封建统治的武器,提倡科学实验精神,肯定人类社会运动的进步性,是法国启蒙思想家的先驱之一。——谭注

　　③ 培尔,P.(1647—1706),法国史学家,持怀疑主义历史观点,认为史学家当时的观点与所记的事实往往有很大的差异,对从《李维罗马史》到教会历史提出了批判。所著《历史批判词典》对西方史学颇有影响。——谭注

　　④ 萨尔皮,P.(1552—1623),威尼斯教士,有开明思想,反对教皇专制,著有《特兰托宗教会议史》,对教廷及教会黑暗,多有揭露。后被逐出教会,并被暗杀。帕拉维奇尼,S.(1607—1667),枢机主教,著《特兰托宗教会议史》反驳萨尔皮书。——谭注

　　⑤ 达维拉,G. G.(1577—1658),著有《传道文集》,记天主教士在美洲土著中布道及印第安人宗教信仰情况。多比涅,M.(1794—1872),法国新教徒,撰有《欧洲宗教改革史》、《法国宗教改革史》等书。德图,A.(1553—1617),法国人文主义者,其历史观念仍受神学史观支配,倾向于调和新旧教矛盾,著有《我们时代的历史》等。——谭注

　　⑥ 克拉伦敦伯爵,名海德,E.(1608—1674),英国王党贵族,著有《英国大叛乱史》攻击革命。伯内特,G.(1643—1715),英国国教牧师,奥伦治·威廉的亲信,著有《我这个时代的历史》,赞扬"光荣革命"。他们两人分别代表了早期的托利派和辉格派史学观点。

夫①。到了18世纪,休谟编写了一部文字精练的英国史②;罗伯逊③撰写了一部虽不流畅易读,但更具有学术性的苏格兰史。埃诺④所编的法国编年简史在西斯蒙第的著作出现前一直是法国人向之吸取营养的知识宝库。马斯科夫记述了德国人的命运⑤;约翰内斯·缪勒写下了瑞士各州的史诗⑥;施勒策尔叙述了斯拉夫欧洲的历史⑦;普特尔阐述了神圣罗马帝国的制度⑧。切拉里抛弃了关于五帝国史的史家传统体系⑨,这种体系曾阻碍文明发展的合理概念的形成。一批不知名的英国作家编成了一部详尽的世界史⑩,这部世界史虽缺少文学的价值,但汇集了大量不易获得的资料;而这部史书(以译本和缩本的形式留传)保持了它的独特地位,直到差不多一百年之后罗特克与施洛塞尔的著作方取而代之⑪为止。尤其重要的,吉本的著作⑫在古代世界与近代世界之间搭起了一座桥梁;它迄今仍是各民族的通衢大道,并在罗马帝国的其他建筑物都久已变成废墟之后,仍然屹立着。⑬

---

① 霍夫特,P. C.(1581—1647),荷兰人文主义者,诗人、戏剧家、历史家。译塔西佗史学著作为荷兰文,著有《十六世纪前半叶荷兰史》、《亨利四世本纪》、《美第奇家族史》等。普芬多夫,S.(1632—1694),德意志人文主义者,著有《欧洲主要强国历史导论》、《瑞典史》及瑞典国王查理十世、大选侯腓特烈、威廉等人传记。——谭注

② 休谟,D.(1711—1776),著名的英国主观唯心主义哲学家、经济学家、史学家。著有《自凯撒入侵至1688年革命的英国史》共六卷,持托利派史学观点。——谭注

③ 罗伯逊,W.(1721—1793),英国理性主义史学家,著有《苏格兰史》《查理五世皇帝统治时期史》等。——谭注

④ 埃诺,G.(1685—1770),法国史学家,著有《法国编年史纲要》,是法国第一部简明通史。——谭注

⑤ 马斯科夫,J. J.(1689—1761),德意志史学家,著有《古代日耳曼人史》,记自古代至墨洛温朝欧洲日耳曼人的生活、风习、政治、历史情况。——谭注

⑥ 约翰内斯·缪勒(1752—1809),德意志史学家,所著《瑞士联邦史》是其代表作。——谭注

⑦ 施勒策尔,A. L.(1735—1809),德国理性主义史学家,戈廷根史学的代表人物之一,著有《俄国史》、《北欧通史》等。——谭注

⑧ 普特尔,J. S.(1725—1807),德意志史学家,以研究德意志公法及帝国政治制度史知名。——谭注

⑨ 切拉里(Cellarius, C., 1634—1717),荷兰人文主义者,钻研年代学,第一次摈弃了教会史学沿袭的"五帝国"(亚述、巴比伦—米太—波斯帝国—希腊、马其顿、罗马—神圣罗马帝国)历史分期法,将世界史分为古代、中世纪、近代三阶段,为后来西方史学分期之所本。——校者

⑩ 书名《世界史:从最早著录的时代至当代》(1736—1765年)。——谭注

⑪ 罗特克,K. V.(1775—1840),有自由思想的德国史学家,著有《世界史》。施洛塞尔,F. C.(1776—1861),德国自由主义史学家,著有《世界史》十九卷,系未完成之作。——谭注

⑫ 吉本,E.(1737—1794),18世纪英国最杰出的、有启蒙思想的史学家,其代表作《罗马帝国衰亡史》不仅代表了当时的最高水平,而且是世界史学的辉煌巨著。——谭注

⑬ 关于吉本,参阅伯里的《罗马衰亡史》导论,1896年;扬(G. M. Young)《论吉本》,1948年。由D. M. 洛所编辑的《吉本的日记》(1929年)可以用作吉本所著《自传与通信集》(1895年)的补充读物。——原注

虽然国家的历史自然而然地构成了主要的研究对象,但人类生活的其他方面也开始吸引学者们注意。第一部总括性的教会史是由莫斯海姆①在戈丁根大学的平静气氛里编成的。艺术是文明的产物与镜子,这个观点在温克尔曼笔下第一次得到了适当的论述;歌特称他是一位新的哥伦布。莫泽尔②在其《奥斯那布吕克史》里,最先运用了社会学研究法;赫德尔③说他以德意志人的思想与情感编写了第一部德意志人的历史。尤其重要的,伏尔泰创立了一个后来被称为"文化史"的新的类型。他的《路易十四时代》是第一幅描绘一个文明国家的多种生活形式的图画。他在几年后,写的《论风俗》(*Essai sur les Moeurs*)④描述了从查理大帝起到路易十三时代止欧洲的道德、社会、经济、艺术与文学生活。他宣称,他的主题是人类思想的历史。他要追述从中世纪的野蛮时期到他那个时代的文明社会所经过的各个阶段,以阐明启蒙运动和社会教养是如何形成的。他的文笔既华丽,处理方法又新颖,两者加起来使得他这部比18世纪所有其他著作都更能扩大历史研究眼界的书籍流传得越来越广。启蒙时期的历史学尽管有极其明显的缺点,却标志着真正的进步。它结束了那个单纯汇编史料的时代。它把历史的范围从记录事件扩大到论述文明。它企图把批判的标准和社会学的方法引入史学的领域。

最后,在18世纪,在用哲学来解释人类生活方面大大地前进了一步。⑤培根的格言"古代时期是少年世界"中所包含的有关进步的概念,后来由巴斯卡⑥予以发展;后者说:必须把在时代演变的整个过程中世代相传的人类看作是一个永远生存,不断学习的人那样。佩罗⑦在关于古代人与近代人的论战里主张,我

---

① 莫斯海姆,J. L.(1693—1735),新教神学家,戈丁根大学首任校长,以专治教会史知名。著有《教会史原理》二卷。——谭注
② 莫泽尔,J.(1720—1794),有强烈民族主义思想的德意志史学家,其代表作《奥斯那布吕克史》写的是德意志西部一个地区的历史,被认为是第一部德意志人民史、第一部社会经济史和宪政史。——谭注
③ 赫德尔,J. G.(1774—1803),德意志启蒙思想家,对哲学、历史、语言学、文艺理论均有研究,试图建立自己的历史哲学体系,探讨社会历史演进的规律。他的思想对欧洲,尤其是德国的文学、艺术和人文科学很有影响。——谭注
④ 此书的全名是:《论世界历史,及各民族之风俗与精神:自查理大帝至当代》,共七卷,1756年。——谭注
⑤ 参阅德尔瓦耶的巨著《论进步观念的历史》,1910年;伯里,《进步的观念》,1920年;卡希勒,《启蒙运动的哲学》,1932年。——原注
⑥ 巴斯卡,B.(1623—1662),法国杰出的科学家、哲学家和散文家。——谭注
⑦ 佩罗(Charles Perrault,1628—1703),法国作家在他的诗篇《路易十四的时代》中附带表示了贬低古典著作之意,引起布瓦洛(Boileau)和佩罗之间关于古人与今人的价值历时十二年之久的论战。在这方面佩罗著有《古人与今人的比较》。——译者

们不但应该称颂古典世界的成绩,而且应该把我们后来学到的一切增添进去,使之臻于完善。他巧妙地比喻说,中世纪时代(文明)的中断只是表面现象,就像一条大河在地下流了一段路程那样。丰特内尔认为:虽然一个民族像一个人的生命一样,要经历各个阶段,但它不会衰退。他的科学研究确实启示了他:在人类历史的运动和"掌握整个自然界的伟大而普遍的运动"之间存在着某种联系。人类可臻于完善境地的理论,正适应了当时新产生的对人类的热情,在整个18世纪,从初期的修道院长圣皮埃尔①直到末期的戈德温②、孔多塞③和"开明派"④身上,都可以看到这种热情。

  这些说法只不过是乐观希望的表达,而不是经过哲学思考而推断出来的结论。在莱布尼茨发表他的进化论之前,不可能有理性史观。我们在莱布尼茨的《新论文集》里读到:"任何事情不是突然而来的;自然界的运动也从来不是跳跃式的。我把这个叫作延续法则。以我们自己为起点,向下看,一直看到最低级的动物,可以看出这是一个逐步下降的过程,是一系列延续着的、互相之间差距很小的东西,比如有翅的鱼类、同植物很近似的动物,还有,似乎具有某些人类理性的动物。"自然界是小步前进的,人类同样也是在缓慢而又艰难地向前移动。孤独的那不勒斯思想家维科,在他的《新科学》⑤里讨论变化的法则时,把历史演变过程当作一种自然现象来看待。⑥ "最初有森林,后来有了茅舍,然后有村庄,然后有城市,最后才有学院。"这个原则由杜阁⑦在巴黎大学(索蓬)关于人类智慧的不断进步的演讲里作了进一步的发挥。他用极其完备的语句宣称,历史是人类通过衰落与复兴永远前进的过程,每个时代同先行的时代和后来的时代同样都是互相联系着的,蒂尔戈走在孔德之前⑧,业已提出人类思想在对现实的逐步理解中要经过三个状态的法则⑨。进步的意义,决不会局限于人类本性的逐步

---

  ① 圣皮埃尔深信历史的进步性,认为他所处的时代优于柏拉图的时代,并寄希望于明智的政府来引导社会前进。——谭注
  ② 戈德温,W.(1756—1836),英国小资产阶级民主派理性主义思想家、史学家。——谭注
  ③ 孔多塞,J. A.(1743—1794),法国思想家,坚持理性主义和社会进步思想。他认为法国大革命将引导人类进入文明幸福的历史时期。——谭注
  ④ 1776年由威斯豪普特(A. Weishaupt)发起的会社,主张进行社会改革,使人类与社会达到完善地步。——译者
  ⑤ 此书的全名是《关于民族共同性的新科学原理》(1725年)。——谭注
  ⑥ 参阅 H. P. 亚当斯《维科传》,1935年。——原注
  ⑦ 杜阁,A. R. J.(1727—1781),法国启蒙思想家,对社会历史运动提出了系统的看法。——谭注
  ⑧ 孔德,A.(1798—1857),实证主义哲学和社会学的创始人。——谭注
  ⑨ 指神学状态、形而上学状态与实证状态。——译者

演进与提高,而是物质财富、精神开化与美德三方面的共同进步。库然称杜阅是历史哲学的创始人,的确再没有比他更应获得这个称号的了。将近18世纪的末期,德国人又为进步论作出了进一步的贡献。莱辛①在他的晚年,像是从高耸的瞭望塔上俯视了历史的全景,把他的印象记在他的《人类的教育》内的意味深长的格言里。他宣称:人类智慧本身的力量比影响并形成它的任何一种力量都更加强大。宗教是一种连续不断的启示,而各种宗教则是人类在进步过程中所使用的课本,每一种宗教在发展的某一个阶段对人类有助益,但没有一种是登峰造极的。这是没有巴斯卡神学体系的巴斯卡思想。②但在研究进步的条件与性质方面,最详尽的论著要算赫尔德的《关于人类历史的观念》一书。赫尔德因为深深感受到宇宙因素的影响,强调在人类的历史和自然界中存在着类似的法则。③在本世纪末期,伯克④在其《关于法国革命的感想》一书中宣称,历史生活是有机的延续,而每个时代都受到它先行时代的恩惠。

人们除了探讨历史进步的性质外,还认真地试图解释构成文明的各种具体因素。孟德斯鸠本身是一位法学家,他研究了法律与制度的起源和影响,认为不能按照抽象的原则来评定法律和制度,而必须看它们是否适合特定的时间与地点。对历史发展中经济因素的研究,也是同样重要的。休谟在其《论文集》中已概括出某些有启发性的社会学的理论。但是,把国家的盛衰同经济资源和经济政策联系起来,则应归功于亚当·斯密。在一代人的时间以后,马尔萨斯根据周密的历史归纳法,创立了人口法则。

尽管在18世纪像上面所说的那样完成了卓越而又有持久价值的著作,但仍然存在着若干不利于真正的历史科学成长的障碍。第一,启蒙运动的精神不利于历史感的形成。在17世纪,对神学的热忱已逐步下降;博絮埃的《世界史》可以看作是神学时代的最后一部重要著作。但历史在世俗化以后,它的历程中出现了新的和同样严重的危险。人们崇拜抽象与绝对的准则;看不到不同时代的不同气氛和观点;热衷于政治与哲学的宣传,这一切都妨害了耐心的研究和客观

---

① 莱辛,G. E. (1729—1781),德意志著名的哲学家、文学家。——谭注
② 巴斯卡认为单靠科学不能找到最后的真理,不相信理性可以证明上帝的存在,强调人类心灵具有理性所不具备的理性,只有心灵可以感知上帝。——谭注
③ 参阅海姆的巨著,两卷本的名人传记(1877—1885)。——原注
④ 伯克,E. (1727—1797),英国著名的保守派政治家、思想家。他强调历史运动的延续性、渐进性和不同国家的民族特性;反对法国启蒙思想和1789年革命,赞美英国的社会政治制度和"光荣革命",同情北美独立和波兰、印度的民族斗争。他的思想对西方史学和政治学说的发展均有影响。——谭注

的探索①,只有少数个别思想家,具有历史延续性的观念。当时更为流行的社会契约论(主张人的行动应是有意识的行动)和自然法则论(以原始社会为理想),都给历史研究带来了消极的影响。法国大革命傲然蔑视过去,就像在睡梦中摆脱了压在身上的梦魇那样。所以,这个时代的趋势鼓励作家满足于肤浅的探究和轻率的概括性论断。波林勃洛克②提倡为了有益于政治而研究近代史,但他谴责学术性的研究是搞无用的学问。罗伯逊不懂德文而撰写《查理五世传》。在这个世纪有些最受欢迎的著作,如席勒关于三十年战争的著述,却是学识浅薄、判断力不强的产品。

启蒙运动的局限性,在它对待宗教观念和中世纪问题上,最为明显。那时,关于希腊与罗马的知识相当普遍,部分原因在于受过教育的阶级熟悉古典文学,同时也是因为古代世界的观念与制度给改革家提供了启示。但中世纪却像天书一样难以理解,这不仅对于自然神论者和理性主义者是这样,对于三位一体论者也是这样。而且,无论是信仰者还是怀疑者,都不喜欢"热情"。休谟根本无视盎格鲁-撒克逊世纪,即形成英国的时代,认为那只不过是老鹰与乌鸦之战的时代。伏尔泰认为,研究早期中世纪的历史就像研究狼与熊的活动,是没有价值的。他在其《(奥尔良)姑娘》里暴露了对中世纪基督教世界的不理解。罗伯逊著名的《查理五世传》导言则沾有愚昧的轻蔑态度的污点。吉本轻视宗教情感和信仰,所以他在漫长的历程中看不到许多最重要的人和事的意义。他的不朽功绩在于表明了罗马帝国是怎样生存下去的,但关于罗马帝国在其中继续残存着的那个新世界,他和其他人一样,都懂得很少。只是到了那个世纪的末期,对中世纪的同情才随着浪漫主义运动像潮水般地涌现出来。

第二个缺点是,对待权威作者和他们提供的史料方面缺少批判能力。关于法国的几部历史都是以详述法拉蒙德③的故事作为开篇的;罗兰④写的历史则是重写了李维⑤的著作。在约翰内斯·缪勒看来,所有编年史和典章,只要是古老

---

① 参阅迈内克的杰作:《历史主义的兴起》两卷(1936年)和迪尔泰的《文集》第三卷中《18世纪与史学界》一文。——原注
② 波林勃洛克,H. St. J. (1678—1751),英国王党政治家、史学家。他认为历史具有直接的实用价值,近现代史更能为政治家和公民服务,而博学派的校勘考订工作,只不过是好古兴趣的表现。——谭注
③ 法拉蒙德(Pharamond),传说中的人物,据说是法兰克人墨洛温朝的第一个国王。——译者
④ 罗兰,C. (1661—1741),法国史学家。——谭注
⑤ 李维(前59—后17年),古罗马大史学家,著有《罗马史》一百四十二卷,今存三十余卷。——谭注

的,都是一样地有价值;他的出名,主要因为他生动地译述了楚迪①的爱国故事。只要怀疑主义存在,它往往是和轻信一样地毫无批判。拉莫特②在他关于历史不确定性的《论文》里说,聪明人除了神示的真理外,什么也不相信。培尔既是理性的敌人,也是信仰的敌人。饱学的耶稣会徒哈杜因③甚至认为古代世界的历史是 13 世纪的修道士编造出来的,他们是修昔底德④、李维与塔西佗的著作的真正作者。尽管有了马比荣,但研究方法还处在童蒙阶段。

历史研究没有重大进步的第三个原因,是几乎不存在历史教学。的确,历史已被承认是统治者的必要教育。博絮埃说:历史是君主的顾问官,并为了教导王子们而编写了《世界史》。费纳隆也为勃艮第公爵撰写了《查理大帝》。⑤ 而《列强史》则是专门为了年轻的约瑟夫二世编写的。但另一方面,在法王亨利四世批准的巴黎大学规程里,却没有提及历史课程;在耶稣会徒(他们是半个欧洲的教师)的课程表里,也没有历史课程。费纳隆在其《女子教育概论》一书内,也不给历史课程任何地位。笛卡儿派藐视历史,马勒伯朗士⑥声称,形而上学中的一项原则所包含的真理就比一切历史书所包含的真理还多。儿童不得不在不知历史为何物的环境中成长,这种情况曾偶然引起过抗议。费勒里⑦表示他希望每个人都应知道他的城市和省份的历史。罗兰慨叹说,在学校中竟没有安排讲授法国史的时间,而"不知道历史,是每个善良的法国人的耻辱",他还说,他觉得自己虽然身在祖国,却像一个外国人一样。达朗贝尔⑧声称,儿童在离开学校时对祖国的历史茫然无知,是一件丑事。当然,也有少数个别的人,曾试图传授历史知识。英王乔治一世曾在(牛津与剑桥)两所大学内设立近代史讲座,但教授们,包括诗人格雷在内,很少讲课或从来不讲。在法国,直到 1769 年法国学院设

---

① 楚迪(Tschudi, Aegidius, 1505—1572),瑞士历史家,被称为"瑞士史学之父"。著有《瑞士编年史》,但其中很多材料不正确,甚至是伪造的。——译者
② 拉莫特(le Vayer, 1588—1672),法国作家、哲学家。——谭注
③ 哈杜因. J.(1646—1729),法国史学家,著有《古典批判导论》,怀疑古希腊罗马历史文献的真实性,对后代颇有影响。——谭注
④ 修昔底德(约前 460—约前 395),古希腊卓越的史学家,所著《伯罗奔尼撒战争史》反映了作者的求实精神和严谨的批判态度,是后世西方史学家学习的典范。——谭注
⑤ 费纳隆, M.(1651—1715),法国神学家、作家。1689 年受任为路易十四之孙路易(勃艮第公爵)之傅,编写历史、寓言、小说作为教材。——谭注
⑥ 马勒伯朗士(1638—1715),法国怀疑派哲学家。——谭注
⑦ 费勒里, A. H.(1653—1743),法国枢机主教、政治家、历史家,著有《教会史》二十卷、《论历史》等。——谭注
⑧ 达朗贝尔(1717—1783),18 世纪法国启蒙思想家,曾任《百科全书》主编。——谭注

立历史和伦理学讲座后,才承认了历史课有权同较老的科学处于平等地位。德意志的青年在历史教学方面,情况较好,1757 年戈丁根大学创立后,高级历史课程开始设立,并由公认为有资格的学者担任教授;关于这批学者的影响,将在下文叙述。

第四个缺点是,在利用文献与宣布研究结果方面所受到的限制。旅行的费用和风险已给研究者在查阅所需要的资料上造成困难,而由于档案所有人似守财奴般地不愿以其宝藏示人,他的困难就更大了。手稿被认为是对于决定法律和先例的实际问题有用的。1729 年在东弗里斯兰,有一个档案管理员在接受委派的时候,他的雇主告诉他说,"在知道了我们家族的秘密之后,必须把它们带进坟墓里去,不得向任何人泄露"。斯图加特的档案是任何人不能使用的,除非得到公爵的特许。"宫廷史官"的头衔具有一个真正的意义,那就是,领有这个头衔的人是王朝的光荣与尊严的保护人。正是在这种精神下,普芬多夫受命编写《大选侯传》;莱布尼茨受命研究布伦斯威克家族的起源。当穆拉托里为编纂《作家集》①而搜集资料的时候,有几位意大利王公曾拒绝他查阅他们的档案,理由是:他可能会找到一些否定他们的领土权利的论据。而且偶一失足,就可能毁掉一个人一生的事业。例如,詹姆斯派的卡特在一个附注内提到,一个英国人的瘰疬症由于"僭望王位者"的抚摸而获得痊愈。② 于是,伦敦市参议会授给他的补助金被撤销;而他的著作也不让出售了。历史家的职业几乎同新闻记者一样的危险。一个老投石党人梅泽雷,由于对路易十四的先人的财政措施作了一些批评,而被剥夺了养老金。姜诺内为了他的那不勒斯王国史而被流放,后来死于狱中。弗雷雷因为主张法兰克人不属于高卢族,而被投入巴士底狱。丹尼尔神父受到猛烈的攻击,因为他在著作中不提法拉蒙德及其他传说中的英雄人物,即一般所称法国的最初四王,而修道院长维里却认为有必要把他们重新捧上王位。在奥地利,书报检查制度在玛丽亚·特蕾萨长期统治时期执行得特别严厉,外国书籍几乎全部禁止进口。在皇帝约瑟夫继他母亲登位后,出现了一个短暂的开明时期,但在他逝世后,蒙昧主义又卷土重来了。

历史家除了从世俗检查制度中遇到危险外,还会在天主教国家里遇到教会的强权。《禁书目录》和宗教裁判所产生了僵化作用,这在思想和科学的领域内虽然

---

① 此书全名为《公元 500 年至 1500 年的意大利历史家》,共二十八卷,系一巨型文献汇编。在西方史学界享有盛誉。——谭注

② 关于瘰疬症(King's evil),过去在英国曾传说该症可由帝王手抚而治愈。——谭注

感受得最为直接,但对客观的历史研究,同样也是危害极大的。对天主教的虔诚信仰,也不能使人免受指控和定罪;甚至穆拉托里也只有在他的朋友、教皇本尼迪特十四的干涉下,才得到解救。要想认清检查制度所起的窒息作用,那就必须记住:由于害怕惩罚而没有写出来的著作同遭到检查制度扼杀的著作,可能同样多。这样看来,让人们能够既勇敢又公正地说出真实情况的条件是少有的,而了解真实情况的意愿和发现真实情况所需的关键性设备也同样罕见。至于思想和言论的自由、对不同时代的深入观察以及历史科学所依靠的公正气质,那还有待于 19 世纪——第二次文艺复兴的时代——初期北德意志的伟大学者的努力。

第六章 兰 克

(一)

当浪漫主义的民族主义学派还在兴盛时期,兰克就给历史的理论与研究注入了新的精神。兰克①生于 1795 年。他可能听到过奥尔施泰特村的隆隆炮声②,看到过德国人在战胜的法国人追逐下逃过他家乡的情景。在学校里,儿童们在石板上抄写拿破仑的告示。但这位未来的历史家的兴趣在于过去,而不是当时。他是图林根地区的萨克森人,当地富于历史古迹。麦姆雷本③故宫使人想起猎禽者亨利④和奥托大帝,基夫霍伊泽山使人想起巴巴罗萨⑤。他在舒尔普

---

① 要了解论述兰克的大量著作,可参阅黑尔莫尔特的《有关兰克的书目》,1910 年版。他的通讯和备忘录由多费于 1890 年以《自传》为书名出版。他的《书信集》和《新书信集》于 1919 年出版。在下列著作中有很多传记性的资料:海因里希·兰克的《青年时期回忆录》,1877 年版;希齐格的《恩斯特·兰克》,1906 年版;《德意志评论》,1903 年,1—2 月号所载他儿子的回忆;《德意志评论》,1904—1906 年各期刊登的四十封信。最好的长篇专著是古格利亚的《兰克的生活与著作》,1893 年版。洛伦茨的《秘奥波德·冯·兰克》(1891 年)则过于偏重理论方面。多费所编《论文选集》(1898 年)中的传记和论文具有极大价值。纳尔班迪安的《兰克的求知年代和历史观》(1902 年)和冯·劳厄的《利奥波德·兰克思想形成的年代》(1950 年)也是有益的资料。聚贝尔在其《讲演与论文》中发表的论述(1897 年)及吉泽布雷希特(1887 年)和莫里茨·里特尔(1898 年)的评论都是重要的文章。罗伊蒙特在《格雷斯学会历史年鉴》(1886 年)上发表的论文中包含有他同兰克的通信。在外国的评价中,值得提出的有:罗伊斯的评论,见《历史评论》第三十一卷;吉扬的评论,见《近代德意志及其史学家》(1899 年);以及古奇的《兰克对德国史的解释》,见《德国史研究》(1948 年)。温登勒的《兰克著作中的光芒》(1885 年)把他的较著名的言论分了类。德国科学院出版他著作的工作,在出版《宗教改革时期的德国》和《普鲁士史》后,因第二次世界大战而中断。最近的,也是最好的评论之一,是斯尔比克的著述《从德国人文主义运动直至今日的精神与历史》,卷 I,1950 年。——原注
② 1806 年 10 月,法国统帅达武击溃普鲁士主力于奥尔施泰特村。——谭注
③ 麦姆雷本(Memleben)系德皇宫殿,亨利一世和奥托一世死在那里。——译者
④ 猎禽者亨利即萨克森公爵亨利一世(919—936)。——谭注
⑤ 基夫霍伊泽(Kyffhäuser),德国中部山名,根据传说,德皇巴巴罗萨(即红胡子腓特烈)在山中一洞窟里石桌旁坐着沉睡。一旦德国遇到重大困难,他将醒来拯救德国。——译者

福塔,已为取得有关古典文学的确切知识打下基础,这使他终生满意不止。那时,他已具有使他成名的一个要素——平静的气质。海因里希·兰克写道:"我父亲起初担心利奥波德(兰克)会受到希腊悲剧的影响;但他把它们完全当作艺术品看待,对之赞赏,但不因之而激动。"在莱比锡大学,他学习神学和古典语言学,因为他听过的几次历史课,由于缺乏真知灼见,使他感到厌烦。他还学习希伯来文的《旧约全书》,但很少注意研究教义。他爱读戈特弗里德·赫尔曼论希腊诗人的著作,但把大部分精力用于研究古希腊历史学家,尤其是修昔底德。后来他说道,尼布尔使他相信,在近代世界中历史家是可以有地位的。他阅读康德的著作,感到津津有味;阅读费希特的著作,对之景仰不已。当施滕策尔询问这个年轻学生是否想专心研究历史时,他回答说不想。他在奥得河畔法兰克福高级中学任教的七年比他在学校或大学读书时期对他的一生更有决定性意义,因为正是在这一时期他从语言学转到了历史的研究。对于这一漫长的学习时期,他从未感到遗憾,他认为,对于古典知识,年轻人熟悉得越多越好。

兰克之转向历史研究,不是像尼布尔和爱国派那样由于时局的影响,而是由于他本职工作的需要。他乐于讲授李维和希罗多德①的著作,他越读尼布尔的著作越感到钦佩,他喜欢博赫关于雅典国家的现实主义的描写。他的视野逐渐从古代世界扩大到"民族大迁徙运动"和中世纪,一面又在此过程中根据编年史撰写了有关加洛林王朝时期的短篇论著。他在 1820 年时曾写道,他希望了解 15 世纪时各民族的生活,了解古代世界所撒播的种籽的萌芽,这是他第一次表示想要写书。他在阅读圭希阿尔狄尼和乔维奥②的著作时,发现他们之间存在着不可调和的分歧,于是他决心研究这个时期的其他权威著作以解决这个难题。之后,他就决定编写自己的著作来论述这个时代,而写了《拉丁和条顿民族史》。这样看来,这本书的撰述与其说是为了公众,不如说是为了满足作者自己的愿望。有人指责他缺少哲学和宗教方面的兴趣;他反驳说,把他引向历史研究的正是这方面的兴趣。在写给他的兄弟海因里希的信里,他一再表示希望更加靠近上帝。"每一项行动证明上帝之存在,每一个重大时刻也证明此点,而最有力的证明是历史的关联性。"历史研究是一项神圣的工作,它使灵魂净化。"我们剥掉事物的

---

① 希罗多德(约前 484—约前 424),希腊第一个历史家,所著《历史》(《希波战争史》)是西方第一部较完备的历史著作,他因而得到了西方"史学之父"的称号。——谭注
② 乔维奥,P.(1483—1552),意大利史学家,所著《当代史》驰誉一时。——谭注

外壳而接触到了本质。"这个核心便是人格,在行动、在受苦受难、在努力奋斗中显示出来的人格。他特别注意历史中人的因素。"得以享受历代的财富,会见往日的英雄豪杰,重过昔日的种种生活,人生快事,莫过于此。"他的第一部著作显露出他对人格的兴趣和他思想上的宗教面貌。他常常宣称历史上的决定性因素是实干的人;而他采用的各章标题都更加使人看出他对这种人的重视。他的叙述,关于人民的少,关于君主的多;关于情况的少,关于行动的多。在书的导论中,他力图找出从"民族大迁徙运动"时期起拉丁和日耳曼民族之间的统一性——反映在十字军运动,反映在拉丁基督教徒的共同制度和理想方面的统一性。这样,就可以看出它们具有一个共同的发展过程。由于他把历史看作在伦理和宗教方面给人以教训的实例,所以在他的笔下,意大利的可耻的道德败坏就是它遭遇厄运的原因。

  在这部著作的表面虽然浮着一层神学的薄膜,但它的主体却未受到影响。兰克在他年迈时口授的一篇珍贵的短文里宣称,他发现《昆廷·德沃德》①和康明的《回忆录》②两书所描绘的路易十一和大胆查理很不相同,这个发现是他一生中一件划时代的事。"我经过比较,发现真实的历史比虚构的小说要有趣得多,要美得多。于是,我离弃了小说,决心在我的著作里避免一切虚构和幻想而坚持写真实。"在序言中他宣布编写这本书的精神,这些话已经成为名言:"历史指定给本书的任务是:评判过去,教导现在,以利于未来。可是本书并不敢期望完成这样崇高的任务。它的目的只不过是说明事情的真实情况而已。"③他对于一个人才辈出的时代的大人物一丝不苟地加以描绘,对于各个民族作了不偏不倚的概述。他的不动情感的语调,并不是他持冷淡态度的结果。正因为他很少发表论断,所以他的论断就更有力量。谈到亚历山大六世④之死,他写道:"他死了,成了遗臭万年的人物。这种对人的估计就是对人类罪行的遏制。"他记述了生活的各种表现——查理八世的寻欢作乐的宫廷、西班牙的宗教狂热、威尼斯贵

---

  ① 《昆廷·德沃德》(*Quentin Durward*)是英国著名文学家司各特(Sir Walter Scott)所著的小说,记法王路易十一的苏格兰卫队青年卫士昆廷·德沃德与伊莎贝拉女公爵及奥尔良公爵之间的爱情故事。德沃德在一次狩猎中拯救了国王,赢得了爱情。——谭注
  ② 康明(Commines),法国政治家和历史家。所著《回忆录》(1524年出版)叙述了路易十一和查理八世统治时期。——译者
  ③ 德文原话为:"Er will bloss zeigen wie es eigentlich gewesen."意即"事情是怎样就怎样叙述"。——原注
  ④ 教皇亚历山大六世(在位1493—1503年),贪财好货,追逐权力,残酷镇压一切进步活动,处死佛罗伦萨的起义领袖萨伏那洛拉,下令检查书籍,使教会日益反动和腐化。——谭注

族的豪华气派。这本书在对欧洲史的客观叙述方面是一个显著的进步,并将永远保持它作为近代最大历史家的最早作品的地位,但是,就其价值来说,则有点名过其实了。从它的书名也可以看出,它是历史的汇编,而不是一部历史。他原来是想叙述到1545年为止的,但他越来越感到他这部完全依靠已刊印资料的著作,是受到了限制的,所以他再也没有继续写下去。就这样,它成为一篇历史片断——一篇记叙欧洲历史上二十年的客观事实的便于查阅的纲要,对于了解这个时期,没有增添什么材料,对于解释这个时期,提供的线索也很少。半个世纪后,只是在人们苦苦相劝之下,他才勉强同意把它刊入他的全集内。

　　如果一般认为兰克的第一部著作的出版日期,1824年,是史学的批判时代的开端,那不是由于他这部著作的正文,而是由于它的详尽的附录。在这篇讨论他所研究的权威著作的著名文章里,他第一次把尼布尔的原则应用到近代历史方面。他提出的准则——最接近事件的证人是最好的证人;当事人的信件比史家的记录具有更大的价值——并不是什么新奇的东西。他的研究方法的新奇之处在于他决心抓住历史写作者的性格,并查究他的资料是从哪里获得的。"有的人抄袭古人,有的人为未来的时代寻找历史教训,有的人攻击某些人或为某些人辩护,有的人只愿记录事实。对于每个人必须分别加以研究。"他使用这个方法取得了一些惊人的结果。他宣称,圭希阿尔狄尼是完全徒有虚名的。在他的资料中,很多是从别的著作抄来的,很多是虚伪的,很多是不可靠的;他杜撰了演词,窜改了条约,错误地解说了重大事实。兰克佩服他优良的政治本能,他对世界的观点和他的没有宗教偏见,但否定他作为历史家的几乎一切优点,是有些过火了。其次是关于马基雅弗里的讨论;后者的《君主论》是为当时而写的一篇宣传短文;它开出毒药方,只是因为时势处于不正常的状态。由于分析了这两位佛罗伦萨大作家的生活与性情,人们开始对他们的著作进行认真研究。对较小的权威作家的著作所作的剖视,使未来的历史家们第一次能够恰当地使用他们的作品。他总是不厌其烦地表明他之得益于尼布尔,而把他的半身塑像置放在他书斋内的显著地位,但他在晚年时曾声称,在作批判推论时,他并没有想到尼布尔或其他人。"我的做法是由于需要而产生,并以独具一格的方式表现出来的。"

　　这个不知名的法兰克福教师的著作问世后,受到人们高度的赞赏。只有利奥给予敌意的批评;他贬低它所包含的学识、它的哲学和它的文体。兰克充分感觉到这本书的缺失,并在序言里暗示,它可能看起来显得生硬、杂乱无章而又平淡无奇。可是,它的成绩还是明显的,而且他因之被请到柏林大学去讲课。① 当时他写道,"仿佛通向我真正生活的大门终于打开了,仿佛我终于能够展开我的双翼了"。可是柏林大学虽然正在它的极盛时代,对于开设近代史课程的要求,竟然没有一个大学者为之辩护。黑格尔当时正享有盛名,他对兰克既无助益,兰克对黑格尔来说也无用处。② 兰克仅仅是一个"编外",听他讲课的人寥寥无几。可是,萨维尼的友谊以及拉埃尔和瓦恩哈根③的"沙龙"为兰克开放了一新的世界。神秘主义的舒伯特④描写这个年轻教授的动人风度,说他愉快、机敏、开朗,是一个讨人喜欢的伙伴。兰克后来说,他文章之所以写得越来越精练,一部分是由于同柏林的知识妇女结交的关系。但使他感到浓厚兴趣的却是档案馆。在那里的宝藏中,他发现了16和17世纪威尼斯大使的报告四十七册,这些报告为他指出一条更为严肃认真的研究道路,这是他在编写第一部著作时未曾发现的。他对威尼斯报告的熟悉是他生活中的一件大事,他猛然间领悟到:近代欧洲的历史必须借助新鲜的、当代的资料予以重写。它们开辟了一个无穷无尽的资源,依靠这个营养的泉源,他可以使三个世纪中的场景和演员重现。最后,它们使他确立了以旁观者不偏不倚的态度编写历史的习惯,而且他还从威尼斯共和国的有经验的外交家那里懂得了一些他们的审慎作风和精密判断力。

　　兰克借助威尼斯的报告,很快编成了他的《奥斯曼人与16、17世纪的西班牙君主国》一书,作为《南欧君主和人民》丛书的第一部。这部书同前一部一样,是描写统治者和政治家的,不过,这次他对当时的情况进行了研究,以此作为事件的背景。虽然书中叙述土耳其的篇幅还不到一百页,奥斯曼的军政民政却被论述得鲜明突出。对于西班牙帝国在新旧两世界的宪法、贸易、财政和行政管理,则描写得更加详细。可是重视背景情况并没有冲淡他对人物的重视。在叙述土耳其时,他述说一切事情是怎样地全部取决于苏丹们,并仔细描绘了他们的品格。在叙述西班牙时,他宣称帝王是国家这座庞大机器的原动力,而把帝国在

---

① 见伦茨:《柏林大学史》,第Ⅳ卷(1910年版),第457—476页刊载的信件。——原注
② 参阅 E. 西蒙:《兰克与黑格尔》,1928年。——原注
③ 拉埃尔(Varnhagen von Ense Rahel Antonie Friederike,1771—1873,为 K·A·瓦恩哈根之妻,19世纪初期柏林文化界的著名人物。她的国际知名的沙龙是当时知识名人和其他著名人士聚会的地方。瓦恩哈根(Varnhagen von Ense, Karl August,1785—1858),德国自由派作家,曾在奥地利和俄国军队中服役。"解放战争"后服务于普鲁士外交界和政界。他的作品有《德意志杂谈》、《诗集》以及歌德传记等。——译者
④ 见《自传》(1856年版),第3卷,第603—605页。——原注

17 世纪的衰落大部分归因于王朝的堕落。这部书的功绩之一,是它第一次为人们描绘出腓力二世的清晰形象。兰克所描写的奥地利的唐·胡安①显露出他的轻描淡写的笔法。属于歌德"类型"的人物贝蒂娜②,把这部著作说成是奇妙的作品。如果说这只是一句友好的恭维话,那么,无论如何,这部书比起他早期的作品来是一种进步,比起他同时代的研究近代欧洲的历史家的作品来也是一种进步。

《拉丁和条顿民族史》为他带来了柏林的邀请,《君主和人民》则为他取得一次有资助的旅行机会,这是一项无法估量的特殊恩惠。兰克于 1827 年出发,旅行了近四年的时间。他写道,"我这次科学旅行的目的,是要发现并使用有关近代国家的未知的历史资料,特别是有关南欧的资料"。他的首要目的是为编写"君主与人民丛书"中意大利一卷搜集资料。但在抵达意大利之前,他曾一度被吸引到另一个新的、几乎未知的世界里去。在寓居维也纳的一年里,他结识了一批正在努力促进斯拉夫文化的学者,其中有档案管理员科皮塔和他的朋友武克·斯特凡诺维奇;后者曾参加过反抗土耳其的革命,并在土耳其恢复其统治时,离开了塞尔维亚。武克所编的塞尔维亚民歌集,曾引起雅各布·格林和歌德的注意;前者翻译了一本选编,后者为这些民歌写了一篇论文。兰克热心地从事探讨斯拉夫世界的问题和它们的愿望,而《塞尔维亚革命史》就是在维也纳编成的。在该书第三版(1879 年出版)的序言里,他宣称,这部著作是根据武克所写大纲编成的,而他亲自查询过武克所访问过的目击者,证明大纲确实可靠。他通过详细研究塞尔维亚人的风俗、宗教和诗歌,了解了他们是如何经过几百年的奴役而生存下来的。该书叙述到奥布伦诺维奇的叛乱和有秩序的政体的出现③为止。在后来的几版里,它的内容延续到作者生活的时代,而且由于作者研究了更多的材料而更加充实了。兰克深信土耳其人不能统治基督教人民,因而同情地注视着他们推翻土耳其统治的运动。该书的题材是一块未开垦处女地。没有一个条顿学者能够对它发表批评性的论断,但它的权威是无可置疑的。尼布尔在写给该书出版人佩尔特斯的信里说:"这本小书是所有现代史著作中最好的一本。兰

---

① 唐·胡安(1547?—1578?),西班牙将军,曾任尼德兰总督,镇压当地民族革命。——谭注
② 阿尔宁·贝蒂娜(Arnin, Bettina,1785—1859),德国浪漫派女作家,歌德的密友,18 世纪 40 年代时倾心于自由主义思想。——谭注
③ 塞尔维亚大贵族奥布伦诺维奇家与卡拉乔治维奇家为世仇,长期争战不息。1830 年米洛什·奥布伦诺维奇公爵创立王朝,1839 年为贵族所逼退位,1858 年复位,1860 年为米哈伊尔王朝所取代。新君有教养,有抱负,改革行政,实行征兵,以联合巴尔干各地反抗土耳其统治为己任。——谭注

克已经摆脱了他早期作风上所有使人不快的东西。"作者曾把该书送给歌德。歌德也是那样高兴,并表示希望多知道一些他的情况。该书虽然不是他最出名的著作之一,而且或许在语调上也嫌过于乐观,但它对于知识领域却是一个真正的贡献,它的增补版一直是研究近代史中这一生疏部分的不可缺少的向导。这部书是他在东欧研究领域内的唯一著作。

兰克在寓居维也纳时期还受到另一批人的影响,这些影响对他心灵和思想的发展具有持久的重要意义。在去到柏林之前,他原是很少注意政治的。到柏林后,在拉埃尔的"沙龙"里他碰到了别尔内①及其他具有激进倾向的男女。这时他开始从法国革命中寻找解释法国政治和欧洲各派思想分歧冲突的答案。兰克通过拉埃尔的介绍,结识根茨②的时候正是在他研究历史的兴趣已被充分激起,而他的见解还只是部分地形成的时候。这位出色的人物——一度曾是为拉埃尔的"沙龙"增添光彩的人物,也是伯克著作的注释者——已经六十四岁了。他虽已离职,但仍是梅特涅的得力助手。兰克经常同他谈论,得知上一代的许多秘史,但根茨给予这位历史家的最大帮助,是把他介绍给梅特涅。兰克虽然并不赞同那个大权在握的宰相及其助手所主张的绝对专制主义,但在他离开维也纳时,他对欧洲政治的知识已经大为充实了。

尽管塞尔维亚历史和政治讨论吸引了兰克的注意力,但他在维也纳时还是把更多的时间花费在档案馆内。他看到来自威尼斯的宝藏这样丰富,非常高兴,当时这些宝藏还一直没有被发掘。欧洲未知历史的大门似乎对他开放了。在宝藏中间,还有从来没有人见过的萨努托③的日记。他发现,达鲁④从巴黎手稿中抄录下来的宗教裁判所条例,是17世纪时伪造的。因为这些伪造文件给(威尼斯)共和国的名誉留下了一个极大的污点,所以他很高兴能够把真相揭示出来。这项研究工作,在他到了威尼斯当地后仍继续进行,而他的意大利之行是在那里开始的,后来又在那里结束。他要求准许参观威尼斯档案馆的主要目的,与其说是为了研究威尼斯共和国的历史,不如说是为了编写一系列已有腹稿的欧洲历

---

① 别尔内,K.L.(1786—1837),德国政治家、小资产阶级激进派代表人物之一。——谭注
② 根茨,G.F.(1764—1832),梅特涅的亲信,历任维也纳会议和神圣同盟多次会议秘书。——谭注
③ 萨努托(Sanuto, Marino, 1466—1535),威尼斯编年史家。著有《日记》共五十八卷,是关于1496—1533年时期的宝贵史料。——译者
④ 达鲁(Daru, Pierre Antoine, Comte, 1767—1829),法国政治家和历史家。——译者

史而获取资料。他在法拉里①开始的这项研究工作,又在罗马和佛罗伦萨的图书馆里继续进行,从那里他带回来供他终身使用的资料。他不久即放弃了原定编写《君主和人民》丛书中意大利一卷的计划,因为他发现仅仅教皇的史料就足够独立成书了。梵蒂冈档案馆给了他闭门羹,但由于罗马望族的宽宏大量,他取得了一些补偿。他写道,"如果我所了解的情况无误的话,在同私人的,特别是巴贝里尼家的丰富藏书相较之下,梵蒂冈档案馆是没有多大价值的"。他希望从意大利旅行所要获得的东西,已经如愿以偿,甚至超出了他的愿望。"我已心满意足,而且知道自己活着为什么。每当我想到编写一部重要著作是何等幸福,心中就充满了欢快的感情。我每天发誓要实现这项工作,决不丝毫偏离我所看到的真实情况。"

在侨居意大利的两年多时期中,这位历史家除了关于唐·卡洛斯的长篇论文外,未曾出版过什么著作。这篇论文推翻了一直严重影响着人们对腓力二世看法的丑闻。②他的论文《十六世纪末期的威尼斯》,虽然直到1878年才出版,但毫无疑问是他在意大利时写成的。理论家们认为威尼斯的宪法是完美无缺和合乎逻辑的整体,说它是哲学家所梦想的东西。但兰克在这篇论文中表明,在威尼斯的历史上,从未有过符合这种想法的东西。1831年出版的第二篇论文证明,1616年的密谋③是外国雇佣兵为了占取并掠夺威尼斯城所干的勾当,不是像达鲁的著作中所说的那样,是西班牙蓄意已久的谋划。他的第三篇关于默里厄④,威尼斯人的论文,略述了部分威尼斯殖民帝国的行政制度。此外,他还有一些在意大利时已构思成熟或写了一部分的论文,其中有论述萨沃纳罗拉、斯特罗齐、孔萨尔维⑤的三篇。同歌德一样,意大利旅行在兰克的生活中占有显著的地位。后来,他曾说过,他从来没有像在那些忙碌的年代里那样,学到或想到这么多的东西。当他重越阿尔卑斯山时,他对近代欧洲政治发展的了解已比任何历史家都更加深刻了。

---

① 法拉里(Frari),威尼斯西南部的文化中心。——译者
② 唐·卡洛斯(Don Carlos,1545—1568),西班牙国王腓力二世的长子。他原约定与华洛瓦·伊丽莎白结婚,但她被其父亲所娶。后因阿尔伐公爵被任命为荷兰总督而忿怒,在其父前出剑击刺公爵,因而被捕,旋死于狱中。这一故事成为许多悲剧作品的题材。——译者
③ 史称:西班牙腓力二世于1616年12月密令其那不勒斯总督奥尔马颠覆威尼斯共和国。次年春奥尔马以个人名义率兵舰来犯。这一事件的真相是史学界长期有争议的问题。——谭注
④ 默里厄(Morea),即今伯罗奔尼撒半岛。——译者
⑤ 斯特罗齐,F.(1468—1538),佛罗伦萨政治家。孔萨尔维,E.(1757—1824),枢机主教,教廷政治家。——谭注

在兰克自意大利返国后的最初几年里,大部分时间花费在一项原未预料的任务上。1830年法国革命给予民主思想极大的推动力,普鲁士政府大为震惊。于是佩尔特斯,一个目光锐利的政治家和成功的出版家,向外交大臣提议创办一个杂志来抗拒法国的影响。伯恩斯托夫伯爵①同意了。关于由兰克担任该杂志的编辑工作的建议,可能是由赞成理性主义与传统主义之间的中间路线的萨维尼提出的,《历史政治评论》就是在这种情况下于1832年开始出版的。② 刊物的编辑就是主要撰稿人,但萨维尼及其他名人也给予帮助。不久,事情就很清楚了,保守派人想要同罗特克的活动和海涅③从巴黎写给《德意志通报》的才华横溢的通讯相抗衡,是不会成功的。但是,《评论》的影响在普鲁士虽然很小,而且在国外完全没有影响,却在这个历史家的一生中占据了重要的地位。萨维尼和"复辟时期"的信条成了他的信条。他认为,政府的形式并非主要问题。宪法不是万灵药,并不是对一切国家都适宜的。在美国独立战争时期,共和思想曾从大西洋彼岸飘了过来,并由法国向外散布。至于人民具有至高无上权利的原则,那就更糟了,它威胁着每个政府的稳定性。兰克同尼布尔一样,主张维持地方特权和地方制度;在国会与等级会议两者当中他更赞成后者。他满足于普鲁士的忠诚而有效的政府。在他为《评论》所撰的稿子中,历史性论文比同政治直接有关的论文多,而且更为重要;但在他的历史性论文中有些也是旨在给予政治上的教导的。在他那篇论列强的著名文章里他强调每个国家的特征以及法国革命主张一律遵循理性主义所带来的危险。他还进一步发表了他对人类发展的基本观念。他宣称,历史决不是像它初看起来那样混乱一团。这里面有创造力和道德力量在起着作用,它们赋予历史以价值和意义。国家是智慧的实体,是人类精神的创造物,是上帝思想的表现。没有一个民族能够单独生存,每个民族的特性只有在同各个民族接触的情况下才能得到发展。他的教导的核心是,国家的责任在于沿着自己历史成长的路线发展,以保卫它们的特征。

《历史政治评论》于1836年停刊,因为它的销路太少,入不敷出,而且它的影

---

① 伯恩斯托夫伯爵,C.A.(1769—1835),普鲁士政治家、外交家,时任外交大臣。——谭注
② 论述兰克的政论家地位的最好著作有:迪特的长篇专论:《作为政论家的兰克》,1911年版;迈内克的《世界主义与民族国家》,第十二章,1908年版;劳厄的《兰克思想形成的年代》,1950年版。法伦特拉普的论文:《兰克的历史政治评论》,载《历史杂志》,第99卷,是一篇有价值的总结。昂肯所著《论兰克的早年》内载有有关《历史政治评论》的信函。——原注
③ 海涅(Heine, 1797—1856),德国作家,同情法国七月革命;他的《法国状况》第一次发表在1833年的《德意志通报》(Allgemeine Zeitung)上。——译者

响也微不足道。兰克不是新闻记者,因而对论战不感兴趣。他的保守主义思想和对法国思想的坚决抵制,使他丧失了他的自由主义朋友。瓦恩哈根开始把不友好的议论抄入自己的日记里。洪堡说他已跑到反动派那边去了。海涅讽刺他说,"可怜的兰克,一个画了小巧的历史人像,再把它们裱在一起的漂亮才子,一个比羔羊还要温顺的好人。"可是《历史政治评论》也不合乎格拉赫兄弟①、拉多维茨及其他围绕在皇太子四周的反动派的口味。兰克是伯克而非哈勒②的信徒,因而他从未漠视过用某种方式使民众同政府工作联系起来的重要性。虽然他为了指导腓特烈·威廉四世,后来曾编写过重要的备忘录,虽然有学问的巴伐利亚国王马克西米利安曾经向他请教,但他却再也没有积极参加政治争论了。1836年他被任命为"正式教授"。在他发表的就职演说《论历史与政治的关系》里,可以听到《历史政治评论》的最后一次回声。他说,每个国家都有它的个性。政治家必须知道他的国家和它的历史,正像舵手不仅必须知道航向,而且要了解自己的船只一样。18世纪被人们视为瑰宝的普遍政治原理是分文不值,而且具有危险性的。他在思想上掌握了国家个性和欧洲大家庭的历史统一性这两个武器后,现在又重新开始了他对列强内部发展以及它们之间关系的研究。

(二)

兰克一面为《历史政治评论》杂志工作,一面还编写了一部为他赢得世界大历史家声誉的著作。那就是《教皇史》。它的第一卷于1834年出版,第二、三卷于1836年出版。他的目的是要阐明教廷是欧洲发展的一个因素,而它本身也像欧洲体系的其他成员一样在不断变革着。他宣称:现在来对教廷进行客观的研究已经不再困难了。"今天教皇统治的历史对我们还有什么重要性呢?它的重要性并不在于它同我们本身的关系,因为它不再具有什么重大的影响,也不再引起我们的恐惧。它现在所能鼓起我们兴趣的只是它的历史演变和它过去的势力所产生的结果。"这种平静的精神贯穿在整个这一著作中。由于深信所有基督教会在内部是一致的,他以宽容的态度来看待它们表面的分歧。他怀着同情和敬仰之心来论述《母教会》③的伟人和运动。他在叙述和解似已在望的短暂时刻时

---

① 利欧波德·冯·格拉赫(Leopold von Gerlach, 1790—1861),普鲁士军人,步兵司令(1859年);其弟恩斯特·路德维希(Ernst Ludwig, 1795—1877),普鲁士政治家、保守党创立人。——译者
② 哈勒,C. L. (1768—1854),瑞士历史学家和法学家、著书为农奴制和专制制度进行辩护。——谭注
③ 《母教会》(Mother Church)指其他教会所由派生的教会,这里指罗马天主教会。——译者

显露出他喜爱和平的个性;他怀着敬慕之心论述孔塔里尼①及其他调解人。那些反对宗教改革的教皇在他的笔下成为合乎人情的和可以理解的人;而且他欣然承认像罗耀拉和耶稣会徒们所具有的纯真的宗教情感。他不是第一个同情地论述罗马教会的新教徒。约翰内斯·缪勒曾称颂中世纪的教会,说它们是反对世俗专制主义,提倡智慧解放的代表者;浪漫主义作家曾表现出对教会和圣徒的热情。兰克不理会当时的争论,也不带有浪漫主义的热情,而是平心静气地把教廷作为一个伟大的历史现象来论述。这种研究方法使得人们有可能对欧洲历史上若干最重要的部分作出有益的探究,并使得本书被列入不朽著作之中。

《教皇史》的出名是由于它的客观叙述,但同样也是由于它的资料丰富。他把那三百年间的梗概搞得如此清楚,后来的研究只不过是充实工作而已。这不仅应归功于他搜集到的新资料,而且应归功于他批判地处理他的史料——无论是已刊或未刊的史料——的方法。他对萨尔皮和帕拉维奇尼著作的分析,是他批判艺术的典型例子。他说,在开始研究这个伟大的威尼斯人(萨尔皮)的巨大汇编时,他感到有些恐怖。无论如何这部汇编是很难掌握的,读者必须处处留心,因为萨尔皮的主要根据是那些后来已经遗失了的报告,而且他是从教廷同共和国之间冲突的角度来看教廷的。帕拉维齐尼的答辩包含着许多梵蒂冈文献,但它是一部辩论而非历史。

兰克以冷静的判断力和经过批判的资料武装后,登上了自己的路程。在《导论》里,他略述了中世纪时期的教皇统治,其中强调指出它在统一欧洲文明上的伟大功绩。当叙述到15世纪时,他扩大了范围,并详细论述作为意大利列国之一的教皇国的建立。书的核心是论述反宗教改革运动。在这方面,兰克是第一个权威解说者。精神生活的复活、天主教对南部德意志的再征服以及宗教社团的设立构成一幅灿烂的图画。在叙述继文艺复兴时期的罪人和浪荡子而来的"新十字军"同新教浪潮搏斗②时,有一种壮丽史诗的味道。本书的书名是《教皇史》而不是"教廷史",更说明作者的兴趣在于人物;但他从未忘记说明教皇个人是怎样受到教廷的气氛和传统的决定性影响的。他惊叹道,"在世界历史面前,即使是最强有力的人也是多么渺小啊!"书中写得不那么精彩,更为新颖的是,对

---

① 孔塔里尼,C.G.(1482—1542),枢机主教、外交官、教皇代表,试图调和新旧派矛盾。——谭注
② "新十字军",指天主教反对新教的运动。罗马教廷通过召集宗教会议,宣布新教为异端,确立书报检查制度,编纂《禁书目录》,加强宗教裁判所,耶稣教团派遣修士从宫廷到民间四处活动以打击、迫害新教。——谭注

教皇国的内部模式的分析,对它们的行政和财政制度、教皇家族的成长和势力、它们的建筑物和它们对艺术的保护的分析。书中最精彩的,莫过于描写西克斯特五世①对内和对外功绩部分。17世纪时,教廷逐渐变成意大利国家之一,它的影响也愈来愈小。在这一部分,他离开了本题而写了关于瑞典国王克里斯蒂纳②的著名的一段,那是他精心描绘的人物之一。关于18世纪的概述只不过是一种素描。该书原来只叙述到"复辟时期",但在四十年以后,作者为了出版全集而对它进行修改时,把叙述延续下去,简略地写到教皇"世俗权力"的倾覆为止。

《教皇史》不仅是历史研究方面的伟大成就,而且是一部艺术作品。至此,兰克已达到他才智的成熟时期。他并没有追求绮丽的词藻,但他的明快而有分寸的笔调却产生了这种效果。有时他中断了叙述,对所描写的情景的意义发表一段严肃的讨论。下面这段话就是他在叙述《教皇史》当中写的:"脱离了世界史,任何历史都是写不成的。我为了历史发展的崇高含义和逻辑性而倾心;我为'上帝的安排'(如果我可以这样说的话)而倾心。"这部书第一次显示出兰克在研究和判断上、叙述和描写上的才能。它包容广博而叙述又很细致,概括性很强而描写又很精确。这部书很快即被译成外文,并成为一部必不可少的历史读物。赫夫勒③和泰纳尔④为捍卫罗马天主教会而举起武器,但德林格尔及其他天主教士则对该书的论调和学识表示敬佩。新教世界的批评是来自那个把历史当作论战的武器的学派。弗赖依塔格对于兰克不动感情地对待新教的敌人的态度,表示慨叹,他宣称这部书中历史的真实性最少的一点也不存在。

兰克在他接着撰写的著作里,成功地驳倒了人们对他漠视新教的谴责。在《宗教改革时期的德意志史》的序言里⑤,他宣称,15和16世纪德国人民的社会政治生活是依靠着帝国议会的;而这个议会却从来没有为人们适当地研究过。"我曾希望研究帝国宪法的发展,而在1836年我找到了我所要找的东西。"从1414年到1613年的九十六卷文献,包括法兰克福议会代表的报告,为他提供了

---

① 西克斯特五世在位期间(1585—1590),肃清境内匪患,抑制强大诸侯,改组政府,重建财政,奖励实业,致力于城市建设,赢得了赞誉。——谭注
② 克里斯蒂纳,瑞典国王,在执政期间(1644—1645),延揽学者,奖掖文化事业,退位后定居罗马,不改初衷,创建了一所图书馆。——谭注
③ 赫夫勒,K.(1811—1897),德国史学家。——谭注
④ 泰纳尔,A.(1804—1874),德国天主教史学家。——谭注
⑤ 读这一部书,应读它的科学院版,这种版本包括一篇有价值的导论和一篇作者早期所写而未发表过的很长的路德传。另外可参阅沃尔夫的《德意志宗教改革史料》和施纳贝尔的《德意志的史料和近代的叙述》,1931年版,第1卷。——原注

研究的钥匙。他对萨维尼说,他觉得有责任把新教起源的历史和天主教的历史一并叙述出来。他在魏玛、德累斯顿、德绍还找到了一些资料,作为他在法兰克福所搜集的资料的补充,同时他又在布鲁塞尔找到了查理五世的大批信件。在巴黎他查阅了部分锡曼卡斯档案①;这些档案当时还未曾还给西班牙。他还利用了很多他从意大利带回的资料。他写道:"任何生性倾向于公正的人,一定会感到这样并列相反的资料,使各方都得到其应有权利的办法对自己是有助益的。"在《宗教改革时期》一书里,他所根据的手稿资料比他在以前的著作里所用的要多得多。"我看到这样的一个时期正在到来,那就是,我们在编写近代史时,甚至不再依靠当代历史家的记载(除非是他们提供了原始知识的地方),当然对于利用他人著作的作者就更少依靠了;我们将依靠目击者的叙述和原始的文献资料。"

从1839年到1843年,该书五卷迅速连续出版。接着又在1847年出版了权威资料摘要一卷。他由于仔细研究了帝国的宪法和改革宪法的企图而奠定了该书的基础。如果说他在叙述宗教改革运动时给予政治问题的注意远远多于神学问题,那决不是因为他低估了整个问题的宗教方面。他写道:"历史就是宗教,或者,两者之间无论如何也有着最紧密的联系。因为人类在智慧上的任何重要活动的起源都同上帝和神圣的事物有某些关系,所以没有一个国家的政治生活,不是由宗教观念来不断提高和指导的。"从13世纪起,教会日益腐化,教条的桎梏变得不堪容忍,礼拜仪式也变为异教化了。"我不知道哪一个有理智的人会真心希望这个制度原封不动地继续下去。"宗教改革运动的核心在于回复基督的启示,而路德这个人物则是决定性因素。兰克很少这样热情地谈到任何人。他指出,路德的事业是一种纯粹精神上的斗争所产生的结果。他绝不是一个鲁莽的革新者,他是有史以来最伟大的保守派之一,但他有坚守已经赢得的阵地的力量,不像梅兰克顿那样地容易妥协。②虽然他在这部书中又一次同情地谈到拉蒂斯邦议会③的讨论,但他对新旧教重行联合的失败,并不真正感到遗憾。对于

---

① 锡曼卡斯(Simancas)档案系有关西班牙及其殖民地的档案,这些档案最初是在西班牙巴利阿多里德(Valladolid)附近的锡曼卡斯建立的,故名。——译者
② 梅兰克顿(1497—1560),德意志人文主义者、神学家、宗教改革运动中的温和派。力图和缓路德派与教廷的矛盾,促使双方达成和解。他在1530年所写的《奥格斯堡声明》充分反映了这种调和妥协精神。——谭注
③ 拉蒂斯邦(Ratisbon),即雷根斯堡。从1531年到1613年,帝国议会曾在此地举行过七次会议,讨论新旧教问题。——译者

那些因西欧精神统一的破裂而叹息的人,他回答道,从根本上来看,这只是通过两条而不是一条河道的同一个基督教洪流。"欧洲文化的平行的进步已取代宗教的统一。"他对宗教改革家的宽厚态度,在他谈到黑森的菲利普的重婚①以及路德和梅兰克顿表示半同意的时候表露出来。可是,他对查理五世也以同情的笔调来描写。在《君主和人民》里,他已略谈过查理五世统治的初期,而现在接着叙述到他退位的时候。他钦佩查理统一基督教世界事业的忠诚,但这是不可能实现的理想。《宗教改革》一书不但是对宗教改革时期德国史的贡献,而且也是对欧洲政治史的贡献。在这部书里我们可以读到土耳其人围攻维也纳、罗马城遭劫、瑞士的宗教改革、武伦韦伯②的谋叛。在有关德国宗教改革的著作中,从来没有一部是涉及范围如此广泛的。

虽然《宗教改革》从未获得像《教皇史》在欧洲所获得的那种声誉,但它在德意志本国的成功却大得多;1841年,他被任命为"普鲁士国家史官"。在这两部著作中,一部是属于世界的,一部是属于祖国的。多费曾把本书作为民族古典作品的地位同麦考莱的《英国史》相比。原来觉察到《教皇史》缺乏热情的新教评论家,现在看到这一部著作所表现的坚强信念感到很高兴。聚贝尔宣称,"在阅读他的早期作品时,我感到真正像在一所极好的画廊或陈列馆里欣赏最好的绘画和雕像一样。但当我翻开《宗教改革》时,我的情感则完全不同了。这部书蕴含着德意志爱国志士为德意志精神采取最伟大行动的热情"。特莱奇克说它是兰克的杰作;对祖国的爱赋与它以热情的文笔,莫里茨·里特尔认为,兰克以后再也没有达到这样的水平。罗舍尔称颂他是当时最伟大的历史家。作者并不完全同意这些论断。他在九十岁时曾谈到,有人对他说这一部书远远不及《教皇史》那样好。他说,"我也这样感觉。我认为,要想用德意志帝国议会的决议和神学来编出一本使人爱读的书是不可能的。我并不是想为世界的读者来编写此书,而是千方百计满足德意志人充实学识的要求"。这位历史学家的动机原是没有多大过错的,但由于研究工作逐渐进步,人们对待这种动机就不那么温和了。后

---

① 黑森的菲利普选侯,是马丁·路德宗教改革的同情者,又是反对皇帝查理五世的士马尔卡登同盟的发起人之一。1540年,他遗弃原配另娶。此事曾获得路德同意,但遭到其亲友的强烈反对,在压力下被迫与皇帝订立和约。——谭注

② 北德意志宗教改革期间(1529—1530),武伦韦伯,J.(1492—1537)在卢贝克城起事,撤销市政会议,自任市长;继之对丹麦、瑞典、荷兰作战,频频失利,1537年被处死。——谭注

来德林格尔和扬森①使德国人知道,兰克把宗教改革的前夕看得太阴暗,而把宗教改革本身看得太美好了。他没有把路德的声誉放在它原来所在的位置上。从这一著作里人们很少看到人民群众、他们的状况和他们的期望,而关于农民战争的一章是最薄弱的章节之一。虽然这部书主要是政治史,但对于教义方面的争论问题,也应加以更多的论述。在它的篇幅里,除了在叙述特兰托宗教会议时讨论过"因信称义"②,另外,讨论了弗拉希和马约尔③之间的争执以外,很少谈到神学。

在那部受到"完全出乎意料之外的"欢迎的《宗教改革》之后,出版了兰克的长篇著作中最不出名的一部。他最初的意图,是要研究法国革命,但在 1843 年到达巴黎后,他未取得他所需要的档案,却于无意中碰到腓特烈大帝早期法国驻柏林大使瓦洛里的紧急公文。返国后,他埋头于普鲁士的档案馆,但他很快就发觉,要了解这位大帝的功业,必须探索他父亲的活动。于是他又补写了一篇关于普鲁士成长的导论,而九卷本的《普鲁士史》④于 1847—1848 年问世。这部著作研究了一个强国的兴起,而着重论述腓特烈·威廉一世和他儿子早期的统治。兰克出生于萨克森,对于普鲁士缺少热情。他始终是一个德意志人,因而具有对奥地利的友好情感,那是普鲁士历史家从未有过的。的确,在俾斯麦使他成为普鲁士人之前,他一直是一个具有双重性的人。他的冷淡语调使每个读者感到奇怪。普鲁士国王对于前两卷感到不满意,但赞赏第三卷。虽然它从未成为一部受公众欢迎的读物,但它具有实实在在的优点。他以普鲁士史官的身份,第一个被准许利用国家文件,而这些文件却是普罗伊斯⑤所未能利用的。按照那位最后公断人科塞的说法⑥,从来没有一部著作能像这一部书那样,扩大和加深了人

---

① 德林格尔著有《宗教改革史》三卷及《路德传》。扬森著有《中世纪末以来的德意志人民史》(英译本共十六卷)。——谭注
② "因信称义"这个教义是首先由使徒保罗提出的。保罗认为任何人(不论犹太人或外邦人)只要相信耶稣是"基督"(或"弥赛亚"),并从死里复活,就可以得到"称义",即"赦罪"和"拯救"(见《新约全书·使徒行传》第 13 章,第 16—41 节),反对那种认为只有坚守犹太教教规才能"称义"的观点。路德派新教接受了保罗的教义。——谭注
③ 马约尔,J.(1470—1550),英国神学教授、经院哲学家。在理论上属保守派,在实践上,赞成高卢教派,主张教会改革。——谭注
④ 应当读该书的科学院版本。——原注
⑤ 普罗伊斯(Preuss, Johann David Erdmann, 1785—1868),德国历史家。著有《腓特烈大帝》(共四卷,1832—1834 年出版)。——译者
⑥ 见《勃兰登堡和普鲁士历史的研究》。——原注
又:科塞(Koser, Reinhold, 1852—1914)是研究普王腓特烈大帝的权威。著有《作为皇储的腓特烈大帝》和《作为国王的腓特烈大帝》。——译者

们关于 18 世纪前半期的知识。它最大的成就在于揭示腓特烈·威廉的性格、他的统治方法和他的重要地位。① 他撇开人们对威廉明娜②的议论不提，而描写国王如何创立了有效能的普鲁士行政机构。在这部研究腓特烈大帝的论著(写到七年战争的前夕为止)里，他一点也没有显示出对奥地利的敌对情绪。他拒绝讨论西利西亚究竟属谁的法律问题③，还加上了一句古怪的话：''幸而，这不是历史家的任务。''他看到了普鲁士允许各州政治上独立的政策而没有看到德洛伊森后来将之归功于普鲁士的长期民族政策。该书几乎是一部纯政治的论著。关于''启蒙运动''的概述，内容少得出奇。在这部书里，没有《教皇史》里的那些引人入胜的''题外之话''。卡莱尔在他写给瓦恩哈根的信里说：''我对于兰克的失败毫不惊奇，如果我是一个普鲁士人，或甚至一个德意志人，我就要对他笔下的腓特烈大帝提出抗议。''兰克为了这一部书曾做过艰苦的研究工作，因而人们对这部书的冷淡态度使他感到伤心。但公众的失望主要是因为他未能满足他以前的两部杰作所培养出来的期待。许多年后，他把该书作了修改和增补，而人们对它的实实在在的优点也就不再有所争议了。

　　兰克在寓居意大利时期，已决心从英法两国同世界的关系这个角度来编写这两个国家的历史；为了这项双重内容的工作，他曾花费了其后二十年的大部分时间。1850 年，他重访巴黎，并由于找到了丰富资料而感到高兴。他写道，''我觉得惊奇的是，法国竟会让我来发现他们的部分历史''。《法国史》在 1853 年开始出版。在序言中他说，伟大的国家和人民都具有双重气质：一方面是关系到本民族的，一方面是关系到世界命运的。法国的关系到世界方面的气质特别突出，因为政治骚动常常是从法国起源的。''野心勃勃的、好战的并被民族自豪感所激励的法国人，经常使他们的邻邦处于紧张的状态；他们有时解放被压迫者，但更多的时候是压迫自由的人民。''他对法国民族心理的这种分析在全书中不时地重复出现。他在评论法兰西斯一世的冒险行动时说：''法国的特点，是在各个

---

① 他对普鲁士国王的看法遭到豪塞尔(见他的《文集》1869 年版第一卷中的《兰克的普鲁士史》一文)和齐默尔曼(见他的《最新普鲁士史学》，1848 年版)的攻击。——原注

② 威廉明娜(Wilhelmina Friedrich Sophie, 1709—1758)，女侯爵，普王腓特烈·威廉一世的长女。1730 年英王室遣使为威尔士亲王请婚于威廉明娜，遭到英朝廷内有力者的反对，引起一场政治纠纷。文中所谓的''议论''，似指此事。——谭注

③ 西利西亚，古为西斯拉夫人住地，10 世纪末归属波兰。当地王公与德意志及波希米亚建立了密切的经济文化联系，大批德意志人迁入境内。14 世纪以来历经卢森堡、捷克的统治，1526 年转入哈布斯堡王朝之手。奥地利王位继承战争中，普王腓特烈二世占领该地区。1742 年《布勒斯劳和约》规定，下西利西亚全境及上西利西亚大部分土地并入普鲁士。——谭注

世纪中不断地冲破合法的圈子。"可是,本书的语调虽不十分友好,却没有像聚贝尔和特赖齐克那样进行诽谤。兰克编写本书的立场,与其说是德国人的,不如说是欧洲人的。

兰克发现法国中世纪与近代之间的联系环节是从腓力·奥古斯都统治时期起对君主制度的精心培植,于是从 16 世纪开始了详细的叙述。在撰写 16 世纪的宗教战争当中,他的同情是寄予政治派的。① 他严厉谴责天主教的表里不一的本性;并声称,自从苏拉发布排斥乱党公告以后再也没有什么事件是可以同圣巴塞洛缪之夜大屠杀相比拟的了。然而他并不责备亨利四世的背教。随着波旁王朝的登台,叙述的范围达到最宽阔的阶段。他细致地论述了亨利四世的性格和政策以及絮利②的经济改革。对于黎塞留的伟大与冷酷,他作了给人以深刻印象的提示,而对于马扎然的虚荣和贪婪则加以严厉的指责。他对路易十四统治时期的描绘第一次恰当地表述了这个法国文学的全盛时代。他在谴责路易十四外交政策的同时,强调指出他爱护文学、科学与艺术的功绩。对于曼特农夫人③的优良品质,他是第一次说了公平话的人之一。在叙述到路易十四的死时,全书已近尾声,而在简单叙述过他的继承人之后这部法国史就结束了。

兰克宣称,有学问的法国人很早就已指出,他们的传统的历史基础是多么不稳固,但他却是第一个原原本本地说明这一观点的人。他不仅研究法国的档案,而且研究意大利、德国、比利时、英国和西班牙的档案,因而他能够看到他的主题的各个方面。在他研究所得的成果中最有持久价值的,是使法国历史从回忆录作者的束缚中解放出来。其中最出色的部分是对法国历史家中最著名的权威的分析。他揭出,达维拉的《内战史》大部分是从德图那里抄来的。黎塞留的《回忆录》几乎全部都是伪造的;德雷斯④的《回忆录》虽然是真实的,但很易于引起误

---

① 政治派(the Politiques),法国查理九世时期组成的党派;成员包括温和的天主教徒和新教徒,主张本着宗教容忍原则平息内战,达成民族统一。——译者
② 絮利(1560—1641),亨利四世的财政大臣。在任期间,调整捐税,蠲免欠税,组织治地排水,奖励新品种的种植等,对恢复和发展法国国民经济起了积极作用。——谭注
③ 曼特农夫人(Madame de Maintenon,1635—1719),路易十四的情妇,王后死后与路易十四秘密结婚。夫人过问朝政,国王对她言听计从,史称废除南特敕令,与她的思想影响有关。——译者
④ 德雷斯(1614—1679),名孔狄(Condi, P.),法国大贵族,曾参加投石党活动,失败后入狱。获释后历任红衣主教、巴黎主教及外交官。——谭注

解。他在谈到圣西蒙时,强调指出他编写《回忆录》①日期过迟和他的看法过于偏激,并以当时的权威当若②的记载和奥尔良的夏洛特③同她的德国亲戚的通讯与之对照。这部包括着大量新资料和一系列人物画像的《法国史》,在法国受到了比任何地方都更为热烈的欢迎。塔扬迪埃(他知道并佩服他的所有著作)在《两个世界评论》里颂扬这本书。梯也尔也推崇他,说他是德国的、也许是全欧洲的最伟大的历史家。④

兰克写完了法国史接着转向英国史,而对于英国史他是作了长期的研究工作的。他的妻子是英国人,而麦考莱关于《教皇史》的论文已使兰克的名字在英国家喻户晓。这位历史家在呈递普王写给亲王⑤的介绍信时说道:"我是来学习的。"亲王豪爽地回答道,"可是在这里,人们在学习你。"他不仅探索了伦敦的档案,而且研究了都柏林的档案,并在托玛斯·菲利普斯爵士的极为珍贵的藏书里发现了有价值的资料。为了通晓这个国家的外交关系,他特地访问了巴黎和海牙。《英国史》是按照同《法国史》一样的计划编写的,两者的目的都是研究它们对人类的发展影响最显著的时期。"在近两世纪中,法国民族最为关切的,是他们的军队在国外的光荣业绩。而英国民族最为关切的,是如何依据法律来解决他们国内的问题。"他暗示:虽然在麦考莱的特殊研究范围内对他进行挑战是愚蠢的,但站在独立的立场上来叙述事件,也许还是有用的。他以非同寻常的同情态度着手他的新工作。法国是一个专制主义的、富于革新精神和倾向于侵略的国家。英国则是一个有秩序的和保守的国家。"没有一个国家比英国保留更多的中世纪制度。"

---

① 圣西蒙公爵,名卢伏累(Louis de Rouvray, 1675—1755),在奥尔良公爵摄政期间,一度任国务卿,1722 年出使西班牙促成了路易十五与西公主联姻。摄政去世后,退出政界,撰写回忆录,所记见闻夹杂个人偏见,且不知抉择史料,远非信史。——谭注

② 当若侯爵,路易十四之侍从武官,撰有日记,记 1684—1720 年间宫廷生活及大事,甚为详尽。——谭注

③ 夏洛特,名伊丽莎白(1652—1722),巴拉丁伯爵之女,奥尔良公爵之妻。——谭注

④ 下列对《法国史》的批评,尽管有些夸大,还是有意思的:金德利于 1861 年自锡曼卡斯写给赫尔弗特的信里说:"自从我熟悉兰克的著作以来,已有十年了;对于一般认为他在外国的档案馆内曾发现大量材料的看法,我是同意的。但我觉得我必须以批判的态度来阅读《教皇史》和《法国史》。他关于《法国史》的研究工作之肤浅是令人吃惊的。他不仅缺少关于刊印文件的完备知识,而且甚至采用了欺骗方法,来使读者相信他曾研究过全部档案。对于这些档案中最重要的外交部档案,他确是未曾援引过,因为在本年之前他从未接触过它们;但是,他却反复援引国家档案馆中锡曼卡斯档案的巨大汇编,而实际他所看过的从未达到十二卷。他所引述的,仅仅是一些偶然凑在一起的片断,为了要使读者感到他曾作过一番系统的研究。"引自沃德伦·金德利的一篇文章(载《英国历史评论》,1893 年 7 月号)。——原注

⑤ 指英国女王维多利亚的丈夫,阿尔伯特亲王。——译者

《英国史》的编写,照例以略述其早期的历史作为开篇。从亨利八世起,叙述范围开始扩大,对于这位国王,兰克描绘了一幅几乎不受弗劳德的近著影响的画像。①"亨利对任何活人都没有真正的同情。在他看来,人只是他可以利用的、也可以任意摧残的工具。但他具有一种无与伦比的实际智慧。我们在研究他的统治过程时,既感憎恨,又觉佩服。"兰克再次表现出他充分注意到人物在历史上的作用。他在结束关于伊丽莎白女王的概述时说道,在任何王朝统治下,国家的巨大变更都未曾像这个时期这样地取决于国王的个人目的。书的核心是叙述英国议会君主制的建立和17世纪英国的两次革命。他拒绝接受当时正由加第纳倡导的偏袒詹姆斯一世的辩护,而认为查理一世,无论就为人或为君主方面说,都比他父亲要高出一筹。他认识到英国圣公会教义不同于天主教教义,因而称颂查理宗教信念的真诚和深刻。"如果说一个对他为之斗争的事业比自己的生命看得还重,并为了保全这项事业以利于未来,宁愿牺牲自己的人,可以叫作殉道者的话,那么,他应当说是具有殉道者的某些精神。"查理的最大缺点在于不能理解别人的心意。他企图抛开议会自己来统治,这就使失败成为不可避免的事,而英国的未来就寄托于推翻斯图亚特朝的原则之上了。在书中,皮姆不是以法律与传统的保卫者,而是以最大革命首领之一的面貌出现。在描写克伦威尔时,兰克没有表现出多少同情心,但他却抓住了最重要的事实,即在克伦威尔这个人的思想中保守的成分同破坏的成分一样多。兰克也是第一个以大量的资料来说明英国1688年革命的欧洲性的人。该书叙述范围随着威廉三世的逝世逐渐缩小,而在写到乔治三世即位时结束。此书的主要价值在于它对于英国同大陆的关系以及这些关系对英国内部生活的影响②所作的新的说明,同样重要的是,它是从一个外国人——一个较基佐的条件优越得多的外国人——的观点来对英国国内斗争所作的叙述。如果说书中的叙述在生动和色彩方面较他以前的某些著作逊色,那么,它的重要性和严肃性却超过了他以前的一切著作。对克拉伦敦和伯内特的分析是具有头等重要性的。此书虽然未曾声名远扬,可是它的历史权威著作的地位却是不可动摇的。

(三)

《英国史》写成后,兰克在寓居意大利时所拟定的编写一套欧洲列强历史的

---

① 指弗劳德自1856年开始出版的《英国史》。作者对亨利八世推崇备至。——谭注
② 贝内根罗特曾在《边境消息》(Grenzboton)杂志上攻击过本书的第一册;但即使是这样,他也承认该书在这方面的优越性。——原注

计划就完成了,而为了执行这项计划他度过了勤奋工作的四十年。在这以后,他撰写了一批应当说是历史专论的著作。他的《德国史稿,1555—1618 年》是接续《宗教改革》一书而叙述下去的。关于宽容的斐迪南一世和马克西米利安二世①的出色论文,曾在《历史政治评论》里发表过;但关于鲁道夫二世②的描述却是新的;在兰克所描绘的人物中,再也没有比这个神秘的统治者(他脑子受了伤并喜爱玄秘世界)的画像更为有趣的了。《华伦斯坦传》是一部更重要的著作。兰克的著作中常常接触到三十年战争,但他的新著却是根据他在布鲁塞尔、德累斯顿和维也纳所取得的新研究成果而写成的。这位大名鼎鼎的军人是一个特别引人注意的人物,因为,关于究竟应把他看作卖国贼还是正人君子的问题,传统的说法和学者的考证都未能确定。哈布斯堡王朝史官胡尔特当然是斥责他的。兰克所描写的华伦斯坦,是一个突出的利己主义者,在领土欲望和建立王朝方面贪得无厌;然而,他虽然玩弄通敌伎俩,却未犯下确定的叛国罪行。在每个人相信古斯塔夫·阿道夫的时候,当然谁都不会相信他的敌手。华伦斯坦完全漠视宗教,因而他认为宗教容忍是方便的,在军事上也是有利的。在人们发现了关于他和瑞典的关系的资料后,本书的后面几章就显得陈旧了;而且兰克曾一度采用过一些后来证明是伪造的文献——拉辛③的报告书。但本书仍然保持了它的地位,它的改正版曾由研究华伦斯坦的最大权威哈尔威奇予以刊行。

兰克在 19 世纪 70 年代的作品反映了"奇迹之年"(annus mirabilis)。④ 兰克对于战争的结果感到高兴,认为它是保守的欧洲对革命的欧洲之胜利,但他却没有民族仇恨心理。他问道:"在我们这些人当中,有谁是未曾受过法国精神影响的呢?"在拿破仑三世失败后,兰克在维也纳碰到他的老友梯也尔时,后者问道,"你们为反对谁而战?"回答是:"反对路易十四。"那时,他已经开始了关于七年战争起源的论述,而 1870 年夏秋之际,他完成了这项工作。该书序言把这部书说成是对当时事件的献礼,可是这部书的客观性比起以前的著作并未减少。关于

---

① 斐迪南一世,神圣罗马帝国皇帝(1556—1564 年在位),对新旧教冲突持中立态度,进行调解。马克西米利安二世,巴伐利亚国王,1848—1864 年在位。——谭注
② 鲁道夫二世,神圣罗马帝国皇帝,1576—1612 年在位。爱好学术,扶植文化事业,但短于治国,在政治上受西班牙影响。——谭注
③ 拉辛(Sezyma Raschim),华伦斯坦的亲信,进行间谍活动的头目。曾受命与瑞典王古斯塔夫·阿道夫达成密约。他的活动使华伦斯坦的晚年生涯染上了神话般的色彩。——谭注
④ "奇迹之年"系英国桂冠诗人德莱敦诗篇之名,原记 1666 年英荷开战,与伦敦大火,这里借用来指 1870 年的普法战争。——谭注

那个未解决的首要问题——战争责任属谁的问题,他声称,腓特烈在那个特殊时机是需要和平的,不过他一向力图进一步侵占,以求保障他已得的领土。如果说《七年战争》按性质来说是《普鲁士史》的附录,那么另一部较大的著作的一部分则是讲腓特烈统治时期的更迟一些的时候的。《德意志诸强国和君主同盟,1780—1790年》是根据德、奥、荷的档案中的大量资料编成。兰克以纯真的同情的笔调来描绘本书的主人公约瑟。对于腓特烈·威廉二世的描写,也许太宽大一些,它突出了一个没有朋友的统治者的光明面。在这样地论述了18世纪后期的普鲁士之后,他又回过头来叙述这个国家的起源。1867年,他已开始出版他的全集;他修改他的著作,有时也作一些增补,其中改动最大的莫过于《普鲁士史》。他把第一卷改为四卷。德洛伊森的巨著的出版,曾使本书关于早期普鲁士诸章变得陈旧,可是兰克在"新著"中,尽管任意使用了德洛伊森的资料,但却心平气和地反驳了他这位热情的同事(德洛伊森),认为早期霍亨索伦王朝代表着德意志民族的说法。

兰克的下一部著作回到现代历史的初期。《革命战争的起源》虽然是他的最不重要的著作之一,但因为它反映了作者对法国革命的观点,因而还是有趣味的。他低估了法国最后两个君主的绝对专制和他们的巨大错误,而把战争爆发的责任几乎完全推到僧侣和贵族之反对改革上面去了。他对革命思想的敌对情绪并不减少,但他从未放弃其惯常的公正态度。他认为,列强的愚蠢的干涉激起了法国的民族自豪感。两个敌对世界的尖锐矛盾,即革命思想同保守思想的冲突,使得斗争成为不可避免。聚贝尔在维护自己的立场时声称:兰克只掌握了部分资料,并说:"我不认为这是一种违反人们意志的,似魔力般地引导着他们的外来思想。我认为这是人们制造了他们的思想体系,并按照这个体系行事。"这个民族主义者聚贝尔,认为列强君主对法国的干涉是合理的,而他的保守主义的老师却对法国的观点保持了公正的态度。

在八十一岁高龄时,这位阅历丰富的学者又出版了一本关于哈登贝格的著作,作为《君主同盟》和《革命战争》两书的续篇。哈登贝格曾嘱咐后人,在他死后五十年内不准触动他的案卷。五十年过后,俾斯麦亲自撕去封条,并把文献托付给德国历史家中的内斯特。[①] 这批权威性的文献只包括这个大臣生活的一部

---

① 内斯特(Nestor),特洛伊战争时希腊的贤明宿将。因此这个名字常用来指同行中年龄最长和最贤明的人。此处即指兰克。——译者

分,但其中有一份关于 1807 年普鲁士政策的非常重要的备忘录,还有其他一些具有很大价值的文件。在 1877 年出版的标题为《哈登贝格亲王的回忆录》的五大卷中,有两卷是编者的叙述。兰克的撰稿则以《哈登贝格与普鲁士国家的起源,1793—1815 年》为书名,此书没有援引该文献资料,但利用了豪格维茨①文件及其他资料。它在《兰克全集》中占据了三卷的篇幅。这部著作以略述哈登贝格在四十岁进入普鲁士政界前的经历作为开端,但在全书中只有这一段是纯粹传记性的。兰克为《巴塞尔条约》②进行辩护,说它不仅在政治上是明智的,而且带来了十一年的中立时期,"这个时期在德国文学方面几乎是最丰产的时代"。可是,他同聚贝尔不同,他从来不以不公平的态度看待奥地利,并且承认在 1809 年奥国是象征着欧洲自由的。关于耶拿战役的一章是以毫不动感情的态度编写的。这部论著写到 1813 年为止,因为对于这位政治家的晚年生活,从他的文件里找不出什么说明。特赖奇克曾断言,《哈登贝格》一书无论在艺术方面或历史判断方面都远不及兰克的早期作品,但是它仍然是对拿破仑时代历史的一个切实的贡献,而且它显示了这个历史家在论述关系到祖国命运的危机时刻的平稳态度。他所担当的另外一项较小的任务是编辑出版腓特烈·威廉四世同本生③的通讯集。兰克欣然接受了这项阐明并维护他的旧主人的政策的任务。兰克个人的忠心是令人钦佩的,但一般认为他的描述是过分阿谀奉承了。特赖齐克谈到这本著作时,严厉地批判他宫廷气息太浓,不能道出一个伟大民族的全部真实情况。至于这个国王统治的其他方面,他在 1878 年为《德国名人大辞典》④所撰写的传记中作了叙述。兰克在完成《英国史》后所编写的著作数量很庞大。在这些著作中没有一章是没有价值的,但他似乎失去了吸引一般读者的力量。他的灿烂文笔和现实主义的描写已经不见了。只有在偶然出现一篇草率书就的论文学的文章时,使人回忆起他早期著作的渊博与充实。人们对于兰克忽略人物描写的指责,现在终于开始有些根据了。

1880 年春,兰克通知他的出版人说,他准备出版一部关于世界史的新作,而

---

① 豪格维茨(Haugwitz, Heinrich, 1752—1831?),腓特烈·威廉二世与三世时代的普鲁士外相。耶拿战役后(1806 年)退休。——译者
② 《巴塞尔条约》,为法普两国于 1795 年 4 月所订和约,至 1806 年 10 月拿破仑入侵普鲁士,为期约十二年。——谭注
③ 本生,C. K. J.,男爵(1791—1860),普鲁士外交家、神学家。1842—1854 年任普驻教廷、瑞士、英国使节。——谭注
④ 参阅考夫曼《兰克与腓特烈四世的评价》,载《历史杂志》1902 年。——原注

其中两卷就在同年年底出版了。一位八十多岁的老人，竟能承担起这样一项工作，人们不禁为他的胆量所震惊。他能够活到完成它的时候吗？他的脑力能够承受住这种持久的紧张状态吗？这位历史家自己也了解他所冒的危险，但他是在长期和认真的考虑之后才作此决定的。当时，他本已有几年既不能读也不能写了，因而必须借助于两个秘书来工作。① 他已不可能作创造性的研究。吉泽布雷希特写道，"他对我说，其中一个原因是他已不能在档案馆内进行研究工作，可是他没有工作又无法活下去。"起初，他曾想结合本世纪的运动来编写自传，但最后他还是决定编写一部像洪堡所著的《宇宙》②那样的书；这部书将是他研究成果的自然而然的总结，也是对历史的统一性的着重肯定。③ 他的整个一生都是在为这项工作作准备的。他在写给罗伊蒙特的信里说，"重温古典历史，使我感到特别愉快。我使用我在学校时的教科书和在法兰克福教书时期所写的短篇概要，这样，暮年和青春就结合在一起了"。在他出版的著作中虽然很少是写中世纪的，但他在讲课中却多次谈到这个时期的历史，而且他还保留着完整的笔记。他在他的学术研究班里曾细致地探讨过很多比较重要的资料。另外，他还通过他的大批学生，接触到有关中世纪的研究成果。他的头脑富于综合性，他能够超脱于种族和信条的矛盾之上。他宣称，我们不可能只依靠个别民族的历史。民族在时代的进程中承袭了一代代传下来的遗产，这就是：物质和社会的进步，宗教与天才的创作以及把人类连结和统一起来的对重大事件和伟大人物的回忆。我们看到一种普遍的历史的生命，它在民族或民族集团之间不断地流传着。从这种单一发展过程的概念出发，他排除了社会起源不可知的说法和东方民族远离主流的说法。

在略谈埃及和西亚的文明之后，他接着叙述波斯战争时期的希腊，并从这里开始了详细的叙述。他严格遵循希罗多德和修昔底德的著作来写。他对于德摩斯梯尼和腓力两人同样都是公正的，他受到那位典型的世界性人物亚历山大的强烈吸引。"尽管我们对希腊各城邦的自由抱着同情之心，我们却禁不住要想，希腊自由的摧毁是有它的补偿的，那就是希腊文明对世界的更为远大更为充分

---

① 维德曼和温特尔生动地描写了他的工作方法。见维德曼：《兰克书斋中的十六世纪》，载《德意志评论》，1891—1893年；温特尔：《关于兰克的回忆》，载《北方与南方》杂志，1883年8月。——原注
② 《宇宙》是洪堡所写的巨型科学著作，主要对宇宙结构作综合论述，兼记作者科学发现方面的感受。——谭注
③ 参阅马祖尔：《兰克的世界史概念》，1926年版。——原注

的影响。"这一卷以叙述狄阿杜奇①并略述西西里和迦太基而终篇。叙述到皮洛士时,罗马史就开始了。而对罗马的早期历史他只勾画了一个轮廓。虽然他通篇利用蒙森的著作,却保持着自己的独立判断,力避夸大和谩骂。他尊重庞培,但不承认他是伟大的;他否认西塞罗是古代的瓦恩哈根。② 他的目的是,把琐碎的小事从重要的大事中筛选出去,并标出罗马在世界历史的长链中的地位。《世界史》的前两卷虽然在出版后一周内即销售一空,但它们在全书中确实是最不重要的部分,在兰克的著作中也是权威性最差的作品。他对于希腊和罗马铭文的巨大汇编和考古学提出的证据,(这里只提出两种新资料)一无所知。而且,他也没有吸取关于历史起源无论是早期以色列或早期希腊的起源的批判性研究的成果。爱德华·迈尔③对他的评论是严峻的。"他对他的工作缺乏认真的准备。他只是在青年时期专心学习过古代史,可是他却觉得自己可以完全漠视半个世纪以来的科学研究成果。在这种情况下,他的努力只能是彻底的失败。"

  第三卷专门讲述罗马帝国的历史,其中最引人注意的是关于基督教起源的一章。他写道:"虽然我是一个虔诚的福音派新教基督徒,可是在我说出耶稣基督的名字时我必须拒绝讨论宗教的神秘性;这个神秘性是不可理解的,也是历史家所不能掌握的东西。不论是对圣子还是对圣父,我所能谈的都很少。历史家所能表明的,只是基督教所由产生以及基督教活动受其左右的环境——世界历史中各种影响结合起来所形成的环境。"鉴于犹太教未能成为普遍的宗教,基督的信条提供了一种较高级社会的概念所赖以产生的基础。兰克对基督教会的兴趣在第四卷中有了进一步的流露,在这一卷中他详细论述了亚大纳西④与阿利阿⑤、朱里安⑥与新柏拉图主义⑦。在讲到"民族大迁徙运动"时期,他可以以较大

---

  ① 狄阿杜奇(The Diadochi),亚历山大大帝手下的马其顿将领,亚历山大死后的继承人,在他们手中帝国被瓜分。——译者
  ② 见上文(第276页)译注。——译者
  ③ 迈尔著《古代史》,1910年版,第Ⅰ卷,第Ⅰ篇,第250页。——原注
  ④ 亚大纳西(Athanasius, 296?—373),希腊正教创始人,亚历山大城大主教。终身宣扬正教,反对阿利阿教派,著有《阿利阿教派史》《阿利阿教派论》等。——译者
  ⑤ 阿利阿(Arius, 256?—336),亚历山大神学家,创阿利阿教派,所持教义被罗马正统教会斥为异端。——译者
  ⑥ 朱里安(Julian, Flavius Claudis, 331—363),罗马将军。361—363年为罗马皇帝。企图以异教代替基督教,创立异教教会,称"背教者"。——译者
  ⑦ 新柏拉图主义(Neoplatonism),为普鲁提诺(204—270)在罗马所创立,公元3至6世纪流行于亚历山大里亚、叙利亚、雅典等地的一种神秘主义哲学。认为物质是从精神的始源中"流出"的,只有通过"入神状态"才能达到哲学的最高阶段。它的观点对基督教和伊斯兰教都产生过很大的影响。——谭注

的权威来说话了。第六卷叙述到鄂图一世的死亡;这是他能够亲眼看到它出版的最后一卷。在编写这一卷时,他以吉泽布雷希特的著作为主要根据。他写信给《帝国时代》的作者①说,"我们历史学会开创时期的情况浮现在我眼前。我时常觉得自己好像是处在这些朋友中间一样。为了你和我的其他学生编写的关于第9和第10世纪的历史,我感谢你们"。在1885年底他九十岁诞辰时,仍然神智清明,像一个高龄的统治者居高临下,凝视着自己的王国那样。② 他似发狂般地急速赶写,尽管他几乎不断地为病痛所折磨。他写信给他的朋友,说他"在编写的痛苦之中"(Inter Tormenta scrispi)。当他于1886年5月逝世的时候,他已叙述到皇帝亨利四世的逝世。第七卷是在四个月的时间内由他口授的。他的庞大计划已经差不多完成了。因为他原来就决定,关于近代史部分只写一个概略。至于中世纪后期一些没有写成的几卷,由多费出版他的演讲稿作为代替,并以听讲者的笔记来作补充,这样,把这段历史一直叙述到1453年为止。

《世界史》是一个已经不能再写和读的八九十岁的人的智力成就,仅仅就这一点来说,就足以称之为奇迹了。本书是为已有相当基础的人编写的,也只有他们最能够领会它。虽然这部书主要是叙述一般的趋势,但个别角色的重要地位也得到比他晚年的一些其他作品中的人物更为充分的承认。他最后口授的话是:"在深刻的,普遍的,骚乱的运动的顶峰,浮现出经由庞大模型铸造的人物,他们在几个世纪中一直牢牢地吸引着人们的注意。仅只是一般的趋势还不能决定一切;要使这些趋势发生效力,历来需要伟大的人物。"在谈到亚历山大时,他指出,在巴黎的亚历山大半身像旁,参观者当想到这个人像所代表的人物的业绩和品质时,就依依不舍,几乎不想离去。兰克所描绘的亚历山大与德摩斯梯尼、大卫与君士坦丁、查理大帝与鄂图一世、尼古拉一世与希尔德布兰德的形象,都是栩栩如生的。

对于这部《世界史》,唯一的攻击来自天主教阵营。耶稣会徒米夏埃尔③,斥责他对罗马教会的论述,并宣称,他对基督教的态度是这部世界史的基本错误。他说,兰克是一个理性主义者,却不愿表明这一点。兰克未能了解教会和教廷,而称颂了朱里安和穆罕默德。但是如果把《世界史》评定为一部反天主教和反基

---

① 即吉泽布雷希特。——译者
② 阿克顿语。——原注
③ 见米夏埃尔的《兰克的世界史》,1890年版。——原注

督教的书,恐怕读过这书的人很少有同意的。这部著作吐露出浓厚的宗教精神,而作者对宗教精神和思想的强烈兴趣还表现在他给宗教史以突出地位这一点上。但兰克的信仰不是那种为他解释历史问题提供方便锁钥的信仰。在他对国王马克西米利安个人讲课当中①,他声称:要想证明世界上存在着一种把人类从一点引导到另一点的指导意志,或者有一种把人类推向一个目的地的无所不在的力量,是不可能的。所有的世代都同样可以在上帝面前说明它的发展是有其道理的,而每一个世代都同样可以同上帝直接联系。道德概念只能在范围上而不能在性质上扩展。要想超出于基督教教义之上,是不可能的。人类本身包含着没有尽头的发展,看来像是遵循着一些不可知的律法。历史是没有被完全理解的神意的显现。兰普雷希特的批评②在某些方面是非常偏颇的,但他却正确地强调指出兰克观点在本质上的神秘性。

兰克的缺点,与其说是在积极方面,不如说是在消极方面。他同时代人所不满的,大多是关于他著作里所作的省略,很少是关于他著作的内容。热心的民族主义者感叹他世界主义的平静态度,道德家感叹他在伦理方面的中立倾向,唯物主义者感叹他暧昧不明的先验论。德罗伊曾嘲弄地说他具有阴阳怪气的不正常的超然态度。特赖齐克讽刺地写道,难得被偶然掠过的浮云遮掩的和煦阳光,照耀着一群高贵的风雅人物。斯特劳斯在阅读《普鲁士史》时,为兰克的伦勃朗式③的笔法而叹息。门策尔埋怨他过于温和。阿克顿宣称,这个世界比他所讲的有时要好得多,有时又要坏得多。在他九十岁诞辰时,蒙森含着隐约的抗议之意说,"您是在我们这些人中间最宽大的一个"。格雷戈罗维的论断是:兰克走过历史舞台,就像走过画廊一样,一边走,一边敏捷地记笔记。聚贝尔遗憾地说,存在于尼布尔内心深处的是伦理观念,而存在于兰克内心深处的则是美学观念;他是以艺术家而非政治家的眼光来综观过去的时代的。罗伊斯以兰克来同米什莱和蒙森对照,在后两人的著作里,我们感觉到热情在叙述者的心里激荡,造成奔放的文风。

从上述评论可以看出,这些批评者是属于敌对学派的,可是兰克的最忠心的学生也承认太阳上有着斑点。他的和谐的天性使他在某种程度上看不见情感的

---

① 《论新历史时代》,1888 年版,其中有多费的一篇极好的导论。——原注
② 见《史学史中的新旧方向》,1896 年版。——原注
③ 伦勃朗(Rembrandt, 1609—1669),荷兰著名画家,他反对意大利艺术的影响而创立完全模仿自然的画法。——译者

巨大浪潮和激情的爆发,看不见生活里的崇高事物和堕落状态。幸好,他未曾实行他编写法国革命史的计划。无论在讲述个人或民族方面,他都最习惯于人类经验里的"中间地带"。他的著作在另外一个方向上是不完全的。在编写国家的历史和说明欧洲制度的发展之后,他本应描述人民的生活和那些支配并解释行动的思想,但他没有这样做。他有一种过多地从会议室窗口来瞭望事件的倾向,因而忽略了群众,轻视了经济力量的压力。《威尼斯的报告》——这些文献有助于他的成名,但他对于这些文件也稍嫌估价过高——曾对他的意向产生了持久的影响。最重要的是,由于更多地注意社会的演进,后来的一辈已超越了他的理论和实践范围。

  对于兰克为历史所作的贡献,我们可以很快地总结出来。第一,他尽最大可能把研究过去同当时的感情分别开来,并描写事情的实际情况。他的态度,在他为格维纳写的讣告中比在任何其他地方都说得更为简明扼要。"他(格维纳)常常说,科学必须同生活建立关系。说得很对,但那必须是真正的科学。如果我们先选定一个观点,而后把它放到科学里去,那么,就是生活对科学起作用,而不是科学对生活起作用了。"兰克一般对自己的坚定看法是秘而不宣的。在他的剧本里,英雄既很少,歹徒也不多。第二,他建立了论述历史事件必须严格依据同时代的资料的原则。他不是第一个使用档案的人,但却是第一个善于使用档案的人。在他开始写作时,著名的历史家都相信回忆录和编年史是首要的权威资料。而在他停笔时,每个历史家,无论后来成名的或没有成名的,都已学会了只满意于当事者本人以及同他所述事件有过直接接触的人的文件和通讯。第三,他按照权威资料的作者的品质、交往和获得知识的机会,通过以他们来同其他作家的证据对比,来分析权威性资料(不论它是当代的也好,不是当代的也好),从而创立了考证的科学。从此,每个历史家必须弄明白提供他情况的人是从哪里获得他的资料的。兰克的功劳是:使近代欧洲史更加能为人们充分地了解,阐明了欧洲的统一性并描写了历史戏剧中的主要角色。阿尔内特向他祝贺,因为他给每个国家提供了一部杰作。兰克是近代时期最伟大的历史家,不仅因为他创立了研究资料的科学方法,因为他具有无与伦比的公平品质,而且因为他的才能和长寿使他能够比所有其他历史家生产更多的第一流著作。正是这位史学界中的歌德,使德国在欧洲赢得了学术上的至高无上地位,直到今天他仍是我们所有人的师表。

第二十七章　文　明　史

（一）

历史的范围一直在逐渐扩大，直到它包括了人类生活的每一个方面。现在没有人敢再同意西利和弗里曼的主张：前者说，历史是列国的传记；后者说，历史是过去的政治。各民族和帝国的成长、活动家的功绩和各党派的兴衰，依然是最能吸引历史家注意的问题。但是，自然界的影响，经济因素的压力，思想和理想的起源和转化、科学和艺术、宗教和哲学、文学和法律的贡献、物质生活条件以及群众的命运，这一切现在也同样要求历史家的注意。历史家必须不断地观察生活，也必须全面地观察生活。

这类包括文明之中各个非政治方面的著作，最好称之为文化史。① 它的创立人是伏尔泰；他的《路易十四时代》是一部描述一个民族的全面生活的著作。他的《论风尚》是第一部真正的文明史，这本书第一次企图把无数条线织成一幅单独的图案。伏尔泰开风气之先，其他历史家接踵追随。温克尔曼②把古代艺术史作为希腊精神的表现来论述。黑伦③探索了商业的发展。尤斯图斯·莫泽尔④探索了农民的状况，并揭示出经济组织与政治组织之间的联系。赫德尔和浪漫主义派倾听了民族精神的微弱呼声。虽然施洛塞尔和基佐的历史著作⑤已在广大的前线上进军，但在19世纪上半期文化史的全部重要性还是很少得到承认的。

1848年的革命使政治家和历史家们的注意力转到了第四等级。这件事大体上决定了里尔的终身工作⑥；他是三大历史家之一⑦，他们被后来的文化史家看作是自己行业的开拓者。洛伦茨选择他作为这个历史类型的主要代表，而施

---

① 参阅约德尔：《文化史的编纂》，1879年；绍姆克尔：《德意志文化史编纂的历史》，1905年。——原注
② 温克尔曼的代表作《古代艺术史》（二卷，1764年）是希腊文化史最早的著作之一。——谭注
③ 黑伦著有《论古代主要国家的政治、交通和商业》，1796年。——谭注
④ 莫泽尔著有《奥斯纳布律克史》一书，在书中提出了一国的政治组织来源于深厚的社会经济力量之中的观点。——谭注
⑤ 施洛塞尔比较重视民族文化对政治史的影响，著有《世界史》、《十八世纪史》等。基佐著有《欧洲文明通史》、《西罗马灭亡后的法国文明史》等。——谭注
⑥ 参阅西蒙斯费尔德：《W. H. 里尔》，1898年；戈泰因，见《普鲁士年鉴》，1898年4月；洛伦茨，《历史科学》，1886年。——原注
⑦ 指他和下文介绍的弗赖伊塔格和布克哈特三人，都是文化史专家。——谭注

泰因豪森则认为布克哈特和古斯塔夫·弗赖伊塔格应占首席地位。的确,里尔从未写出过一部第一流的著作,而且在德国以外他也很少为人所知;但是他在长期的教授、作家和巡回讲演者的工作上竭力宣传了历史社会学的重要性。他的父亲是拿骚公爵城堡的总监,他在作视察旅行时带着这孩子。那个热情对待人民创造力的浪漫主义运动以及在格林兄弟鼓舞下的日耳曼派研究的发展又影响了这个莱茵兰青年的思想。他由于住在奥格斯堡,也加强了对老德意志城市生活的兴趣。1854年,他三十一岁时被马克西米利安二世召到慕尼黑,并成为后者圆桌上的贵宾。阿克顿曾听过他的讲课,很久以后他记下了对里尔的印象:"一个活着的人对于社会的流动力和固定力都能同样地理解。三十多年前,在布克哈特或弗里兰德、巴克尔或西蒙之前,里尔已开始讲授文明史,向他的幸运的听众显示出对历史的新看法;那是比任何以前的著作中的看法都更深刻的。"

他宣称,民俗的研究是在前一世纪创始的,但它的资料则与历史同样古老。荷马诗篇和《旧约全书》原料丰富;希罗多德对于人种志具有清晰的概念,他不仅是历史学的创始人,也是民俗研究的创始人。塔西佗在他的《日耳曼尼亚志》里最早系统地叙述了居民与国土的联系。直到社会史的真正创立人尤斯图斯·莫泽尔,才又向前迈出了一步。①《奥斯纳布律克史》是人民群众取得他们应有地位的一部历史著作。在以后半个世纪里,对历史社会学的贡献,从各方面源源而来——来自阿肯沃尔所创立的统计科学、亚当·斯密的经济生活的论著、卡尔·里特尔对地理学的重视②、萨维尼的自然法学史方面,尤其是来自格林弟兄的神话学和语言学的研究方面。现在一般人已承认,人类只能在大自然所规定的限度内获得发展。里尔正是在这些基础上写出了他的主要著作:《德意志人民的自然史》。在该书的第一卷《土地与人民》的序言里,他说:他在国内漫游时了解到,人民的类型和性格有其明确的历史的和自然的根源。人民以前在图画中仅仅是一个点缀的背景,而现在他们成了主要的形象;历史家和政治家都应以了解他们成长的规律作为主要任务。其中最基本的是自然因素。他把德意志分成三个地区:气候、土壤、山区或平原的差别导致风俗、土地的使用、食品、衣服、房屋甚至信仰的差别。市镇很快摆脱地域偏见,而乡村生活却还照旧进行,这种状况取决于政府的行动或思想的渗入少,取决于自然因素的影响多。他关于自然对

---

① 参阅克拉森:《尤斯图斯·莫泽尔》,1936年。——原注
② 里特尔(Karl Ritter, 1799—1859),德国著名地理学家,持地理决定论的观点。——谭注

社会和经济生活的作用的分析,富于启发性;读他的文字,有登高望远的感觉。

里尔在第二卷里进而系统地阐述了社会的规律。在社会生活中有两大势力,各自体现于两个阶级中。第一种,即惰性或社会的保守力,主要由农民代表,但它是一种民主的保守力。在法国革命时期,当城市为要求人权而沸腾时,农民则要求森林和草地的特权。第二种代表执著或惰性的,是贵族阶级。施泰因明智地承认:除去贵族的压迫性特权便是加强并永远保持它的社会影响和政治影响。第二种基本力量,即运动的力量,主要是在城市里起作用,国家的健全和幸福取决于能否维持执著的力量与运动的力量两者之间的平衡。按照从一般到特殊的原则,里尔在第三卷内进而论述了"家庭",即社会的最后的希望。他宣称:"我们在国家和社会里改变越多,我们就越依附于家庭。"家庭是根据两性间的自然分工的;而文化的发展使他们更进一步分工,因为妇女在原始社会里的工作是和男人一样的。他还使人们注意那些使各个家庭各有特性的传统的或非传统的因素。这种家庭的个性反映在路德维希·里希特的图片上[①];他恳求他的同胞保持它。他称这一卷为"德意志家庭的田园诗"。

里尔关于法尔茨州的研究,是打算作为对集团心理学的一种贡献;他在那里精确地应用了《自然史》中所推荐的方法。关于这个地区的自然特征、居民的历史、罗马帝国和中世纪时代的名胜古迹、村庄和城市、服装和食物、政治和社会特点、宗教和方言,他都加以评述。他在研究奥格斯堡时也做了一个类似的尝试,这本著作有时被称为他的杰作。他宣称:"在民风的研究里像在自然科学里一样,不存在什么微不足道的事情。"他在任何地方都看到自然与人类之间的有机联系。他的方法应用于一部奉国王之命编辑的巨大的集体著作《巴伐利亚的土地和人民》里,也用在慕尼黑国立博物馆的创立方面,他是这个博物馆的第一任馆长。他在文化史工作上的一个主要部分,是他对艺术的特别重视。他本人就是一个音乐家和音乐批评家,他主张音乐也像诗或科学一样,在文化中是一个巨大的因素;音乐形式的演进解决了德意志民族感情史上的许多问题。其次,他认为,过去时代的大教堂和其他古迹构成关于土地和人民的一部附有插图的历史。除了他写历史著作外,他还写了很多故事书,旨在说明德国千余年时期的生活。"每一篇只是一小幅风俗画,但它们合起来就成了一大幅历史全景画。"

---

① 里希特(Richter, Adrian Ludwig, 1803—1884),德国画家和插图专家。——译者

里尔对自然与人类之间的联系虽然有锐利的洞察力,但并没有同时认识到其他一些因素。相形之下他对国家的态度漠不关心,这使特赖奇克轻蔑地称他为"沙龙"政治家。与雅各布·格林相同,他宁取典型而舍个别。他先看活着的人民而后才看刊印的文字。他是最缺少职业特性的历史家。他的成绩,在于强调了对人民生活的无穷无尽的兴趣,并查究它被什么影响所决定,并通过什么途径表达自己。戈泰因证明了他同时代的人怎样愉快地欢迎里尔的描写,他们怎样进行旨在观察和发现的徒步旅行。他从最枯燥乏味的地方和人民中间找到兴趣和意义,并化腐朽为神奇。自由主义的批评家们有时称他为1848年后反动势力的理论家,但他属于那种温和的、诗意的保守主义,他留恋"美好的昔日"。他为文化史提出了最高要求,称之为真正的历史哲学。他拒绝承认政治与文化间的矛盾。"这种二元论将消逝,文化史将成为一根树干,以国家、教会、艺术及其他部门作为它的分枝。"

古斯塔夫·弗赖伊塔格[①]和里尔同样是热爱祖国的德意志人,他在塑造德意志人民的历史生活的尝试上赢得了比里尔大得多的声誉。他出身于西里西亚,在那里,斯拉夫世界的阴影使种族的自觉心激化起来,因而他在早年时期已对德意志文学和历史发生了浓厚的兴趣。在被拉克曼引入中世纪语言学领域后,他以关于德意志戏剧诗起源的论文获得了博士学位,继之以研究罗斯威塔[②]的论文。他在早年时期关于半异教、半基督教的古老祝祭剧、神秘剧、喜剧的探索,使他领会了人民的生活和呼声。1848年的事件使他走上了论坛。他买下了《边境邮报》,迁到莱比锡,使它成为鼓吹德意志在普鲁士霸权下完成统一这一原则的喉舌。从此,他把政治与历史结合在一起。就在他自己的报纸栏内,他从1852年开始发表他的《德意志历史图景》。很久之后,他在自传里写道:"在政治事件的暗流中流逝的人民的生活——千百万微贱男女们的境地、悲哀和欢乐对我来说一向是有巨大吸引力的。"他收集了很多小册子、传单、木刻及其他珍品。"我从这些小书里获得了关于风俗和生活方式的各种知识;关于这方面,大书是不谈的。"他开始时只写16、17世纪的概述,到后来,由于它们受到热烈的欢迎,他才决定写全部德意志史。

---

① 参阅弗赖伊塔格:《回忆录》,1887年;阿尔伯特:《古斯塔夫·弗赖伊塔格》,1885年;汉施泰因:《古斯塔夫·弗赖伊塔格》,1895年;林道:《古斯塔夫·弗赖伊塔格》,1907年;多费:《弗赖伊塔格和特赖奇克的通讯选集》,1900年。——原注

② 罗斯威塔(Roswitha,约932—1002),德意志修女,拉丁语诗人。——译者

弗赖伊塔格的《图景集》共分五册,概述了德意志人民从古至今的生活,普通读者和学者都给予高度的赞扬。这本书既是爱国主义的,又是科学和艺术的著作。舍雷尔宣称,"这本书是我们有过的最好德意志历史;如果这话说得过分,我们可以说,从那里可以比任何别的历史著作找到更多的我们要求于一本好的德意志史的东西"。埃里希·施米特把他列入第一流的日耳曼学家和历史家中间。直至今天,这本书还是无与伦比的。他曾希望这本书成为"家庭之友",这个希望实现了。由于把人民放在画面的前景,他使两千年时期的历史有了统一性;通过摘录当代人的证词,他使过去活现在眼前。特赖奇克说:"笔锋所及之处,你总是注入一片赤心。"舍雷尔写道,"在雅各布·格林之后,没有任何人像你那样使我满怀对我国人民的热爱"。可是,他坚持不把过去理想化。他宣称,德意志人要寻找美好的昔日,是徒劳无益的。在过去,任何时代的生活都比今天艰苦得多。在过去,很少安全,很少权利,没有舆论,个人也较少自由。他避免了只谈群众而忘却个人这种危险。他有一次谈到文化史时说,他是多半像一爿估衣铺——堆着服装而没有人穿。他充分认识到卓越人物的重要性。他所叙述的第一个威风凛凛的人物是查理大帝;他以爱护的心情描写了红胡子,"最后的真正的德意志皇帝"。整个著作的中心是路德,他关于这个宗教改革家的描写成了新教德意志的宝贵财富,正像米什莱关于贞德的描写向法国学校里注入了爱国理想主义那样。在重要性上稍逊的,是关于腓特烈大帝的功绩和性格的详细论著。如果说这些描写是该书最受欢迎的部分,它最有价值的部分则是关于三十年战争的图景。他描绘了军队、兵营生活、村庄、城市、迷信和恶习、盗贼和警察。在历史家中间,再没有人更现实地显示出一场斗争的精神的和物质的灾难;这场斗争使德意志倒退了一个世纪。

该书是在1866年完成的,当时德意志的统一已经在望。弗赖伊塔格写道:"这一年,德意志人重新得到了在许多人看来已经变得像民族大迁移或十字军运动一样陌生的东西——他们的国家。做德意志人已成为一种幸福;德意志人不久将被看作世界各民族中的一个巨大的光荣。"他还写了一部关于他朋友马蒂的传记,该书可以看作是这个故事在另一种形式下的续编;马蒂是巴登的一个大臣,德意志统一拥护者之一。但是弗赖伊塔格的著作就阐明德意志人民生活来说,是不完备的。在他的自传里,他叙述了1870年的战役怎样使他产生了一些幻象,后来这些幻象在《祖先》里又有显著发展;在这次战役中他曾陪同皇太子到过前线。这个种族的整个历史好像在他的眼前展开了一幅地图。他写道,"我历来深感兴趣的是人和他的祖先的联系以及他们对他身心的神秘影响。科学所不能测度的事情,诗人可以尝试"。他制定了一个计划,按照这个计划一个单独的家庭应参加德意志历史上一些决定性的事件。维利巴尔德·阿列克西斯的小说曾讲述勃兰登堡,其他各邦的成员对之没有多大兴趣,可是弗赖伊塔格决心要使统一的德意志的每一个公民都感到兴趣。第一分册于 1872 年出版,叙述英戈[①]在罗马危险时期的命运;第二分册叙述斯拉夫人的侵入东方和卜尼法斯的来临[②];第三、四分册叙述骑士制的兴起和衰落;第五分册《马尔库斯·柯尼希》,叙述到宗教改革运动,以托伦的一个商人的事业来反映这一运动;这个商人受波兰的统治,但他的感情则属于德意志方面;第六分册描述三十年战争;第七分册描述腓特烈·威廉一世的统治;第八分册包括解放战争并包括有关他自己家庭的事情。这个家庭的最近成员维克托·柯尼希于 1848 年成为新闻记者。弗赖伊塔格称自己的著作是分为八个乐章的交响曲。但个人虽然被描写成时代的继承人,他却从来不受传统的长链所限制或阻碍。祖先是一种鼓舞力量,而不是一种负担。虽然珍珠是串在一条几乎看不见的线上,但这一连串却具有情绪的统一性。在 1870 年德意志统一后的时期中,《祖先》被热烈地阅读;它使关于过去时代的无数回忆生动地呈现在统一的德国眼前。这部书的地位可作为《图景集》的诗的释文,正像席勒的华伦斯坦剧本产生于他的《三十年战争》那样。他的这两部著作使全世界的德意志男女都对他们国家的历史感兴趣;在这方面,它们所做的工作比任何别人的工作为多。

在里尔和弗赖伊塔格致力于德意志人民和平常人的命运的时候,一个比他们更有声望的同时代人(瑞士人)布克哈特[③]促使人们注意思想和行为、宗教和艺术、研究和思索——他要重现过去时代的精神和道德气氛。里尔喜欢农民,弗赖伊塔格喜欢市民,而布克哈特偏爱优秀分子。这三个人都扩大了历史的范围,但这两个德意志人只叙述了他们本国的历史,而这个瑞士学者的叙述则包括文

---

① 英戈是生活在日耳曼历史萌芽时期的本册的主人公。——谭注
② 卜尼法斯,盎格鲁-撒克逊人,723 年来到大陆,在法兰克人、巴伐利亚人、图林根人中间创建克尔特式的居留地。——谭注
③ 参阅特罗格:《雅各布·布克哈特》,1898 年;纽曼,见《全德名人传记集》;格尔策:《小品文选集》,1907 年;戈泰因,见《普鲁士年鉴》,第 XC 卷;迈内克:《兰克与布克哈特》,1948 年;克里特迈尔:《雅各布·布克哈特》,1949 年;威纳·基吉:《雅各布·布克哈特》,第 Ⅰ 卷,1947 年;第 Ⅱ 卷,1951 年。他著作的十四卷精装本,出现于 1929—1934 年。他的《通讯集》第 Ⅰ 卷,由马克思·布克哈特编辑,出版于 1949 年。——原注

明的整个领域,他的名声也传播于各国。在柏林,他听过博克、雅各布·格林和兰克的讲课,但弗兰兹·库格勒①对他具有最大的吸引力;后者的《艺术史》那时正开始出版。在二十岁的青年时期,他已写了关于瑞士大教堂的论著;在进入波恩大学后,他又写了关于莱茵兰教会的著作。在1844年,他被聘为巴塞尔大学的历史和艺术讲师;他开始吸引好学的听众;尔后,在半个世纪里他的教室是经常满座的。1847年,应作者的请求,他编订了库格勒的《绘画手册》,并加上了他自己的资料。

虽然布克哈特的研究工作以前大部分是在艺术界里,但他第一部相当大的著作表明:他是锐敏地注意文明的其他方面的。1842年,他写道,"对我来说,背景是主要的考虑,而背景是由文化史提供的,所以我愿致力于这一方面"。他的《君士坦丁大帝时代》,于1852年出版,旨在抓住一个迅速过渡的时代的各种特征。当他为演讲而研究第4世纪时,他痛感一般人对这个时代的气氛一无所知。他想描写出这个时代的心理状态,在这个时代里主要的特征是不安全,而支配的倾向是对新奇事物的渴望。旧的和新的世界集中表现于戴克里先和君士坦丁身上。他评述了在旧世界中酝酿着,并为基督教准备了道路的各种要素,但他认为君士坦丁本人是一个精于计算的现实主义者。有些人认为:这个统治者的宗教信仰是一个秘密;而他却回答说,他是没有什么信仰的。而且,当基督教成了官方宗教以后,它本身就很快地堕落了,一些优秀分子则躲进了禁欲主义和修道生活里。该书全面地综述了帝国和它的政府、行省和大都会的生活、异教、新柏拉图主义和秘密的宗教仪式、对基督教徒的迫害、教会与国家的关系。他作出结论说,旧世界既不是被蛮族,也不是被基督教,而是被它本身破坏的。这本著作受到了学者们的欢迎,但是,它虽然使作者一跃而成为第一流的历史家,它却从来没有成为一部普通人爱好的读物。②

布克哈特的最主要、最强烈的爱好是艺术。他已经走马看花地访问过意大利;在完成《君士坦丁》以后,他又在半岛上住了一年多。结果是他编成了他的《古迹指南》,即意大利艺术古迹的指导书;它是长千余页的一种小型本,分成建筑、雕刻和绘画各篇。这本著作赢得了库格勒和其他艺术史家的热烈称赞;它以后的版本经过别人修订,成了无数旅行者的向导、哲人和伴侣。虽然他的早期建

---

① 库格勒(Kugler, F. T., 1808—1858),德国艺术史家,《艺术史手册》(*Handbuch der Kunstgeschifche*, 1841—1842)是其代表作。——谭注

② 英文译本于1949年出版。——原注

筑学著作是专讲哥特式的,他却热烈地欣赏文艺复兴时期的艺术,强调指出它在处理空间上能别出心裁。他对于雕刻不太熟悉,但他关于绘画的论断却是具有鼓舞力的。在全书里,他提出了自己的印象,而不拘泥于传统或专家的意见。在研究了文艺复兴时期的艺术以后,他转而探索它的生活的其他方面。他决定使意大利也受到像他曾对君士坦丁时代所做的同样深刻的分析,而这个新题目比那个旧题目更合适于他。他对基督教不太同情,所以不能了解第四世纪的某些方面;但是他非常熟悉15世纪的精神上的勇气、它的艺术和学术。他的《文艺复兴时期的文化》①出版于1860年,立即跻于第一流历史著作之列,因为它向世人显示了文化史的潜力,并把它提升到史学著作类型中的一个权威的地位上。没有任何历史家曾以更大的魄力和洞察力来抓住并解释一个时代的心理。他宣称,在中世纪时代,一个人是一个阶级的成员、一个社团和一个家族的成员;社会是一种等级制度,传统是至高无上的。随着文艺复兴的出现,人发现了自己,而成了一个精神上的个人。千余年来的锁链从此被打破,自我实现成了目标;对于世界和人的重新估价也风行一时。像皇帝腓特烈二世这一类型的令人眼花缭乱的人物,在中世纪时代曾出现过一两次,而现在在行动、思想和艺术世界里,这种"全面的人物"已是司空见惯。"15世纪首先是一个产生多才多艺的人的时代。"这些奇葩异卉所由成长的土壤包含了许多因素——城市国家的紧张生活、古代艺术和哲学的复兴、权威的削弱和信仰的瓦解。暴君和雇佣兵队长,尽管有残暴行为,却是政治艺术家,是从庞大模型内铸出的人物。贵妇人中发出了一种以前或以后的妇女所未曾有过的才华的异彩。

　　布克哈特是一个伟大的历史家,所以中世纪时代与宗教改革时期之间所闪出的光彩并未能使他对其他事物视而不见。本书以关于道德和宗教的详细分析作为终篇;它并不企图掩盖当时的野蛮和兽性,以及同无限怀疑并存的粗野迷信。他由于切萨雷·博尔贾和西吉斯蒙多·马拉泰斯塔②的"肆无忌惮地耽于作恶"而感到震惊,可是他认识到,上层阶级的基本的恶习,即放纵的个人主义,倒是这个时代之所以伟大的一个条件。"文艺复兴时代的意大利人,必然要承受

---

① 此书的全名是《意大利文艺复兴时期的文化》(*Die Kultur der Renaissance in Italien*)。——谭注
② 博尔贾,C.(约1476—1507),教皇亚加大六世之子,枢机主教。凶狠奸诈,孤立其父,谋杀其兄弟与部属,攻城略地,自封为罗马尼阿公爵,试图在中意建立独立的王朝。马拉泰斯塔(1417—1468),文艺复兴时期意大利最强大的雇佣军头目之一。因反对教皇庇护二世被逐出教会。——谭注

一个新时代的第一次强大冲击。通过他的才干和他的热情,他成了他的时代内容的所有高度和深度的最有特色的代表。"文艺复兴时期尽管有自己的缺点,但却是近代世界的春天。布克哈特的杰作是历史文献中最有创见的著作之一。许多读者惋惜书中略去了艺术;泰纳回答说,我们并不为此而觉得不足,因为我们感兴趣于人之为人甚于人之为艺术家;尽管如此,略去艺术毕竟使这本著作美中不足。另外有些人认为他过分夸张了那从中世纪晨光熹微到文艺复兴时期骄阳普照的过渡的速度。他极其熟悉文艺复兴的文献资料,但对中世纪时代却从未作过深刻的研究。有些批评家说,他对文艺复兴的看法失于过分颂扬,另外有些人认为,书中关于政治诸章不够充实。他所在的国度对国家的重视比欧洲任何别的地方都少;他作为这样一个国家的公民,对于政府问题也就不大感兴趣,而对于帝国,无论新的或旧的,他都觉得没有什么用处。有些读者埋怨说,他过高估价了关于重新发现古典世界①的影响;也有人认为他忽略了意大利文化的物质基础;而且他的论述把各个不同的世代混在一起。这些批评意见虽然都不是完全没有道理的,却无伤于这本书的声誉,用阿克顿的话说,它依然是"现有的关于文明史的著作中最警辟、最精微的"。

布克哈特虽然后来还活了近四十年,但却没有再出过另一本书。他为演讲而殚思竭虑;关于这些演讲的丰富内容和创造性,尼采及其他听讲者都能证明。当兰克退休以后,柏林大学卑辞厚礼地聘请他接替这个老历史家的讲座,他却拒绝了。他晚年的主要工作是根据自己的讲义来编著关于希腊文明的百科全书式的概述。1897年他逝世时,有两卷已经编成多年,另外两卷是由他的一个门生编好付印的。1868年,他曾提纲挈领地讲授过一个关于"古代精神"的课程;后来他还常常以希腊为题作讲演。由于听讲者的坚决要求,他编成了讲义,但他始终认为这些讲义太不完备,不宜出版;直到弥留之际,他才允许出版。在被敦促的时候,他总是讽刺地回答道,"不——这样一个可怜的门外汉可不敢,我是旁门左道,不学无术;我将被方家硕学攻击得体无完肤的"。如果我们要了解他的著作的不完备处和专家们的尖锐批评,必须记住这些事实。当这份手稿放在他的书桌上时,对希腊的研究正在大踏步前进。他知道自己是已经落后了,但他相信只要完全掌握文献资料就足以防止严重错误。他从未领会到铭文及其他新证据

---

① 塞勒里:《文艺复兴的性质和起源》,1950年,这本书对布克哈特关于这个时期突然变为光明的说法提出了最新的反驳。——原注

的重要性。

他的《希腊文明史》是一部详细的综合性概述。① 他宣称，"最高级的文化只能在那由强权保护的安全的土地上兴起"。但是，他并不把文化与政治联系在一起；他还承认天才至高无上。特别是，在国家衰弱的时候，艺术是可以繁荣的。他以整个一卷篇幅来论述宗教。第三卷叙述了艺术和文学、科学和哲学，第四卷描写了个别的希腊人从荷马到保塞尼亚斯各个接续阶段中的发展。布克哈特反对像库齐乌曾从奥弗里·缪勒、歌德和温克尔曼所沿袭下来的那样，把希腊世界理想化。他不是一个专家，他在研究了其他领域以后较晚才来研究希腊；正是这一事实，使本书格外新鲜。它最突出的特征，是揭示阴暗面的深度。他曾受到指责，说他目眩于文艺复兴；但他肯定没有被希腊所眩惑。他强调指出它的残暴、不容忍态度和奴隶制的污点。虽然他有时被称为"异教徒"，但他对基督教伦理的接受是不让于任何人的。威拉莫威兹竟斩钉截铁地宣称：这本著作不是为科学而写的，但像霍尔姆和卡斯特这样优良的判断者却都称颂它。在布克哈特看来，内部生活比起形式和制度等外部世界具有更多的意义；他之所以重视外部世界，主要是因为它们为表达内部生活提供了有利条件。正是他这种深入一个时代的灵魂的能力曾鼓舞起泰纳的热情。他是过于独往独来，因而不能组成一个学派，但哪里有从事解释一个时代，或一个民族的心理的历史家不为他的泉源所沉醉呢？

（二）

当里尔、弗赖伊塔格和布克哈特使文化成为一时风尚的时候，涌现出一批研究工作者，把他们的方法带入新的领域。弗里德兰德对罗马帝国的文明作了无与伦比的描述，继他之后②，出现了勒启的有吸引力的著作：《关于理性主义和道德的历史》。像格雷戈罗维的巨著《中世纪时代罗马城的历史》、沃斯勒关于但丁与其时代的论著、拉希达尔的中世纪大学总论、桑代克关于中世纪科学与幻术的详细记录③，亨利·亚当斯的《圣密歇尔山与夏尔特尔》④（即关于13世纪基督教

---

① 关于本书的最好评论，是卡尔·纽曼的《布克哈特关于希腊文化史的概念》，《历史杂志》第ⅩⅩⅩⅤ卷。——原注
② 弗里德兰德著有《早期罗马帝国的生活与风习》，共四卷，1862—1871年。——谭注
③ 拉希达尔的著作为《中世纪欧洲的大学》(Universities of Europe in the Middle Ages)，共二卷，1895年。——谭注
④ 圣密歇尔山为法国诺曼底之著名寺院，山以此寺为名。夏尔特尔，法国西部城市，有建于13世纪的著名教堂。此书以游记而涉及11至13世纪法国建筑、文学、哲学诸方面，将中古文化与20世纪文明进行对照，探索两种文化的一致性。1913年初版。——谭注

国家的一个同情的解释)以及孔帕雷蒂关于《中世纪的维吉尔》的影响的惊奇故事等,这类著作都丰富并扩大了历史的概念。在为理解近代欧洲思想所作出的著名贡献中,可以举出下列著作:西蒙的《意大利文艺复兴》、鲁菲尼的《宗教自由的历史》、鲍尔森的《德国高等教育史》、莱斯利·斯蒂芬的《十八世纪英国思想》和《英国功利主义者》、库诺·费希尔的《近代哲学史》(根据他在海德尔堡大学的讲稿编写)、梅尔茨的《十九世纪欧洲思想史》、海姆关于赫德尔和洪堡的传记、尤斯蒂关于温克尔曼与他的时代的出色描写以及迪尔泰的《从宗教改革到施莱尔马赫的德意志思想家》的解释性论著。罗舍尔①把历史的方法引入了经济学研究,这就把人们的注意力转到了社会史方面。哈兰曾叹息说,我们永远无法知道中世纪的英国农村生活;而在半个世纪以后,索罗尔德·罗杰斯以他的七卷《农业和物价史》奠定了英国农业史的基础。坎宁安和阿什利第一次企图综合地论述我们的经济发展。②

  勒瓦瑟长期从事追述法国工人阶级的命运。③ 尼茨在柏林大学讲演德意志人民的社会史。④ 伊纳马-施特内尔格写了第一部有学术性的德意志经济史。⑤ 科瓦列夫斯基回溯了欧洲从西罗马帝国灭亡以来的经济发展⑥,桑巴特和马克斯·韦伯追述了16世纪以来资本主义的演进。⑦ 施莫勒学派以施莫勒⑧早期关于施特拉斯堡的织布工业的论著作为典型,编写了一些最高标准的专著来阐明每个国家的经济情况。这位柏林大学的年高望重的教授的学术讨论班曾吸引了来自各地的学生。没有人像他那样有力地强调指出经济现象与国家和社会之间的密切关系。

---

  ① 罗舍尔(Roscher, W., 1817—1894),兴起于19世纪40年代德国经济学界中的"历史学派"代表人物。这派重视经济史,提倡采用历史方法,强调个别记述和研究,忽视理论与概括否认历史发展的普遍规律。——谭注
  ② 坎宁安著有《英国工商业的发展》(*Growth of English Industry and Commerce*),共二卷,1882年阿什利著有《英国经济的历史与理论导论》(*Introduction to English Economic History and Theory*),共二卷,1888—1893年。——谭注
  ③ 勒瓦瑟著有《1789年以前的法国工人阶级与工业》(*Histoire de classes ouvrières et de l'industrie en France avant 1789*),1859年。《1789—1870年的法国工人阶级与工业》(*Histoire de classes ouvriers et de l'indústrie en France depuis 1789 à 1870*),1867年等。——谭注
  ④ 尼茨著有《德国人民史》(*Geschichte des deutschen Volkes*),共三卷,1883—1885年。——谭注
  ⑤ 书名《德意志经济史》(*Deutsche Wirtschafts geschichte*),共三卷,1879—1901年。——谭注
  ⑥ 书名《欧洲经济发展史》,共七卷。——谭注
  ⑦ 桑巴特著有《近代资本主义》(*Der moderne Kapitalismus*),共二卷,1902年。马克斯·韦伯著有《经济通史》(*Wirtschafts geschichte*),1923年。——谭注
  ⑧ 施莫勒著有《施特拉斯堡行会史》、《十九世纪德国手工业史》等。——谭注

还有一些人热心地研究文明史，他们是在 19 世纪中期科学的发现和总结的冲击之下写作的。孔德的有限的历史知识使他的关于文明发展概论的价值打了折扣；他的三阶段规律也是过分简单化了。① 马克思拘泥于他的经济决定论的体系。巴克尔②的未完成著作③，在刺激人们思考事件的原因和联系以及强调自然条件的持久影响方面，具有较大的影响；同时，他关于英格兰与苏格兰、法国与西班牙的智慧发展的精彩叙述，可以列入最有吸引力的历史著作之林。他的雄心是要对政治和文化的整个广袤领域进行比较和归纳，以此为坚实基础把文明史从编纂转化为一种类似科学的东西。他曾主张进步就是知识增长的成果，这个论点受到了尖锐的责难；但他虽然同意维多利亚时代中期的不花力气的教条主义，他的书却在许多读者的生活中标志着一个时代，并为历史的社会学调查方法提供了极大的推动力。赫尔瓦尔④是著名的旅行家和地理学家；由于拥护一个类似的自然主义观念，他在 1874 年写了《文明的自然发展史》。他写道，"我试图考察超自然力量在说明文明现象上是否必要这个问题"。他给以否定的回答，并宣称，文化发展是一个自然的过程，它是以种族、地理和气候为条件的。文明意味着控制自然和开化人类，而不是指道德的增长。为生存而斗争支配着历史生活的整个过程。该书最好的部分是讲述史前时期的部分，那时自然力在统治着像一个专制君王，而不像一个立宪君主。虽然赫尔瓦尔关于世界史的知识是有限的，他的语调是可商榷的，他的哲学是肤浅的，但这本书却大受欢迎。在他死后刊行了第四版，经过专家修订，并附有精彩的插图。黑尔莫尔特也编辑了大部头的集体著作：《人类的历史》；它同样强调自然界和地理的绝对的影响。原始文明已经被包括进历史研究的范围。布歇·德·佩尔特斯在索姆河流域的发现和皮特-里弗斯在英国的发现⑤，把人类戏剧的开幕时间提前了几千年，并开创了史前时期的考古科学。在泰勒和麦克伦南、曼哈特和拉策尔·弗雷泽和威

---

① 孔德把社会历史发展分为：神学的，形而上学的和实证的即科学的三个阶段。——谭注
② 参阅 L. M. 罗伯逊的挑战性著作：《巴克尔及其批评者》，1895 年。——原注
③ 这里指的是巴克尔的《英国文明史》(History of Civilization in England，共二卷，1857、1861 年)一书。巴氏立志研究世界文明历史，以上两卷仅仅是其计划撰写的专著的一个序论。——谭注
④ 参阅《全德名人传记集》。巴尔特在他的《作为社会学的历史哲学》(1897 年)里，讨论自然主义学派。卡洛·安托尼：《关于历史主义与社会学》，1940 年，这本书是有用的。——原注
⑤ 德·佩尔特斯，法国考古学家。1830 年在索姆河流域的文化遗址发现了燧石工具和武器，被学术界审定为旧石器时代人的遗物。皮特·里弗斯，英国将军、考古学家，以搜集史前遗物和人种志标本知名。——谭注

斯特马克等人①笔下,人类学成了一门科学;我们祖先的习惯和信仰变成可以理解的了。梅因②以他的广博知识从事解释古代的法律。

由于文明史日益受到欢迎,就引起了关于它的性质和重要性的长期争论。戈泰因与舍费尔之间的争论以及由兰普雷希特的《德意志史》所带来的争论引起了最广泛的兴趣。迪特里希·舍费尔③是以研究汉萨同盟知名的;他于1888年在图宾根大学的就职演说中宣称:如果历史要有统一性和科学性,它就必须集中注意力于国家方面。在我们的民主时代,许多著作家认为,历史的关键在于群众,因而他们所研究的人类的习惯和生活情况,而不是研究人类的最高才能的表现。卷帙浩繁的著作竟用于叙述中世纪时代的房屋这类琐事。现在应该重申:生命的呼吸永远必须来自国家;没有这种呼吸,历史只是一大堆死的知识。甚至文艺复兴也大部分是政治性的;它的典型人物是马基雅弗里。宗教改革使人们有了民族自觉;路德还宣布了国家的神圣的起源。"历史家的任务是使国家了解它的起源、它的任务和它的生活条件。"如果他进入了宗教或法律、文学或艺术的领域,他就必须记住:他是走在岔路上了。

这种对传统的政治的坚持,引起了德国的一个最有才干的年轻的文化史研究者的答复。④戈泰因曾以研究南意大利文明的论文而引起注意;他的声誉又因关于罗耀拉和反宗教改革的巨著⑤而得到提高。他宣称,对于日益增长的科学,我们无须急于限制其范围。国家只是人类社团的一种形式。它可能是最大的,但一切都是必不可少的。历史生活的各个方面——国家、宗教、艺术、法律、经济——包括并预先假定一个它们都是结合在一起的更高的统一体;那是一个有机体,它们是它的肢体。舍费尔曾谈到文化史,好像它只是讲述物质生活条件。戈泰因驳斥文化史忽略个人这种说法;他宣称:弗赖伊塔格最能接近个人生活与群众生活关系的大奥秘;他所描写的路德与腓特烈高耸于人群之上,就像

---

① 泰勒(Taylor, E.,1832—1917),英国人类学家,首先提出人类社会进化经由蒙昧、野蛮、文明三阶段的观点。麦克伦南(McLennan, J. F.,1827—1881),英国人类学家,以研究婚姻进化史知名。拉策尔(Ratzel, F.,1844—1904),德国人文地理学家,强调地理环境对社会发展的决定性作用。威斯特马克(Westermarck, E. A.,1862—1939),芬兰人类学家,以研究人类婚姻进化与伦理观念的起源与发展知名。——谭注

② 梅因(Maine, H.,1822—1888),英国法制史家,著有《古代法律》(*Ancient Law*,1861年),通过古代法律研究文明的起源。——谭注

③ 《历史研究的适当范围》。——原注

④ 《文化史的任务》,1889年。——原注

⑤ 书名《罗耀拉与反宗教改革》(*Ignatius Loyola und die Gegenreformation*),1895年。——谭注

橡树在矮林中一样。对于文化史会缩小国家作用这个批评意见,他回答道,在人类发展的许多紧要时刻,主要关键都不在政治领域。在君士坦丁时代,基本事件是从异教向基督教的过渡。在文艺复兴、宗教改革和反宗教改革时期,思想的力量捣毁了古代的模型,并改变了世界的面貌。关于这些时期,只有文化史家才能够从政治的混乱状态里找出条理来。普鲁士的成长基本上是一个政治问题,但这样的例外是罕见的。事件是力量的产物,而力量乃是思想的产物。舍费尔的答复①结束了这项争论。他承认,历史包括生活的一切方面,但他争论说,没有一个人的思想能够掌握全部;并指出,兰克及所有其他伟大的历史家都把他们的视线集中于国家方面。他对认为有些时代几乎完全是文化期②这一论点提出挑战。他宣称,如果没有民族感作为后盾,路德是永远不会成功的。如果没有墨西哥和秘鲁的财富,反宗教改革也是永远不会赢得轰动的成功的。争论双方各执己见,谁也不能说服对方,因而他们各自继续研究自己最感兴趣的问题。但是戈泰因要求扩大历史家的任务的概念是有益的,因为这种要求不仅扩大了政治学派的眼光,而且提醒文化史拥护者注意他们更重大的责任。

那由于兰普雷希特的《德意志史》③的出版而引起的争论,是更激烈、更持久的。兰普雷希特曾以论述中世纪时代摩泽尔河与中莱茵河流域经济生活的厚本专著④而赢得声名。他把一个德意志地区所曾有过的最大量的原始资料汇编成册,这项工作的辛苦,是得到一般承认的,但他在使用他的资料方面却受到尖锐的批评。贝洛夫宣称,他的方法是武断的,他的解释是反复无常的。基尔克惋惜说,他的法律概念是不清晰的。施莫勒声称,这本书出版得太快,思想模糊,阅读困难。1891年,《德意志史》开始出版。它原来没有序言来说明作者的目的,但在三年后出版的第一卷的第二版里,他补充了几句导言。他宣称,纯粹政治历史家应同兰克一起追问,"它实际是怎样的?"他自己要知道"它为何成为那样的?"这个发生学(Genetic)方法,必须替代叙述法,而这个方法包括论述事件所由发生的物质方面和精神方面的整个情况。生活在一个科学时代里历史家必须考察因果关系。关于该书的政治部分,他未曾声称做过研究工作,但关于论述社会组

---

① 《历史与文化史》,1891年。——原注
② 按兰普雷希特采用文化分期的概念即所谓"文化期"(Kulturperiode)。——译者
③ 关于论述兰普雷希特的著作很多。关于争论的有用的随笔,见哥德弗里德里希:《德国的历史思想》,第431—465页,1902年;贝尔海姆:《历史方法教程》,第710—718页,1908年;克茨希克与蒂尔:《卡尔·兰普雷希特》,1915年;《近代欧洲的若干历史家》,施密特编辑,第10章。——原注
④ 书名《中世纪德意志经济生活》,共三卷,1886年。——谭注

织和文化方面,他却是有充分根据的。该书的主要目的是追述德意志意识的发展。他相信,一个民族的民族精神虽然受到外界势力的影响,但它却是按照它固有的规律发展起来的。

兰普雷希特从皮特亚斯①讲起,叙述他的时代和我们的时代之间自然界的差别。人类学和语言学都被利用了,但他关于原始德意志生活的描写,却比不上像威廉·阿诺德这样的大师那样透彻。那从凯撒和发禄②开始的政治叙述,既缺乏力量又枯燥无味,而对各种形式的艺术,他却留恋地加以评述。查理大帝是我们在这本书中所看到的第一个血肉之躯,但他却未被描写成具有很强的活力。时势的历史代替了人物的历史;文化也占着政治的上风。他对10世纪的两个统治者——猎禽者亨利和短命的鄂图三世感兴趣,前者是"帝国的真正缔造者"和城市的庇护人;后者是一个希腊母亲的孩子。在亨利四世和希尔德布兰特之间的冲突中,他几乎未曾觉察到这个最伟大的教皇的伟大。第三卷是以关于11世纪的城市及其政治影响的有价值的论述开始的。"红胡子"是查理大帝以后的最伟大的人物,但他三言两语地把他说成是属于沃尔夫拉姆或哈特曼小说中的浪漫主角这一类型的人。腓特烈二世是中世纪时代最突出的人物,被他的同时代人称为"世界奇人";但他像一个影子般地一掠而过。在霍亨斯陶芬朝倾覆后德意志缺少伟大的政治人物,因而我们也不大觉得这个历史家的缺陷,但是就连他自己的文化史领域内,他也不是经常令人满意的。他很少谈到那些14世纪引以为荣的伟大的神秘学家。③ 关于中世纪末期的叙述,我们觉得,这个向导缺少一把揭开它们深一层秘密的钥匙。到了路德,我们看到第一个其重要地位似乎被他充分认识到的人物。他提供了关于路德著作的一个公正的叙述;在这方面,他还离开他的惯例,竟摘引"席间闲谈"④的段落。在指出这个宗教改革家未能了解1525年的反叛的性质时,他仔细研究了它的社会与经济原因。

这一阶段在很快地连续出版了五卷以后,兰普雷希特停下来答复那些蜂拥

---

① 皮特亚斯(Pytheas)——希腊航海家,约生于公元前第4世纪后半期,考察过西班牙、高卢及不列颠沿海。——译者

② 发禄,古罗马将军。公元9年为日耳曼人击溃,使奥古斯都深入征服日耳曼的计划受挫,退守莱茵河。——谭注

③ 14世纪起源于德国,流行于欧洲的,神秘主义以抛弃天主教种种仪节,通过"内心启示"和与上帝直接交感,以寻求信仰与安慰为特征,反映人们对旧教和现实生活不满的心情,是新教教义的一种表现。——谭注

④ 路德的弟子记其日常生活言谈汇为一篇,名曰《席间闲谈》。——谭注

而来的批评者。伦茨①宣布,虽然非专业历史家称赞他,但学者们必须提出抗议。他对"是"与"成为"之间所作的区别是可笑的,因为兰克原是擅长应用发生学方法来论述历史问题的。兰普雷希特所说明的比兰克说明的要少得多,因为他没有打算把德意志的历史与欧洲事件的主流联系起来,而且他闭眼不看民族伟人的重要性。在检查他关于宗教改革时代即他所研究的特殊时期这一卷以后,伦茨宣称,他的每一页甚至每一行都可引起抗议。腊赫法耳把他关于16世纪几页上的错误列成一张表,并在每一行旁边标出他抄袭其他学者著作的地方。巴塞尔会议法令集的编辑约翰内斯·哈勒宣称:关于这次会议的叙述,几乎每一句都有错误。芬克还写了一小卷来改正他关于中世纪时代末期的宗教情况的描写。②

　　兰普雷希特的第一次综合答复,发表在他的题为《新旧趋势》③的论文集上。他宣称,在写《德意志史》时,他已知道他会同主要的学派发生冲突,但是如果没有某种思想观点,是不可能写出严肃的历史的。以前的各学派曾以个人行动即以个人心理来说明历史事件;现在由于研究社会和经济的发展,已经开辟了一条新的道路。凡是承认经济影响的作用的人,常被认为是唯物主义者,因为经济现象,就其对艺术、文学或哲学而言,是"物质"的,可是每种经济的行为与改变,同任何脑力劳动一样,是以心理为条件的。因果关系的方法,最容易应用于社会现象和经济现象,也应在那里开始。关于人物的历史,必然经常包含一种传奇的或推测的成分,因为我们只能猜测他们的动机;但关于时势的历史总有一天会达到接近科学的真实性。所以我们理解历史的关键,存在于集体心理方面。后来,他写了一篇关于兰克的长篇论文,把战斗推进到敌人阵营里。他宣称,这个大历史家在他的著作中夹杂着一些哲学见解;他是一个神秘主义者,相信人类的发展是依循未知的法则而进行的。所以第一项任务,是分析历史生活的各种因素。他在《德意志史》里企图做的正是这项工作;《德意志史》与其说是一篇叙述,不如说是一篇解释发生学的论文。

　　这项争论在小册子和杂志上进行了若干年;这个莱比锡教授下定决心对抗一群进攻者为自己辩护。他最全面的意见,是1904年在美国发表的关于近代历

---

① 《历史杂志》第LXXVII卷。——原注
② 《兰普雷希特关于中世纪末期教会情况的描写》,1896年。——原注
③ 《历史学上的新旧趋势》,1896年。——原注

史科学的演讲。① 他宣称,这项论战是个人心理的拥护者和社会心理的拥护者之间的斗争,是那些认为动力在于英雄的人和那些认为动力在于时势的人之间的斗争。赫德尔曾发现群众的心灵,而浪漫主义派继续了他的工作。兰克,尤其是普鲁士学派,曾复兴个人主义的方法。"这几乎是纯政治活动的时期。民族正在渴望那在其灵魂深处长期企求的政治统一。跟着它的实现,出现了一种新的心理,正像出现了一个新的政治世界。于是,描叙不复是口号而是理解了。"兰普雷希特宣称,原始德意志是象征性的,当时,想象力强而个人淹没于家庭和氏族之中。早期中世纪目睹了等级类型的发展。后期中世纪,即一个地域统治和城市生活的时代,是一个墨守成规的时代。例如,城市和居民不是完全自由的;这个时期是一个转到个人主义时代的过渡时期,个人主义开始于文艺复兴和宗教改革,在启蒙运动时达到顶点。第五个阶段,或者说主观主义的阶段,开始于浪漫主义运动,这是在感情上反对理性崇拜的反映。我们现在生活于神经紧张的时代,以冒险、投机、忙乱和焦急的精神为特征,而没有受到具有支配力的理想的鼓舞。上述各个心理的阶段在所有的国家都出现过。在评价经济改变对社会生活和心理生活的作用方面,还有大量的工作要做。虽然它们不是唯一的因素,但是物质和因此产生的社会进步,是对一般进步的主要刺激力。

在重新开始写《德意志史》时,兰普雷希特表现出人们对他的前五卷的批评意见并未留下什么影响。在论述宗教改革时期以来各世纪的诸卷里,可以看出它们和前面诸卷有着同样的缺点。他对自己感兴趣的方面,都详细论述,而对其他同样重要或更重要的方面,则很少给予注意。例如,在第六卷里,我们看到关于早期音乐和乐器发展的很长的一章;在第七卷里看到关于艺术的详细论述。在叙述拿破仑时代时,我们看到他在政治方面已尽量叙述,但他虽以热烈的爱国心来论述解放战争,却很少谈到施泰因及其同僚。那些论述哲学、文学和艺术、论述康德和贝多芬的部分,是有力而又富于思想性的;关于19世纪的诸卷,在很大程度上还证明了他对近代世界具有多方面的兴趣。这部著作是以关于1870年以来德意志历史的三卷补编而完成的。"我懂得,我描述我们时代的历史是大胆的,因为许多人对部分事件,有些人对整个事件比我熟悉得多。为了这些原因,我迟迟没有动笔。"我们所需要的是:深入观察那些精神的推动力。第一卷,

---

① 《什么是历史?》,1905年。——原注

论述艺术、文学和理论,并讨论瓦格纳①、尼采、斯特凡·乔治②及其他先驱者。冯特③被誉为自康德以来的最伟大的哲学家、实验心理学的创立者,哲学上的继续进步是有赖于这门科学的。第二卷是围绕需要和享受这两个原则分门别类地论述经济生活的现象;描述交通的扩充,国际信用的发展,在生产、发明和技术教育上的进步,化学在工业和农业上的应用,第四等级的发展,移民、帮会、波兰劳动者及其他许多问题。第三卷,讨论党派的成长、对外关系、殖民地与世界政治的发展。著作终止于略述对政治历史家的挑战;对于他们,兰普雷希特一生不停地进行斗争。"人类的发展不是奴隶式地依靠政治命运的。政治的自我保存依靠艺术和科学、宗教、法律和道德的理想价值的发展;因为只有在这些方面的培养,才能使民族倾向与世界倾向结合起来。"

《德意志史》是一部稀有的智慧力和创造力的作品。它对经济因素的坚持、它关于有规律的心理转变的理论以及它对艺术和文化的强调,都有助于扩大历史的概念,但由于存在严重的错误,它不得归入第一流作品之列。关于德国文明的整个过程之详细论述,只有通过集体的方法才能成功地尝试。兰普雷希特精通经济和艺术,但是研究政治史和宗教史的人从他的著作中所能获得的帮助却很少。该书对于学者没有什么价值,而它的大胆概括判断对初学者是一个陷阱。由于他对政治学派抱着反感,他描述德意志而没有说明她的政治骨干。他对人物因素的忽视是一个严重的缺点。最后,他所用的抽象术语和不雅致的混合名词,使这部著作带有使人讨厌的气息。可是,不管人们对他的理论和著作的看法如何,文化史之所以日益受到欢迎,部分是由于他的奋斗。在这个领域里的最有才干的工作者中间,有他的门生施泰因豪森,后者于1903年创立了"文化史文库"。他最重要的专著《德意志书信程式史》,是关于一个很少为人所知的范围的漫谈。这本书的价值立即得到承认,作者在出版中世纪时代德意志书信方面获得了柏林科学院的帮助。

如果说政治史和文化史有时看来是有矛盾的,那是因为对于两者所下的定义太狭窄的缘故。为了达到这个无异于记录和解释人类生活的目标,两者都是

---

① 瓦格纳(Wagner, R., 1818—1883),著名德国作曲家。尼采(Nietzsche, F. W., 1844—1900),有名的德国唯意志论哲学家,鼓吹"自我扩张",宣扬"超人"哲学。
② 乔治·斯特凡(George Stephan, 1868—1933),德国抒情诗人,象征主义文艺运动的主要代表人物。——谭注
③ 冯特(Wundt, W., 1832—1920),德国心理学家、生理学家、实验心理学的创始人。——谭注

同等需要的。时间已消除了两个敌对学派之间的猜忌:一派不一定是要忽略时势,正像另一派不一定要漠视个人。方法是跟着论题而变化的,因为文明是沿着许多路线所做的日常工作的努力与成就的结果。在历史科学这样地向各方面扩大它的优势的时候,历史哲学却落在后面了。我们继续分析、概括和思考,但它还是一项推测的工作。可是,现在虽然不可能制定出足以满意地解释人类演化的模式的规律,每个真正的历史家对于我们关于人类上升过程的知识,却都作出了贡献。

(以上三章,均选自古奇著,耿淡如译《十九世纪历史学与历史学家》,商务印书馆1989年版)

附　　录

垂范学林，名满天下
——简论耿淡如先生的学术贡献

斯人已逝，遗篇留芳。耿淡如先生扎根在中国现代学术的土壤上，观其一生，他"谦虚治学，谦虚做人"①，"垂范学林，名满天下"②，且始终与上海接壤、与复旦结缘。不是吗？即使在重回故里、屡执教鞭的时候，在远渡重洋、留学异邦的时候，在战火纷飞、遗落"孤岛"的时候。因之，他的学术贡献，都被定格在"上海·复旦"上：研泰西，以寻梦天涯；究万邦，以瀛寰回眸。践行"博学而笃志"，求索"切问而近思"③，此乃吾师也。

这篇"简论"，以先生学术人生之进程，亦即文集之顺序书写。让我们首先把时间切换到20世纪30年代初。

一、国际关系史研究之成就

太阳刚刚下了地平线，软风一阵一阵地吹上人面，风吹来外滩公园里的音乐，暮霭挟着薄雾，笼罩了外白渡桥……④

这是作家茅盾在《子夜》一开篇中描写的，"这天堂般五月的傍晚。"1932年5月，正是申城好风景。时年34岁的耿淡如，留美归来，风尘仆仆，全然无视这都市的美景，脱下哈佛的硕士服，直奔母校，开启了任职复旦四十余年的教授生涯。翌年，他又被沪上的光华大学等高校聘为教授。

---

① "谦虚治学，谦虚做人。"这是耿师为人处世之哲学，他以此经常教导我们，这也成了编者毕生的格言。
② "垂范学林，名满天下。"复旦大学国政系建系五十周年，在正校门两侧橱窗展览半个世纪业绩，这是用于展板上的语句。在这一栏目上，介绍的先贤除耿师外，还有三人：梅汝璈、张明养、林同济。
③ "博学而笃志，切问而近思。"复旦校训，典出《论语·子张篇》。
④ "太阳刚刚……外白渡桥"，均辑录自茅盾《子夜》第一章开篇。茅盾的《子夜》，写于1931年10月至1932年12月，小说开头对20世纪30年代初上海5月份的描写，当适合耿师归国抵沪时的情景。

他在哈佛研究院专攻政治制度与政治历史①,归国后开设政治学原理、欧洲外交史、国际公法、西洋通史等课程。与此同时,他学以致用,倾心对国际关系史展开了研究,成就斐然。据2000年耿氏后人及门生辑集的《耿淡如先生国际论文集》②(上、下册),计有190余篇,近百万字,卓然自成一家,当时《外交评论》对其有评价:"耿淡如先生研究国际关系,观察明确,别有见地。"③且看如下史实。

"史海拾贝",倘以本书所辑录的11篇国际关系论文,从各篇中撷拾一段,稍作分析,上述《外交评论》对耿氏之评价,当是实至名归。

他在《美国对华政策之核心》一文中指出:"任何一国的外交政策,必基于其国家利益,此为一定的原则。国际间外交局势,虽云波诡谲,纵横捭阖,似不可捉摸;然分析其利害,权衡其轻重,亦可得其进展之途径。"④作者开门见山,一语道破了美国对华政策之要害,是为了维护其"国家的利益",这也是解开当今纷繁复杂国际关系迷局之津逮。

他在《太平洋日本委托治理地之争端》一文中指出:"一九三一年九月十八日东北事变发生,正如晴天霹雳,和平理想因而烟消云散。日本露骨表示其蔑视条约上之义务,所谓《九国公约》、《四国公约》、《国联约章》、《非战公约》视其废纸,猛力进行其侵略政策。"⑤1944年,他被驻沪日本宪兵司令部关押与审讯,其因盖出于抗战前先生所写的诸多篇章中,揭露日本帝国主义侵略之本质,刺痛了敌人的心脏,故借此加害于先生。

他在《美国与国际法庭》一文中指出:"现在太平洋上之风云日紧,日本之对美威胁,未尝稍减于战前德国之对英威胁,故美国恐难长此保持其孤立之政策,他日受环境所迫,终将舍孤立而谋国际合作,毅然加入国际法庭与国际联盟,以制当世之黩武主义者。此为研究国际政治者所不可不注意之未来局面也。"⑥这是该文之结语。这个"结语",建立在详尽的分析基础上,诸如:美国民众之心态、历届总统之主张、国际形势之展望等,因而论从史出,言必有据,给人以充分的说服力。

他在《埃及反英运动之检讨》一文中指出:"国家在沦亡之后,欲向帝国主义

---

① 参见《耿淡如先生学术编年(简编)》。
② 同上。
③ 参见《外交评论》1933年第5期。
④ 载《外交评论》1933年第6期。
⑤ 载《外交评论》1934年第1期。
⑥ 载《外交评论》1935年第2期。

者用示威运动,争取独立,其势难若登天。因此,民族在危急存亡的时期,不得不用全力以维持其独立。若国家独立一旦失去后,而欲图恢复,却是不易的事件。"①作者在这里揭示了一个真理:被压迫的民族,为了独立与自由,施舍如梦,乞求无用,唯有"不屈不挠,继续奋斗",这里所论的埃及反英运动是如此,其他遭受压迫的弱小民族也是如此。

他在《〈法意〉中所论之中国政制》一文中指出:"孟氏不忍国事之日趋于卑劣,人民之久陷于泥犁,然欲直言之而不可得,乃指桑骂槐,借东方政制以泄其忿恨抑郁之气耳。"②就其狭义上而言,此文当属政治思想而非国际关系,然其文之中法比较,广义上亦为后者所包含。且不管这些,这里一个有趣的问题是:同为18世纪法国启蒙时代思想家伏尔泰,与孟德斯鸠相反,对中国古老文明百般推崇,无限向往,"指桑赞槐",欲借中华文明之荣光,以映照法国专制政体之弊端。然殊途同归,孟氏对中国政治"骂"也好,伏氏对中华文化"赞"也罢,一褒一贬,都与两者的思想联绵,也为18世纪法国的启蒙运动和时代需要所牵引。

他在《达达尼尔海峡设防问题》一文中指出:"历史犹如车轮,往往走入旧轨。法俄互助协定之批准,是回复战前之法俄同盟;德意志之废止《洛迦诺公约》,是回复战前德国西疆之坚固防御,土耳其之设防海峡,亦是回复战前之封闭原则;凡此皆为未来大战之序幕。故土耳其之设防海峡,实含有深远的意义,未可以寻常事件目之也。"③作者所揭示的历史重蹈覆辙,乃考察国际政治变幻和国际关系莫测之要则也,世人当不可遗忘。

他在《巴力斯坦事件之剖视》一文中指出:巴力斯坦亚剌伯人与犹太人之冲突:大部导源于巴力斯坦之特殊地位;另一症结为犹、亚两民族主义的潮流之激涨;犹、亚两民族之冲突植根于巴力斯坦之特殊制度;又在于英政府之措施,"一个政府对付两个对峙的民族,使之和谐相处于同一的政治区域中,却是一件极困难的事件"。④ 作者对巴力斯坦事件之剖视,条分缕析,切中肯綮,探求因果,于细微中见真相,于历史中解困惑,令人叹服。

他在《美国中立法之回顾与前瞻》一文中指出:"总之,避免战争之最好方法,

---

① 载《东方杂志》1936年第1号。
② 载《复旦学报》1936年第3期。孟德斯鸠之《法意》,乃孟氏名著,现通译为《论法的精神》。
③ 载《东方杂志》1936年第11号。
④ 载《东方杂志》1936年第15号。文中"巴力斯坦",现通译称为"巴勒斯坦","亚剌伯"通译为"阿拉伯"。

为协力阻止战事之发生。国际和平端赖国际间共同制止侵略国家之强暴行为。设美国拒绝与其他国家合作,阻止战争之发生,则美国虽有详密的中立法,亦依然在于不安全与危险的状态中。邻近房屋都是极易燃烧,而自己信赖其住所之不着火性质,而对于大火之爆发,不予以戢止,此亦属危险的事情。即使其住所果然不易着火,但居于周围火焰之空气中,亦难于忍受,势将起而参加救火的工作,可断言也。"①作者以这个妙喻,生动且深刻地揭示了美国中立法之伪装,之虚言,真是入木三分。

他在《西欧公约问题》一文中指出:"所以西欧公约问题解决之前,再须有进一步的谈判。其实现之期,尚有待焉。不过欧洲之局势,系于该公约之能否成立,以欧洲之和平,系于德法之关系;而德法之关系,则又以西欧莱茵问题为枢纽;此为留心国际政治者所应注意之事实。"②作者明察秋毫,鞭辟入里地道出了未来欧洲政局变化之症结,这不仅为留心国际政治者所关注,而且还更应为研究国际政治者所探究。

他在《五年来之欧洲政局》一文中指出:"现代欧洲局势之变更,以德法关系为转枢。法德处于敌对状态,则欧洲局势变为危殆;反是,设两国言归于好,则变为平静。"③作者开篇的这番话,即德法关系与西欧局势乃至整个欧洲局势之关联,接续上文(《西欧公约问题》),由此展开,纵谈"欧洲政局",展望未来,条理清晰,一目了然。

他在《太平洋公约问题》一文中指出:"太平洋之局势,现已变为杌陧不安……不幸伦敦海约之墨汁未干,而太平洋之风云顿起。太平洋突然变为不太平之洋面,谁为厉阶,孰令致之?""诸公约被其(日本)一手捣毁……日本已显然不愿放弃其侵略的政策,又反对任何他国调解中日冲突的争端。"④作者此文写于1937年6月25日,离中日战局全面爆发尚不足半月,远东局势非常紧张,靠太平洋公约之建议,不能"减低太平洋之险恶风波",断不能阻止日本帝国主义吞并中国的狼子野心。倘联系上文(《太平洋委托治理地之争端》),先生于1944年被日寇加害,就更可见其因了。

由此再通览耿师关于国际关系与国际政治的其他文稿,在我看来,他是一位

---

① 载《东方杂志》1937年第5号。
② 载《新中华》1937年第9期。
③ 载《外交评论》1937年第1期。
④ 载《新中华》1937年第14期。

具有历史学家底色的国际关系史研究专家,有精湛的历史学,尤其是世界历史方面的素养,无论是东亚形势、欧美政局,还是西亚北非事端,论前瞻必先回顾,说现在务述往事,因此其文深入而不表象,厚重而不肤浅,以此迥异于泛泛而论、言而无史的文章。

其次,他具有敏锐的眼光与独到的见解。这也归之于他的学术积累与知识储备。由他的这些篇什可知,先生熟谙西方学术名著,了解国际法,又关切天下大事,观察国际风云变幻,这从上述介绍的10篇论文中,笔者所摘引的段落中,字字珠玑,确可观其真知灼见、在在多有了。

此外,他于国际关系史研究的另一特色是写了大量的时论,仅从已辑录的《正言报》与《新闻报》初步统计有160余篇,是关于1946—1948年间国际形势的评论文章。① 在耿师那里,时论(政论)即史论,值得后人从史学意义上汲取它的营养,这在当代西方史学中被称为"即时史",它不是研究"已完成的变化",而是研究"正在发生的变化"②,也就是被恩格斯称作为"活的历史"。③ 察耿氏对1946—1948年的国际上"正在发生的变化"进行研究,确是一部"活的历史"。

耿师关于国际关系史的研究,从1933年开始至20世纪40年代末。他在这一领域的研究工作,集中全力,足足耕耘15年,取得了丰硕的成果,为20世纪20年代前后才开始进行的中国国际关系史研究④,作出了卓越的贡献,无愧于后人"名满天下"的赞誉。时易人移,在50年代初,他随即在世界史的另一层面,开创基业,这就是世界中古史。

二、世界中古史基业之进展

1949年新中国的成立,不仅开始了中国历史的新进程,也开创了耿淡如先生的人生新篇章。一个从旧社会走过来的知识分子,痛感自己落后,跟不上时代前进的步伐,迫切需要改造自我,改造思想,这种"思想症候"成了当时"耿淡如

---

① 参见《耿淡如先生国际论文集》(国际时论部分,1946—1948年),繁体,上海,2000年,未刊。
② [法]让·拉库蒂尔:《即时史学》,载J·勒高夫:《新史学》,姚蒙编译,上海译文出版社1989年版,第227页。
③ 恩格斯语,见《马克思恩格斯选集》第1卷,人民出版社1972年版,第601页。马克思适时地将1851年12月至1852年3月这一时期发生的事件,写成了《路易·波拿巴的雾月十八日》这一名著,被恩格斯称之为"当前的活的历史"。
④ 参见石磊:《国际关系史研究概述》,载陈启能主编:《建国以来世界史研究概述》,社会科学文献出版社1991年版,第616页。

们"的一种集体无意识。1951年8月,他去苏州,在华东人民革命大学政治研究院学习,耿氏在此时写的《自传》曰:"在解放以后,我力求改造自我,努力工作。两年以来,通过马列主义的学习与新民主主义的教育,我的世界观与人生观,我的行动与思想,都已大大地变了。"对于来这里学习,他真诚地写道:"能有学习机会,将可更进一步地改造自己,也可更忠实地服务人民了。"

是的。1952年1月,他作别苏州,虎丘的塔影早已化为遗梦,寒山寺的钟声也成了一种遥远的回响。此刻,他怀揣着"努力工作"的迫切愿望,一心要"忠实地服务人民",回到院系调整后的复旦历史系,根据工作需要,专事世界中古史的教学与研究。自此,他在20世纪50年代,为中国的世界史,尤其是世界中古史基业的打造,作出了重大的贡献。

是时,中国现代史学发生了重大的变革,其中一个重要的变化是,从吸取西方资产阶级史学向引进苏版马克思主义史学的转变。追溯历史,中国的马克思主义史学于20世纪20年代发端之际,受到了域外的而主要是俄苏史学的影响;随着中国马克思主义史学于20世纪50年代初进入勃发时期,苏联史学更是以迅猛之势传入中国,深刻地影响了新中国的史学发展。"以俄为师"、"向苏联学习",这是50年代初国人的共同心理指向。就历史学界而言,也是如此。其时,大量的俄文历史著作(包括史学理论、俄苏历史、世界历史等方面)移译成中文出版;苏联历史学家来华讲学,举办研究班,传播他们的学术观点;留苏学生归国后,在高校与研究机构中起中坚作用,如此等等。

我以为,在当时条件下,中国引进苏联史学,有其历史必然性,对人们学习马克思主义,推进新中国的史学建设和马克思主义史学的发展,无疑起到了积极的进步作用,对尚处在奠基阶段的中国世界史学科,也是如此。当然,对苏联史学要作具体分析,一概肯定全盘接受与全盘否定,都为我们所不取。一般说来,苏联史学的消极面在世界史方面要比本国史方面少,就前者言,古希腊罗马史、中世纪史和十月革命前俄国史研究,苏联史家都贡献了许多有价值的著作,取得了令国际史学界所认可的成果[1],这就无怪乎苏联科学院主编的多卷本《世界通史》第一卷甫一问世,就得到了中国学者的广泛赞誉和高度评价。[2] 事实上,这也是苏联史学在某些领域(比如世界史)上领先,中国学人真诚服膺的心态的流

---

[1] 参见陈启能等著:《苏联史学理论》,经济管理出版社1996年版,第7—9页。
[2] 参见齐思和等:《历史科学进展的丰碑》,文中用词多用最高级的,比如"空前的"、"巨大的"贡献等,载1959年11月21日《人民日报》。

露。对此,说它"邯郸学步"也好,仿效照搬也罢,依据那时中国的世界史研究的实情,无论如何都应当说是一个不错的选择。

为此,学习俄语在当时也成了一种时尚。就在50年代初,耿师以花甲之年,以一个年轻人的积极性,刻苦地自学俄语。在先生看来,从事世界史,要多学几门外语,倘仅为书面阅读着想,任何一门外语,都可以自学。确是这样,通过自学,他很快地掌握了俄文,并在教学科研中迅即发挥了作用,为正在新兴的世界史学科奠基。当然,因浸沉俄译而给他带来文风等方面的变化,这种隐匿的变化往往是消极的。在此,毋需赘说。

总体说来,在中国的世界史学科中,以世界中古史最为薄弱。在整个50年代,先生为复旦历史系世界中古史的基业,也为我国的世界中古史成长,做了许多基础性的工作。

世界中古史的史科建设。其中最主要的是与黄瑞章共同译注《世界中世纪史原始资料选辑》[①]。本书包括关于世界中世纪史原始资料15篇,所有史料均从俄文中世纪史典籍中选译,各篇都有编译者的引言及附注,以说明中世纪西方封建社会中的若干重要问题,比如农奴制度、庄园经济、行会制度、农民起义、资产阶级形成等问题,系统地阅览,不仅书中史料可供教学与研究者引用,而且也可知晓编译者的学术眼光与学术观点。该书出版之前,已有书中的前9篇在当时《历史教学》上刊发,成书后,一时竟成了这一学科中人研究与教学上的"案头书"。

在1957年,他除公开出版译著《世界近代史文献》(第二卷)外,还内部刊印译自苏联历史学家斯卡斯金编的《世界中世纪史参考书指南》[②],这是一本选书广泛、颇具实用价值的工具书,倘修订重印,也是益于当今的世界中古史研究。

世界中古史的教材建设。其中最主要的是编译《世界中古史》讲义。[③] 该书根据苏联最为权威的世界中世纪史专家,比如科斯敏斯基、斯卡斯金、谢缅诺夫等人关于世界中古史的相关论著编译,细察随处可见编译者的主体意识,而这种识见,又充盈于耿氏写的各章内容提要中。全书分两个单元:公元5世纪至公元11世纪末,是为封建制的形成时期,此为第一单元;第二单元自公元11世纪末至公元15世纪末,这是封建制的发展时期。就其内容来看,所谓封建制的形

---

① 《世界中世纪史原始资料选辑》,天津人民出版社1959年版。
② 复旦大学历史系资料室藏本。
③ 由中央人民政府高等教育部代印,1954年版,乃当时高校交流讲义。

成与发展,指的是西欧社会。然编者声明在先:世界中世纪史的东方部分,因系上另有亚洲史课程开设,本讲义略去,故它与"欧洲中心论"还不相联。在50年代前期特定的语境下,《世界中古史》作为由高教部代印的交流讲义,在当时历史系世界史的教学中,起到了相当的积极作用,这种作用直到1962年推出了周一良、吴于廑主编的四卷本《世界通史》之前。

需要指出的一点是,在由复旦大学历史系重印的《世界中古史》书名后,另标出5—15世纪,在中古与近代断限上,与当时苏联学界流行的17世纪英国资产阶级革命说不同,讲义编者采15世纪末,这个思想,可以追溯到耿师在20世纪30年代出版的《高级中学外国史》之见,并与之相连接。①

世界中古史的人才建设。考察50年代高校历史系,复旦历史系世界中古史,老中青三代,中年陶松云是留苏师从柯斯敏斯基的门生,青年黄瑞章是本系培养留校的俊彦,这种梯队是令人羡慕的。此外,耿师于50年代就开始招收世界中古史研究方向的研究生,带出了一批这一学科的传人,比如陈曦文(在首都师大历史系)、杨群章(在西南大学历史系)、盛祖绳(在上海大学历史系)等都各有成就。

还要补白的是,编者在搜集耿师关于世界中古史的材料时,竟意外地发现了由先生手绘的世界中古史教学地图20余幅,其手工之精细、临摹之逼真,着实令人叹为观止。

作为中国世界史研究初创时期的第一代先贤②,先生为世界中古史打造基业,虽无引领潮流之壮言,也无震撼史坛之巨著,默默奉献,作出了在那个时代条件下,所能作出的重大贡献。只有那些对历史唯物主义一知半解且"左"得可爱的人,才会无视我们的前辈创业时的艰辛,不屑先贤所做的点点滴滴。笔者在此之愚见,也适用于上文耿师关于国际关系史的研究,下文关于西方史学史的奠建。

三、西方史学史学科之奠基

余生也晚,当我于1959年9月进复旦大学历史学系就读的时候,耿师已步

---

① 参见耿淡如、王宗武编著:《高级中学外国史》(中册),正中书局1936年版,第71页。
② 当代中国世界史研究大家齐世荣先生在十年前召开的"中国世界史研究论坛首届年会"上,曾列数19世纪末出生的几代著名世界史专家,在第一代人,列举李泰棻(1896年生)、陈翰笙(1897年生)、沈刚伯(1897年生)、刘崇鋐(1897年生)、周谷城(1898年生)、耿淡如(1898年生)、周传儒(1900年生)等。参见《攀登世界史研究的高峰》,载《历史教学问题》2005年第3期。

入花甲之年,在那时,作为学生的我,听到关于这位老人最多的声音却是:"耿老不服老。"

先生真的是不服老的。自20世纪60年代初开始全力于西方史学史的教学与研究工作,直至"文革"被迫中止,这五六年间,他为这一学科的奠立,作出了开创者的贡献,时已在先生之晚年,也就是他学术旅程中的第三阶段,时间最短,但其学术贡献最大,且其影响也最为深远。

耿师在60年代初的这一学术转向是与当时特定的学术背景有关的。从总体上看,在整个50年代,我国对西方史学的输入基本上处于封闭与半封闭的状态,对西方史学大多采取摒弃的态度,如对兰克的客观主义史学、对汤因比史学、对鲁滨逊史学等进行的批判,都是显例。在这种情况下,政治气候对人的制约是可以想象的,开展西方史学史的教学与研究工作,是十分困难的。

但在1961年前后,党中央开始纠正工作中存在的一些问题,在经济、政治、文化等各个方面采取了相应的调整措施。在学术文化政策上,重申"双百方针",贯彻"三不主义",使当时整个哲学社会科学领域出现了一种求新务实的学术氛围,哲学上的"合二而一论"、文艺领域内的"人性论"与"时代精神汇合论"等新论竞相提出,无不对史学界产生重大的影响,遂催发了60年代初科学史学思潮的萌发。

科学史学思潮推动了历史研究的发展,也引发了对历史学自身的反省,"史学史热"因此而兴起,中国史学界开展了关于史学史问题的大讨论,"南耿北齐"[①]正是在这一学术背景下,成了促进这次讨论的中坚人物,也正是在这个时期,他为西方史学史做了不少奠基性的工作。

1. 重视西方史学史的学科建设。

耿师在60年代开展的史学史问题的大讨论中,提出了许多有益于发展这一学科建设的设想,1961年,他发表《什么是史学史?》一文[②],提出"需要建设一个新的史学史体系",并结合西方史学的实例,对史学史的对象与任务作了广泛的探讨,纵论了包括史学史的分期、史学史的内容、史学史的方法论、史学与其他学科的关系等10个方面的问题。这些问题即使在今天看来,也不乏参考价值。

从1961年开始,他为历史系本科生开设外国(西方)史学史一课,系统讲授

---

① 指复旦大学的耿淡如、北京大学的齐思和。
② 载《学术月刊》1961年第10期。

自古迄今的西方史学的发展进程,揭橥史学流派与史学思想的流变,评述重要史家与史著的成就,以及史学方法的进步。

1964年,他招收了国内首名西方史学史专业方向的研究生,开当今招收西方史学史专业研究生之先河。

2. 主编《外国史学史》教材。

1961年底,为贯彻高教部关于编写文科教材的精神,在上海召开了外国史学史教材编写会议,与会学者有:北京大学的齐思和和张芝联、武汉大学的吴于廑、南京大学的蒋孟引和王绳祖、中山大学的蒋相泽、杭州大学的沈炼之、华东师范大学的王养冲和郭圣铭、复旦大学的耿淡如和田汝康等人,会议一致决定由耿师任《外国史学史》这部教材的主编(这里所说的外国史学史,实为西方史学史)。

此次会议结束后,他即有计划地积极地工作起来,当时《文汇报》曾以"耿淡如积极编写外国史学史教材"为题①,专门刊发消息,报道先师老而弥坚、奋发工作的情形。此项工作因"文革"而被迫中止。

3. 对西方名著的移译。

耿师通晓多种外国语,计有英文、俄文、德文、法文、西班牙文、拉丁文等。早年就译有海斯和蒙的《近世世界史》。② 50年代译有《世界中世纪史原始资料选辑》③、苏联学者阿·伊·莫洛克的《世界近代史文献》④,60年代译有美国历史学家汤普逊的《中世纪经济社会史》(上下卷)⑤、英国历史学家古奇的史学史名著《十九世纪历史学与历史学家》⑥等。

此外,他为了配合《外国史学史》教材的编纂、配合历史系课程的学科建设,还有计划地继续选译西方著名史家或流派的个案资料,内部刊印成《西方史学史文献摘编》分发给学生使用;同时,又不时在《现代外国哲学社会科学文摘》上发表许多译文,介绍西方史学。他还与曹未风等人集体翻译过汤因比的《历史研

---

① 载《文汇报》1961年8月28日。
② 黎明书局1933年出版,与沙牧卑合译。
③ 天津人民出版社1959年出版,与黄瑞章合译。
④ 高等教育出版社1957年出版。
⑤ 商务印书馆1961、1963年出版。
⑥ 此书乃先师在60年代初就开始翻译,记得先生家里有一台老式的中文手工打字机,译完一章,即打印一章。在我读研究生时,先师命我据原文做校对工作。此书商务印书馆早已向先师组译,因"文革"而中断,直至1989年才出版。

究》一书。①

作为中国的西方史学史学科的先行者,先师的贡献既从总体上体现在前述三个方面,也表现在下述他研究西方史学的方法上,这里所说的方法,不是具体的技术性的方法,它与先师对西方史学的总体认识是密切相关的,因此,通过对这些方法的揭示,也可看出他的史学思想,并能进一步了解与认识他对中国的西方史学史研究的贡献。

这里依据先生生前所发表的论著、未刊讲稿与札记等第一手资料②,作出归纳。限于篇幅,也限于我的识见,在此只能暂列十条,略作铺叙,稍作说明。

1. 历史研究务必求实。

这是历史研究的基本准则,是现代历史科学工作者所应恪守的基本准则,也是先师所反复教导我们的。记得他曾说过,历史学与说谎无缘,应与真实结伴,那些歪曲事实、炮制谣言并进而诬蔑丑化他人的人,不但永远成不了气候,到头来,反成了被历史嘲弄的小丑。这真是至理名言。他说这番话的时候,是1964年秋我下乡参加"四清"运动前夕的一次谈话中,他似乎隐约预感到"文革"中那种肆意糟蹋历史的丑陋行为。

说真的,他很崇拜兰克,称其为西方最伟大的历史学家,他对兰克在《拉丁和条顿民族史》一书的序言中所标榜的那句名言"我的目的仅仅在于陈述实际发生的事情而已"(即"如实直书")很欣赏,在实践中也是这样做的。先师对我的作业批改极其认真,颇有兰克的那种辨析考证一丝不苟的遗风。一次,我写了一篇关于近代西方史学的札记交给先生,只见他在我的稿纸边上贴满了小纸条。纠谬与批注的文字写得密密麻麻,如今重读这篇还珍藏在我书柜中的习作,又忆及先师的求实的研究历史的方法,我感悟到,这正是他留给我的,也是后学的一笔无形的思想遗产。

2. 弄清概念的基本含义,应是从事研究工作的第一步。

他讲授西方史学史一课,每章必先讲引论,交代本章所要陈述的一些概念及

---

① 汤因比《历史研究》一书,中译本(上、中、下三册)乃据美国学者 D·C.索麦维尔的节录本翻译而成,1959年至1964年由上海人民出版社分册陆续出版,日后又不断再版,坊间流传甚广。先生参与翻译的是该书的下册,译者除曹未风与先师外,还有周煦良、林同济、王造时等名家。近有刘北城、郭小凌据1972年单卷英文版合译的中文本,上海人民出版社2000年版。

② 先生的讲稿,我有三个未刊版本:1961年2月24日开始的外国史学史讲稿,这是我在复旦大学历史系二年级下学期读书时的课堂笔记;1963年历史系学生的听课笔记;1965年12月15日开始的外国史学史讲稿,这是我读研究生并任他助教时的随堂听课笔记。

其含义。在该课的总论中,必先讲什么是历史?什么是历史学?什么是史学史?这一点给我留下了深刻的印象。在上一世纪60年代初关于史学史的那场讨论中,前面提及的那篇《什么是史学史?》的论文,即是从语义学的角度,对"史学史"这一概念进行了详细的考辨。这种厘清概念含义的精确性,阐明它的内涵与外延,对从事某一门学科的研究工作是必要的,尤其在学术讨论与学术争鸣中更为必要,否则各说各的,各行其是,交流与沟通都谈不上,遑论学术事业的发展了。

3. 要熟读原著,认真领悟原著的精神。

他在为本科生讲授每一个国家或地区的史学时,总是对学生这样说:"你们不要满足于我的这些介绍,要自己找原著来读,找不到全书,找选本来看看也好。"记得他在为我们这一届本科生上西方史学史这门课时,开列了许多西方古典史学名著,是时恰逢三年困难时期,我每天一上完课就泡在图书馆开架阅览室里,入神地阅读着西方古典史学名著,在希罗多德与修昔底德所描述的世界里徜徉,获得了极大的精神生活上的满足,似乎暂时忘却了那时物质生活方面的匮乏。

他认为,这种方法对于研究生更应如此了。他在为我设置的几门专业课中,都提出了"阅读原著,进行批判研究"的学习要求。事实证明,通过阅读原著,批判研究,进行独立思考,是一种值得倡导与发扬的好的学习方法。我现在在指导研究生时,也恪守师训,严格地要求他们这样做,不尚空言,一切从原著出发。

4. 结合时代背景与社会特征来考察史学的发展。

马克思主义的唯物史观要求我们,史学不是脱离政治与经济发展的空中楼阁,当然它也不可能与政治和经济的发展同步进行,史学的发展有其自身的特点,但研究史学的发展进程,倘舍去了对某一国家或地区的时代与社会发展特征的了解,那是不会得出什么正确的结论的。对此,他在其课堂教学中,贯彻得很彻底。他每章必先讲时代背景,交代这个国家或地区的社会发展的方方面面,并进而分析与史学发展的关系。如说希腊社会与波斯帝国之间的矛盾以及诸城邦之间的矛盾,导致了一系列的战争与军事远征,发生了希波战争、伯罗奔尼撒战争以及亚历山大东侵等,希腊史家所记载的历史大部分是与前述几次战争有关的;如说西欧文艺复兴时期历史学的世俗化的特点,是与那时的反封建反教会斗争与人文主义思潮的勃兴不可分离的。

5. 注意研究西方史学的新陈代谢。

西方史学自古希腊奠立,历经古典史学、中世纪史学、近世史学与现代史学,犹如一条长河,在不断地流,不断地变,唯有在西方史学长河的流变中方能显见史学思想的进步、史学思潮的衍化、史学方法的革新。他在分析近代西方资产阶级史学流派的嬗变时,这样说道:"最先出现了人文主义史学,继之而起的是博学派(即考证学派)。在法国大革命前夕,启蒙运动对旧制度发动了全面冲击,理性主义史学派猛烈地摧毁了封建主义的史学传统。在这以后,资产阶级史学迅速发展,于是接踵而来了浪漫主义史学派、实证主义史学派、德国兰克学派与普鲁士学派等等。"①事实上,先师对历史学新陈代谢的关注贯穿于他的全部讲课中,尤其是他在陈述西方史学新陈代谢的过程中,总结出如下文所述近代西方史学或偏于叙述、或偏于论证的"钟摆现象",令我迄今难忘。

6. 注意历史学家类型的分析。

我以为,在史学史的研究中,本条与下一条是较能体现先师的个性特点的。这里先说他对历史学家类型的分析,在他看来,西方历史学家一般可以分成四种类型,这就是:(1) 历史思想家或历史哲学家,如圣·奥古斯丁、伊本·卡尔顿、维科、黑格尔、汤因比等人;(2) 历史著作家(或称历史编纂家),如修昔底德、塔西佗、吉本、兰克等人。这是大量的;(3) 历史编辑家,如主编《德意志史料集成》的佩尔兹、魏芝等人;(4) 历史文学家,如希罗多德、马考莱、卡莱尔等人。不管这种分类是否贴切,但有一点正如他所经常告诫我的,我们学习西方史学史,不仅要知道每一个历史学家的阶级属性,这在当时是必须时刻强调的,而且还应留意对他们进行类型的分析,这样就可以进一步认清西方史学的流变与每一位史家的本质特性。难道不是这样吗?

7. 注意历史学家作风的分析。

耿师所说的史家之"作风",实际上指的是历史学家对下列问题的回答:历史是论证还是叙述?用比喻的说法,历史是法院还是戏院?史家是绘图家还是摄影师?这分明说的是历史学家的史学观。他在《西方资产阶级史家的传统作风》一文中,讨论了近世西方历史学家在论证与叙述之间,"像钟摆那样回荡着,摆来摆去",他用文艺复兴时代的政治修辞派与博学派、伏尔泰学派与兰克学派为例,作了具体的论证。他说这种"钟摆现象"的产生,"取决于资本主义的发展与政治斗争的形势,也取决于史家所属的类型"。② 这是很有见地的一家之言。

---

① 耿淡如:《资产阶级史学流派与批判问题》,载《文汇报》1962年2月11日。
② 耿淡如:《西方资产阶级史家的传统作风》,载《文汇报》1962年6月14日。

后来,我根据先师的启示,对这种"钟摆现象"有所"发挥",在一些论著中写出了自己的学习心得。

8. 采用标本与模型研究的方法。

他最后一次讲授西方史学史,在结束导论时这样说道:"在研究西方史学史时,我们可以采用标本与模型研究的方法。比如,在古代希腊,我们可选修昔底德作为标本;在古代罗马,我们可选李维作为标本。这种方法,即类似于我们所说的以点带面,从中可以找出史学发展的共性与特征。"先师所说,对于西方史学史的入门者尤具方法论的意义。上个世纪70年代末,当我重操旧业,无论在西方史学史的教学还是研究工作中,都是根据这一做法,选择"标本",找准"模型",以重点史家或学派作为"突破口",不断求索,以求不断有所进步。

9. 介绍先于批判。

在他从事西方史学史教学与工作的年代,正是中国学术界"极左"思想盛行、动辄就被扣上资产阶级反动学术思想的帽子而给予严厉批判的时代,但在实际上这种批判只是以简单的政治否定方式来取代学术研究。对来自域外的西方史学则更是不作具体的分析,有的甚至对被批判的对象还没搞清楚,就不分青红皂白,一棍子打死。他在这种时代的学术气氛下,却毅然提出了进行学术批判的"四项工作原则":(1)要了解史学发展的一般情况;(2)挑选批判的对象;(3)要研究被批判对象的著作,认真考察他们的资料来源;(4)要了解被批判对象的阶级立场、思想根源、生活及时代背景。总之,他指出:"为了批判,介绍工作也是必须进行的。"[①]换言之,介绍先于批判,批判也应该还其原来的科学的意义,而决不是棍棒相加与恶语相向。现在回想起来,这是何等不易啊,从先生身上,它所反映的分明是一代中国学人一身正气和高尚品格。

10. 习密那尔方法是一种培养历史学专业人才的有效方法。

"习密那尔"(seminar),意谓专题研究或讨论,德国史坛巨匠兰克用这种方法培养历史学的专门人才获得了成功,成为后世历史教学方法的典范。先师对此亦心向往之,并在实际教学中加以贯彻,他以前培养世界中古史专业的研究生,采用这种方法,对我的培养也是这样。他为我开设的三门专业课,其学习方式无一不是采用座谈方式,通常的顺序是这样的:先师每次提出要讨论的题目,然后布置要看的书目,隔一周(或两周),先由我报告读书心得,他当中不时提问,

---

① 耿淡如:《资产阶级史学流派与批判问题》,载《文汇报》1962年2月11日。

穿插讲解,然后有几句小结之类的话,再布置下一次的讨论题目……如此循环不已,学生就在这样的"习密那尔"的学术效应中增长才智,培养独立思考、独立进行科学研究工作的能力。这种培养研究生的方法,也正是我当下培养我的研究生时用心贯彻的教学方法,如我现今讲授的研究生课程"西方史学史专题研究",采用"习密那尔"的教学方法,取得了成功,学生的作业经修改大多在《史学理论研究》、《史学史研究》等著名的专业刊物上发表。

耿师对西方史学的睿智,荦荦大端,以上所列,就我个人管窥所及,难免挂一漏万,难以周全。在中国的西方史学史的景苑中,他拓荒锄草,辛勤耕耘,其奠基者的业绩将不会泯灭。

当我们以急匆匆的步伐,沿着耿淡如先生的人生轨迹,重寻先师所走过的路,不由深切地让我们感受到前辈创业时之艰辛,他在国际关系史、世界中古史、西方史学史这几个领域所作出的贡献,筚路蓝缕,无论在当时,还是对后世,都产生了持久而深远的影响。在风云变幻的20世纪,他一次又一次的学术转轨,其文脉与思想,无不折射出现代社会的曲折迤逦,并与现代中国学术相交融。由此,也让我们感悟到一位历史学家的责任担当、治史旨趣与人格魅力。写到这里,我突然想起泰西先哲黑格尔曾经说过的话:玫瑰灿烂绽放的瞬间并不逊色于高山的永恒。是的,人们当然喜好观赏"玫瑰灿烂绽放的瞬间",因为她流光溢彩;然而,我却更乐于眺望到"高山的永恒",因为他宽广无垠,犹如大漠中的驼铃,将永远指引着后来者前行。

耿淡如先生小传

1898年3月27日,生于江苏海门,又名澹如、佐军,农家子弟。

1905年,入私塾受教。

1908—1917年,在家乡念完高小、初中和高中。

1917年,考取上海复旦大学文科。求学期间,因经济困难,一度回故乡海门中学任教。

1920年,与农家女子唐秀卿结婚,育有二男三女。

1922年,重返复旦大学求学。

1923年,以优异成绩获学校颁发的"茂才异等"金牌。大学毕业后,相继在海门中学与复旦附中教书。

1929年11月—1932年5月,入美国哈佛大学研究院,攻读政治历史与政治制度,获硕士学位。

1932年5月,归国,就此开始了耿淡如先生毕生的教师生涯。

1932年8月—1933年7月,兼任暨南大学教授。

1932年8月—1940年7月,兼任复旦附中教员。

1933年开始,为《外交评论》、《东方杂志》等撰写国际关系方面的论文,以后又为多家报纸撰写时政评论,其数量可观,现已辑集的有《耿淡如先生国际论文集》(上、下两册)。

1933年8月—1951年7月,任光华大学教授,兼任政治系主任。

1934年8月—1943年7月,兼任南洋模范中学教员。

1940年9月—1946年6月,任大夏大学教授,兼任历史社会系主任。

1946年7月—1949年5月,兼任上海法学院教授。

1946年8月—1947年9月,兼任上海诚明文学院教授。

1951年9月—1952年1月,在苏州的华东人民革命大学政治研究院学习。

1952年1月至逝世,任复旦大学历史系教授。

1954年,由中央高教部代印高等学校交流讲义:耿淡如编《世界中古史》问世。

1956年,加入上海民主同盟。

1959年,参加《辞海》修订,任编委、分科主编。

1961年,任高教部部颁教材《外国史学史》主编。

1964年9月,获准招收中国大陆首届西方史学史专业方向研究生。

1975年7月9日,在上海病逝,终年77岁。

耿淡如先生学术编年(简编)

时光流逝,耿先生逝世已四十年矣,余亦至老境。追怀1965年岁末至1966年初,与先生一别,竟成永诀。今借《西方史学史散论》编纂之良机,试对先生的学术人生作一简单梳理,多所疏漏,愿为后人研究先生作一点铺垫,也藉此寄托我对老师的缅怀之情。

1898年

清光绪二十四年戊戌,公元1898年,值"戊戌变法"之年,距甲午战败后四年,离"庚子事变"前二年,时逢晚清风云变幻、中国千古变局之关键时期。

3月27日,生于江苏省海门县汤家乡虹桥镇,又名澹如、佐军。父亲耿彦参,母亲耿陆氏,育有二男二女,先生排名第二。耿氏《自传》曰:"父母靠种田过活,都不识字,住于茅屋中,属中农阶级。"

按:先生《自传》写于1951年8月在苏州的华东人民革命大学政治研究院,在那种"改造思想,自我检讨"的历史语境下,用词过于自责,又极其简略,编者尽量在"编年"中引用,以示一斑。又,《自传》副本由耿氏长女耿治弇提供。

1905年

入私塾受教。

《自传》曰:"一九〇五年进入附近私塾,莫名其妙地读完了《三字经》、《千家诗》、《孝经》、《中庸》、《论语》、《孟子》。这些书当时只能背颂,不能了解。但后来,对于我的思想,却曾产生了相当作用。"

1908年

清季科举禁锢人才,致国势日衰,各地兴新学、育新才,开办新式学堂。是年,转入一所新式初等小学,从一年级重新读起。

《自传》曰:"那时开始了解字句,不久就能缀句,因而对读书发生了兴趣。父亲受着不识字的痛苦,时加鼓励,所以我的进步很快。"

1908—1917 年

在海门念完小学、初中和高中,毕业于私立海门中学。

1917 年

考入上海复旦大学文科。

《自传》曰:"在入学考试成绩中,数学一百分,英文九十分,因而获得李校长(李登辉)之注意。我把学费七拼八凑地交纳一部分后,遂踏进复旦大学的大门。三十多年的复旦生活,从此发轫了。"

按:当下,中央电视台中文国际频道(四台)《海峡两岸》节目播出之前,必播一则广告,画面即刻呈现一望无际的江海相连的景观,下方字幕:通江达海,汇通天下。画外音:"江海门户通天下。江苏海门。"它给我这个江苏海门人留下了深刻的印象。

从 1917 年始,先生闯荡上海,投身复旦,后又赴远洋留学,又复归申城,执教母校,与复旦结下了一辈子的不解之缘。海门籍的耿淡如,也许是较早践行"江海门户通天下"的人士之一。此后,1910 年 12 月 8 日同样出生于海门汤家乡的我国现代派诗人卞之琳(1910—2000),学步耿师,却更早走出故乡,中学就毕业于沪上,继又北上,1933 年毕业于北京大学英文系,隔二年写出传世名篇《断章》:"你站在桥上看风景,看风景的人在楼上看你。明月装饰了你的窗子,你装饰了别人的梦。"踵步先贤,同为海门籍的学子(编者)亦于 7 岁(1946 年冬日),踏上了黄浦江的码头,接续前辈,承继"江海门户通天下"之坦途,做着"胸怀天下"的梦想。

1920 年

在复旦求学。由于家境贫寒,继续以勤工俭学的方式维持学业,至大学三年级时,一度中止学业,回故乡海门中学任教,任英文、西史教员。

是年,与农家女儿唐秀卿结婚,育有二男三女。

1922 年

是年秋日,重回复旦就学。

1923 年

以优异成绩从复旦大学毕业,获校方颁发"茂才异等"金牌。

是年秋,又回海门中学任教。

《自传》写道:"在课余之后,翻阅中国古籍及西洋名著,边教边读,获得了很多进步。"

1925 年

是年 8 月至 1929 年 11 月,重回上海,任职复旦附中。

是年秋,复旦大学史学系正式创立。

是年 10 月,复旦大学制定校歌,由刘大白作词,丰子恺作曲。自此,"复旦复旦旦复旦/巍巍学府文章焕/学术独立,思想自由/政罗教网无羁绊/无羁绊,前程远/向前,向前,向前进展/复旦复旦旦复旦/日月光华同灿烂……"响彻复旦园至今。

1929 年

是年 11 月,在一位热心教育的同乡富商郁震东的帮助下,去美国留学,入哈佛大学研究院,攻读政治历史与政治制度。

1932 年

是年 5 月,获哈佛大学硕士学位。

按:三年后,齐思和也从哈佛大学毕业归国。又过六年(即 1941 年),吴于廑以清华大学第五届留美公费生的身份跨入耿、齐两人攻读的同一所美国大学深造。时年 34 岁的耿淡如、31 岁的齐思和、33 岁的吴于廑相继学成归国。20 世纪 50 年代开始,他们又不约而同地聚焦于世界史研究,又都成了中国的西方史学史学科的奠基者。

是年 5 月,回到上海,即任复旦大学政治系教授,曾兼任过该系主任,直至 1951 年该系调出复旦。

按:复旦大学国政系在建系五十周年(1964—2014)时,曾在 2014 年 10 月学校正校门入口处的两排橱窗上,展示五十年之成就,在"大师迭出,垂范学林"之板块,介绍先贤,有图文介绍先生,称耿淡如等,乃是"名满天下的学者"。

是年至 1933 年 7 月，兼任暨南大学教授。

是年至 1940 年 7 月，兼任复旦附中教员。

1933 年

是年 4 月，在《外交评论》刊发《太平洋委托治理地问题之另一观察》(二卷五期)，开启先生研究国际问题之先河，这一发不可收。后《东方杂志》《新中华》、《复旦学报》等期刊上，均有其相关论文，又在《正言报》《新闻报》等报纸上刊发时评。为纪念耿淡如先生百年诞辰，这些成果由其子耿鹏程和学生于 2000 年辑录成《耿淡如先生国际论文集》(上、下册)，计有 190 余篇，近百万字，繁体，未刊。尚不包括在《东方杂志》上刊发的 29 篇译文。

按：《外交评论》编者称先生"研究国际关系，极有心得"，又说其"观察明确，别有见地"。

是年 9 月至 1951 年 7 月，任光华大学教授。据华东师范大学档案馆档案载：1936 年 8 月任政治系主任。担任课程有：政治学原理、欧洲外交史、西洋通史、国际公法等。任内兼有多项学术职务：光华的《半月刊》编委兼特约撰稿人、学术研究委员会委员、历史学会导师、课程研究委员会委员、训育委员会委员等。

按：是年 9 月，何炳棣在光华"借读"，他写道，其时，"光华的师资和图书相当不错。文学院院长钱基博、历史系吕思勉等位都是著名学者，教西洋史的耿淡如是翻译名家，政治系也还有一两位好教授"(《读史阅世六十年》第八章"两年彷徨：光华与燕京"，广西师范大学出版社 2005 年版)。原来，后享誉中外学界的何炳棣，在战火纷飞的年代里，曾与先生有过一段难忘的师生之谊。

是年 9 月，与沙牧卑合译美国历史学家海斯与蒙合著的《近世世界史》(上海黎明书局)。为何选择此书，译序曰："今海蒙二氏之《近世世界史》，属于通史一类，搜集广博，而无散漫支离之弊，洵通史中之佳作。"耿氏译风平实畅达，由此奠定了他作为翻译家的地位。

1934 年

是年 8 月至 1943 年 7 月，兼任上海市南洋模范中学教员。

1936 年

与王宗武编著《高级中学外国史》(南京正中书局)上、中、下三册出版。在

"编辑大意"中,编著者指出:1. 本书依照 1932 年 11 月教育部所颁布之高级中学外国史课程标准编制;2. 本书内容始于远古,止于现时;3. 本书力求简明,对于促进文明的因素及民族复兴的先例,尤为注意。本书纵的方面尽量显示历史的继续性与统一性,横的方面,东西局势之相互影响者,予以阐明,以示世界文化有交辉互映的关系;4. 本书插入多幅地图及人物图照,以引起读者的兴趣。

按:经查出版史,在民国时期,史学名家如吕思勉、杨人楩、金兆梓等,都有中学历史教材的出版,吕先生还曾编过小学国文、史地教材。诸家纷出,由学生选用,而非奏同一音调的"统编教材"。前几年,坊间又见重印的民国时期的语文课本,为大众所青睐。倘上述民国时期的中学历史课本上市,我想也会受到大家的欢迎。

1937 年

"七·七"卢沟桥事变爆发,"八·一三"淞沪战事继起。其后,复旦校舍遭日寇破坏,无法上课,师生之一部分内迁,在重庆北碚立校,另一部分无法西迁的师生员工滞留上海。因母亲年迈多病,先生栖居"孤岛"。是年,从上海吴兴路迁入天平路 288 弄 7 号,此后一直居住于此。

1938 年

是年 3 月,复旦沪校在上海市区赁屋复课。先生仍在复旦、光华等校任职。其间作有多篇诗词,以抒爱国情怀,存稿毁于"文革",甚为可惜。

1940 年

是年 9 月至 1946 年 6 月,任大夏大学教授,兼任历史社会系主任。

1944 年

是年,因抗战前所写国际问题论文,涉及批判日本帝国主义的侵略言论,遭日本宪兵逮捕,和其长子耿鹏程一同被扣押于日本宪兵司令部,关押审讯 20 余日,后经多方营救才获释。

1945 年

"尽扫狼烟,重振乾坤。乙酉既捷,家国维新。"(《南京大屠杀死难者国家公

祭鼎铭文》)

是年 8 月 10 日,日本投降,上海顿时举市欢腾,先生与沪校师生共庆胜利,群情振奋。

1946 年

是年 7 月至 1949 年 5 月,兼任上海法学院教授。

是年 10 月,复旦沪渝两校合并完成,江湾校舍亦修缮完毕,在此开始上课。

是年 8 月至 1947 年 9 月,兼任上海诚明文学院教授。

1947 年

是年 1 月 17 日,光华大学奉教育部训令,组织"训育委员会",先生为委员。

是年 4 月 29 日,光华大学学生成立《立行学社》。该社基于"坐谈立行"的古训而命名。据后人记载,先生在该社成立时,对学社社员说:"一般青年往往喜欢高谈阔论,不务实际,常常言行不能一致,我们是年轻的一群,怀有热诚,纯洁,正义和果敢等青年优越的条件,但也难免不染有一般青年的缺陷,尤其是言行方面确有不相符合的地方,我们因此以'立行'二字自勉也希望具有同感的同学和朋友们,与我们紧携着手互相惕励,倘若每个人皆能保持这种美德,对于国家民族无疑的皆有极大的影响。"(瑞玮:《立行学社鸟瞰》,载《光华大学廿二周六三纪念特刊》,第 39 页)这段史料,留下了前辈学者对青年一代的教导与期盼,弥足珍贵。

1951 年

是年 8 月至 1952 年 1 月,在苏州的华东人民革命大学政治研究院学习理论,改造思想。

《自传》对此写道:"我从未有过像现在这一阶段的学习,能有这样的学习机会,将可更进一步地改造自己,也可更忠实地服务人民了。但是,垂老之年,精力衰颓,我总是觉得:夕阳无限好,可惜近黄昏。"

按:近日(2014 年秋日),我对 94 岁的何兆武作了访谈。无独有偶,何氏在访谈中说:"我 1949 年回到北京,到华北人民革命大学学习。那时,有好几个革命大学。去那儿学什么呢? 学政治理论,马列主义理论,还要改造思想,自我检讨,做思想总结。"何氏所言,与先生在《自传》中的思想感情是相通的。

1952 年

是年开始至逝世,一直任复旦大学历史系教授,在世界上古中古史教研室工作,在 20 世纪 50 年代以世界中古史为专业方向,成为这一学科的权威学者。教研室同事,有周谷城,以世界上古史为专业方向。另有陶松云、李春元、黄瑞章。世界中古史形成了耿—陶—黄学科梯队,其阵营颇为可观,在那时全国高校中领先。

按:20 世纪 50 年代开始,我国史学界发生了一个大转变,从学习西方史学转向学习苏联史学,在"以苏为师"的口号下,学习俄文成风,苏联学者的史学著作以迅猛之势传入中国,对中国史学的发展产生了深刻的影响。受此史风,先生在 50 年代初自学俄文,后译著丰赡,为引进苏联史学作出了重要的贡献。

1953 年

是年 11 月 29 日,上海史学会举行理事会议,会议通过先生等为会员,这之后一直参加该会举办的活动。

1954 年

《世界中古史》问世,该书乃高等学校交流讲义,由中央人民政府高等教育部代印,署"复旦大学耿淡如编"。有编者说明如下:1. 本书分为两个单元:第一单元从公元 5 世纪约至公元 11 世纪末期(封建制的形成时期);第二单元自 11 世纪末约至公元 15 世纪末期(封建制的发展时期)。2. 关于远东国家,如印度、日本、朝鲜等,因另有《亚洲史》课程开设,略去。3. 本书根据伊·阿·科斯敏斯基等苏联史家关于世界中古史的相关论著编译。书末附有耿氏编写的 20 章内容撮要(该版本见复旦大学图书馆藏本)。上书又见 1955 年 7 月复旦大学历史系印本,书名在《世界中古史》后,另标(Ⅴ—ⅩⅤ世纪),究其体例及内容,同上书。编者又见《世界中世纪史讲义》(上、中、下三册),观其书,第一至第二十章,同上书。然该讲义增加了第二十一至第三十五章。讲义署教研室名,这增添的部分由谁编写,待考(见复旦大学历史系资料室藏本,1959 年版)。

1956 年

是年,经复旦历史系同事靳文翰的介绍,加入上海民主同盟。

是年12月,在《历史教学》上发表《英国圈地运动》,次年又刊出《尼德兰革命》。

1957 年

据俄文翻译《世界近代史文献》(第二卷,高等教育出版社1957年版)。该书选辑从1870—1918年世界近代史上的重要史料,搜集广泛,于教师备课与学生作业均可参考,从中也可窥见苏联在历史教学上的成就与经验。

是年,译苏联史家斯卡士金编的《世界中世纪史参考书指南》,复旦大学历史系资料室藏本。

1958 年

全国各行各业的"大跃进"形势,也催逼教育战线"快马加鞭"。是年,先生已逢花甲之年,也老当益壮,制订"红专规划",为教育事业多作贡献。

按:2014年12月3日,复旦大学历史系退休教师例会,余子道(先生工作时的领导、时任历史系党总支书记)作了"台湾九合一选举后政治形势"的报告。会后,他谈起耿先生在1958年大跃进时的情况,说先生批判了昔日那种惜墨如金、"不留一字在人间"的消极思想,表示也要"大干快上"。此后,"耿老不服老"的声音在系上传播,编者是在1960年"反右倾,鼓干劲"的全系大会上听到的,是时我刚进历史系学习,大一学生。

1959 年

是年5月,与黄瑞章共同编译及注释的《世界中世纪史原始资料选辑》问世(天津人民出版社1959年版)。本书包括关于世界中世纪史原始资料15篇,其中有9篇已先由《历史教学》刊出。所有资料都从俄文中世纪史料中选译,每篇另有引言及附注,既可供高等学校世界中世纪史教学的应用,也可作研究者参考。

是年参加陈望道主编的《辞海》修订工作,任编委与分科(世界史)主编。

1961 年

是年4月1日,译索罗金的《论汤因比的历史哲学》,在《现代外国哲学社会科学文摘》发表。自此后,该刊不时有先生的译文刊出,内容均涉及域外史学信息等。

是年4月12日,高等学校文科教材编写会议在北京召开。《20世纪中国史学编年(1950—2000)》(上册,王学典主编,商务印书馆2014年版)谓:会议由周扬主持,主要目的在于纠正"大跃进"中学生所编教材的缺陷。会议制订了历史专业教学方案及历史教材编选计划,会议提出,高校文科教材,既不要照搬苏联,也不要照搬资本主义国家,应该建设中国自己的教材,决定请部分历史学家主编中国通史、世界通史和断代史教材。

按:朱维铮在《史学史三题》(《复旦学报》2004年第3期)中云:"早年留美并长期从事时事评论的耿淡如先生,作为列入全国科学规划的世界史学史项目主持人,特别留意对于前苏联史学以外的西方史学的整合性研究。"朱维铮虽无参会,但却是此次文科教材会议的见证者。

是年10月,在《学术月刊》刊发《什么是史学史?》

按:1961年前后,当时哲学社会科学领域出现了一种求新务实的学术环境,直接催生了史学界关于史学史问题的大讨论,先生是这场讨论中上海地区代表人物之一,上文即是耿氏相关思考的学术成果。

《什么是史学史?》后被选入瞿林东编的《中国史学史研究》(湖北教育出版社2006年版)"总论编",并明确指出:耿文所提出的每一个问题,"都是研究史学史所不能回避的";耿氏之论,迄今"都是很有参考价值的"。上文又被《中国历史评论》(中国史学会主办,2014年第5期)编辑部选入"经典重温"栏目,重予刊登,邢佳佳写了导读,高度评价了此文作者在构建中国的西方史学史学科建设中的贡献。

是年年底,外国史学史教材编写会议在上海召开。

于沛在《当代中国世界历史学研究(1949—2009)》(中国社会科学出版社2012年版)对这次会议作了简述:1961年底,在上海召开了由北京大学、复旦大学、武汉大学、中山大学、南京大学和杭州大学、华东师范大学等校教师参加的外国史学史教材编写会议。与会者认为,应当把外国史学史列入高校历史系的教学计划中。外国史学史主要是指西方史学发展史。会议决定由耿淡如先生主持编写《外国史学史》,由田汝康先生主持编译《西方史学流派文献》。(见上书,第27页)

按:据此次会议参加者金重远的记述,出席会议的有:北京大学的齐思和、张芝联,武汉大学的吴于廑,南京大学的蒋孟引、王绳祖,中山大学的蒋相泽,杭州大学的沈炼之,华东师范大学的王养冲、郭圣铭,复旦大学的耿淡如、田汝康和金重远等人。

是年,翻译的美国历史学家汤普逊的《中世纪经济社会史(300—1300年)》(上册),由商务印书馆出版。

按:汤普逊(James Westfall Thompson, 1869—1942),美国著名中世纪史专家,现代美国"新史学派"的成员之一,论著甚丰,其名作《历史著作史》(共四册)在上个世纪80年代翻译成中文,在学界广为流传。

1962 年

是年2月11日在《文汇报》发表《资产阶级史学流派与批判问题》。

是年6月14日在《文汇报》发表《西方资产阶级史家的传统作风》。

是年8月28日,《文汇报》刊出报道:"耿淡如积极编写外国史学史教材"。

是年10月14日在《文汇报》发表《拿破仑对历史研究的见解》。

是年翻译英国历史学家古奇名作《十九世纪历史学与历史学家》,部分译作油印刊出,供历史系学生阅读。又,该书在"文革"前已译就,直至1989年才由商务印书馆作为"汉译世界学术名著丛书"之一出版。

按:古奇(George Peabody Gooch, 1873—1968),现代英国著名历史学家,其《十九世纪历史学与历史学家》,内容宏富,是对19世纪西方史学的系统总结与思考,在西方史学史中确有里程碑的意义,对后世史学史的写作产生了深远的影响。本书中译本,谭英华为之作了诸多译注,亦为这部耿译名作增辉。

1963 年

是年,翻译的美国历史学家汤普逊的《中世纪经济社会史(300—1300年)》(下册)由商务印书馆出版。又,2011年仍由商务印书馆作为"汉译世界学术名著丛书"之一又再版。

1964 年

是年3月,合译英国历史学家汤因比的《历史研究》(下册)出版,合译者还有曹未风、周煦良、林同济、王造时等名家。

是年9月,招收世界中古史研究方向和西方史学史研究方向的学生入校。前者两名:杨群章、盛祖绳,后者一名:张广智。

按：先生在这之前只招世界中古史研究方向的研究生,是年与已获高教部批准的西方史学史研究方向同时招生,这是首次,也是最后一次。

是年,《西方史学史文献摘编》在历史系刊印。该编本从古希腊史家开始至20世纪汤因比,从西方史学论著中摘译,汇编一册成书,它既是先生为主编《外国史学史》作准备,也是作为讲授《外国史学史》时发给学生的参考读物(复旦大学历史系资料室藏本,未刊)。

1965 年

先生患重病,住院治疗。出院后,原来羸弱的身体更加衰弱了。

是年12月15日,抱病为历史系本科生开设外国史学史课程,原计划至明年上半学期,但教至第四章古罗马史学即中辍,此乃形势与身体双重原因。又,编者此时任先生的助教。

1968 年

"文革"时。是年8月12日,遭受"造反派"迫害,罪名是"反动学术权威"和"美国特务",被关在复旦大学10号楼(研究生楼)"牛棚"里。

按：是时,复旦大学党委副书记徐常太与先生同关在一间房子里。"文革"后,恢复工作不久的徐书记,给编者讲起先生被关时的情况,先生对他说过："常太同志,眼前的纷乱与不宁终会过去的,就像你的姓名所寓意的那样,慢慢地会好起来的,回到生活的常态,百姓总会过上太平安康的日子。"

1969 年

是年2月28日,"清查"工作结束,"造反派"给先生的罪名不能成立,于是就从"牛棚"里被放了出来。

1973 年

至1974年间,抱病为复旦大学拉丁美洲研究室翻译《格瓦拉日记》、《马里格拉文选》、《圣女贞德传》等著作。

1975 年

因病医治无效,在上海光华医院逝世,终年77岁。

后 记

关于编纂《西方史学史散论》的几点说明：

1. 首先要说的是书名。编者斗胆，为吾师耿淡如先生辑录的这本文集先取了这个书名：《蠡海萃编：多维的世界史研究》。后来，按《复旦百年经典》的统一要求，应突出传主对后世最有成就且具有重大影响的方面，于是我就把本书的第三部分的题目《西方史学史散论》移作书名。这个书名虽不能涵括耿师学术成就的全部，但也是他一生中最有贡献且对后世最具影响的方面。

2. 本书内容。编者旨在从多个方面揭示耿淡如先生的学术贡献。倘以其学术生涯的纵向顺序，依次为：第一编，国际关系史研究；第二编，世界中古史讲义；第三编，西方史学史散论。耿氏小传、"导读"、《耿淡如先生学术编年（简编）》、后记，均由本书编者撰写。

3. 各编内容简介。

第一编为"国际关系史研究"，辑录 11 篇论文，专论二战前的国际政治与国际关系，是 1932 年哈佛学成归国后的作品。其后，耿氏还写有大量的时论，限于篇幅，未收录。

第二编为"世界中古史讲义"，分为两部分：一为写于 20 世纪 50 年代初的《世界中古史》讲义二十章之内容撮要；另一是选录《世界中古史》讲义六章，或可略现全书之概貌。

第三编为"西方史学史散论"。其实，"散论"不"散"，体例虽有论文、笔记、提纲、编译等，却连缀成一幅历史图景，显示出了西方史学自古希腊至现代的发展变化。

4. 本文集所辑录的耿氏诸文，不论是撰写的，还是翻译的，均一仍其旧，个别用词（或译名），亦不以当下用法，强求统一。总之，不宜改动，以存历史原貌。但在编辑过程中，也由编者和责编改正了一些明显的谬误。

5. 本文集收录的文字，多出自民国报刊、20 世纪 50 年代和 60 年代讲义、手稿等,因而在录入电脑时,需经竖排转为横排、由繁体转为简体等流程,虽多方努力,恐难免不出差错,恳望读者批评指正。

6. 本文集在编纂过程中,得到了耿氏长女耿治弇、外孙杨安平,复旦大学图书馆龙向洋、王伟,华东师范大学历史系张耕华,上海外国语大学图书馆黄蕾,复旦大学历史系周兵、陆启宏,研究生粟杨潇,历史系资料室李春博、傅德华、蔡幼纹等同志的鼎力相助,在此一并致以衷心的感谢。

最后,我最想对大家说的是,《西方史学史散论》的编就,是我个人学术生涯中最为重要的一件事。作为后辈,这是我责无旁贷的一种神圣使命;作为耿师的学生,这是我义不容辞的一种历史责任。对此,我无愧先贤,无愧老师,因为我尽力了。

编者谨识　甲午年岁末

复旦百年经典文库书目

第一辑

修辞学发凡　文法简论	陈望道著/宗廷虎、陈光磊编（已出）
宋诗话考	郭绍虞著/蒋　凡编（已出）
中国传叙文学之变迁　八代传叙文学述论	朱东润著/陈尚君编（已出）
诗经直解	陈子展著/徐志啸编（已出）
文献学讲义	王欣夫著/吴　格编（已出）
明清曲谈　戏曲笔谈	赵景深著/江巨荣编（已出）
中国土地关系史稿　中国土地制度史	陈守实著/姜义华编（已出）
中国经学史论著选编	周予同著/邓秉元编（已出）
西方史学史散论	耿淡如著/张广智编（已出）
中外历史论集	周谷城著/姜义华编（已出）
中国问题的分析　荒谬集	王造时著/章　清编（已出）
中国思想研究法　中国礼教思想史	蔡尚思著/吴瑞武、傅德华编（已出）
长水粹编	谭其骧著/葛剑雄编（已出）
古代研究的史料问题　五十年甲骨文发现的总结　五十年甲骨学论著目　殷墟发掘	胡厚宣著/胡振宇编（已出）
古史新探	杨　宽著/高智群编（即出）
《法显传》校注　我国古代的海上交通	章　巽著/芮传明编（已出）
滇缅边地摆夷的宗教仪式　中国帆船贸易与对外关系史论集　男权阴影与贞妇烈女：明清时期伦理观的比较研究	田汝康著/傅德华编（已出）
诸子学派要诠　秦史	王蘧常著/吴晓明编（即出）
西方哲学论译集	全增嘏著/黄颂杰编（即出）
哲学与中国古代社会论集	胡曲园著/孙承叔编（已出）
儒道佛思想散论	严北溟著/王雷泉编（即出）
《浮士德》研究　席勒	董问樵著/魏育青编（已出）

图书在版编目(CIP)数据

西方史学史散论/耿淡如著;张广智编. —上海:复旦大学出版社,2015.8
(复旦百年经典文库)
ISBN 978-7-309-11363-1

Ⅰ.西… Ⅱ.①耿…②张… Ⅲ.史学史-研究-西方国家　Ⅳ.K091

中国版本图书馆 CIP 数据核字(2015)第 069323 号

西方史学史散论
耿淡如　著　张广智　编
责任编辑/关春巧

复旦大学出版社有限公司出版发行
上海市国权路 579 号　邮编:200433
网址:fupnet@fudanpress.com　http://www.fudanpress.com
门市零售:86-21-65642857　团体订购:86-21-65118853
外埠邮购:86-21-65109143
山东鸿君杰文化发展有限公司

开本 787×1092　1/16　印张 22.25　字数 356 千
2015 年 8 月第 1 版第 1 次印刷

ISBN 978-7-309-11363-1/K·526
定价:68.00 元

如有印装质量问题,请向复旦大学出版社有限公司发行部调换。
版权所有　侵权必究

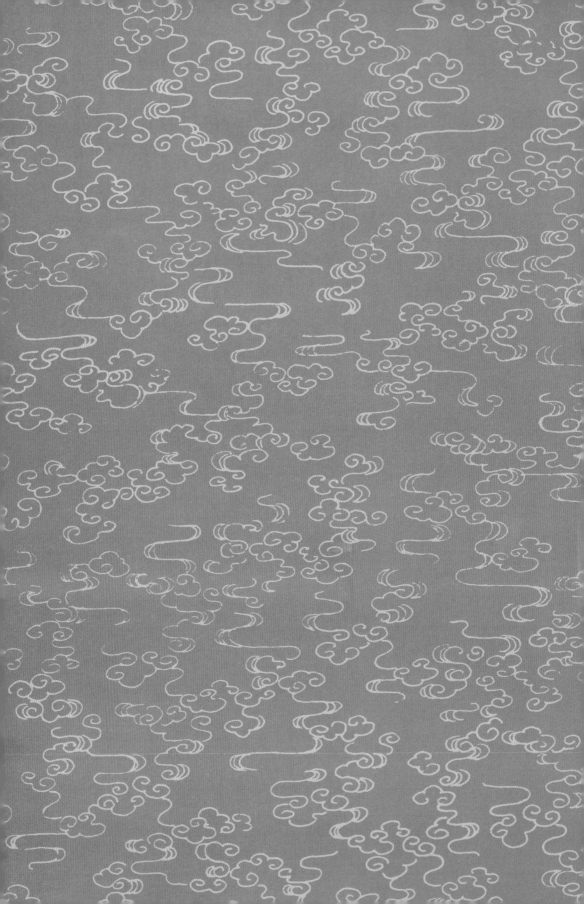